高等职业教育新形态一体化教材

职业发展与就业创业指导

（配实践手册）（上册）

主　编　曲秀琴　聂爱林
　　　　刘巧芝

副主编　牛红云　徐晓毅
　　　　王　博　郭捍华

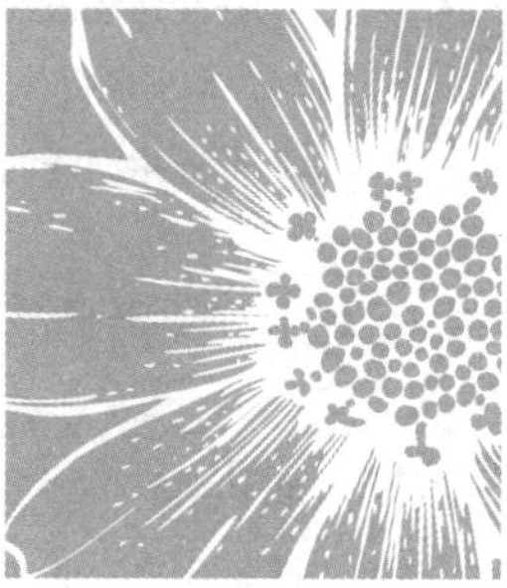

中国教育出版传媒集团
高等教育出版社·北京

内容提要

本书为高等职业教育新形态一体化教材，省级精品在线开放课程“职业发展与就业创业指导”的配套教材。

本书编写以党的二十大精神为引领，全面贯彻党的教育方针，落实立德树人根本任务，坚持为党育人、为国育才，提高人才培养质量。本书立足职业教育类型特色，遵循高职院校学生成长成才规律和认知习惯，以促进学生的全面发展和终身发展为目标，以更新学生的就业创业观念为先导，以培养提高学生的就业创业实践能力为主线，从职业发展与就业创业指导同思政教育、专业教育有效融合的角度出发，科学构建职业发展与就业创业指导课程教材知识体系。

全书采用上下册结构，辅以一体化设计的实践手册。本书为上册，上册分为生涯规划、创业启蒙两个篇章，下册分为创业实践、就业指导两个篇章。本书在传授学科基础知识、前沿理论及新方法、新工具的同时，秉承“理实一体、学做合一、德能并举、校企共育”的育人理念，注重多方协作、多元融合，共建高素质技术技能人才培养体系，在充分调研的基础上，通过典型案例的选取、实训实践活动的设计及特色栏目的设置，增强学生生涯规划和职业发展的能力，助力学生练就干事创业的本领，成为敢想敢为又善作善成的新时代好青年，在全面建设社会主义现代化国家的火热实践中绽放绚丽之花。

本书既可作为职业院校、普通高等学校职业发展与就业创业指导类课程教材，也可作为职业指导与培训、职业生涯咨询等机构的参考资料和培训用书。

图书在版编目（CIP）数据

职业发展与就业创业指导：配实践手册：上下册 / 曲秀琴，聂爱林，刘巧芝主编. -- 北京 : 高等教育出版社，2023.9

ISBN 978-7-04-060760-4

Ⅰ. ①职… Ⅱ. ①曲… ②聂… ③刘… Ⅲ. ①大学生-职业选择-高等职业教育-教材 Ⅳ. ①G717.38

中国国家版本馆CIP数据核字(2023)第123318号

Zhiye Fazhan yu Jiuye Chuangye Zhidao

策划编辑 陈 磊　责任编辑 陈 磊 李岳璟　封面设计 王 琰　版式设计 童 丹
责任绘图 于 博　责任校对 张 薇　责任印制 刁 毅

出版发行 高等教育出版社
社　　址 北京市西城区德外大街 4 号
邮政编码 100120
印　　刷 三河市华润印刷有限公司
开　　本 787 mm × 1092 mm 1/16
本册印张 10.75
本册字数 230 千字
购书热线 010-58581118
咨询电话 400-810-0598
网　　址 http://www.hep.edu.cn
http://www.hep.com.cn
网上订购 http://www.hepmall.com.cn
http://www.hepmall.com
http://www.hepmall.cn
版　　次 2023 年 9 月第 1 版
印　　次 2023 年 9 月第 1 次印刷
总 定 价 59.80元

物 料 号 60760-00

前 言

党的二十大报告指出，“教育、科技、人才是全面建设社会主义现代化国家的基础性、战略性支撑。必须坚持科技是第一生产力、人才是第一资源、创新是第一动力，深入实施科教兴国战略、人才强国战略、创新驱动发展战略，开辟发展新领域新赛道，不断塑造发展新动能新优势”。

为深入贯彻落实党中央关于职业教育工作的决策部署和习近平总书记有关重要指示批示精神，持续推进现代职业教育体系建设改革，优化职业教育类型定位，2022年12月，中共中央办公厅、国务院办公厅印发的《关于深化现代职业教育体系建设改革的意见》提出“切实提高职业教育的质量、适应性和吸引力，培养更多高素质技术技能人才、能工巧匠、大国工匠，为加快建设教育强国、科技强国、人才强国奠定坚实基础”的明确要求。随着我国产业结构的转型升级，社会各行各业对高技能人才的需求与日俱增，站在新的历史起点上，作为推动经济社会发展的重要动力之一，职业教育理应立足新时代发展需求，肩负服务经济社会发展、推动国家战略落地见效、实现学生全面发展的使命，坚持为党育人、为国育才，全面提高人才自主培养质量。

就业是最基本的民生。党的十八大以来，以习近平同志为核心的党中央高度重视就业工作，明确把就业摆在“六稳”“六保”之首，同时对高校毕业生就业问题特别关心。国务院印发的《“十四五”就业促进规划》指出，要“强化择业就业观念引导，推动高校毕业生积极理性就业”。大学生就业不仅是教育行业为党育人、为国育才的具体抓手，还关系到学生前程、家庭幸福，是办好人民满意的教育的重要指标，更是服务国家战略和区域发展能力的具体体现。新修订的《中华人民共和国职业教育法》强调，“实施职业教育应当弘扬社会主义核心价值观，对受教育者进行思想政治教育和职业道德教育，传授科学文化与专业知识，培养技术技能”。这就要求我们将就业创业教育贯穿人才培养全过程，通过“德教”“境教”“身教”，大力弘扬劳模精神、劳动精神、工匠精神，引导学生树立正确的就业创业观念，注重与思政教育、专业教育的融合发展，践行“课赛融通”“综合育人”的教育理念，让学生在实践中提升职业技能水平和就业创业本领。

本书编写基于人才培养需求及教学实际，遵循高职院校学生学习特点与认知规律，以职业能力为本位、以就业创业过程为导向，避免理实脱节，致力构建“导、教、学、训、测、评”一体化的职业发展与就业创业指导课程教材新体系。本书主要具有以下特色。

1. 课程思政协同育人

本书编写强调职业发展与就业创业教育同思政教育、专业教育的深度融合。全书以落实立德树人根本任务为主线，着力推动价值塑造、知识传授和能力培养的相融相促。坚持职业价值观与社会主义核心价值观相统一的原则，围绕专业教育遴选具有时代性和代表性的典型案例，润物无声地融入思政元素，旨在以理想信念教育为精神坐标，引导学生坚定“四个自信”，明确自身的时代担当，充分将个人理想与国家社会发展有机结合，以实际行动为全面建成社会主义现代化强国、实现第二个百年奋斗目标贡献力量。

此外，在“大众创业、万众创新”时代背景下，本书注重创新创业教育同职业生涯教育和就业指导教育的有机结合，创新创业内容贯穿始终，力求在学生心中播撒创新创业的种子，以创新增动能、以创业促就业。

2. 内容体系序化创新

本书突破职业规划、就业指导和创新创业课程割裂开设的局面，将课程内容进行整体化设计，重新梳理并有效构建课程间知识技能点的联系与衔接，科学序化了全新的课程体系和内容结构。首先，以职业认知与自我探索为起点，引导学生加强自我认知、明确职业目标、规划职业生涯、提升自身职业素质，为将来的就业创业夯实基础；其次，聚焦创新创业认知与实践，帮助学生培养创新意识、涵养创业精神、提高创新创业能力，以适应新时代要求和社会发展所需；最后，以高质量就业和从业为落脚点，指导学生强化就业能力、投身求职行动、提高职场适应能力和创业水平，完成从学生到职业人、创业者的蜕变。

本书内容既强调了职业在人生发展中的重要地位，又关注了学生的全面发展和终身发展，对高质量就业创业人才培养路径进行了积极探索。本书内容设计深入浅出、通俗易懂，案例选取真实、典型、新颖，语言风格贴近新时代大学生话语体系。

3. 体例结构精心设计

本书采用项目任务式开发模式，每个项目开篇均创设一个富有创意和趣味性的教学场景，旨在激发学生的探究意识，进而带着思考开启项目学习之旅。每个任务则首先以“清单”形式明确教与学的重难点和具体要求，然后以“启发式案例”引入学习任务，最后以“小结”形式对学习效果加以巩固。每个项目完成后，以“好文共赏”的形式达到拓知广识的目的，最终以“评测”形式实现完整项目的闭环设计。全书内容知识通过文字描述、图表化表达、数字化资源展示多维呈现，实训活动则依托配套开发的实践手册完成。

本书编写突出实践性，总结就业创业知识重点与难点，用理论指导实践、用实践丰富理论，通过阶段式任务的设计，将基础理论的应用自然过渡到对实践操作的服务上来，强化学生的实践应用能力。全书以学习情境的创设、特色栏目的设置，辅以配套实践手册的应用，构建了完整的就业创业理论与实务体系，突出强调“以生为本”，增强学生学习的主动性与参与感，着实提高就业创业的能力和水平。此外，本书注重思维引导、案例探究、项目实训与课内外实践训练相融合的同时，探索多元的人才培养模式，强调“以赛促学、课赛融通”，结合有关就业创业赛事，增加实操内容，并通过不同类型的案例，展示职业院校学生在“互联网＋”新技术、新产业、新业态、新模式下的职业发展变化趋势及创新创业成果，实现生涯规划与就业创业教育全程化和规范化，弘扬劳动光荣、技能宝贵、创造伟大的时代风尚。

4. 资源形式多元呈现

与本书配套的省级精品在线开放课程“职业发展与就业创业指导”已在国内主流课程平台开放共享，立足服务国家战略，课程内容突出教学与课程思政融合发展，紧密结合就业创业参赛需求，能发挥辅教辅学辅练的功能作用。

此外，本书配备了丰富多元的教学资源，通过二维码链接于图书的边白处，随扫随学、方便快捷，打破了时间和空间的限制，能有效地激发学生学习的主动性、积极性，满足不同教学场景的需要。

本书由曲秀琴、聂爱林、刘巧芝担任主编，由牛红云、徐晓毅、王博、郭捍华担任副主编，赵欣童、张馨元、袁畅参与编写。全书由曲秀琴负责制订编写方案并总纂定稿，王博、于昆、于晓、王佳等提供案例素材资源。

本书在编写过程中参考借鉴了国内外学者的最新研究成果，吸收了不少有益见解和精彩案例，编写和出版过程中还得到了高等教育出版社的帮助与指导，在此一并表示衷心的感谢。

本书编写虽经团队反复研讨审读，但由于水平有限，疏漏与不妥之处在所难免，恳请广大师生在使用过程中提出宝贵意见，以利于教材今后进一步修正和完善。

编者

2023 年 5 月

目　录

生涯规划篇

创业启蒙篇

生涯规划篇

青春孕育无限希望，青年创造美好明天。一个民族只有寄望青春、永葆青春，才能兴旺发达。习近平总书记在党的二十大报告中指出，“青年强，则国家强。当代中国青年生逢其时，施展才干的舞台无比广阔，实现梦想的前景无比光明”。

奋斗是青春最亮丽的底色，行动是青年最有效的磨砺。青年是祖国的未来，树立何种人生理想，选择何种人生道路，决定了我们奋斗的方向。广大青年要坚定不移听党话、跟党走，怀抱梦想又脚踏实地，敢想敢为又善作善成，立志做有理想、敢担当、能吃苦、肯奋斗的新时代好青年，让青春在全面建设社会主义现代化国家的火热实践中绽放绚丽之花。

项目一

点亮人生指路灯

知人者智，自知者明。胜人者有力，自胜者强。

——《道德经》

项目地图

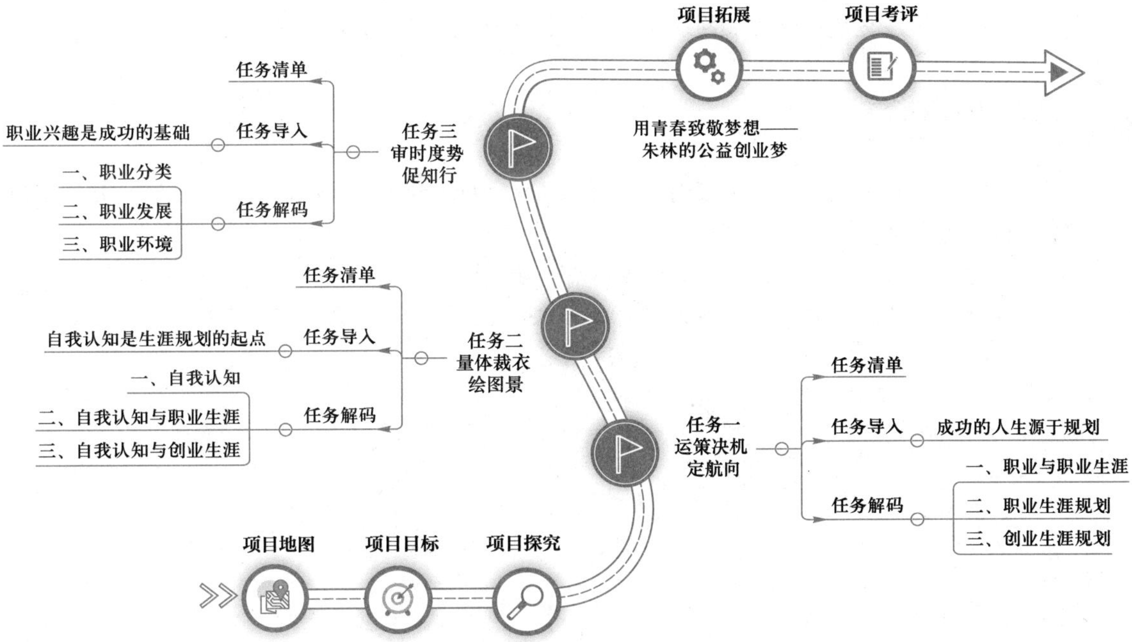

项目目标

● **知识目标**

（1）了解职业生涯规划的概念、内容与步骤。

（2）明确自我认知的内容和方法。

（3）了解职业环境，确立职业发展目标。

（4）掌握绘制生涯彩虹图的方法与技巧。

● **能力目标**

（1）能够运用生涯规划理论分析生涯发展困惑并解决实际问题。

（2）能够认清自我认知与职业发展的关系。

（3）能够根据测评结果客观地对生涯规划进行适时调整。

（4）能够正确评估职业环境并进行自我管理。

● **素养目标**

（1）养成自我分析的习惯，形成生涯规划和主动就业创业的意识。

（2）树立正确的生涯发展观，强化奉献精神和担当意识，涵养家国情怀。

（3）培养适应时代发展的职业意识，善于自我分析和职业探索。

项目探究

（1）刚进入大学，你是否每天都是在忙碌中度过的，但又觉得没有方向，大学生活应该如何安排？

（2）兴趣爱好不广泛对毕业求职会有影响吗？

（3）就业还是升学？未来我该如何选择？

任务一　运策决机定航向

任务清单

教学环节	教学信息	具体内容
教	知识重点	职业生涯规划的概念和创业与就业的关系
	知识难点	运用 SUPER 理论绘制自己的生涯彩虹图
	推荐教学方式	案例分析与能力训练
	教学场所	多媒体教室或创业实训室
	建议学时	2 学时
学	必须掌握的理论知识	职业生涯规划的内容、步骤与影响因素
	必须掌握的工作技能	生涯规划的角色认知 能根据自我需要分析创业潜质
	能力训练	绘制我的生涯规划彩虹图

任务导入

成功的人生源于规划

王丹曾是黑龙江农垦职业学院食品加工技术专业的学生，早在高中阶段她就对烘焙产生了浓厚的兴趣，并梦想有朝一日能创立自己的甜品工作室，用她的话说就是“用最好最健康的食材，做最好吃的甜品，用专业与执着分享甜甜的快乐！”

高考后父母尊重她的意愿，支持她报考了食品加工技术专业。进入大学后，她“如鱼得水”般沉浸在自己热爱的领域中：加入了学校的烘焙社团，认真学习烘焙知识，努力提升专业技能，尤其在西点制作方面成绩斐然。上大三时，她代表学校参加创意西点技术大赛，先后取得了省赛二等奖和国赛二等奖的好成绩。为了提升西点制作水平，能接触到最新的西点制作工艺，她一直坚持利用假期时间，辗转国内多个城市参加培训学习，这让她的专业技能日臻完善。

刚刚毕业的王丹实现了自己的创业梦想，“鹿与海棠——甜品工作室”。王丹在一篇文章中写道：“入行七年，从未停止过学习，把喜欢的事做到‘极致’，在所热爱的世界里‘闪闪发光’，真的是一件很开心的事！”

结合案例，请思考以下问题。

（1）王丹成功地实现了自己创业的梦想，原因是什么？

（2）作为大一学生，你应该如何规划自己的大学生活？

任务解码

一、职业与职业生涯

（一）职业的概念与构成

1. 职业的概念

职业是指人们从事的比较稳定的、有合法收入的工作。一般来说，职业是主体参与社会分工，利用专门的知识和技能，为社会创造物质财富、精神财富，获取合理报酬作为物质生活来源，并满足精神需求的工作。通常能够成为职业的工作必须具备三个条件：一是有专门的分工；二是比较稳定，从事某种工作达到一定的时间；三是有一定的合法收入。

2. 职业的构成要素

中国社会科学院社会学研究所研究员陈婴婴教授认为，职业由以下五个要素构成：一是作为职业符号的职业名称；二是工作的对象和内容；三是承担该职业工作所需要的资格和能力；四是通过该职业工作取得的各种报酬；五是在工作中建立的与其他部门或社会成员的人际关系。

案例品读

职业构成要素分析

我们以农业经理人职业为例，其职业构成要素分析如表 1-1-1 所示。

表 1-1-1　农业经理人的职业构成要素分析

职业构成要素	具体描述
职业名称	农业经理人
工作对象	农业生产、经营、管理
工作内容	搜集和分析农产品供求、客户需求数据等信息；编制生产、服务经营方案和作业计划；调度生产、服务人员，安排生产或服务项目；指导生产、服务人员执行作业标准；疏通营销渠道，维护客户关系；组织产品加工、运输、营销；评估生产、服务绩效，争取资金支持
资格和能力	具有农业经理人国家职业资格证书；具备农产品收购、储运、销售及销售代理、信息传递、服务等能力
报酬	当今的热门高薪职业，根据资料统计，在某些经济发达地区，聘请乡村农业经理人，基准年薪是 18 万元，上不封顶

续表

职业构成要素	具体描述
人际关系	作为新型职业农民队伍中的“白领”、乡村振兴中的领军人才，在农业活动中与家庭农场、农民专业合作社、小微农业企业、农业社会化服务组织的生产者、经营者、管理者进行经济活动

启示：厘清职业构成要素有利于深刻理解职业的内涵，明确职业的工作内容、工作要求与流程，为今后从事该职业奠定良好基础。

课堂活动

结合所学知识点，按要求完成《职业发展与就业创业指导实践手册》项目一 任务一中的课堂活动“所学专业匹配职岗愿景规划”。

（二）职业生涯的概念与分期

1. 职业生涯的概念

“生涯”一词由来已久，“生”原意为“活着”，“涯”原意为“边际”，“生涯”就是“一生”的意思，这里指生命的宽度和深度。在汉语中，“生涯”一词最早见于《养生主》中的“吾生也有涯，而知也无涯”。在英文里，Career（生涯），原指古代的战车，后来逐渐引申为人生的发展道路，是指生命的经历和总的过程。

展阅：“生涯”漫谈

职业生涯规划大师唐纳德·E·舒伯认为，生涯是生活中各种事件的演进方向和历程，它综合了人一生中依序发展的各种职业和生活的角色，由此表现出独特的自我发展形势；它也是人生从青春期到退休后，一连串有酬与无酬职位之综合。除了职业之外，职业生涯还包括所有与工作有关的角色，如学生、工作者等，甚至包括子女、公民、持家者等角色。

知识链接

生涯彩虹图

为了综合阐述生涯发展阶段与角色彼此间的相互影响，舒伯创造性地描绘出一个多重角色生涯发展的综合图形——生涯彩虹图（图 1-1-1）。在生涯彩虹图中，横向层面代表的是横跨一生的生活广度，彩虹的外层显示人生主要的发展阶段和大致估算的年龄；纵向层面代表的是纵贯上下的生活空间，由一组职位和角色所组成，他们交互影响交织出个人独特的生涯类型。在每个阶段，对每个角色的投入程度可以用颜色来表示，颜色面积越多表示对该角色投入得越多，空白越多表示对该角色投入得越少。

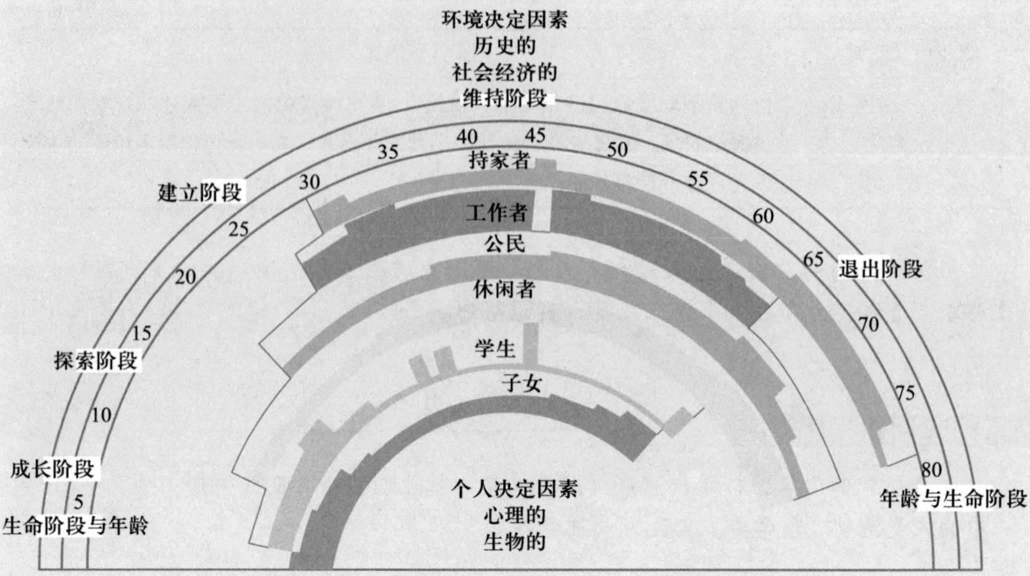

图 1-1-1　生涯彩虹图

职业生涯也被称为事业生涯，是指一个人一生连续担负的工作职业和工作职务的发展道路；是一个人一生中所有与工作相联系的行为与活动，以及相关的态度、价值观、愿望等连续性经历的过程。在一定程度上，职业生涯可以说是多方面相互作用的结果。

2. 职业生涯的分期

人的职业生涯一般可以分为六个时期，具体内容如下。

（1）职业准备期。这个时期一般从十五六岁开始直到面临就业时止，人们在这一时期的主要任务包括职业技能学习和等待就业机会等。

（2）职业选择期。这个时期一般集中在十七八岁到三十岁，人们在这一时期可以根据社会需要和自己的能力及愿望做出职业选择。

（3）职业适应期。这个时期一般从二十五岁开始，人们走上职业岗位从事劳动，接受职业能力的实际检验。在这一时期，有的人能在一两年时间内顺利适应某一种职业，有的人因难以适应而重新选择。

（4）职业稳定期。这个时期一般从三十一岁开始，是人们从事劳动效果最好的时期，也是成就事业、获得社会地位的关键时期，这一时期占据了人们职业生活的绝大部分时间。

（5）职业减退期。这个时期一般从四十六岁开始，由于人们的生理条件在这一时期开始发生改变，职业能力也会随之出现缓慢且不可避免的减退。

（6）职业结束期。这个时期一般从五十五岁开始，这一时期的人们因年老体衰而结束职业生涯。

需要指出的是，在个人的职业生涯中，职业准备期是基础，在很大程度上决定着职业的选择和稳定性；职业选择期是关键时期，它决定着人的职业适应期及适应难度；职业稳定期延续的时间最长，是干事创业的宝贵时期。

二、职业生涯规划

（一）职业生涯规划的概念

职业生涯规划是指个人在对自己职业生涯的主客观条件进行测定、分析、总结研究的基础上，结合自己的兴趣、爱好、能力、经历及职业倾向进行的全面综合分析，立足时代特点，确定最佳的职业奋斗目标，并为这一目标的实现而做出行之有效安排。

（二）职业生涯规划的类型

按照规划的时间维度，职业生涯规划可以分为短期规划、中期规划、长期规划和人生规划四种类型，具体如表 1-1-2 所示。

表 1-1-2　职业生涯规划的类型

类型	时间维度	内容
短期规划	2 年以内	确定近期目标，规划近期应完成的任务。如计划用 1～2 年的时间熟悉新环境并融入其中，为此，要花费时间和精力与学长、同事、老师（或领导）沟通，向“过来人”学习请教
中期规划	2～5 年	这是最为常用的一种职业生涯规划类型。例如，两年后要成为优秀毕业生、模范员工，完成相应的业绩，以及为实现此目标应采取的技能培训等具体措施
长期规划	5～10 年	主要是设定较长远的目标。例如，准备用五年时间，积累丰富的工作经验，对工作做到熟能生巧，在 30 岁时，成为企业技术骨干或部门管理人员，以及为实现此目标应采取的具体措施等
人生规划	40 年左右	整个职业生涯的规划，用来设定整个人生的发展目标和阶梯

（三）职业生涯规划的内容与步骤

依据系统职业生涯规划法，职业生涯规划应包括以下内容和步骤。

1. 确立志向

确定志向是制定职业生涯规划的关键，也是职业生涯中最重要的一点。

2. 自我评估

自我评估的目的是认识自己、了解自己，评估对象包括自己的兴趣、能力、性格、价值观、情商、思维方式方法和道德水准。

3. 机会评估

职业生涯的机会评估，主要是评估各种环境因素对自己职业生涯发展的影响，主要包括分析环境条件的特点、环境的发展变化情况、自己与环境的关系、自己在这个环境中的地位、环境对自己提出的要求及环境对自己有利与不利的条件等。

4. 选择职业生涯路线

（1）职业选择。职业选择正确与否，事关人生事业的成败。在进行职业选择时，主要考虑以下几点：一是兴趣与职业的匹配；二是性格与职业的匹配；三是价值观与职业的匹配；四是能力与职业的匹配；五是内外环境与职业的匹配。

（2）路线选择。进行职业生涯路线选择时，要考虑以下三个问题：一是我想往哪一路线发展；二是我能往哪一路线发展；三是我可以往哪一路线发展。对上述三个问题进行综合分析，以此确定自己的最佳职业生涯路线。

5. 设定职业生涯目标

职业生涯目标的设定是职业生涯规划的核心。目标的设定是继职业选择、职业生涯路线选择后，对人生目标做出的抉择，是以自己的兴趣、性格、能力、价值观、资源等信息为依据的。与职业生涯规划对应，职业生涯目标同样分短期目标、中期目标、长期目标和人生目标。

6. 制订职业生涯行动计划

在确定了职业生涯目标后，行动便成了关键环节。没有行动，目标无法实现，也就谈不上事业的成功。例如，为达成目标，在工作方面，计划采取哪些措施来提高工作效率；在业务素质方面，计划学习哪些知识，掌握哪些技能来提高业务能力；在潜能开发方面，将采取哪些措施和解决方案等。这些都要有具体的计划与明确的方法，以便定时检查。

7. 实施职业生涯评估反馈

影响职业生涯规划的因素有很多，有的可以预测，而有的则难以掌控。在此状况下，要使职业生涯规划行之有效，就需要不断对职业生涯规划进行评估与修订。修订的内容包括职业的重新选择、职业生涯路线的调整、人生目标的修正、实施方法与计划的变更等。

习测：因热爱而执着，因梦想而坚持

自我评测

请扫描二维码，通过视频学习，思考你的人生志向，并谈谈你对职业生涯规划的理解。

（四）职业生涯规划的影响因素

影响职业生涯规划的因素是多方面的，其中有个人素质、心理承受力等主观因素，也有社会环境、机遇挑战等客观因素，它们相互关联、相互依靠，共同影响着一个人的职业生涯发展。这些因素主要包括以下三个层面。

1. 自身因素

影响职业生涯规划的自身因素主要包括性别、年龄、健康状况、个性特征与兴趣爱好等。每个人的性格类型、应激机制、思维、经验等存在着较大差异，使得人们在职业生涯规划过程中对工作内容及其处理方式的认知存在一定差别，甚至大相径庭。

2. 家庭因素

家庭环境是个体人格特点、价值观、需求、学习能力等主要的养成场所，是影响职业决策的重要因素。家庭对择业态度、观念、行为产生影响，有时甚至成为职业决策的决定因素。影响职业生涯规划的家庭因素主要有家庭经济水平、父母职业水平、教育程度、家庭社会关系等。

3. 社会因素

社会因素对于职业生涯规划的影响也是不容忽视的。例如，一个国家的社会政策影响着一个行业的兴衰，很多行业的未来发展趋势是和国家的政策导向息息相关的。另外，社会需求深刻影响着我们的职业发展与决策，是促进行业发展的长远动力，职业生涯规划也要符合社会需求。

综上所述，在我们的职业生涯规划过程中，每个人必然要受到多重因素的影响与制约。作为当代大学生，要学会处理个人、社会与国家的关系。从个人视角来看，每个人都要满足“小我”的需求；从家庭视角来看，每个人都会受到重要的他人（如父母）的期待与影响；从社会视角来看，每个人都是社会人，我们的职业更要满足社会和国家的需要。因此在选择职业时，我们要正确处理个人志趣与家庭需求、社会需要的关系。

课堂活动

结合所学知识点，按要求完成《职业发展与就业创业指导实践手册》项目一 任务一中的课堂活动“职业生涯发展影响因素汇总”。

三、创业生涯规划

（一）创业的概念与内涵

1. 创业的概念

“创业”一词在《辞海》中的解释是“创立基业”，基业是指事业的基础。《现代汉语词典》对“创业”的解释是“创办事业”。事业是指人们所从事的，具有一定目标、规模和系统并对社会发展有影响的经济活动。

在汉语中，“创业”一词古已有之，最早出现于《孟子·梁惠王下》：“君子创业垂统，为可继也。若夫成功，则天也。”释义为：君子创立基业传之子孙，为其可以继承下去。至于能否成功，那就看天命所在了。这句话中的创业也是创立基业之意。

创业有广义与狭义之说。前者指在各个领域开创事业并且在特定领域内形成较大的影响，一般强调国计民生的事业。后者指自主创业，即创业者在不确定的环境中，通过发现、识别和捕捉创业机会并有效整合资源，获取商业利润，创造个人价值与社会价值的过程。不管是狭义还是广义的概念，创业总是以实现价值为终极目标的，是个人价值与社会价值的统一。

2. 创业的内涵

根据创业的概念，我们可以提炼出创业的内涵。

（1）创业是创造出某种有价值的新事物的过程，创造的是社会需要的某种产品或服务，以及承载、运作它们必需的组织实体（企业）。

（2）创业活动最显著的特点为机会导向。创业活动的开展往往是因为创业者发现了有价值的机会。简单地说，创业活动实质上就是识别、开发和利用机会，最终实现机会价值的过程。

（3）创业需要付出时间和努力并承担必然的风险。创业是一项复杂的系统工程，要想完成整个创业过程，创造新的、有价值的事物，就需要大量的时间投入并为之付诸努力。创业过程具有高风险和不确定性，创业的风险多种多样，一般取决于创业领域的特点。

（4）创业可以给予创业者回报（收获）。作为一个创业者，创业带来的最重要的回报是因此而获得独立自主，以及随之而来的个人满足和价值体现。

自我评测

请扫描二维码，通过阅读案例，分享你对创业的理解。

习测：创新跨界创业成功密码　整合资源服务地方经济

（二）创业与就业的关系

1. 创业与就业的联系

创业与就业是一个相互联系、相互依存的关系，创业是主动的，就业是被动的；创业是就业的前提，就业依赖于创业。两者的原始目的一样，都是为了谋生，获得劳动收入，两者都是成就一番事业、实现自身价值的途径。例如，有人选择“就业—择业—创业”的职业发展路径，这个过程就使得就业成为创业的前期积累和储备。创业和就业都促进了国家的经济发展，没有创业也就没有就业，如果社会上的创业者数量不足，就会出现大量的失业者；而实现更加充分、更高质量的就业，则有利于拓宽国家经济发展方式。因此，创业与就业具有相似的逻辑、阶段、特征和发展要求，创业与就业生涯规划如图 1-1-2 所示。

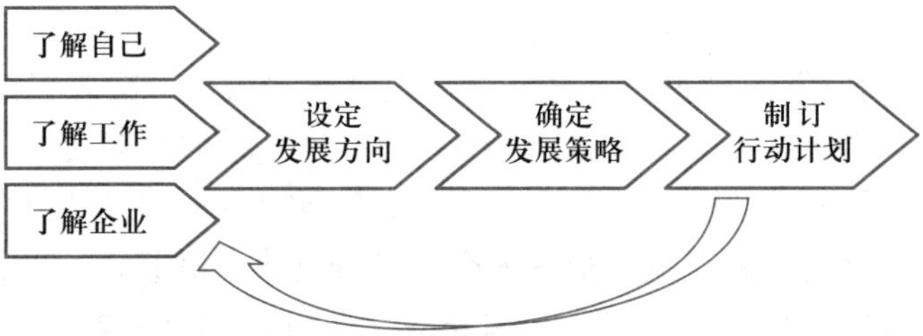

图 1-1-2　创业与就业生涯规划

2. 创业与就业的区别

（1）思维模式不同。一个人是否适合创业，首先取决于他的创业动机，因为动机不同，结果一定不同。有人创业是为了生存，有人创业是为了证明自身的价值，有人创业是为了更好地生活，因为创业是高质量就业的一种体现。

（2）理财方式不同。真正的创业者应时刻做好持续创收的准备，创业者有钱不会投资消费，不会投资享受，而是投资市场开发，投资产品更新，投资团队打造，投资客户服务。看一个人的钱从哪里来，就看他把钱花到哪里去，这就是创业者与就业者的区别，因为理财方式的不同，所以挣钱方式不一样。

（3）时间管理不同。就业者的时间是别人的，所以就业者除了工作，其他的时间是自己的，而创业者的时间是自己的，因此创业者对时间管理意识比较强。

（4）责任意识不同。创业者需要对创业结果负责任，所以创业者的生存意识、危机意识、竞争意识、创新意识比较强。创业者需要承担更多的责任。从社会角度来看，创业者不仅解决了自己的就业，还解决了他人的就业，为国家排忧解难。

（5）承受能力不同。有人戏称，世界上最穷的人不是乞丐，而是创业者。因为乞丐没有负债，而创业者多数是负债经营，所以作为创业者必须要有承担创业风险的能力。看一个人能取得多大成就，就看这个人在面对失败时的承受能力有多强。

综上，创业与就业既有本质的区别，又有相互的联系，绝不可割裂开来，更不能相互对立。对于当代大学生而言，不管是创业，还是就业，都应该培养创新创业精神。即便是先就业，也应“以创业的心态去就业”，怀着创业的梦想去就业。

（三）大学生创业的意义

1. 大学生创业对社会的意义

就业是民生之本，创业是就业之源。党的二十大报告在谈到实施就业优先战略时强调，“完善促进创业带动就业的保障制度，支持和规范发展新就业形态”。青年大学生作为中国最具活力的群体，如果内心充满创业的欲望和冲动，那么中华民族永续发展的动力将源源不绝。大学生创业对社会的意义具体包括以下三个方面。

（1）提升全社会创新能力。国家积极倡导“大众创业、万众创新”，而大学生群体思想活跃、视野开阔、乐于接触新鲜事物，学习和创新能力强，是创新创业的生力军。大学生利用所学知识和专业本领进行创业，能通过倍增效应影响全社会，带动全社会掀起创新浪潮。

（2）增加社会财富。大学生创业可以增加社会财富，促进经济发展和社会繁荣，推动先进技术转化和生产力创新发展，助力实现共同富裕。

（3）缓解社会就业压力。扶持大学生创业是拓宽就业渠道、推动更高质量就业的必要路径。大学通过自主创业活动还能增加就业岗位，从而缓解社会就业压力，改善人民生活质量。

2. 大学生创业对个人的意义

大学生创业对个人的意义具体包括以下三个方面。

（1）发挥自我才能，促进自我实现。大学生通过自主创业，可以把自己的兴趣与创业项目紧密结合，做自己最感兴趣、最愿意做和自己认为最值得做的事情。创业为大学生提供了充分实现自我价值的机会和舞台。

（2）积累自身财富，以实力回馈社会。创业可以帮助个人积累财富，使个人具有极高的成就感，有机会和实力回馈社会。产业结构调整带来巨大的创业机会，促使大学生创业，通过创业行动实现致富梦想。

（3）挑战自我，提升境界。大学生在自主创业的过程中，困难、挫折、失败都在所难免，这就要求自主创业的大学生具备顽强的意志和良好的品格，勇于承担风险，自立自强，艰苦拼搏。通过创业可以培养大学生创业者自立自强意识、风险意识、拼搏精神和艰苦奋斗的作风，从而提升职业生涯境界。

习测：
创业倾向测试

自我评测

请扫描二维码，完成创业倾向测试，明确自己创业倾向程度。

任务实训

结合本任务学习，按要求完成《职业发展与就业创业指导实践手册》项目一 任务一中的实训演练“绘制生涯规划彩虹图”。

任务小结

通过本任务学习，能够帮助大学生培育积极的生活态度，树立正确的职业生涯规划意识，使大学生认识到学习职业生涯规划的必要性与重要性，获得自我发展的自主意识，形成正确的职业生涯发展观、自主学习观。同时，通过学习掌握影响职业生涯规划的影响因素，可以为大学生制定科学的职业生涯规划奠定基础。

任务评价

本任务学习已完毕，请在《职业发展与就业指导实践手册》的项目一 任务一的“任务评价”中，就自身专业能力与核心能力的提升情况开展能力自评。

任务二　量体裁衣绘图景

任务清单

教学环节	教学信息	具体内容
教	知识重点	认清自我认知与职业发展的关系
	知识难点	自我认知的原则和方法
	推荐教学方式	测评工具使用与个性化咨询相结合
	教学场所	多媒体教室或创业实训室
	建议学时	2 学时
学	必须掌握的理论知识	自我认知的重要意义、原则、方法和内容
	必须掌握的工作技能	自我分析与职业匹配
	能力训练	撰写自我分析报告

任务导入

自我认知是生涯规划的起点

王宇（化名）是一名入学不久的大一新生，在高考填报志愿时，他就曾经因不知道该选什么专业而困惑。有人告诉他"选一个自己喜欢的就行"，而他却不知道自己喜欢什么。于是他听从父母的意愿，选了康复治疗技术专业。目前，他对自己所学的专业谈不上喜欢还是不喜欢，对于学习的专业内容，认为"按部就班就好，不补考，顺利毕业，最后找到工作就行"。然而，学习了职业生涯规划课程后，他开始思考："我选择的专业是不是我所喜欢的？我未来适合做什么样的工作？我最看重什么样的工作？"……每当想起这些问题，他就会陷入迷茫。

有调查显示，当前国内高职院校新生中普遍存在一些问题：80% 的新生不知道在大学里怎样学习，51% 的新生在老师没有布置作业的情况下觉得无事可做，50% 的新生对专业学习没有具体明确目标……在这些问题的背后，最根本的症结在于：大学新生对自我的认知还不够清晰。

结合案例，请思考以下问题。

（1）让王宇产生困惑的根源是什么？

（2）如果你也有这些困惑，那么你会怎么办？

任务解码

一、自我认知

（一）自我认知的概念

自我认知也叫自我评价，就是对自己做全面分析，客观认识自我，充分了解自己的职业兴趣、职业性格、职业价值观、职业能力，以及行为风格、优劣势等。只有对自己有一个准确的认知，才能对自己的职业做出正确的选择。

（二）自我认知的内涵

古今中外，先哲们都把"认识自己"看作是最高智慧。老子在《道德经》里说："知人者智，自知者明。"强调了自我认知比认知他人更有智慧，认为它是一个人最重要的一种能力；在希腊德尔斐遗址的阿波罗神庙前的石碑上，刻着一道象征人类最高智慧的箴言：认识你自己！这些都深刻地揭示了认识自己、肯定自己、接纳自己的重要性。现实中我们也常说"人贵有自知之明"。可见，如果一个人越能够深入了解自己，就越容易发现一条能够最大限度发展潜力的职业轨道。

一个人从出生就在不断地进行自我探索和自我调整，而大学阶段是自我同一性形成的关键时期。对于大学生来说，除了需要对自我有更多了解，还需要学习自我探索的方式，掌握自我探索的技巧。

（三）自我认知的原则

自我认知是建立在自我观察与自我分析基础上的自我身心素质的全面评估。正确的自我认知须遵循以下原则。

（1）评价应适度。过高的评价往往使人由自信走向自负；过低的评价往往忽视自我的长处，缺乏自信，过于自卑。

（2）评价应全面。评价既要看到优点和特长，又要看到缺点和不足；既要具体评价，又要综合评价；既要考虑整体因素，又要考虑重点因素。

（3）评价应客观。评价要以客观事实作为基础和依据，努力克服和排除个人主观因素的限制和干扰。

（4）评价应长远。不但要对自我的现实素质做出评价，而且要着眼于未来发展。

（四）自我认知的方法

大学生在进行职业规划时，应当使用正确的自我认知方法，这样有利于做出准确全面的自我认知。

1. 自省法

自省法是个体对照评估指标进行反省，对自己的行为状态、特征进行理解和评估的方法。

习测：自省练习

自我评测

请同学们扫描二维码，完成自省练习，并做好相应记录。

2. 比较法

比较法是认识事物的一种基本方法，是通过观察、分析，找出研究对象的相同点和不同点，进而发现事物的本质、特征及其发展规律的方法。

3. 橱窗法

橱窗法是一种借助直角坐标的不同象限来表示人的不同部分的分析方法。它以“别人知道”或“别人不知道”为横坐标，以“自己知道”或“自己不知道”为纵坐标，从“公开我”“背脊我”“潜在我”和“隐私我”四个方面进行具体分析（图 1-2-1）。

展阅：网络心理测试靠谱吗？

4. 测试法

此处所说的测试法主要以心理测试为主，指以特定的理论为基础，用科学的方法，经过问题设计、抽样统计、建立模型等程序编写测评工具，运用测试工具对被测试者进行测试评价。大学生要根据自己职业生涯规划的需要选择测试，一定要选择专业的机构（如医院心理科、学校心理健康教育中心、职业生涯咨询工作室）接受正规的测试服务，获得专业评价，否则效果可能适得其反。

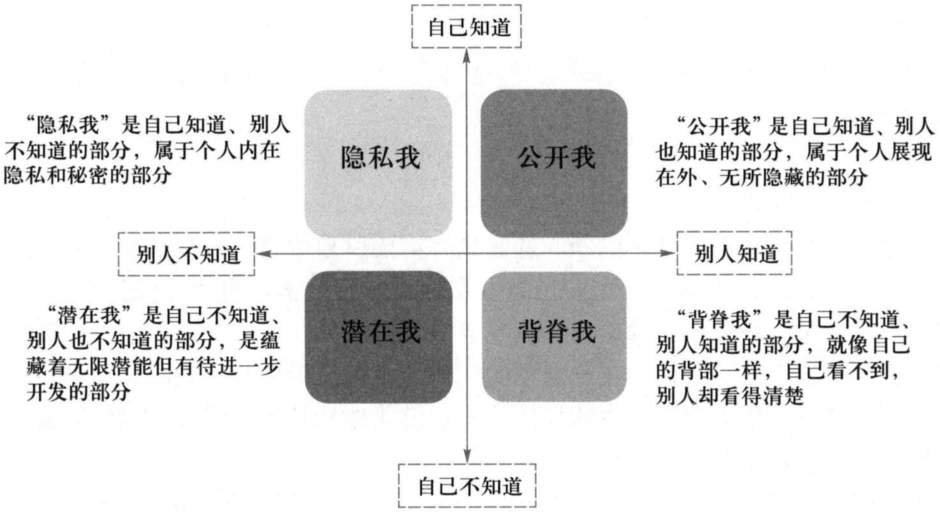

图 1-2-1　橱窗法图示

（五）自我认知的内容

职业生涯的自我认知主要包含四个维度的内容，即兴趣、性格、价值观和能力，不同维度的自我认知有着不同的特点和作用。

1. 兴趣

（1）职业兴趣认知。

兴趣是一种重要的心理倾向，是个体对特定的事物、活动及人为对象，所产生的积极的和带有倾向性、选择性的态度和情绪，当兴趣直接指向与职业有关的活动时，就称之为职业兴趣。

职业兴趣是指一个人在探究某种职业活动或者从事某种职业活动过程中所表现出来的特殊个性倾向，它使个人对某种职业给予优先的注意，并具有向往的情感。

案例品读

一名高职生的独白：我想当一名优秀的农业装备维修技师

"我是一名高职生，从小对机械设备有浓厚的兴趣，所以选择了跟农机装备打交道的专业——现代农业装备应用技术。我的优点是：身体素质好、动手能力强。我的家在农村，村子紧挨着省道，来往的车辆很多，以前我常常去路边的汽车修理店看别人修车，这也为我学习这个专业奠定了基础。现在我们学校里不但有各种农业机械，而且有很多进口的农机检测设备，所以我总是盼着上实训课。"

"我想当一名优秀的农业装备维修技师，不管到哪儿去修车，我都会认认真真地做，我会把自己选择的这份工作当作生活中的重要部分。我会认真地对待每一台农机设备。我的目标是：让农户放心地把农机送到我这儿来修理。他们取车时，还能从我这儿知道为什么会出现这种故障，平时怎样使用才能避免出现这种故障，这也算一项优质服务吧。”

启示：职业兴趣反映了职业特点和个体特点之间的匹配关系，是人们职业选择的重要依据。

展阅：霍兰德六种职业兴趣特点

（2）职业兴趣理论。

职业兴趣理论对于大学生的职业选择具有重要引导作用，最具影响力的当属霍兰德职业兴趣理论。世界著名的职业指导专家约翰·霍兰德，自20世纪50年代以来，提出了一系列关于职业兴趣的研究假设并取得丰硕成果。他认为职业选择是个人兴趣在工作世界中的表露和延伸，某一类型的职业通常会吸引具有相同职业兴趣的人，而具有相同职业兴趣的人对许多生活事件的反应模式也是基本相似的，他们创造了具有某一特点的生活环境及工作环境。

霍兰德职业兴趣理论的基点有以下四个基本假设。一是大部分人的职业兴趣可分为六种类型，即现实型（R，Realistic）、研究型（I，Investigative）、艺术型（A，Artistic）、社会型（S，Social）、企业型（E，Enterprising）和常规型（C，Conventional）六种类型。二是现实社会中存在六种类型的工作环境。三是人们倾向于寻找和选择那种有利于他们的技术、能力发挥，能充分表达他们的态度，实现他们的价值，并使自己能扮演满意角色的环境。四是一个人的行为是其本人兴趣和环境特征相互作用的结果。

霍兰德将六种职业兴趣类型排列成一个六边形（图1-2-2），形象地阐述了六种职业兴趣类型之间的关系。

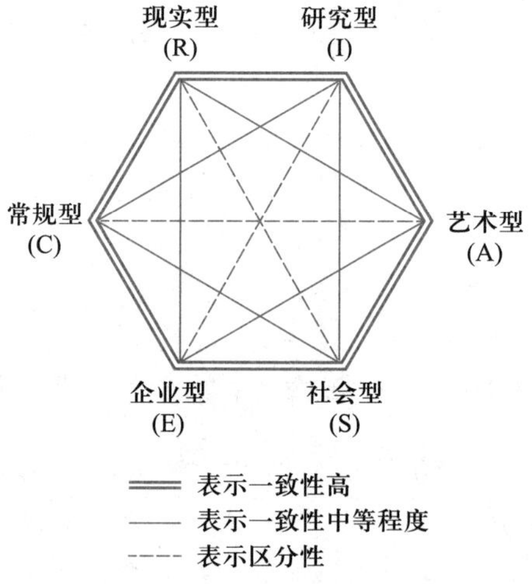

图1-2-2　霍兰德职业兴趣六边形

在这个六边形中，每种职业兴趣类型与其邻近的两种类型属于相邻关系，与其处于次对角线上的两种类型属于相隔关系，与其处于主对角线上的类型属于相对关系。对此，霍兰德提出在职业选择时应遵循以下四个原则。

第一，适宜原则。根据职业兴趣类型选择适宜从事的、同种类型的职业。

第二，相邻原则。人们选择从事与职业兴趣类型为相邻关系的职业，比较容易适应。例如，RI、IA，属于这种关系的两种类型的个体之间共同点较多，现实型（R）、研究型（I）的人都不太偏好人际交往，这两种职业环境中也都较少有机会与人接触。

第三，相隔原则。人们选择从事与职业兴趣类型为相隔关系的职业，经过艰苦努力，较容易适应。例如，RA、RE，属于这种关系的两种类型的个体之间共同点较相邻关系少。

第四，相对原则。人们如果选择与职业兴趣类型为相对关系的职业，则很难适应。例如，RS、IE，属于这种关系的两种类型的个体之间共同点少，因此，同一个人同时对处于相对关系的两种职业环境都兴趣很浓的情况较为少见。

（3）职业兴趣自我探索。

人们在选择职业时发生困难，往往是由于对自己的兴趣、能力不够了解，通过职业兴趣测评能够帮助我们澄清自己的职业兴趣及其特点，探索我们的职业倾向。

自我评测

请扫描二维码，完成霍兰德职业兴趣测评，明确自己的职业兴趣类型及职业倾向。

习测：
霍兰德职业兴趣测评

课堂活动

结合所学知识点，按要求完成《职业发展与就业创业指导实践手册》项目一 任务二中的课堂活动“兴趣探索”。

2. 性格

（1）职业性格认知。

性格是指一个人在先天生理素质的基础上，在社会实践活动和不同环境的熏陶下逐渐形成的比较稳定的心理特征，也被称为人格特质，是一个人在生活中对他人、对事、对自己、对外在环境所表现出来的一致性应对方式。

职业性格是指人们在长期特定的职业生活中所形成的与职业相联系的、稳定的心理特征。

（2）职业性格理论。

从事任何一种职业都会有一定的职业性格要求，与职业要求相符的职业性格有助于更好地完成工作。在心理学中关于性格的理论有许多，在这里我们主要运用MBTI人格理论来进行职业性格分析。MBTI全称为“Myers-Briggs Type Indicator”，是一种性格测试工具，用以衡量和描述人们在获取信息、做出决策、对待生活等方面的心理活动规律和性格类型。目前被广泛应用于自我探索、职业发展、人才选拔、团队建设、管理培训、恋爱与婚姻咨询、教育咨询等诸多领域。

MBTI衡量的是个人的类型偏好，或称作倾向。所谓“偏好”是一种天生的倾向性，是一种特定的行为和思考方式。这些偏好并无优劣之分，却形成了人与人之间的不同。MBTI人格理论用四维度偏好二分法来评估一个人的类型偏好，每个维度偏好均由两极组成，构成该理论的四维八极（图1-2-3）。

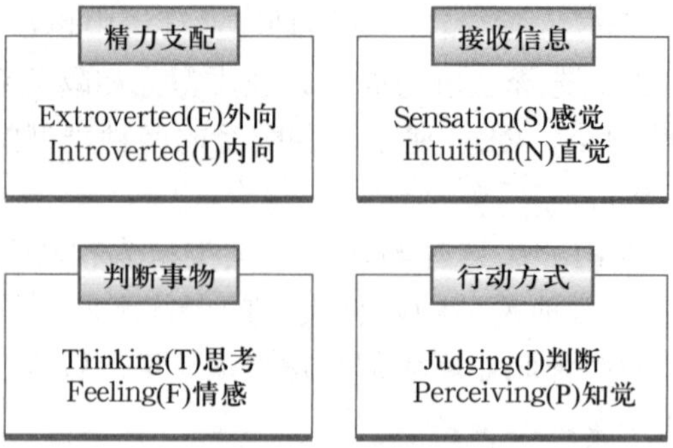

图 1-2-3　MBTI 性格理论基本概念类型

第一，精力支配：内向（I）—外向（E）维度。该维度用以表示个体心理能量的获得途径和与外界相互作用的程度，即个体的注意力较多地指向于外部的客观环境，或内部的概念建构和思想观念。

第二，接收信息：感觉（S）—直觉（N）维度。该维度用以表示个体在认识世界的方式上存在的差别，即倾向于通过各种感官去注意现实的、直接的、实际的、可观察的事件，还是对事件将来的各种可能性和事件背后隐含的意义、符号和理论感兴趣。

第三，判断事物：思考（T）—情感（F）维度。该维度用于表示个体在做决定时采用什么系统，即做决定和下结论的方法，是客观的逻辑推理，还是主观的情感判断。

第四，行动方式：知觉（P）—判断（J）维度。该维度用以描述个体的生活方式，即倾向于以一种较固定的方式生活（或做决定），还是以一种更自然的方式生活（或收集信息）。

MBTI 人格理论在职业实践中主要是探讨各种性格类型与相关职业的匹配程度，能够让人们更好地认识和了解自己，可以帮助人力资源部门对不同类型的员工进行更好的组合。

课播：MBTI 十六种性格类型解读

职业咨询专家认为，大部分人在二十岁以后会形成稳定的 MBTI 性格类型，此后基本固定。当然，MBTI 性格类型会随着年龄的增加、经验的丰富而发展完善。

对于大学生而言，在进行职业生涯设计时除了参考职业兴趣，还要了解自己的 MBTI 职业性格类型，它不仅可以提供选择职业岗位、工作环境等方面的参考，还可以根据个人的情况提出系统的发展建议。

展阅：MBTI 十六种性格类型与职业的匹配

（3）职业性格自我探索。

在现实生活中，每个维度的两个方面你都会用到，只是其中的某个方面你用得更频繁、更舒适。这个方面就是你在这个维度上的偏好，而四个维度上的偏好加以组合，就形成了你的性格类型，它反映了你在一系列心理过程中的行为方式上的特点。

习测：MBTI 性格测评

自我评测

请扫描二维码，完成 MBTI 性格测评，明确自己的职业性格类型，以及每个维度的特点与偏好。在完成了 MBTI 四个维度的测评后，你是否已经能初步判断出自己在每个维度上的偏好？

课堂活动

结合所学知识点，按要求完成《职业发展与就业创业指导实践手册》项目一任务二中的课堂活动“性格探索”。

3. 价值观

（1）职业价值观认知。

价值观是我们每个人独有的一种非常重要的观念体系和动力系统，是个人行为驱动和心灵成长的动力和源泉。每个人都有自己所追求的人生理想和人生目标，也都有自己所期望、所需求的事物。价值观就像“一只看不见的手”，引导我们在纷繁复杂的情境中做出选择。

职业价值观是价值观在所从事的职业上的体现，是人们对待职业的一种信念和态度，或是人们在职业生涯中表现出来的一种价值取向。它是我们的人生观、世界观、价值观在职业上的延伸，职业价值观是人对职业的价值判断，产生的持久的信念和评价。

自我评测

请扫描二维码，你认为“小人物”在平凡岗位中体现了哪些可贵的价值观？对你有哪些启示？

习测：价值观——“小人物”的光芒

（2）职业价值观理论。

正所谓“人各有志”，个人职业价值观的走向体现了一个人的工作理念，也是个人发展的目标和方向，一个人工作的好与坏乃至对工作的态度都体现了个人的核心价值观。职业锚理论是国内外众多职业价值观理论中的典型代表。该理论产生于著名职业指导专家埃德加·H·施恩教授领导的专门研究小组，是从麻省理工学院毕业生的职业生涯研究中演绎出来的。职业锚是指当一个人不得不做出选择的时候，他无论如何都不会放弃职业中至关重要的东西或者价值观。施恩先后共界定了技术/职能型、管理型、自主/独立型、挑战型、服务/奉献型、创造/创业型、安全/稳定型、生活型八种的职业锚（图1-2-4）。

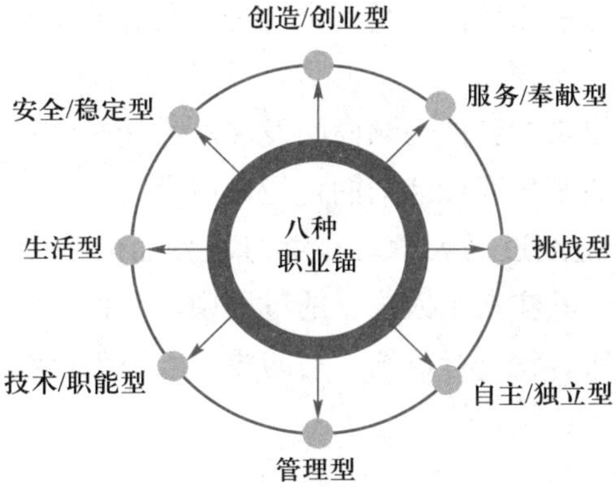

图1-2-4　八种职业锚

（3）职业价值观自我探索。

价值观透视出你最看重的是什么，如果你想了解自己如何做出的决定、为何做出如此职业决定，最重要的就是了解自己的职业价值观。

自我评测

请扫描二维码，完成价值观测试，确定你的梦想方向。

课堂活动

结合所学知识点，按要求完成《职业发展与就业创业指导实践手册》项目一 任务二中的课堂活动“价值观探索”。

4. 能力

（1）职业能力认知。

你有哪些能力？你的专业技能如何？这是每个求职者在求职时都要面对的问题，用人单位在现实工作中最看重的就是我们的工作能力。

能力是人格（性格）的一个组成部分，心理学认为能力是人们成功地完成某种活动所必备的心理特征，是人格特征的综合表现。能力总是和人们完成一定的实践相联系的，离开了具体实践，既不能表现人的能力，也不能发展人的能力。人们所从事的活动往往是复杂的、多方面的，因此它常常需要同时具备多方面的心理特征。如绘画能力，它既要求较高水平的形象记忆和色彩鉴别能力，也要求空间知觉和视觉想象力的发展达到一定程度。只有各方面能力的组合能满足某一活动的综合要求时，人们才能胜任这一活动。一个人的能力是在掌握知识的过程中形成和发展的，在人的一生中，能力随着年龄增加有一个形成、发展、衰退的过程。

能力按照个体获得的方式，可以分为以下两个大类。

第一，潜能。潜能即能力倾向，是每个人先天具有的特殊才能，如音乐天赋、运动能力等。潜能指一个人能学会什么，以及一个人获得新的知识和技能的潜力如何。遗传、环境和文化都可以影响到能力倾向的发展。潜能是经过适当学习、训练后被置于一定条件下时，能完成某种职业活动的可能性或潜力。

第二，技能。技能是经过后天学习和练习培养而成的能力，如阅读能力、人际交往能力、表达能力等。其实在个人成长的过程中，我们从什么也不会的婴儿到一个能自理生活，能够看、听、说、行、读、写的成年人，就已经不知不觉地学会了无数技能。

案例品读

“菜鸟”的蜕变

思琪是一个文静瘦弱的女孩，小时候就喜欢画画，她的心中一直有个设计师梦。高中毕业时，她为了坚持自己的梦想，不顾父母反对，报了某职业院校建筑室内设计专业。在校期间，她努力学习专业课程，专业成绩多次名列年级第一。为了提高专业技能，她每天坚持画图，每一张图纸都反复琢磨，力求完美，练就了扎实的专业基本功。

毕业后，思琪作为“菜鸟”被安排到工地帮师傅搬砖头。对这份看似不起眼的工作，思琪并没有抱怨，她借此机会把工地上房屋的原始结构、水泥的配比及各种施工技巧和注意事项都一一记在心里。这段日子，思琪觉得虽然辛苦却快乐而充实。三个月后，企业负责人交给思琪一项任务，独立完成一张家居施工图的设计。对于刚毕业的大学生来说，这几乎是不可能完成的任务，但思琪并没有退缩，她找来一张完整的施工图作为参考，熬了三天三夜，一笔一画地临摹、对照，最终按时完成了设计图的绘制。自此以后，企业负责人放心地把设计方面的工作交给了思琪，她也慢慢地从设计师助理成长为一名成熟的设计师。

启示：由“菜鸟”到成熟的设计师，思琪的蜕变是不断挑战、敢于实践的结果，她的成功说明：技能是在运用知识去解决某种问题的过程中逐步形成的，可以在实践中不断巩固并得以强化。

技能一般分为专业知识技能、可迁移技能、自我管理技能三个类型，也被称为能力三核，具体内容如图 1-2-5 所示。

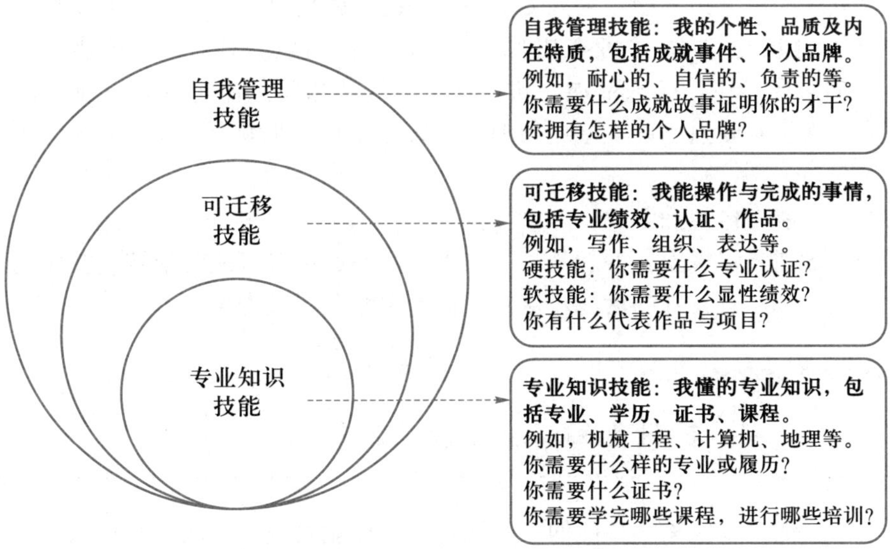

图 1-2-5　能力三核

（2）职业能力理论。

大多数人找工作，首先考虑的是“我能够做什么”？这就是从职业能力的角度去定位自己的职业。“冰山模型”理论（图 1-2-6）被人们广泛运用于自身职业能力的梳理。该理论是美国著名心理学家戴维·麦克利兰于 1973 年提出的，所谓“冰山模型”就是将人员个体素质的不同表现形式划分为表面的“冰山以上部分”和深藏的“冰山以下部分”。其中，“冰山以上部分”包括知识和技能，是外在表现，是容易了解与测量的部分，相对而言也比较容易通过培训来改变和发展。“冰山以下部分”包括天赋层面的价值观、性格特质和动机等，是人内在的、难以测量的部分，它们不太容易因外界的影响而得到改变，但对人的行为与表现却起着关键性的作用。

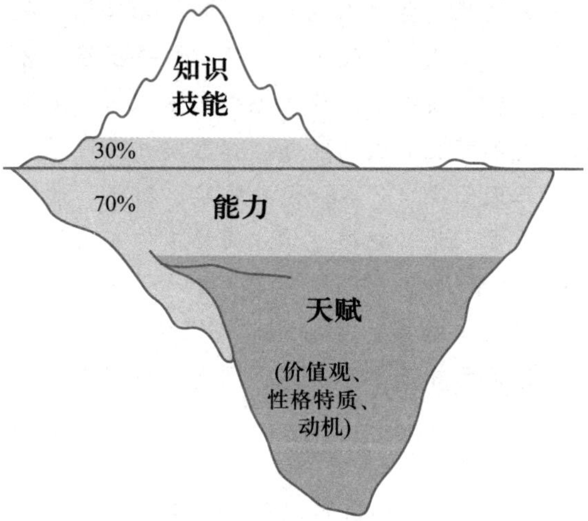

图 1-2-6 “冰山模型”理论

麦克利兰的“冰山模型”为人力资源管理的实践提供了一个全新的视角，成为企业人才选拔的重要依据，企业在招聘人才时，不仅局限于对知识与技能的考查，还对应聘者的求职动机、个人品质、价值观、自我认知和角色定位等方面进行综合考量。作为大学生，要熟悉并掌握这一理论，努力提升职业能力，成长为一名优秀的职业人。

（3）职业能力自我探索。

第一，潜能自我探索。潜能是与生俱来的，不过也有可能因未被开发而荒废。我们每个人身上都具有特殊的潜能，这对我们的生涯发展极为重要。

习测：潜力测试

自我评测

请扫描二维码，完成潜力测试，明确你的发展可能性与潜力。

第二，技能自我探索。技能的自我探索依据技能的分类，从专业知识技能、可迁移技能、自我管理技能三个方面来进行。

自我评测

请扫描二维码，完成技能测试，明确自己的技能情况。

习测：
技能测试

课堂活动

结合所学知识点，按要求完成《职业发展与就业创业指导实践手册》项目一 任务二中的课堂活动“能力探索”。

二、自我认知与职业生涯

结合自我认知的四个维度内容，有助于我们厘清自我认知与职业生涯的关系。

（一）兴趣与职业生涯

兴趣与职业生涯发展密切相关，兴趣是职业活动的巨大动力。同时职业兴趣以社会的职业需要为基础，并在一定的学习与教育条件下形成和发展起来，因此是可以培养的。

（二）性格与职业生涯

性格和职业的关系是一种彼此制约又互相促进的关系。人生的诀窍就是经营自己的长处，只有选择适合个人性格的职业，才能更好地发挥自己的个性优势。

大学阶段是性格形成的关键时期，可塑性强，只要充分认识自己、了解自己、扬长避短、加强修炼，一定能够成为命运的主宰者。

职业性格不是一日形成的，需要坚持不懈、日积月累地不断总结提炼。我们要对自己的性格特征进行科学的分析与评价，并在此基础上找出与职业性格要求存在的差距，从而找准目标，使自己不断地进行性格的养成与磨炼，最终形成良好的职业性格。

知识链接

职业性格调适的途径和方法

（1）澄清观念，培养意识。树立职业自豪感是培养良好职业性格的基础。大学生要努力培养自己的自我意识，克服个性上的缺点，强化个性优势，充分认识到提升个性心理品质对于职业发展与事业成功的重要价值。

（2）学习榜样，陶冶性情。榜样力量是职业性格形成的牵引力。职场中的榜样像一面镜子，照出了自身存在的差距，会成为自己努力调适职业性格的强劲力量。

（3）严格要求，提高素养。要养成自律的品格、慎独的品质和自省的习惯，通过自我反省、自我约束，达到自我提高、自我完善的目的。

（4）积极实践，加强磨炼。任何职业性格的培养都离不开实践活动。大学生要积极参加社会实践，在具体实践中认识到自身掣肘职业发展的个性和心态，并加以调试和修正。

展阅：
青年人应如何选择职业？

（三）职业价值观与职业生涯

人们只有在职业活动中找到了自己的价值所在，工作和生活才会因获得满足而充实且有意义。由于各种主客观条件的限制，人们的职业价值观常常会出现许多误区，影响人们的择业行为。例如，赶时髦和随大流，缺乏主见，缺少独立思考；求体面，过分强调职业的社会地位；图实惠，盲目追求高薪高酬的职业；图轻松，缺乏事业心和责任感等。职业价值观通过人们的行为、态度、信念、兴趣等对职业选择产生着影响。可见，树立良好正确的职业价值观，可以引导求职者走上成功和发展之路。

（四）能力与职业生涯

能力是一个人能否进入职业生涯的先决条件。无论从事什么职业总要有一定的能力作为保证。没有能力，也就无职业生涯可言。人的一生可能从事各种各样的社会工作，必须具备与之相适应的多种能力。能力不同，职业选择就有差异。

不同的工作对从业人员的技能要求不同。当你对自己的能力有了一定的认知之后，你所面对的问题就是我要在哪些地方、在哪个领域施展这些能力？哪些职业利于我施展这些能力？探索自己的职业能力，目的是选择一个自己喜欢又有能力从事的工作。所以，你还必须研究你所心仪的目标职业对技能的要求。这样在大学阶段，你就可以制订自己的学业规划，有意识、有计划地根据目标职业的技能要求培养和发展个人技能。

三、自我认知与创业生涯

创业既是一个人对社会、对自己、对生命的挑战，也是勤劳勇敢、自立自强、担当作为的体现，还是落实职业理想、实现职业生涯质的飞跃的重要标志，它能充分显示一个人的人生价值与理想追求。许多同学都有创业想法，想通过创业实现自我，但是你具备创业的能力吗？

（一）创业能力测试

在本项目任务一中我们做了创业倾向测试，主要是帮助同学们认清自己创业倾向的程度（创业想法与意愿）。现在我们来进行创业能力测试，就自己的创业能力水平及状况（是否适合创业）进行摸底。

自我评测

请扫描二维码，完成创业能力测试。

习测：
创业能力测试

事实上，经过测评，只有不到 20% 的人适合创业，但真正能够创业成功的人又少之又少。因此，有人认为：创业者，人生之大事也，不可轻启。此观点强调创业是极具挑战性的一项事业，如果没有做好破釜沉舟的决心，最好不要轻易启程。因此，对于有志创业的大学生来说，在踏上创业之旅前练就过硬的创业能力、砥砺笃定自若的心态是首要之务。

（二）创业能力准备

创业成功与否和创业者的能力素质息息相关，因此有创业意向的大学生一定要认真评估自身的创业能力，并在创业前做好充分准备。

（1）心理准备。商场如战场，有盈就有亏，既要有吃苦的思想准备，也要有承担失败的心理准备。

（2）行业准备。俗话说，天下有三百六十行，自主创业的范畴很广，可选择的项目较多。但首先一点是要选择自己了解的行业或与自己兴趣爱好有关的行业，这样做起来会得心应手。

（3）资金准备。无论从事哪个行业，都需要一定的启动资金，用于购买所需的物料。只有有了基本的资金保障方能投身创业实践。

（4）知识储备。所谓术业有专攻，创业者必须具有一定的经营之道，具备如何进货、如何打开销路，以及消费者定位等方面的知识。

（5）人际关系。自主创业需要与多方打交道。例如，税务、质检、银行等部门与业务经营有关，要善于同他们打交道；保证进货与销货、拓展市场等，则要与相关渠道建立良好的人际关系。因此，从一定程度上讲，创业者必须是一位多面手。

综上，这些自身条件的积累对于创业者选择合适的创业时机并最终取得创业成功非常重要。

▶ 任务实训

结合本任务学习，按要求完成《职业发展与就业创业指导实践手册》项目一 任务二中的实训演练“撰写自我分析报告”。

▶ 任务小结

通过本任务学习，使学生了解自我认知的原则、内容，以及自我认知与职业、创业生涯的关系，能够运用自我认知的方法与技巧，进行兴趣、性格、能力与价值观的探索，明确与自我相匹配的职业类型、特点与发展规划，从而引导学生正确认知自我，激发生涯发展的内在动力，为制定创业与就业生涯规划奠定基础。

▶ 任务评价

本任务学习已完毕，请在《职业发展与就业创业指导实践手册》项目一 任务二的任务评价中，就自身专业能力与核心能力的提升情况开展自评。

任务三　审时度势促知行

任务清单

教学环节	教学信息	具体内容
教	知识重点	职业环境分析的内容
	知识难点	职业环境分析的方法和途径
	推荐教学方式	专家讲座、参观教学法
	教学场所	多媒体教室、一线行业企业
	建议学时	2学时
学	必须掌握的理论知识	职业分类、职业发展趋势 职业环境分析的内容、方法和途径
	必须掌握的工作技能	自我分析与职业环境的匹配
	能力训练	职业环境分析、社会实践

任务导入

职业兴趣是成功的基础

于晓（化名）于北方某高职院校机电系数控专业毕业，本着与自己所学专业对口的原则到一家企业从事机械数控方面的工作，但工作两年后他发现当时的工作并不是自己的兴趣爱好所在。于是他决定辞职创业，向着自己的理想出发。大学期间，他习惯到校外买东西，这一想法给了他灵感。于是他开始考察学校周边，历经两个月的时间，于晓便在学校附近开起了自己的小店，专营生活小用品。细心的他发现女生更乐于到店消费，于是他在店里增加了一些女生喜欢的小饰品。不久之后，他通过市场调查发现学校周边没有化妆品店，他立即决定再开一家专营化妆品的店铺。六年间，他先后拥有了四家自己的连锁小商品店，他的小店在当地也早已小有名气。

于晓说道，选择工作最重要的是选择自己喜欢的工作环境，只有心情愉悦才会多去想、努力做。

结合案例，请思考以下问题。

（1）于晓成功的关键是什么？

（2）如果你遇到类似情况，那么你会如何选择？

任务解码

一、职业分类

（一）职业分类的概念

职业分类是以工作性质的同一性为基本原则，对社会职业进行的系统划分与归类。职业分类的目的是将社会上纷繁复杂、数以万计的现行工作类型划分成类系有别、规范统一、井然有序的层次或类别。

（二）职业分类的意义

世界上经济发达国家都非常重视职业分类问题的研究，职业分类涉及社会生活的各个领域，是国家经济发展的一项基础性工作，也是一个国家形成产业结构概念和进行产业管理、组织、政策研究的基础，同时满足对劳动者及其劳动进行分类管理、分级管理及系统管理的需要。

（三）职业分类的方法

在世界上职业分类的方法有很多，标准各异。在我国主要采用以下两种方法。

1.《国民经济行业分类》

依据《国民经济行业分类（GB/T 4754—2017)》，我国的职业分类结构包括四个层次，即门类、大类、中类和小类，依次体现由大到小的职业类别，小类是我国职业分类结构中的最基本类别。《国民经济行业分类》将职业结构分为 20 个门类、97 个大类、473 个中类、1 381 个小类。《国民经济行业分类》中职业的 20 个门类如表 1-3-1 所示。

展阅：《国民经济行业分类》

表 1-3-1 《国民经济行业分类》中职业的 20 个门类

序号	类别	序号	类别
1	A 农、林、牧、渔业	11	K 房地产业
2	B 采矿业	12	L 租赁和商务服务业
3	C 制造业	13	M 科学研究和技术服务业
4	D 电力、热力、燃气及水生产和供应业	14	N 水利、环境和公共设施管理业
5	E 建筑业	15	O 居民服务、修理和其他服务业
6	F 批发和零售业	16	P 教育
7	G 交通运输、仓储和邮政业	17	Q 卫生和社会工作
8	H 住宿和餐饮业	18	R 文化、体育和娱乐业
9	I 信息传输、软件和信息技术服务业	19	S 公共管理、社会保障和社会组织
10	J 金融业	20	T 国际组织

2.《中华人民共和国职业分类大典》

《中华人民共和国职业分类大典》是我国第一部对职业进行科学分类的权威性文献。它的编制与修订，是依据《中华人民共和国劳动法》关于“国家确定职业分类，对规定的职业制定职业技能标准，实行职业资格证书制度”的规定，由人力资源和社会保障部（以下简称人社部）、国家市场监督管理总局、国家统计局三部门联合组织完成的。职业是随着生产力发展和社会劳动分工的出现，逐步产生和变化的。《中华人民共和国职业分类大典》则是职业分类的成果形式和载体，在开展劳动力需求预测和规划、统计分析就业人口结构和趋势、开展职业教育培训和就业指导等工作中发挥着基础性和导向性作用。

《中华人民共和国职业分类大典（2022 年版）》将职业划分为 8 个大类、79 个中类、449 个小类、1 636 个细类（职业）、2 967 个工种。《中华人民共和国职业分类大典（2022 年版）》的 8 个大类分别为：第一大类，国家机关、党群组织、企业、事业单位负责人；第二大类，专业技术人员；第三大类，办事人员和有关人员；第四大类，社会生产服务和生活服务人员；第五大类，农、林、牧、渔业生产及辅助人员；第六大类，生产、运输设备操作人员及有关人员；第七大类，军人；第八大类，不便分类的其他从业人员。

知识链接

《国际标准职业分类》

各个国家的职业分类都参照了联合国的国际标准。1958 年，联合国颁布《国际标准职业分类》（简称 ISCO），后经 1968 年、1988 年、2008 年三次修订，形成目前的最新版本——《国际标准职业分类（2008）》（简称 ISCO-08）。它将职业由粗至细分为四个层次，即 10 个大类、43 个中类、125 个小类、436 个细类，其中 10 个大类为：一是管理者；二是专业人员；三是技术人员和专业人员助理；四是办事员；五是服务人员及销售人员；六是农业、林业和渔业技术员；七是工艺及有关人员；八是机械机床操作员和装配工；九是非技术工人；十是军人。

二、职业发展

职业是伴随社会的发展变化而变化的，随着生产力水平的提高和科学技术的进步，社会分工越来越细、专业化程度越来越高、职业的种类也越来越多。与此同时，传统的职业不断被淘汰。我们正处在知识经济时代，新理论、新知识、新技术层出不穷，这使得相应的产业结构加快调整和升级，产业结构、行业结构、社会结构及由此决定的职业结构发生着巨大变化，职业也因此呈现出新的发展趋势。

（一）新兴职业不断涌现

随着经济社会发展、科技进步和产业结构调整升级，新产业、新业态、新模式不断涌现，一大批新职业应运而生。自 2019 年以来，人社部会同有关部门发布了 5 批共 74 个新职业。不断涌现的新职业，都是适应社会经济的发展和市场需求而产生的，因此基本上也是目前的热门职业、走俏职业，这不仅为人们提供了发展新机遇和就业

课播：
人工智能
训练师

新选择，带动相关产业快速发展，也体现了新技术、新需求的发展趋势，成为观察我国经济发展的风向标。

（二）技术标准逐步提升

随着信息技术的快速发展，新的商业模式和就业形态不断涌现，职业对知识含量、技术含量要求越来越高。以人工智能训练师为例，其职业内容包括数据采集和处理、数据标注、智能系统运维、业务分析、智能训练、智能系统设计等维度的多个等级，这一职业不仅对从业者的教育背景要求很高，还要求从业者具有良好的专业知识与操作技能。

（三）职业要求不断更新

《中华人民共和国国民经济和社会发展第十四个五年规划和2035年远景目标纲要》及党的二十大报告均强调，实施就业优先战略，并明确支持和规范发展新就业形态。因此，新职业中蕴含着发展新机遇，相应的职业要求也会不断更新与提高。例如，农业经理人这一职业，是新型职业农民队伍中的“白领”，更是乡村振兴中的领军人才，不但要懂农业生产，而且要会经营、善管理，具有较高的职业素养。作为欲成为农业经理人的大学生，就要提前做好相应准备，制定有效的职业生涯规划。

三、职业环境

（一）职业环境分析的内容

职业环境一般指某职业在社会大环境中的发展状况、技术含量、社会地位、未来发展趋势等。通过职业环境分析认清职业环境对职业发展的要求、影响及作用，对各种影响因素加以衡量、评估并做出反应，对个人取得职业生涯的发展具有重要意义。职业环境分析主要包括以下内容。

1. 家庭环境分析

每个人从出生伊始就受到家庭环境的影响，家庭环境的好坏往往能影响人的一生，良好的家庭环境是一个人成功的基本条件。有社会学家认为，对一个人成长最有影响的是四个方面，即家庭、学校、同龄伙伴、大众媒体，而在这几个方面中，家庭是放在首位的。对于家庭环境，主要结合家庭的经济条件、家人对你的职业期望和家族人的职业等进行分析。

知识链接

习近平总书记谈家庭家教家风

家庭是社会的基本细胞。党的十八大以来，习近平总书记对家庭家教家风建设有许多重要论述，立意高远、内涵丰富。

2016年12月12日，习近平总书记在会见第一届全国文明家庭代表时指出，广大家庭都要重言传、重身教，教知识、育品德，身体力行、耳濡目染，帮助孩子扣好人生的第一粒扣子，迈好人生的第一个台阶。家风是社会风气的重要组成部分。家庭不只是人们身体的住处，更是人们心灵的归宿。家风好，就能家道兴盛、和顺美满；家风差，难免殃及子孙、贻害社会。

2019 年 2 月 3 日，习近平总书记在 2019 年春节团拜会上强调，在家尽孝、为国尽忠是中华民族的优良传统。没有国家繁荣发展，就没有家庭幸福美满。同样，没有千千万万家庭幸福美满，就没有国家繁荣发展。

2022 年 6 月 8 日，习近平总书记在四川考察时强调，家风家教是一个家庭最宝贵的财富，是留给子孙后代最好的遗产。

课播：十年——习近平总书记与大学生在一起

课堂活动

结合所学知识点，按要求完成《职业发展与就业创业指导实践手册》项目一 任务三中的课堂活动“家庭环境描述”。

2. 学校环境分析

每所高校都有自身的历史、文化和优势，在发展过程中形成了自己的特点，因此我们需要充分利用好学校这个平台，首先对自己就读的学校进行全面的分析。对学校环境的分析主要包括：学校的办学层次、院系和专业设置、师资力量、办学特色、校友资源；本专业特色、就业情况、实训环境；学校社团、院系实践活动；图书馆资源；与老师、辅导员等沟通与交流情况，以及分院教风学风情况等。

课堂活动

结合所学知识点，按要求完成《职业发展与就业创业指导实践手册》项目一 任务三中的课堂活动“学校环境描述”。

3. 社会环境分析

社会环境分析就是对我们所处的社会政治环境、经济环境、法治环境、科技环境、文化环境等宏观因素的分析。总体来说，中国当前的社会环境是机遇与挑战并存的，中国正面临着最好的发展机遇期。自改革开放以来，我国政治体系日趋完善、法治化进程逐步加快，市场经济体系不断蓬勃发展，虽在一些方面仍存在着某些瑕疵，但在整体上，我国总体发展稳中向好，宏观环境稳定繁荣。当代中国青年生逢其时，施展才干的舞台无比广阔，实现梦想的前景无比光明。

课堂活动

结合所学知识点，按要求完成《职业发展与就业创业指导实践手册》项目一 任务三中的课堂活动“社会环境描述”。

4. 行业、企业环境分析

（1）行业环境分析。所谓行业环境分析包括对目前所从事行业和将来想从事的目标行业的环境分析。行业环境分析的主要内容包括行业发展现状、行业发展趋势、行业内知名的企业和人物、从事行业需要的素质和资格证书等。在分析行业环境的时候，一定要结合国内外的环境进行综合分析，要掌握最新的行业资讯。

（2）企业环境分析。企业是求职者直接生存和发展的土壤。每个企业都有自己的发展目标、运作模式，了解企业的历史、现状和发展方向是进入企业的基础。企业环境分析的主要内容包括单位类型、企业文化、发展前景、发展阶段、产品服务、员工素质、工作氛围等。作为大学生首先要确定自己适合什么样的企业文化、企业环境，从而锚定真正适合自己的企业。

自我评测

请扫描二维码，完成相关内容分析，测试自己适合处于哪个发展阶段的企业。

习测：你适合什么阶段的企业

（3）职业或岗位分析。职业或岗位分析就是分析所选职业或岗位在社会大环境中的发展状况、技术含量、社会地位、任职需求等。在某些职业或岗位中，职业资格证书是入职的敲门砖，大学生要清楚专业相关的必备的资格证书，并提前做好考证准备。

目前各种职业资格考试让人目不暇接、眼花缭乱。请同学们多向老师、学长、职场人士请教，根据自己情况，确定需要考取的证书，了解具体考试时间、内容、用途等，确定备考的方式，通过努力顺利获得相应的职业资格。

展阅：1+X 证书制度

课堂活动

结合所学知识点，按要求完成《职业发展与就业创业指导实践手册》项目一 任务三中的课堂活动“职业环境描述”。

（二）职业环境分析的方法和途径

既然明确了职业环境分析的重要意义，知道了职业环境分析的内容，接下来我们就应该了解职业环境分析的方法和途径。

1. 媒介

通过媒介探索职业环境，是信息社会比较便捷的途径，搜集的信息量大，需要的时间比较多，需要大学生有目的性、针对性地搜集职业环境信息。具体内容如下。

（1）求职网站与公众号。网络已经成为大学生找工作、了解职场的重要工具，求职网站、公众号等媒介已成为搜集职业信息的主要渠道，它们具体包括高校就业信息网站或公众号、目标企业网站或公众号、教育部或各省高校的就业指导服务机构网站或公众号、专门的招聘网站或公众号。

（2）行业期刊、报纸、杂志。行业期刊可以帮助大学生更好地了解专业知识、行业动态、行业知识，把课堂所学的知识和行业的发展情况有机结合起来，完善自己的知识结构，了解专业和行业，使自己更加专业化。阅读报纸和杂志能开阔大学生的知识面，了解世界、国家和社会的发展，扩大自己的视野。

（3）专业俱乐部、行业展会、研讨会、专题讲座等。参加专业俱乐部，与一些志同道合的人定期交流或参与项目的研究与开发，是了解专业、发展专业能力的最佳途径之一。同时，行业展会、研讨会、专题讲座提供了很多与专家现场互动的机会。

（4）社交平台。首先，当代大学生要学会选择与你心仪的行业或职业相关的正规论坛与贴吧，并时常关注其动态。因为在论坛与贴吧中，你可以进行行业、职业的交流与沟通，也可以把你的疑问与困惑发表出来，争取得到更多人的关注与帮助。其次，不同类型的QQ群与微信群，同样可以帮助你实现学习、生活、职业发展的平衡，扩展你的人脉，而随着自媒体时代的来临，抖音、博客已成为网络时代的个人社交平台。最后要说的是，网络时代几乎无所不能的就是网络搜索引擎，键入要了解的内容或关键词，几秒钟就有成千上万个选项供查阅。

2. 实践活动

社会实践是大学生提升职业环境认知和职业环境分析能力的有效途径。大学生通过参加各种社会实践活动，在对自身进行客观评价的同时，也对不同职业的工作内容、任职资格与发展前景有所了解，既有助于实现人职匹配的就业目标，也为今后参加工作、融入社会打下坚实的基础。社会实践分为校内社会实践和校外社会实践。

（1）校内社会实践。

校内社会实践分为学生社团、各级学生会。学生社团作为学校课堂教育的补充和延伸，因其专业的交叉性、活动的实践性、组织的社会性而具有教育和实践的功能，为提高学生的综合素质提供了广阔的舞台。

（2）校外社会实践。

第一，专业实践。专业实践是大学生到一线基层去真实“触摸”自己所学专业的良机，是校外社会实践的重要形式。企业看重的工作经验，更多指的是专业实践经验。专业的实习有机会接触专业人士，他们身上所体现的职业素养和专业素质对大学生的职业生涯发展具有明显的指导作用。

第二，社会调查。社会调查是校外社会实践的有效形式之一。所谓社会调查，是指应用科学方法对特定的社会现象进行实地考察，了解其发生的各种原因和相关联系，从而提出解决社会问题对策的活动。

3. 志愿活动

志愿者的本质是把个人的时间和精力奉献给那些需要帮助的人。例如，辅导小学生、照顾孤残老人、清理城市垃圾、赈灾救援等。志愿活动不仅丰富了我们的社会经验，还培养了我们助人的习惯，锻炼了我们的沟通、合作、组织、计划、时间管理等能力。

4. 兼职活动

兼职是非常有意义的社会实践，现代社会最重要的就是人与人之间的交流与沟通能力，兼职是锻炼人际交往能力的最好途径。大学生开展兼职实践可选择与所学专业相关的，也可选择不相关的这种交叉性的跨界尝试，可以使大学生的综合素质得到有效提高，从而实现自身职业知识、技能和经验的丰富与拓展。

自我评测

请扫描二维码，学习完拓展资料后你得到了哪些启示？

习测：有实习才有饭碗

5. 招聘会

目前很多学校、用人单位、各级人才市场和网络上有各种招聘会、双选会。这些招聘活动具有时间集中、信息量大、针对性强、现场互动等特点，非毕业生参加招聘会可以提前了解就业信息，增加对自己和职业的了解，同时能通过与用人单位的接触，提高主动适应职场的积极性。

需要指出的是，随着移动互联网技术的升级，传统线下宣讲会受到场地、人数及跨地区流动等因素的制约，线上直播的空中宣讲会形式日渐受到企业和学生的青睐。另外，元宇宙招聘会已也日渐成为后疫情时代的招聘新趋势。

任务实训

结合本任务学习，按要求完成《职业发展与就业创业指导实践手册》项目一 任务三中的实训演练“开展职业环境分析”。

任务小结

通过本任务学习，使学生了解职业分类的概念、方法，以及职业发展新趋势，深入理解职业环境的内容，掌握职业环境分析的方法和途径，明确与自我相匹配的行业、企业、职业与岗位的特点与发展前景，为准确地锁定职业目标，制定职业生涯规划，开展系统的专业学习做好充分的准备。

任务评价

本任务学习已完毕，请在《职业发展与就业创业指导实践手册》项目一 任务三的“任务评价”中，就自身专业能力与核心能力的提升情况开展自评。

项目拓展

用青春致敬梦想——朱林的公益创业梦

朱林是某职业学院室内设计专业的学生，她的生涯目标是做一名公益创业者。因为身患先天性脑瘫，她更知道身为残疾人的不易，所以希望通过美术工艺的创业项目去帮助更多的残障人士等弱势群体以及学生、下岗职工等就业困难的人群掌握一技之长，让他们能够自立、自强，实现人生价值与梦想，为国家、社会减轻负担。

1. 自我认知——创业规划的起点

梦想不可能一蹴而就，为了更好地实现目标，朱林进行了深入的自我剖析。经过对职业兴趣、性格类型、职业能力、价值观的全方位分析，她清楚地认知到：性格外向、善解人意、乐于助人、组织管理能力强、具有超强的责任感等特点都与公益创业的目标相一致，而灵活处理问题、洞察细节、自主独立等特质，是公益创业的重要助力。在专业技能方面，她已能熟练运用3D、PS、CAD等软件制作设计作品，现在正在考取“1+X”数字孪生城市建模与应用认证证书。

在竞争日益激烈的信息社会，要想成就公益创业，朱林清楚地知道她还要不断地改进自身的缺陷与不足，丰富自己的社会阅历，学会艺术地表达，有技巧地、适度灵活地处理各种事务，让自己丰富、练达、成熟。

2. 环境认知——创业规划的基础

经过调研，朱林发现：目前在创业领域中，公益创业在我国仍是一株“幼苗”，但它早已是全球公认最有效地解决社会贫困问题的一种创新方式。我国也在努力营造公益创业的良好生态环境，厚植公益创业的肥沃土壤，出台了大量大学生创业优惠政策，国家对公益创业的关注与资金支持力度越来越大，公益创业的前景一片大好。另外，2021年《中国青年公益创业报告》显示，青年已经成为公益创业的主力军，国家大力倡导并支持大学生开展公益创业实践活动，国家部委层面也通过大赛等方式大力倡导与推广公益创业。

为了更有效地实现公益创业目标，每个假期朱林都积极参加各种公益活动，她去到家乡齐齐哈尔市龙江县玉玺剪纸书画培训学校进行学习与实践，向王玉玺老师讨教公益创业的运行模式，掌握了企业开展集中研创、订单营销的营销策略，提升了集中培训、分散加工的管理技能。同王玉玺老师的接触和沟通，更加坚定了她的公益梦。

朱林就读的学院是省创新创业教育改革示范校，拥有“共享型创新创业孵化平台”，具有良好的创新创业环境与氛围。在学院创新创业中心老师的帮助下，她努力提升创新创业素养，启动美术工艺坊项目，积极组建创业团队，计划在大学二年级申请入孵学院创业园。在与小伙伴的共同努力下，她希望两年后能带着她的美术技艺回到家乡，开办自己的美术工艺培训学校，不断扩大企业影响力与知名度，从而促进企业顺利融入社会。

3. 调整评估——创业规划的保障

生涯规划是一个动态的过程，必须根据实施结果的情况及外界条件的变化进行及时的评估与修正，以保证生涯规划顺利实施。因此，朱林对规划进行了详细的评估，具体内容如下。

（1）方案调整

如果在校期间公益创业项目没有顺利入孵学院创业园，则她将继续通过线上平台、公众号等方式开展项目运作，累积项目实践经验，等待时机再行申请入孵，总目标不变。

如果毕业时公益创业项目未能实现融入社会，则她将申请延后退出学院创业园，继续孵化，等待时机成熟，再行进入社会，总目标不变。

如果项目在社会中未能实现“自身造血”功能，她将尝试调整项目运营方式，加强项目运营管理，找到最佳公益项目盈利模式，并争取最大可能的社会支持，继续开展项目运作，总目标不变。

（2）路径评估

在基本公益创业目标不变的情况下，她的项目具体运行路径是：制订公益创业项目计划书——启动项目，入孵学院创业园——校内成功孵化，将项目融入社会——项目在社会顺利推广与运营——成功实现“自身造血”功能——成为家乡公益创业知名品牌。

结论：朱林的创业规划脉络清晰，步骤合理，充分考虑了个人兴趣、个人素质，并注重创业素养的培养与实践。有了这份创业生涯设计再加上她坚持不懈的努力，她的创业梦想成功概率一定会大大提高。

项目考评

结合本项目学习情况，填写《职业发展与就业创业指导实践手册》项目一 点亮人生指路灯的“项目考评 成果评分表”。

项目二

练就干事金刚钻

广大青年要坚定不移听党话、跟党走，怀抱梦想又脚踏实地，敢想敢为又善作善成，立志做有理想、敢担当、能吃苦、肯奋斗的新时代好青年，让青春在全面建设社会主义现代化国家的火热实践中绽放绚丽之花。

——习近平

项目地图

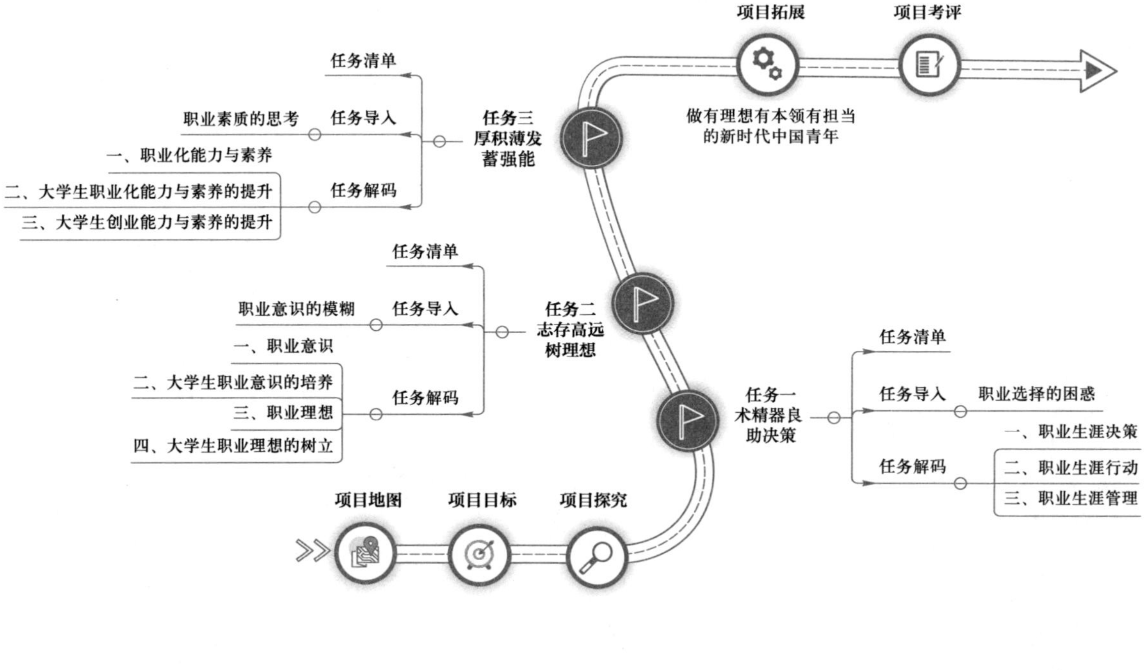

项目目标

● **知识目标**

（1）了解职业意识的概念和类型。

（2）明确职业理想的概念及相关理论。

（3）熟悉职业岗位需求，了解本专业职业岗位需要具备的职业能力。

（4）掌握职业理想的重要性，适时进行自我管理。

● **能力目标**

（1）能够运用职业生涯决策的方法与策略进行正确的职业生涯决策。

（2）能够根据自身与客观实际情况制定合理的职业生涯行动方案。

（3）能够运用职业生涯管理的方法与策略进行适时的职业生涯管理。

● **素养目标**

（1）养成良好的职业规划意识和主动就业意识，树立正确的人生观与择业观。

（2）养成良好的职业素养和思想品德，坚定不移贯彻新发展理念，适应新的职业要求，主动提升个人就业创业能力。

项目探究

（1）面对依旧严峻的就业形势，你是如何决策的呢？

（2）你认为在校期间学习的知识是否能够满足意向职位的需求？

（3）你认为自己还需要提升哪方面的能力呢？

任务一　术精器良助决策

任务清单

教学环节	教学信息	具体内容
教	知识重点	职业生涯决策与职业生涯管理的相关理论和内容
	知识难点	职业生涯决策的方法与策略
	推荐教学方式	线上理论与线下实践指导相结合
	教学场所	多媒体教室或创业实训室
	建议学时	2 学时
学	必须掌握的理论知识	职业生涯决策的方法与策略；大学期间职业生涯管理的内容
	必须掌握的工作技能	能够根据自身与客观实际情况制定合理的职业生涯行动方案
	能力训练	运用职业生涯决策的方法与策略进行正确的职业决策

任务导入

职业选择的困惑

孙洋洋就读于哈尔滨某高职院校的食品智能加工技术专业，临近毕业的她遇到一道难题：北京的一家知名食品企业来校选实习生，她非常兴奋地报了名，想抓住这个难得的机会到首都闯一闯，然而她的决定却遭到父母的强烈反对。父母认为想在一线城市发展太难，优秀的人才很多，竞争压力大，想要脱颖而出绝非易事，如果在家乡发展，生活质量就有保障，更重要的是离家近，为什么非要到其他城市打拼呢？听了父母的劝说，孙洋洋也开始犹豫起来，不知该如何是好……

李也是一名即将毕业的高职生，面对毕业以后的发展同样感到迷茫。在校期间，她学习成绩一般，也没有特别光鲜亮丽的实践经历。她的家人希望她专升本继续深造，将来找更好的工作，但她觉得依照自身的实际情况，要投入长时间的学习去备考，把握不是很大，如果考不上，则还可能会错失良好的就业机会。现在，她不知该做出怎样的选择……

结合案例，请思考以下问题。

（1）案例真实地反映了即将毕业的大学生可能会面临的两难境地，当你们毕业时，也许会经历相同的状况，那么你们会做出怎样的选择呢？

（2）毕业后你最向往的工作或生活地点是哪里？理由何在？

任务解码

一、职业生涯决策

（一）职业生涯决策的概念

职业生涯决策也被称为生涯决策（Career Decision-Making），我国学者将此概念直译为职业决策。《教育大辞典》中对“职业决策”下的定义是：“人们根据自身特点和社会需要做出合理的职业方向抉择过程。内容包括个人的价值探讨和澄清、关于自我和环境的使用、谋划和决定（即决策）过程的研究。”

（二）职业生涯决策的内涵

职业生涯决策是职业目标、方向确定并实现的过程。要了解职业生涯决策，就要充分理解它所包含的三层内涵。

（1）职业生涯决策是人生的一种决策。它是个人基于自己的个性因素对工作岗位类别进行的选择和确定，是人们从自然人转变为职业人的关键环节和实现人生价值的开端。

（2）职业生涯决策是个人因素与职业因素优化统一的过程。进行职业生涯决策时，必须考虑到自己的性格、兴趣、气质、价值观和技能等相关情况，同时会面临职业、教育和休闲的各种选择。

（3）职业生涯决策是个人向客观现实妥协的过程，也是个人对“我与职业”关系的调适过程。每个人都有自己的职业理想，然而理想和现实之间往往存在差距，我们在做选择的时候，必然要在职业理想和客观现实之间做出一定的妥协，进行科学合理的分析与调适，真正解决好“我与职业”的关系，让自身高度认同自己的职业选择，也让自己的职业选择为自身将来的发展搭建平台。

（三）职业生涯决策的意义

职业生涯决策的正确与否对劳动者个人、企业及社会，都十分重要。概括地说，职业生涯决策的重大意义体现在以下几个方面。

（1）良好的职业生涯决策有助于理性地去选择未来的职业和工作岗位。

（2）良好的职业生涯决策有利于个人和职业的双向优化配置。在制定职业生涯决策时，人职匹配是关键。因为人们选择职业的同时，职业也在选择人。

（3）良好的职业生涯决策有利于把握机遇。进行职业生涯决策时要迅速、科学、实际地做出选择。

（4）良好的职业生涯决策有利于促进人的综合发展。职业决策的过程固然辛苦，但通过职业生涯决策却可以使决策者树立积极的人生态度，培养自身的自动自发精神，培育积极分析就业形势的意识。

总之，科学理性的职业生涯决策，能从多方面促进个人的成长和发展，实现个人职业理想与社会职业现实的调适与匹配。

（四）职业生涯决策的风格类型

人们在职业发展过程中，经常需要进行决策，而每个人的职业生涯决策风格却不尽相同，常见职业生涯决策的风格类型，如表 2-1-1 所示。

表 2-1-1　常见职业生涯决策的风格类型

类型	具体描述
宿命型	一切都由命运掌握，跟随社会的发展即可，走到哪里算哪里，任凭外部环境摆布
直觉型	内心深处感觉是这样的，就这样决定了，跟着感觉走，相信自己的直觉
挣扎型	在众多选择中纠结该怎么办，目标太多、不能自拔、无法选择；瞻前顾后，既想实现远大的理想，又不敢面对现实的无奈
麻木型	混日子，不愿做出选择，对外部世界的变化失去敏感，麻木不仁；每天都在无职业意识的状态中度过，不愿为自己的职业发展多动脑子
冲动型	不经过策划和准备，很少对未来进行思考和分析，头脑一热，按自己的第一个想法做决断
拖延型	认为事情总会解决的，现在不用关心、不用谋划，“船到桥头自然直，车到山前必有路”；不愿也不会对自己承诺
顺从型	习惯依附于组织或其他人，他人说怎么办就怎么办，让组织或其他人为自己做决定，按照别人的思路发展自己的职业生涯
紊乱型	曾认真分析过自己和外部职业环境，但职业方向在发展过程中不断变化和调整，没有真正确定过到底要做什么，反复无常，结果深陷迷惘
控制型	能够认真分析自己和外部职业环境，综合考虑各方面因素，果断自信地决定自己的职业定位与职业方向，敢于自我承诺、自我挑战，有计划、有策略、有控制地发展自己的职业生涯，合理动态地管理自己的职业发展

习测：判断你的决策风格

自我评测

请扫描二维码，通过测试判断自己的决策风格。

（五）职业生涯决策的原则

任何决策都必须遵循一定的规律、符合特定的原则，否则规划就会流于荒谬，理想只能成为空想。职业生涯决策作为人生的重大决策，更要遵循特定的准则，体现其自身特点。具体来说，职业生涯决策要坚持表 2-1-2 中列示的八个原则。

表 2-1-2　职业生涯决策的原则

原则	内容
客观性原则	进行职业决策时，要充分考虑个人的素质条件、社会需求的可能性，做出基于现实的选择
主动性原则	进行职业生涯决策时，要积极准备、主动出击，搜集各种职业知识和用人信息，了解就业情况，寻找合适的就业机会
比较性原则	大学生要积极进行岗位间、职业间的比较分析，明确岗位对自身的要求和自身对岗位的适应能力是否协调一致，选定更适合自己的职业发展方案

续表

原则	内容
分清主次原则	选择职业标准要分清主次，分析职业需求条件也要分清主次——哪些条件是现实的，哪些又是幻想的；哪些条件是合理的，哪些是过分的。职业生涯决策要抓住主要的、现实的、合理的条件
符合社会需求原则	社会需求不断演化，旧的需求不断消失，新的需求不断产生。大学生在决策自己的职业时，一定要分析社会需求，择世所需
择己所爱原则	进行职业生涯决策的过程中，每个人都要充分考虑自己的人格特性、工作价值观、兴趣爱好等。从事一项你自己喜欢的工作，工作本身就能给你一种满足感，你的职业生涯也会从此变得妙趣横生
择己所长原则	任何职业都要求从业者掌握一定的技能，具备一定的能力条件，而一个人不可能掌握所有技能。所以进行职业生涯决策时，一定尽力选择最能发挥你特长的职业
遵循利益最大化原则	职业对一个人来说，是一种谋生的手段和获得幸福的途径。理性而明智的人都会权衡利弊，遵循利益最大化原则，从一个社会人的角度出发，要在个人发展、社会声望、收入水平等变量组成的函数中找到最大值

（六）职业生涯决策的模型

职业生涯决策是一个复杂的认知过程，为了更好地完成这一过程，职业生涯理论家罗伯特·里尔登等人在认知信息加工理论中提出了CASVE决策模型（图2-1-1）。该模型认为一个良好的决策需要经历沟通（C，Communication）、分析（A，Analysis）、综合（S，Synthesis）、评估（V，Value）和执行（E，Execution）五个步骤。

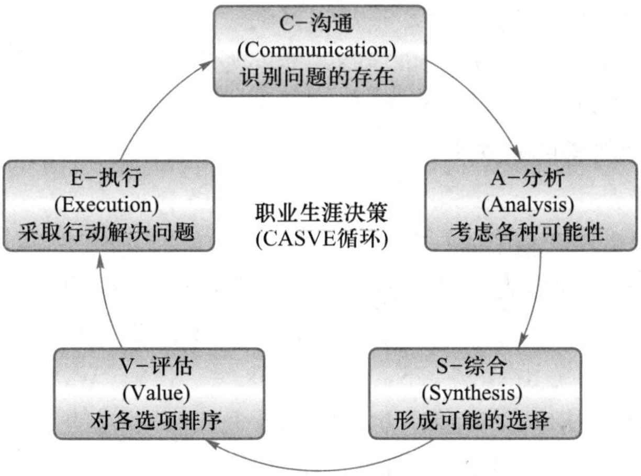

图2-1-1　CASVE决策模型

（1）沟通。沟通包括内部和外部的信息交流，通过交流使个体意识到理想和现实之间存在的巨大差距。内部的信息，是指个体自身的身心状态。例如，在毕业求职的时候，你可能在情绪上会感受到焦虑、抑郁、受挫，在躯体上会有疲倦、头疼、消化不良等反应，这些情绪和身体状态都是提醒你需要进行内部交流沟通的信号。外部的信息，是指外界的一些信号对你产生影响的信息。例如，宿舍同学开始准备简历就是给你提供了外部的信息，意味着你也需要开始准备找工作了。

（2）分析。分析是通过思考、观察和研究，对兴趣、性格、价值观和能力等自我认识以及各种环境认识进行分析，从而更好地认清现存状态和理想状态之间的差距。在分析阶段需要对自我知识和环境知识进行了解。

（3）综合。综合是根据分析阶段所得出的信息，先把选择范围扩展开来，再逐步缩小，最终确定 3～5 个最可能的选项。这个先扩大后缩小的过程非常重要。通过分析得到一个范围很广的选择列表；然后，选取其中的交集，就得出了缩小的职业选择范围；接着把最可能从事的职业限定到 3～5 个；最后，可以问自己，假如我有这 3～5 个选择是否可以解决问题？能否消除现实和理想状态的差距？如果可以，就进入评估阶段选出最适合的选择；如果还是不能解决问题，就需要重新回到分析阶段了解更多信息。

（4）评估。评估是对于综合阶段得出的 3～5 个职业进行具体的评价，通过评估能够获得该职业的可能性，以及这个选择对自身及他人的影响，从而进行排序。

（5）执行。执行是整个 CASVE 循环的最后一部分，前面的步骤只是确定了最适合的职业，还不能带来职业选择的成功，需要在执行阶段将所有想法付诸实践，在执行阶段，需要制订计划，进行实践尝试和具体行动。如果没有解决职业生涯问题，则可以回到沟通阶段，重新开始一次 CASVE 循环，直到职业生涯问题被解决为止。

CASVE 循环是一个不断重复的过程，在执行阶段之后，职业生涯决策者又回到沟通阶段，以确定已经选取的选择是不是最好的，是否能最有效地消除理想与现实之间的差距。用系统的方法思考这五个步骤，能够为你提供一个有效工具，使你成为一个办事更有效率的人。

（七）职业生涯决策的方法与技巧

1. SWOT 分析法

（1）SWOT 分析法的概念。

SWOT 分析法也被称为自我诊断法，20 世纪 80 年代初由美国旧金山大学的管理学教授海因茨·韦里克提出，是一种能够客观而准确地分析和研究个体现实情况的方法。SWOT 是由优势（S，Strengths）、劣势（W，Weaknesses）、机会（O，Opportunities）和威胁（T，Threats）四个英文单词的首字母组成的，其中 S、W 是内部因素，O、T 是外部因素。SWOT 分析法是检查个人的能力、喜好和职业机会的有效工具。通过分析，个人很容易觉察自己的优点和弱点，发现存在的问题，找出解决办法，明确以后的发展方向。个体职业决策的 SWOT 矩阵如表 2-1-3 所示。

表 2-1-3　个体职业决策的 SWOT 矩阵

因素	积极因素	消极因素
内部能力	优势 S（个体可控并可利用的内部积极因素）： 1. 工作经验丰富 2. 教育背景良好 3. 丰富的专业知识和技能 4. 特定的可迁移技巧（如沟通、团队合作、领导能力等） 5. 人格特征（如职业道德、自我约束、承受工作压力的能力、创造性、乐观等） 6. 广泛的个人关系网 7. 在专业组织中的影响力	劣势 W（个体可控并努力改善的内部消极因素）： 1. 缺乏工作经验 2. 学习成绩一般或较差 3. 缺乏目标，且对自我的认识不足 4. 较弱的工作能力、（如人际交往能力、沟通能力和团队合作能力等） 5. 较差的寻找工作的能力 6. 负面的人格特征（如职业素养较差、缺乏自律、缺少工作动机、害羞、情绪化等）
外部环境	机会 O（个体可控并可利用的外部积极因素）： 1. 就业机会增加 2. 专业领域急需的人才 3. 专业晋升的机会 4. 职业道路选择带来的独特机会 5. 地理位置的优势 6. 强大的关系网络	威胁 T（个体可控但可以使其弱化的外部消极因素）： 1. 就业机会减少 2. 由同专业的大学毕业生带来的竞争 3. 具有丰富技能、经验、知识的竞争者 4. 名校毕业的竞争者 5. 专业领域发展有限

（2）SWOT 分析法的基本步骤。

在运用 SWOT 分析法对职业生涯机会进行评估时，应遵循以下五个步骤。

第一，评估自己的优势和弱势。

第二，为了分析自己的优点和不足，可以做一个表格，列出喜欢做的事和优势，同时列出自己不喜欢做的事和劣势。

第三，找出外部的机会和威胁。机会分析主要包括对社会环境的分析认知、行业环境的分析认知和人际关系的分析认知等。

第四，构造个人 SWOT 矩阵。在对自己的优势和劣势，以及周围职业环境存在的发展机会与外在威胁因素进行分析的基础上，构造个人 SWOT 矩阵，对我们做出正确的职业生涯规划会有很大帮助。

第五，制定行动策略。在进行内外部因素分析和构造个人 SWOT 矩阵之后，接下来就是运用系统分析法将优势、劣势、机会和威胁四项因素相互匹配起来加以排列组合，制定出适合自己的策略。SWOT 行动策略如表 2-1-4 所示。

表 2-1-4　SWOT 行动策略

策略	内容
WT 策略（劣势 W 和威胁 T 组合而成）	劣势和威胁是对自身发展不利的因素，将二者组合起来综合考虑，目的是使这些因素都趋于最小。例如，自身工作经验不足，在与同专业的大学毕业生竞争时处于不利地位，那就有必要在以后多参加社会实践活动，多积累经验

续表

策略	内容
WO 策略（劣势 W 和机会 O 组合而成）	将二者组合起来考虑的目的是尽量将自身劣势的不利因素降到最低，将机会的作用发挥到最大。例如，你的学校在全国来说无法与那些名牌大学相比，这使得你在教育背景上处于劣势，但学校没有名气并不代表你的能力不行，如果你的专业素质和实践技能过硬，则面试官会对你刮目相看
ST 策略（优势 S 和威胁 T 组合而成）	将二者结合起来的目的是尽量发挥个人的优势，减少外界环境威胁因素对自己职业发展的负面影响。比如，受新型冠状病毒感染的影响，就业机会在一段时间内锐减，但并非现实就业的可能性为零，在这种情况下，如果你拥有广泛的关系网络，就可以较为轻松地找到理想的工作
SO 策略（优势 S 和机会 O 组合而成）	将二者组合起来考虑的目的是尽量使这两种因素的作用最大化。例如，你比较擅长食品检测，今后可以继续强化这一优势，增强这方面的竞争实力

SWOT 分析法是一种比较全面的分析工具，每个人都可以通过自身优势和劣势及周围的机会和威胁，建立自己的 SWOT 矩阵。通过 SWOT 矩阵，我们可以清晰地看到自己的优势和竞争力，从而确定自身发展的方向，同时我们可以看到自身的不足和外在威胁因素，从而为提升自己找到依据和目标。但是，SWOT 分析法是基于某个时间段的静态分析，它不能结合过去、现在和未来的发展趋势做出综合判断，要克服 SWOT 分析法静态性导致的不足，个体在使用 SWOT 分析法时，就要重视动态信息的及时反馈，对自己的 SWOT 矩阵进行及时的修正和调整，从而做出更加准确的职业抉择。

课堂活动

结合所学知识点，按要求完成《职业发展与就业创业指导实践手册》项目二 任务一中的课堂活动“SWOT 自我分析”。

2. 5W 法

（1）5W 法的概念。

5W 法是一种归零思考，依托的是归零式的模式。

（2）“5W 法”的基本步骤。

从某种意义上说，回答完以下五个问题，也就基本完成了职业决策和职业规划。

第一，Who are you（你是谁）？自己进行一次深刻的反思，比较清醒地认识自己的优点和缺点，并一一列出。回答的要点是：面对自己，真实地写出每个想到的答案；确认是否有遗漏后按重要性进行排序。

第二，What do you want（你想干什么）？检查自己职业发展的心理趋向。每个人在不同阶段的兴趣和目标并不完全一致，有时甚至是完全对立的。但随着年龄和经历的增长而逐渐固定，并最终锁定自己的终身理想。可将思绪回溯到孩童时代，从人生初次萌生第一个想干什么的念头开始，然后随年龄的增长，回忆自己真心向往过，想做的事情，并一一记录下来，写完后再想想有无遗漏，确认无误后进行认真排序。

第三，What can you do（你能干什么）？全面总结自己的能力与潜力。一个人职业定位和发展空间既要归结于个人能力，又取决于个人的潜力。个人潜力表现在对事的兴趣、做事的韧性、遇事的判断力，以及知识结构是否全面、是否及时更新等方面。

第四，What can support you（环境支持或允许你干什么）？客观方面包括本地的经济发展、人事政策、企业制度、职业空间等各种状态；主观方面包括同事关系、领导态度、亲戚关系等，要综合这两方面的因素来看。

第五，What you can be in the end（你最终的职业目标是什么）？当明确前面四个问题后，可以从各个问题中找到实现有关职业目标的有利和不利条件，列出不利条件最少的、自己想做而且又能够做的职业目标，自然就有了一个清楚明了的框架。最后将自我职业生涯计划列出来，建立形成个人发展计划书档案。内容包括：选择一个什么样的单位，预测自我在单位内的职务提升步骤，个人如何从低到高逐级而上；预测工作范围的变化情况，不同工作对自己的要求及应对措施；预测可能出现的竞争，如何相处与应对，分析自我提高的可靠途径；预测发展过程中出现偏差，如果工作不适应或被解聘，则如何改变职业方向。

课堂活动

结合所学知识点，按要求完成《职业发展与就业创业指导实践手册》项目一 任务一中的课堂活动“5W 归零思考”。

3. 生涯决策平衡单

（1）生涯决策平衡单的概念。

生涯决策平衡单是帮助决策者使用表单的形式，系统地分析每个可能的选项，首先判断分别执行各选项的利弊得失，然后依据其在利弊得失上的加权计分排定各个选项的优先顺序，以执行最优先或偏好的选项。

（2）生涯决策平衡单法的基本步骤。

第一，确定你最向往的职业生涯发展目标，如做加工、销售、专升本三个，并将其填入生涯决策平衡单的选择项目中。

第二，在第一列垂直列出你在职业决策上的重要价值观和考虑要素。

第三，在列出的职业决策考虑要素中，结合自身实际，根据职业选择的重要性和迫切性，赋予其权数，填写权数一栏，加权范围为 1～5 倍。权数越大说明你越重视该要素。

第四，对每个方案中的要素进行打分，优势为得分，劣势为失分，计分范围为 1～10 分。

第五，将每项的得分和失分乘以权数，得到加权后的得分或失分，分别计算出总和，最后加权后的得分总和减去加权后的失分总和得出得失差数，并以此分数来做出最后的决定（比较三个待选择方案的得失差数），得分越大，该职业方案越适合你。

二、职业生涯行动

（一）职业生涯目标的设立

曾有研究机构做过一个实验：组织三组人，让他们分别步行至十公里以外的三个村子。第一组的人不知道村庄的名字，也不知道路程有多远，只告诉他们跟着向导走就是。刚走了两三千米就有人叫苦，走了一半时有人几乎愤怒了，越往后走他们的情绪越低落。第二组的人知道村庄的名字和路程，但路边没有里程碑，他们只能凭经验估计行程时间和距离。走到一半的时候，大多数人想知道他们已经走了多远，比较有经验的人说“大概走了一半的路程”，于是大家又簇拥着向前走，当走到全程的四分之三时，大家情绪低落，觉得疲惫不堪，而路程似乎还很长，当有人说“快到了”，大家又振作起来加快了步伐。第三组的人不但知道村子的名字、路程，而且公路上每一千米就有一块里程碑。人们边走边看里程碑，每缩短一千米大家便心生一小阵的喜悦。行程中他们情绪一直很高涨，很快就到达了目的地。

从这个故事中可以看出，当人们的行动有明确的目标，并且把自己的行动与目标不断加以对照，清楚地知道自己的行进速度与目标的距离时，行动的动机就会得到维持和加强，人就会自觉地克服一切困难，努力达到目标。

1. 职业生涯目标的制定原则

职业生涯规划的初期只有制定了明确的目标，才能沿着已经制定的目标不断前进。制定目标要把握 SMART 原则，即具体性（S，Specific）原则、可衡量性（M，Measurable）原则、现实性（A，Attainable）原则、相关性（R，Relevant）原则和时限性（T，Time-bound）原则。

2. 职业生涯目标的分类

（1）职业生涯目标可分为外职业生涯目标和内职业生涯目标。

第一，外职业生涯目标侧重于职业过程的外在标记，主要包括：职务目标、工作内容目标、经济收入目标、工作环境目标、工作地点目标等。

第二，内职业生涯目标侧重于在职业生涯过程中的知识、经验的积累，观念、能力的提高，以及内心感受的变化，主要包括：工作能力目标、工作成果目标、提高心理素养目标、观念目标等。就大学生而言，应努力提升自身能力，挖掘自身潜能，提高自己的综合素质。

（2）按时间分解，职业生涯目标可分为最终目标、长期目标、中期目标、短期目标。人的最终目标取决于个人的价值观、知识能力水平，是对环境、组织、自身条件、家庭条件等做最大量分析之后得到的结果，是规划者的总目标。最终目标可以几十年为期限，长期目标一般以 5 至 10 年为期限，中期目标以 3 至 5 年为期限，短期目标以 1 至 2 年为期限。目标时间分解法如图 2-1-2 所示。

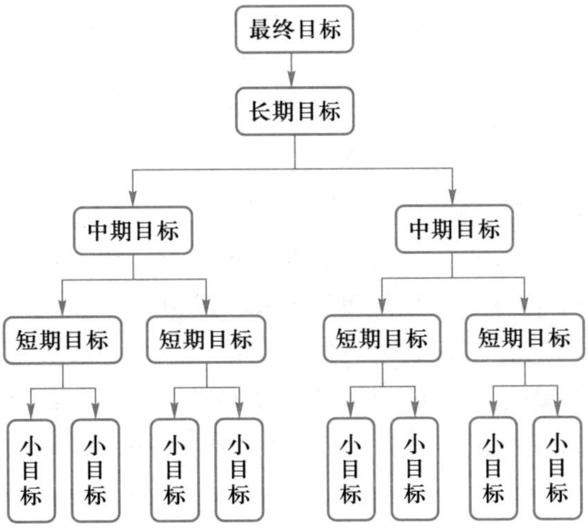

图 2-1-2　目标时间分解法

展阅：不同的计划行动表

（二）职业生涯行动方案的制定

“立即行动”是一个成功者必须具备的基本素质。再伟大的目标，不去执行，也是徒有虚名，行动可以让你的梦想和目标从思想步入现实。大学生的职业生涯目标制定好之后，下一步的关键就是根据这一目标制定配套的行动方案，并依据实施方案来行动。可分为年度行动方案、月行动方案、周行动方案和日行动方案等。

1. 大学三年的行动

作为在校大学生，制订大学三年的行动方案是最重要的一件事情，同学们应将自己的毕业动向总目标分解成一个个阶段性目标，按年度为单位制订行动方案。只要坚持实施这些阶段性方案，完成这些阶段性目标，你的大学三年的生涯目标就一定能实现。

2. 年度（学期）行动方案

年度（或学期）行动方案是为了完成年度任务而制订的配套实施方案，年度计划从宏观上规定你一年要做的事情，它应以月为单位，以每月要做的事情来制订计划。

3. 月行动方案

月行动方案围绕月度目标来制订，它应以周为单位，以每周要做什么来制订计划，四周完成则月度计划完成。

4. 周行动方案

周行动计划围绕周目标来制订，应以日为单位，即每日要完成多少事情。

5. 日行动方案

日行动方案是最细小的单位，它围绕每天的目标来制订，一般以小时为单位安排工作，非常具体。每天晚上可以进行当日总结和明日计划。

上述方案中应包括对要做的工作、应完成的任务在质和量方面的要求等。此外，有了科学合理的职业生涯目标和与之配套的实施方案，就必须根据该方案严格执行，只有这样才能使自己的职业生涯向着既定的目标迈进。在制订具体方案时，要留有一定的机动时间处理可能发生的特殊事件，以保证自己的行动能与努力的目标一致。

三、职业生涯管理

（一）职业生涯管理的概念

职业生涯管理是发挥潜能、实现目标的过程，而大学生职业生涯管理是指大学生通过学校职业指导老师的协助，在自我认识和了解社会的基础上，确立职业生涯发展目标和人生发展方向，选择实现既定目标的职业，制定自我发展的总体目标和阶段人生目标，并进行执行、评估、反馈和调整的动态过程。它具备管理过程的连续性、管理内容的多样性、管理措施的可行性、管理阶段的适时性、管理计划与方案的前瞻性等特征。

（二）职业生涯管理的作用

职业生涯管理对职业生涯发展具有重要的推动作用。主要表现在：一是可以有效增强大学生在职业生涯规划过程中的执行能力，促进大学人才培养目标的顺利实现；二是可以增强大学生对职业环境的把握能力和对职业困难、挫折的控制能力；三是有利于大学生入职后，处理好职业生活和生活其他部分的关系；四是可以实现个体自我价值的不断提升和超越。

（三）职业生涯管理的影响因素

大学生职业生涯管理在其客观发展的过程中，必然会受到主客观因素的影响与制约。

1. 主观因素

主观因素包括：一是许多大学生的价值观发生了很大的变化，由社会中心转向自我中心，追求享受，不愿奉献；二是许多大学生生涯规划与管理意识薄弱；三是大学生大多缺少社会经验，缺乏规划的宽广眼界；四是自我认识不够；五是心理承受力不强。

2. 客观因素

社会客观因素包括：一是各高校与社会组织对大学生职业生涯规划与管理的重视程度存在差异；二是片面强调职业经济收入的社会现象依然存在；三是某些家长仍然存在着“出人头地”“非公不选”等传统观念。这些都严重影响大学生的职业生涯规划与管理。

（四）职业生涯管理的内容

职业生涯规划管理包含多项内容，直接影响着个人职业生涯规划的实施进程及目标的实现。结合大学生当前所处的生涯阶段，主要应做好影响大学生职业生涯发展的健康管理、压力管理和时间管理等。

1. 健康管理

健康管理是指一种对个人或人群的健康危险因素进行全面管理的过程，其宗旨是调动个人及集体的积极性，有效地利用有限的资源来达到最大的健康效果。概括地说，健康包含两个方面的含义：一是身体方面的健康，指生理机能正常，抵抗能力强，没有或很少生病；二是心理方面的健康，指能够保持平静的情绪、敏锐的智能、适应社会环境的行为和气质。

（1）身体健康管理。

第一，学习卫生保健的基本常识，树立自我保健意识，增强预防疾病的能力。

第二，认识和掌握自己的健康状况，对自己的健康状况做到心中有数。

第三，培养良好的生活习惯。合理安排作息时间，形成良好的作息习惯；选择合适的运动项目，每天锻炼半小时，养成科学锻炼的习惯；保证合理的营养供应，养成良好的饮食习惯；改正或防止吸烟、酗酒、沉迷网络游戏等不良嗜好。

（2）心理健康管理。

大学生心理健康的具体标准大体可从三个方面加以概括，即敬业、乐群和自我修养。

大学生心理健康的管理内容主要有三个方面。一是学习方面的心理健康。二是人际关系方面的心理健康。人总要与他人交往并建立一定的人际关系。大学生的人际关系主要涉及师生关系和同伴关系等方面，他们处理错综复杂的人际关系的能力直接体现出其心理健康水平。三是自我方面的心理健康。心理健康状况良好的人能正确客观地认识自我、体验自我和控制自我。他们既不自卑，也不盲目自信，他们经常进行自我反思，能看到自己的长处，更能容纳自己的不足，并寻求方法加以改进。

自我评测

请扫描二维码，进行心理健康状况自我测评。

习测：
心理健康状况
自我测评

（3）情绪健康管理。

许多优秀的职业人往往不是因拥有高智商而成功，相反，他们成功的秘诀是情感智慧（情商），即处理感情、人际互动和人际沟通的能力，有较好的情绪管理能力。情商和智商不一样，它随着人生阅历的增长而不断地发展。情商的产生不仅仅要有理性的思考，更要有感情的运用。它激励我们追求个人的目标，激发我们内在的价值观和抱负，把我们的理想化为现实。

自我评测

请扫描二维码，进行自我情商检查。

习测：
自我情商
检查表

2. 压力管理

压力管理就是通过了解压力的构成和自身对压力的反应，评估自己的优势因素，对自身压力进行有效的疏导与调适的过程。如果能够很好地运用压力，压力就会有效地转化为发展的动力，促进职业生涯发展与事业成功。压力有很多种形式，它可能来自他人或环境，也可能来自自身。因此，一系列小的事件会造成压力明显增加，这一点请同学们不要忽视。

自我评测

请扫描二维码，进行压力自我检查。

习测：
压力自我检查

压力管理是现代生活的一个部分，因此学习如何进行压力管理，并有效地运用压力管理来发展自己的职业生涯是非常重要的。为了让压力为你所用，你也许需要重新审视你对压力的反应方式，并学习对付压力的办法。

课播：
高效时间管理

3. 时间管理

时间管理是为了提高时间的利用率和有效性而对时间进行的合理计划与控制、有效安排与运用的管理过程。时间对任何人都是重要资源，对于大学生来说更是弥足珍贵。然而，在现实环境的压力下，一般人常会放弃原本应该做的事，而用大部分精力去解决一些突发状况或干扰最大的事情，结果把学习、生活步调弄得紧张疲惫，无形中牺牲了许多生活及学习上的乐趣和享受。

案例品读

忙碌间的迷茫

李彦是一名大二的学生，食品检验检测技术专业，对他而言，大学生活是紧张却无序的。在大学两年的时间里，他的生活很丰富，参加了三个社团，并担任有关职务；他也是学生会的宣传委员，每次举办活动都要由他出海报；他还有很多朋友，时常约他一起外出。另外，他还在校外找了一份兼职，每周周五、周日晚上要去上班。刚开始时，他觉得挺充实，总有事可做，可时间一长，他发现自己根本没有属于自己的时间了，有时候好不容易完成了手头的工作，刚想放松一下，结果一个电话就会打乱他的计划。他原本一直打算提高自己的学历，想着早点着手准备，但从未真正开始。眼前的事情自顾不暇，他时常手忙脚乱，仿佛不是他去做事，而是事逼着他去做。再加上这学期专业课特别多，再过一个多月又要期末考试了，李彦真不知道自己会考成什么样子。

启示：李彦面临的困境是当代大学生日常生活的真实写照，而引发这些烦恼的症结在于时间管理的缺失。

时间管理的关键在于对事情的把控，将有效的时间合理利用，将无效的时间降到最低限度，学会分配时间，学会分清事情的轻重缓急，具体方法如下。

（1）要善于集中时间。切忌平均分配时间。应当把自己有限的时间集中在处理最重要的事情上，不可每样工作都抓，要有勇气并机智地拒绝不必要的事、次要的事。

（2）要善于把握时机。时机是时间和事物转折的关键时刻。抓住时机可以牵一发而动全局，以较小的代价取得较大的效果，促进事物的转化，推动事物向前发展。错过了时机，往往会使到手的成果付诸东流，造成“一招不慎，全局皆输”的严重后果。

（3）要善于处理时间。对于一名成功人士来说，存在着两类时间：一类是属于自己控制的时间，被称作“自由时间”；另一类是属于对他人他事反应的时间，不由自己支配，被称作“应对时间”。两类时间是客观存在的，都是必要的，要善于处理和运用好这两类时间。

（4）要善于利用零散时间。时间不可能集中，往往出现很多零散时间。要珍惜并充分利用零散时间，把零散时间用来处理琐碎的工作，从而最大限度地提高工作效率。

（5）要善于掌控会议时间。召开会议是为了沟通信息、讨论问题、安排工作、协调意见、做出决定。会议时间运用得好，可以提高工作效率，节约大家的时间；运用得不好，反而会降低工作效率，浪费大家的时间。

知识链接

ABC 分类法

ABC 分类法（图 2-1-3）指将自己的工作按轻重缓急分为 A（紧急、重要）、B（次要）、C（一般）三类。运用该法的大致步骤如下：首先，安排各项工作优先顺序，粗略估计各项工作时间和占用百分比；其次，在工作中记载实际耗用时间；再次，将每日计划时间安排与耗用时间进行对比，分析时间运用效率；最后，重新调整自己的时间安排，更有效地工作。

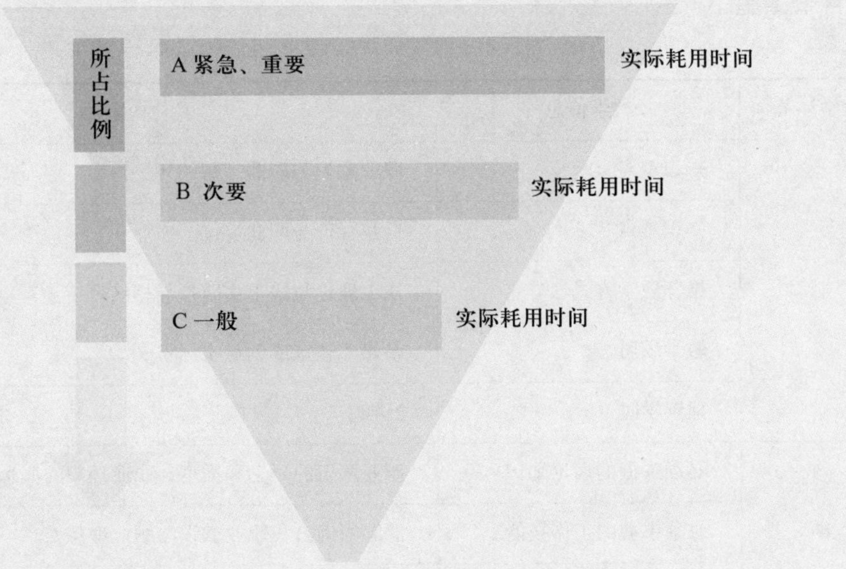

图 2-1-3　ABC 分类法

展阅：
周敏的生涯
决策平衡单

任务实训

结合本任务学习，按要求完成《职业发展与就业创业指导实践手册》项目二 任务一中的实训演练“编制生涯决策平衡单”。

任务小结

通过本任务学习，使学生了解职业生涯决策的概念与意义，明确常见的职业生涯决策的风格类型，掌握职业决策的方法与策略，并了解大学期间职业生涯管理的内容，把握生涯管理的内容。帮助学生能够运用有效的方法与策略，根据自身与客观实际情况，进行正确的职业选择，制定科学的生涯发展规划、合理的生涯行动方案。

任务评价

本任务学习已完毕，请在《职业发展与就业创业指导实践手册》项目二 任务一的“任务评价”中，就自身专业能力与核心能力的提升情况开展能力自评。

任务二　志存高远树理想

任务清单

教学环节	教学信息	具体内容
教	知识重点	职业意识与职业理想的相关内容
	知识难点	自我管理与职业定位
	推荐教学方式	线上理论与线下实践指导相结合
	教学场所	多媒体教室或创业实训室
	建议学时	2 学时
学	必须掌握的理论知识	职业意识的概念和类型；职业理想的概念及相关理论
	必须掌握的工作技能	能够明确自我职业意识与职业理想
	能力训练	根据自身实际情况树立正确的职业理想

任务导入

职业意识的模糊

弈棋（化名），女，某高职院校的护理专业毕业生。高考填报志愿时，父母问她的喜好，她说喜欢做文秘类工作，认为文秘工作轻松，整天坐在办公室里，悠闲自在。父母则觉得现在的文秘相对处于饱和状态，一个女孩子将来做护士比较好，于是就帮其选择了护理专业。弈棋也没反对。毕业后，弈棋工作一段发现护士工作很累且压力大，自己也不适应倒班工作。后来弈棋通过努力考取了一家事业单位，被安排从事文职工作。弈棋开始还高兴得不得了，干了一段时间又心生厌倦，发现文职工作也不尽如人意。虽说整天坐在办公室里，但是整天安排会议、写稿子、下达通知……琐碎的事情令她感到枯燥。这让弈棋和父母都不知如何是好。

结合案例，请思考以下问题。

（1）弈棋的处境你感觉熟悉吗？你是否和她有着同样的困惑？

（2）你毕业后的首选职业是什么？想从事这份职业的原因是什么？

任务解码

一、职业意识

（一）职业意识的概念

职业意识是人们对职业劳动的认识、评价、情感和态度等心理成分的综合反映，是支配和调控全部职业行为和职业活动的调节器。职业意识是职业道德、职业操守、职业行为等职业要素的总和，是每个人从事所工作的岗位最基本且必须牢记和自我约束的。职业意识不是突然形成的，而是经历了一个由幻想到现实、由模糊到清晰、由摇摆到稳定、由远至近的产生和发展过程。

职业意识是大学生不可缺少的一种素质，它既影响个人的就业和择业方向，又影响整个社会的就业状况。职业意识由就业意识和择业意识构成。就业意识指人们对自己从事的工作和任职角色的看法；择业意识指人们对自己希望从事的职业的选择。

（二）职业意识的类型

职业意识的类型如表 2-2-1 所示。

表 2-2-1　职业意识的类型

类型	内容
诚信意识	诚信是大学生进入社会的“通行证”。它不仅反映了一个人的思想品德和道德觉悟，还反映了一个团体的信用程度，更重要的是它影响着一个人的前途和发展

续表

类型	内容
顾客意识	当代大学生无论在任何岗位上都需要具备顾客意识。市场的回报是公平又残酷的，顾客意识非常重要。赢得外部顾客满意，企业就能赢得稳定的客户，不断拓展市场；赢得内部顾客满意，企业就可以提高产品质量、工作效率
团队意识	大学生要学会正确处理与社会、整体之间的关系。维护团队的声誉和利益，不说诋毁团队的话，不做损害团队的事；保守团队的商业秘密；积极主动地做好团队中自己的工作，及时提出有利于企业发展的合理化建议；尊重和服从领导，关心与爱护同事；建立团队内部的协作，加强同事之间的合作竞争，互为平台、互通商机、共同进步
自律意识	大学生要分清职业与业余的不同，从而在扮演职业角色时，能够克制自己的偏好，克服自己的弱点，约束自己的行为。所有值得追求的目标都需要自律才能实现。自律意识在于养成，一旦养成，任何事情都会成为可能
学习意识	时代进步、社会发展突飞猛进，新的知识不断出现。当代大学生要想有所成就，只有具备良好的学习心态、意识，与时俱进，才能保证自己跟得上时代步伐，才有可能实现人生价值、取得职业生涯的成功
竞争意识	竞争是现代社会中个人、团体乃至国家发展过程中不可缺少的心态。有竞争的社会，才会有活力，才能发展得更快；有竞争意识的人，才会奋发图强，才能实现自己的理想。竞争是不甘平庸、追求卓越，它能使个人完善，使群体上进，使社会发展

案例品读

一己之力保乘客安全

在哈尔滨市香坊区哈平路上，203 路公交车司机何国强在车辆行驶过程突发脑溢血，昏迷前，他以惊人的毅力，克服头晕、视物不清和一侧肢体瘫痪等困难，将公交车稳稳地停靠在路边，保证了车上 20 多名乘客的安全。这名年仅 33 岁的司机却经抢救无效不幸去世。

“真是不简单，他不但嘱咐乘客坐后车，停车后还做了这么多措施，保证了全车乘客的生命安全。”何国强的同事由衷感叹“当时车上有 20 多人，如果何国强在昏迷前错踩了油门，那后果不堪设想。他不但把车停好并熄火，还拉好手刹车，甚至打开应急灯，这太不容易了！”当他为乘客做好这一切后，才拿起电话想自救，但已经来不及了。如果当时他先打急救电话救自己，那么也许还会有救。

启示：你对一件事情的态度，决定了你完成这件事情达到的高度。

二、大学生职业意识的培养

（一）大学生职业意识现状

职业意识在很大程度上影响着大学生的择业就业。通过对大学生职业意识现状的调查，发现大部分大学生具有良好的职业心态和客观的职业定位，但也有部分大学生存在职业意识模糊等问题。

1. 职业理想偏差

合理的职业理想能够引导大学生找到个体与社会的契合点，使个体职业与社会需要和谐统一；不合理的职业理想则会导致个体与社会的脱节，从而增加大学生择业困难。受环境因素、社会因素等影响，当前越来越多的大学生把自己的职业理想与个人利益相结合，即在树立职业理想时，更多考虑的是职业的薪资报酬、福利待遇、社会地位等，将职业发展与个人发展等列为其次，最终导致职业理想偏差，功利性与世俗化在部分大学生的意识中逐步形成。

2. 职业心态偏差

大学生面对职业问题时，心态一般比较平和，但也存在很多矛盾。例如，既期待就业，又害怕面对现实，怕理想与现实的冲突；既期待实现自我价值，又害怕面对物质诱惑，怕价值与利益的冲突。这种心理现象主要与其即将和社会接轨有很大关系，部分大学生能够积极应对，但也有部分大学生不懂得如何调适自我心态，只能消极面对，导致职业心态不平衡，这将在很大程度上对他们未来的职业道路产生不良影响。

3. 职业定位偏差

大学生职业定位是大学生价值观在职业上的具体体现和运用，是对自身价值的定位，主要表现在对职业、地域和择业标准等方面的考虑。现在，很多大学生热衷于把职业的地域定位在北上广深这样的一线城市或省会城市，过分追求发达地区，认为那里的机会更多；还有很多大学生一门心思地想要找到待遇高、福利好、社会认可度高的职业；也有部分大学生只追求自己工作与专业对口。但其实这些考虑恰恰反映出部分大学生职业定位的片面化，不够深思熟虑，没有对实际进行全面分析，缺乏对主客观因素的综合考量。

4. 职业认知偏差

当今社会，很多大学生对于自己未来的职业认知并不清晰，究其原因，总结为以下两个方面。

课播：1 537 个职业中你心仪哪个？

（1）根据高考分数而非个人意愿决定专业选择。无论是大学生的专业选择还是高考志愿填报，高考成绩都是最重要的影响因素且具有绝对权威。高考成绩在很大程度上剥夺了大学生对职业的选择权与对专业的选择权，成为大学生职业生涯的“指挥棒”。

（2）大学生专业选择中的盲目性和随意性突出。调查结果显示，除“高考成绩”外，“个人希望从事的职业”“学校所在地”“将来的出路”等对专业和高考志愿的选择也具有重要影响作用。但事实上，这些推断不过是学生意识中模糊不清、朦朦胧胧，甚至掺杂着很多错觉的想法，并不是具有明确目标、发展设计与充分准备的职业理想或专业追求。不仅如此，从选择现在所学专业的理由上看，“教师的建议”也未能发挥应有的作用。这些都说明，在大学生进入大学之前，没有为未来的职业做好必要的准备，以至于大学生在选择专业时带有较大的盲目性，对所学专业与未来职业间的联系缺乏清晰的认知，没有系统科学的职业生涯规划。

课堂活动

结合所学知识点，按要求完成《职业发展与就业创业指导实践手册》项目二 任务二中的课堂活动“职业倾向探索”。

（二）大学生培养职业意识的意义

在大学时期了解职业的意义对大学生是十分重要的，学校应根据大学生的实际情况给予正确的引导和教育，为其今后的职业生涯发展做好铺垫，并逐步培养大学生的职业意识，顺利完成从学生到准职业人的自然过渡。同时，帮助大学生树立自信心，使其正确面对成长路上的挫折是形成职业意识的必要条件。自信的大学生往往比较积极主动，更容易融入社会，也具有更强的适应和生存能力及更健康的身体素质和心理素质，能够正确认识自己、发挥自我潜能，结合社会需求和自身特点形成职业意识。

知识链接

职业意识是从业人员的根本素质

在职业活动中，一个人要获得成功，60% 取决于职业意识，30% 取决于职业技能，10% 靠运气。职业意识支配和调控着一个人的职业行为和职业活动。大学生的职业意识影响着现在的职业准备、未来的职业选择和职业发展。没有正确的职业意识，就难以形成良好的职业习惯，无法掌握过硬的职业技能。

大学生在大学期间应结合专业学习，培养良好的职业意识，做事要有整体和全局观念，使个人价值与社会价值保持一致，为步入社会做好准备。

（三）大学生培养职业意识的方法

面对竞争日益激烈的现代社会，大学生在求学期间，适当培养自己的职业意识已成为刻不容缓的大事。未来的社会是以智力资本为核心的知识经济的社会，因此，大学生有关职业意识的思维方式必须适应知识经济社会的发展。大学生培养自己的职业意识，应着重从以下五个方面入手。

1. 培养创新意识

大学生将来无论从事何种职业，走上哪个岗位，都要具备创新意识。因为知识经济时代的特征是以创新的速度和方向决定经济的成功与失败的。习近平总书记曾经指出，创新是引领发展的第一动力。抓创新就是抓发展，谋创新就是谋未来。可见，创新是未来社会的一种趋势，对于终究要走上职业道路的大学生而言，作为一个民族前进的脊梁，一定要使自己具有创新意识，唯有如此，才会使自己在未来的职业发展中立于不败之地。

2. 培养市场意识

知识经济时代并不会消除市场经济。知识经济更注重从生产力的角度去分析，以知识为基础提高劳动者的素质，提高智力投资，把高新科学知识用于经济建设；而市场经济则注重生产关系的探究，反映的是人与人的关系，以及随之而产生的资源的优化配置关系。随着高新技术的出现及知识经济的发展，竞争将会更加激烈，市场机制会更加完善。因此，大学生不论是在什么样的岗位上，都应当有市场意识，要在不断的市场竞争中脱颖而出。

3. 培养合作意识

当今乃至未来的世界，一体化的趋势越来越明显，特别是21世纪，社会经济和信息通信技术的发展，为世界一体化做出了更为有力的保证，这使人们认识到整个地球的各个角落都有着千丝万缕的联系，也认识到个人力量的弱小。因此，合作的重要性越发凸显。作为一名具有高等学历的未来职业者，必须要培养自己的合作意识，唯此，才能在当今社会一体化发展的进程中立稳脚跟，避免孤立无援的情况发生。

4. 培养战略意识

要认清社会发展的趋势，从总体出发，纵观全局，培养远大的战略目光，这也是未来的职业者应具有的职业意识。

5. 培养法治意识

当今社会是法治的社会，法律意识淡薄是寸步难行的。大学生是受过良好教育的职业者，更应具有法律意识，不但要维护自己的合法权利，而且要维护集体的合法权利，以法律武器同一切邪恶势力做斗争。

作为新型职业者，大学生应从更多方面去培养自己的职业意识，而不仅限于以上五个方面。

三、职业理想

（一）职业理想的概念

职业理想是人们在职业上依据社会要求和个人条件，借想象而确立的奋斗目标，即个人渴望达到的职业境界。它是人们实现个人生活理想、道德理想和社会理想的手段，并受社会理想的制约。

职业理想是人们对职业活动和职业成就的超前反映，与人的价值观、职业期待、职业目标，以及世界观、人生观密切相关。

（二）职业理想的层次

职业理想可以分为以下三个层次：第一层次是把职业作为谋生的手段，对于职业发展前景、职业成就等基本没有考虑；第二层次是把职业作为满足个人兴趣、发挥个人特长的手段，主要关注的是个人欲望，没有涉及社会理想的境界；第三层次是把职业作为个人创业、技术创新的途径，最大限度地施展个人才华，为社会和人类的共同幸福做贡献。

知识链接

一名乡村教师的职业理想

在深山里建一座女子高中，不仅能让贫困的女孩子免费入学，还能让她们考上大学，改变命运，这是一名乡村老师——张桂梅的梦想。她拼命干了十几年，让这些都成了现实。

自2008年以来，华坪女高建校十余年之久，到2020年已经有1 804名大山里的女孩从这里走进大学，本科上线率排名丽江市第一。12年间，张桂梅走过11万千米的家访路，在崎岖的山路上，她摔断过肋骨，发过高烧，也曾晕倒在路上。她把别人捐给她个人的钱和自己的大部分工资，累计100万元，全部捐给了山区的女孩们。每个女孩后面都有一个家庭，每个女孩未来都将成为一名妈妈，张桂梅拿命在践行，让女孩受高等教育，就能改变三代人命运的初衷。张桂梅说："我这辈子的价值，我救了一代人。不管是多还是少，毕竟她们后边走得比我好，比我幸福就足够了。"

《感动中国》2020年度人物张桂梅颁奖辞：烂漫的山花中，我们发现你。自然击你以风雪，你报之以歌唱。命运置你于危崖，你馈人间以芬芳。不惧碾作尘，无意苦争春，以怒放的生命，向世界表达倔强。你是崖畔的桂，雪中的梅。

四、大学生职业理想的树立

（一）大学生树立职业理想的作用

职业理想的树立有助于学生进行科学合理的职业生涯设计，有利于促进学生成长成才。大学生一旦明确了自己的职业目标，就确定了未来的从业方向，就会把今天的学习与明天的职业成就联系起来，把人生融入国家和民族的伟大事业中，更加珍惜在校的学习时光，自觉努力地提高职业技能、提高自身综合素质，为将来所从事的社会角色做好充分准备。

1. 职业理想是职业选择的向导

职业理想是人们对未来职业的向往，一个人一旦确立了科学的职业理想，就应当朝着实现这一理想的方向去努力。首先必须选择一个与自身相匹配的职业，这个职业可以是所从之业，也可以是所创之业。就如同大学生在学习过程中，学习目标一旦明确，学习热情就会高涨，学习效果自然显著。因此，在进行职业选择时，职业理想将起到非常重要的导向作用。

2. 职业理想是职业成功的动力

职业理想是人们对未来职业的追求，它不仅包括了工作的部门和种类，还包括了工作的成就。为了实现自己的职业理想，从学生时代开始，就必须积极进行相关知识的积累和相关能力的培养，为选择自己理想中的职业做好准备；走上职业岗位后，还要能够利用自己所学的知识和所掌握的能力，努力地、创造性地做好岗位工作，力争取得优异的工作成绩，并最终取得职业成功。因此，职业理想具有推动作用。

3. 职业理想是事业的精神之源

职业理想是成就事业、推动社会进步的精神力量，有了这样的精神力量，在职业准备、职业选择、就业或创业的过程中，无论遇到什么样的困难或挫折，都会激励大学生朝着已经确立的职业目标前进，直到取得事业上的成功。

课堂活动

结合所学知识点，按要求完成《职业发展与就业创业指导实践手册》项目二 任务二中的课堂活动“我的职业理想探索”。

（二）大学生树立职业理想的方法

理想是人们在实践中形成的具有现实可能性的对未来的向往和追求。职业理想是人生理想的重要组成部分，是个体对未来职业的向往和追求，它决定着人们在职业生活中的事业心和责任感。

每个人的思想素质、道德观念、知识能力、家庭背景、对外界影响的接受程度不尽相同，因此不可能有统一的职业理想。择业时要以科学的世界观作为指导，一切从实际出发，实事求是地确立自己的职业理想。当代大学生要树立正确的职业理想，必须做到以下几个方面。

1. 全面认识自己

树立正确的职业理想，首先必须全面地认识自己。一要全面认识自己的生理特点，主要包括性别、身高、体重、视力、健康状况、体质和相貌等；二要全面认识自己的心理特点，主要包括兴趣、能力、气质、人格及道德品质等；三要全面认识自己的学习水平和将来可能达到的状态；四要正确认识自己的身心特点、学识能力等与未来职业需要之间的差距，要在全面认识自己的基础上，结合自己的发展潜力，进行合理的定位。只有这样，才能制定出一个适合自己、切实可行的奋斗目标并确立一个可以实现的职业理想。

2. 充分了解社会

树立正确的职业理想，要全面、科学地了解社会发展和职业动向。一要了解党和国家的路线、方针政策；二要了解我国社会的经济构成及其发展状况；三要了解我国的基本国情；四要了解各地区的产业结构、行业结构和职业结构；五要了解各种产业、行业和职业对职工共同的基本要求和具体要求；六要了解自己所学专业所对应的职业群，以及该职业群在中国特色社会主义建设中的地位和作用；七要了解该职业群中各种职业的社会价值、工作性质、工作条件、工作待遇、从业人员的发展前途，以及该职业群中各种职业对人员的素质要求（包括学历、专业、性别、智力、体力、性格等方面的要求）。

3. 树立科学的人生观

人生观是人们在实践中对于人生目的和人生意义的根本看法和根本态度。持不同

课播：没有“躺平”的青春，只有奔跑的岁月

的人生观的人，会选择不同的人生道路，其职业理想也一定不同。大学生要根据时代的要求，根据社会发展的要求，坚持以辩证唯物主义和历史唯物主义的立场、观点和方法看待人生，坚持以最广大人民群众的根本利益为核心，坚持以实现社会主义的共同理想为目标，不断加强学习，不断提高自己的思想觉悟，不断提高自己的思想素质、文化素质、能力素质，不断完善自我，做到自尊、自爱、自强，树立正确的价值观、苦乐观、幸福观、荣辱观，进而树立为人民服务的正确的人生观。

4. 树立正确的职业观

职业观是人们在选择职业与从事职业所持的基本观点和基本态度，是理想在职业问题上的反映，是人生观的重要组成部分。职业观具有三个基本要素：一是维持生活；二是发展个性；三是承担社会义务。在三个基本要素中哪一个要素占主导地位，将决定个人职业观的类型与层次。正确的职业观是把三个基本要素统一起来，以承担社会义务作为主导方向。可见，不同的职业观孕育不同的职业理想。

知识链接

高薪并不等于职业理想

在确立职业理想时，要考虑到高薪并不等于职业理想。我们生命的价值不在于拥有多少金钱，而在于做了多少有意义的工作。还有一些研究告诉我们，那些追求理想的人，在多年以后比那些只追求金钱的人会拥有更多财富。要走上成功之路，你就应有自我的理想，明了自我的兴趣，知道自己期望成为怎样的人。如果不清楚，就要去寻找。找寻的最好方式就是多尝试、多学习，而大学是最好的尝试的地方。

习测：职业意识情况调查表

自我评测

请扫描二维码，完成“职业意识情况调查表”的填写，结合上述学习内容，进行自身的职业思考。

任务实训

结合本任务学习，按要求完成《职业发展与就业创业指导实践手册》项目二 任务二中的实训演练“分享职业理想”。

任务小结

通过本任务学习，使学生了解职业意识的概念和类型，明确职业理想的概念及相关理论，掌握职业理想的重要性，并能够根据自身实际情况树立正确的职业理想，适时进

行自我管理。帮助学生养成良好的规划意识和主动就业意识。

任务评价

本任务学习已完毕，请在《职业发展与就业创业指导实践手册》项目二 任务二的任务评价中，就自身专业能力与核心能力的提升情况开展能力自评。

任务三　厚积薄发蓄强能

任务清单

教学环节	教学信息	具体内容
教	知识重点	职业化能力与素养
	知识难点	职业化能力提升的方法与策略
	推荐教学方式	线上理论与线下实践指导相结合
	教学场所	多媒体教室或创业实训室
	建议学时	2 学时
学	必须掌握的理论知识	明确职业化能力与素养的概念，把握专业相关职业的能力与素质与能力，掌握提升职业化能力与素养及创业能力与素养的方法
	必须掌握的工作技能	能够有效运用提升职业化能力与素养的方法与策略
	能力训练	正确分析自身职业化能力与素养的情况，并制订职业化能力与素养的提升方案

任务导入

职业素质的思考

张义（化名）在一家餐馆打工，老板要求刷盘子要刷 5 遍。一开始他还能按照要求去做，刷着刷着，发现少刷了一遍也挺干净，于是只刷 4 遍，后来发现再少刷一遍还是挺干净，于是又减少了一遍，只刷 3 遍，并暗中留意另一个打工的学生，发现他还是老老实实地刷 5 遍，速度自然要比自己慢许多，出于好心，他悄悄地告诉那个学生，可以少刷一遍，别人是看不出来的，谁知道那个学生一听，竟惊讶地说："规定要刷 5 遍，就该刷 5 遍，怎么能少刷呢？"

王剑（化名）是个非常优秀的技术领头人，其业务能力在团队中出类拔萃。但他性格孤僻，难以与他人展开合作。他所带领的团队成员经常与他发生摩擦，需要公司花大量时间和精力进行协调。最后，公司不得不放弃这个技术专才。“我们宁愿用三个业务水平略显平庸的人来代替他，也不能继续用他了，因为他的个性严重挫伤了团队的工作效率和队员的工作热情”，公司的态度非常明确。

结合案例，请思考以下问题。

（1）你对案例中的两位主人公有何评价？

（2）你认为一名职业人应具有的素质与品质有哪些？

任务解码

一、职业化能力与素养

（一）职业化能力与素养的概念

职业化是从校园人向职业人的转化过程，它是一种工作状态的标准化、规范化、制度化，即在合适的时间、地点，用合适的方式，说合适的话，做合适的事，在知识、技能、观念、思维、态度、心理上符合职业规范和标准。

职业化能力与素养是指为了胜任一种具体职业而必须具备的标准化、规范化、制度化的能力与素养。日常生活和职业活动的观察和研究都表明，人的能力与素养各不相同，有人善于言语交谈、有人善于操作、有人善于理论分析、有人善于事务性职业。每个人都有自己独特的能力与素养结构。社会上的职业也是多种多样的，各种职业对从业者的能力要求亦不相同，这些能力通过每个职业（岗位）说明书的任职资格就可以了解到。在大多数职业中，有时需要几种能力的综合。人的能力各有长短、优劣，很难整齐划一，这就要求大学生在进行职业生涯管理时，有针对性地开展职业化能力与素养的培养与训练。

（二）职业化能力与素养的构成要素

展阅：受欢迎的招聘启事

如果说职业化能力与素养是一座金字塔，那么专业知识、工作技能、职业心态就是筑成金字塔的三大基石，三者缺一不可。所谓专业知识，是指对工作、岗位的认识和经验，即“知道是什么”。所谓工作技能，是指完成工作的方法和技巧，即“知道怎么做”，并能够用一系列的行为将其在工作中展现出来。所谓职业心态，是指你对待工作的态度，即“知道如何对待工作”

（三）职业化能力与素养的内容

职业化能力与素养主要包括以下几方面内容。

1. 职业素质

（1）职业素质的概念。职业素质是劳动者对社会职业了解与适应能力的一种综合体现，其主要表现在职业兴趣、职业个性及职业情况等方面。

影响和制约职业素质的因素很多，主要包括受教育程度、实践经验、社会环境、工作经历及自身的一些基本情况（如身体状况）等。一般来说，劳动者能否顺利就业并取得成就，在很大程度上取决于本人的职业素质，职业素质越高的人，获得成功的机会就越多。职业素质是人才选用的第一标准；职业素质是职场制胜、事业成功的第一法宝。

（2）职业素质的特征。一般来说，职业素质具有以下五个主要特征。

第一，职业性。不同的职业，对职业素质的要求是不同的。例如，以售票员李素丽为例，她的职业素质体现在她对工作的认真，正如她自己所说："如果我能把十米车厢、三尺票台当成为人民服务的岗位，实实在在去为社会做贡献，就能在服务中融入真情，为社会增添一份美好。即便有时自己有点烦心事，只要一上车，一见到乘客，就不烦了。"

第二，稳定性。一个人的职业素质是在长期职业实践中日积月累形成的。它一旦形成，便产生相对的稳定性。例如，一位教师经过数年教学生涯的积累，就逐渐形成了怎样备课、怎样讲课、怎样为师等一系列教师职业素质，于是，便保持相对的稳定。当然，随着继续深造，以及受工作和环境变化的影响，其这种素质还可以继续提高。

第三，内在性。职业从业人员在长期的职业活动中，经过学习、认知和体验，已经有了一套属于自己的判断事物正确与否的标准。这样内在的职业素质就是职业素质内在性的体现。我们常说，"把这件事交给某同志去做，有把握，让人放心。"人们之所以放心，就是因为这个人的内在素质好。

第四，整体性。一个从业人员的职业素质是和他的整体素质有关的。我们说某同志职业素质好，不仅指他的思想政治素质好，还指他的科学文化素质、专业技能素质好，甚至还指身体、心理素质好。

第五，发展性。一个人的素质是通过教育、自身社会实践和社会影响逐步形成的，它具有相对性和稳定性。但是，随着发展社会对人们不断提出的要求，人们为了更好地适应、满足、促进社会发展的需要，总是不断地提高自己的素质，所以，素质具有发展性。

（3）职业素质的分类。一般来讲，职业素质的分类如表 2-3-1 所示。

表 2-3-1　职业素质的分类

分类	内容
身体素质	身体素质是指体质和健康（主要指生理）方面的素质
心理素质	心理素质是指认知、感知、记忆、想象、情感、意志、态度、个性特征（兴趣、能力、气质、性格、习惯）等方面的素质。很多知名企业都通过拓展训练来提高员工的心理素质及团队信任关系
政治素质	政治素质是指政治立场、政治观点、政治信念与信仰等方面的素质
思想素质	思想素质是指思想认识、思想觉悟、思想方法、价值观念等方面的素质。思想素质受客观环境等因素影响，如家庭、社会、环境等
道德素质	道德素质是指道德认识、道德情感、道德意志、道德行为、道德修养、组织纪律观念方面的素质

续表

分类	内容
科技文化素质	科技文化素质是指科学知识、技术知识、文化知识、文化修养方面的素质
审美素质	审美素质是指美感、审美意识、审美观、审美情趣、审美能力方面的素质
专业素质	专业素质是指专业知识、专业理论、专业技能、必要的组织管理能力等方面的素质
社会交往和适应素质	社会交往和适应素质主要是指语言表达能力、社交活动能力、社会适应能力等方面的素质，是后天培养的个人能力，也是职业素质的另一核心之一，能侧面反映个人能力
学习和创新素质	学习和创新素质主要是指学习能力、信息能力、创新意识、创新精神、创新能力、创业意识与创业能力等方面的素质，是个人价值的另一种形式，能体现个人的发展潜力及对企业的价值

（4）职业素质的构成要素。职业素质结构，从总体上看包括能力、健康、理念、人格四大要素，每个要素中又包含若干子要素，这些要素的不同组合就形成人们各具特色的素质。能力素质，包括社会能力、创新能力、知识储备、特殊能力等；健康素质，包括身体健康和心理健康等；理念素质，包括政治思想、职业道德、态度、责任心等；人格素质，包括性格、兴趣、情感等。能够使职业生涯成功的关键是各种要素的齐备，并科学合理地组合。一个人的成功其素质可以分为已经具备的竞争实力和尚待开发的发展潜力。

第一，已经具备的竞争实力。对于任何人来说，在特定时期都存在一定的素质。例如，具有大学学历，具有技术等级证书及各种过级证书、技师资格证书、职业技能等级证书等。从单位用人的角度看，这成为用人单位招聘录用和培养提拔的选择依据。从社会人力资源市场的角度看，这就是一个人的竞争实力。这种竞争实力，是一个人获得职业生涯成功的重要条件。

第二，尚待开发的发展潜力。人是可塑的，有着很大潜力。在一定的环境与条件下，诸如充分的教育、适当的培训、兴趣的导向、外部的支持环境、经验的积累等，都会使潜力得到开发。一个人要取得成功，就要经过长期的过程，付出大量的努力，克服诸多困难，仅依靠现有的素质、实力是远远不够的。因此，发现和开发自己的潜力是一个人获得成功必不可少的条件。

2. 职业能力

（1）职业能力的概念。职业能力是人们从事其职业的多种能力的综合，可以定义为个体将所学的知识、技能和态度，在特定的职业活动或情境中进行类化迁移与整合所形成的能完成一定职业任务的能力。职业能力是在学习活动和职业活动中发展起来的，是直接影响职业活动效率，使职业活动得以顺利完成的个性心理特征。

（2）职业能力的分类。职业能力分为以下三种。

第一，一般职业能力。该能力主要是指一般的学习能力、文字和语言运用能力等。

第二，专业职业能力。该能力主要是指从事某一职业应具备的专门能力，像厨师、挖掘机司机、烘焙师、面点师等需要经过专门的训练。

第三，综合职业能力。该能力主要是指从整体出发，个人普遍注重培养的关键能力。

（3）职业能力的构成要素。

职业能力主要由以下三个要素构成。

第一，为了胜任一种具体职业而必须要具备的能力，表现为任职资格。

第二，在步入职场之后表现的职业素质能力。

第三，开始职业生涯之后具备的职业生涯管理能力。例如，一位教师只具有语言表达能力是不够的，还必须具有对教学的组织和管理能力，对教材的理解和使用能力，对教学问题的发现和解决能力，以及教学效果的分析、判断能力等，并且可以对学生进行有效积极的教育，这才是一名教师的职业能力，即职业特定能力、行业通用能力、职业核心能力。

二、大学生职业化能力与素养的提升

谁能正确地掌握提升职业化能力与素养的技巧与方法，谁就会在职业生涯发展的道路上行稳致远。

（一）大学生职业化能力与素养的开发管理

1. 专业技能

课播：人在年轻时最核心的能力

专业技能主要是指从事某一职业的专业能力。在求职过程中，招聘方最关注的就是求职者是否具备胜任岗位工作的专业技能。例如，你去应聘教学工作岗位，对方就会考查你是否具备最基本的教学能力。当然，用人单位对应聘人员的专业要求并不是一概而论的，就工作与专业的关系而言，当前大学生寻找工作时，主要分专业对口型、专业相关型和专业无关型几种。

课堂活动

结合所学知识点，按要求完成《职业发展与就业创业指导实践手册》项目二 任务三中的课堂活动“专业技能分析”。

2. 知识运用能力

知识运用能力是指运用所学知识提高实践活动成效的本领，它表现为无论在什么活动中都善于用自己所学的知识去分析问题与解决问题。知识运用能力的提高，主要取决于两个方面，一方面是刻苦学习，另一方面是勤于实践。在大学里除学习知识外，更重要的是掌握学习的方法，培养一种运用知识去解决问题的能力，读书的真谛是为了解决实际问题，是为社会、单位、个人创造财富和价值。

课堂活动

结合所学知识点，按要求完成《职业发展与就业创业指导实践手册》项目二 任务三中的课堂活动“知识运用评价”。

3. 学习能力

一位哲学家曾说过："未来的文盲不是不识字的人，而是没有学会怎样学习的人。"未来的竞争是学习能力的竞争，未来最有价值的能力是学习能力。学习已经成为个人、团队、组织最重要的时代主题。只有终身学习，才能适应未来社会的发展变化。据调查统计，一个大学生一生所需的所有知识中，只有 5%～10% 来源于大学毕业以前，而 90%～95% 的知识是在进入社会以后的工作学习中获得的。

自我评测

请扫描二维码，测试你是否善于学习。

习测：
学习能力测试

4. 信息搜集能力

信息搜集是指依据一定的目的，通过有关的信息媒介和信息渠道，采用适宜的方法，有计划地获取信息的工作过程。大学生要能够收集各类信息资料，包括各种政策、报告、计划、方案、统计报表、业务流程、管理制度和考核方法等，尤其要重视竞争对手的信息。

5. 自我推销能力

每个人都希望把自己的能力和才华更好地展现出来，获得别人的尊重和信任、肯定和赞赏，但学会推销自己是首要之务。推销自己不仅仅是一种生存能力，更是一门人际交往的艺术。"酒香也怕巷子深"，学生的素质再好，能力再强，不会推销自己，雇主怎么知道你是他们最合适的人选呢？招聘面试关都过不了，又怎么能施展你的才华呢？

善于自我推销实际上表现为两种能力，即沟通能力和人际关系的建立能力。学会恰如其分地向别人推销自己是一门学问，可这种能力一般在书本上是学不到的，大学生必须在实践中摸索和培养。

自我评测

请扫描二维码，了解提高沟通能力的一般程序，提升自己的沟通能力。

习测：
提高沟通能力的一般程序

6. 沟通能力

所有公司的内部员工都不可避免地面临如何相处的问题，而一个公司的成功，很多时候取决于全体职员能否团结协作、互通有无。调研显示，企业中 70% 的问题是由沟通不成功或者不去沟通造成的。我们经常遇到沟通不畅的问题，往往是因为所处的立场不同、环境各异所造成的。沟通的基本模式如图 2-3-1 所示

（1）有效沟通的方式。

第一，口头语言沟通。这种沟通方式指借助口头语言实现信息交流，它是日常生活中最常采用的沟通方式。主要包括口头汇报、讨论、会谈、演讲、电话联系等。

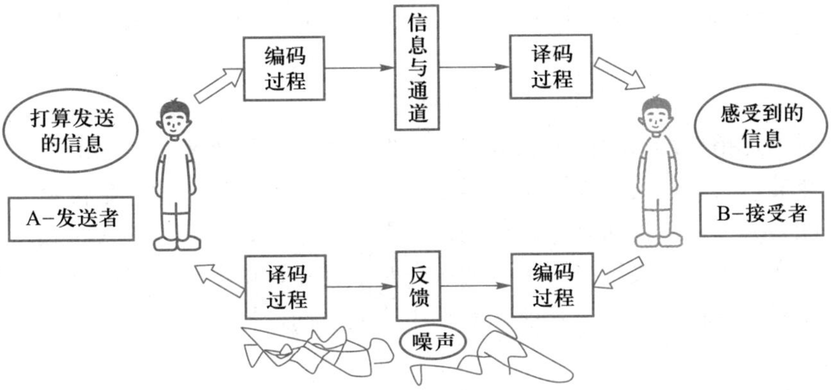

图 2-3-1　沟通的基本模式

第二，书面语言沟通。这种沟通方式指以文字为媒体实现信息传递，形式主要包括文件、报告、信件、书面合同等。当发现与领导面对面的沟通效果不佳时，你可以采用迂回的办法，如尝试使用电子邮件或书面信函、报告的形式沟通一番。因为书面语言沟通有时可以达到面对面语言沟通所无法达到的效果，可以较为全面地阐述想要表达的观点、建议和方法，能够让领导听你把话讲完，而不是打断你的讲话或被迫打断你的思路。

第三，肢体语言沟通。肢体语言又称身体语言，这种沟通方式指经由身体的各种动作代替语言以达到表情达意的沟通目的。

（2）有效沟通的技巧。

沟通的过程是一个发送、倾听、反馈的双向循环过程。在利用合适的沟通方式的前提下，我们要尽可能提高自己理解别人的能力，并增加别人理解自己的可能性，学会“听、说、问”。

自我评测

请扫描二维码，进行自我人际沟通风格测试。

习测：人际沟通风格测试

为了达到良好的沟通效果，需要培养同理心，学会站在对方的立场思考，真正了解对方的感受是至关重要的。

首先，沟通中很讲究“听的艺术”。这要求我们：一是听话不要听一半；二是不要把别人说的话曲解为自己的意思。

其次，沟通中还要学会“问的艺术”。这要求我们：一是提问题的时候要持愿意倾听的态度，无论你多么善于交际，如果你只是冷冷地流于形式，那么，对方最终会感觉到你只不过是在设法让他对你产生好感；二是尽量保持双重视角，不仅考虑到自己想听什么、想说什么，还要考虑到对方的需要。毫不顾及别人的想法和需求的行为是不礼貌且令人生厌的。

此外，有效沟通交流必须要把握 6C 原则，即清楚（Clear）、简明扼要（Concise）、有礼貌（Courteous）、有建设性（Constructive）、正确（Correct）、完整（Complete）原则。

7. 应变能力

应变能力是指自然人或法人在外界事物发生改变时所做出反应的能力，这种反应可能是本能的，也可能是经过大量思考过程后所做出的决策。用人单位需要具有高度灵活应变能力的人，听得认真、写得明白、看得仔细、说得清楚的人将具有无可估量的价值。应变能力主要表现在三个方面：一是能在变化中产生应对的创意和策略；二是能审时度势，随机应变；三是能在变动中辨明方向，持之以恒。

8. 抗挫折能力

抗挫折能力是个体在遭遇挫折情境时，能否经得起打击和压力，有无摆脱和排解困境的一种耐受能力，亦即个体适应挫折、抵抗和应对挫折的一种能力。该能力需要我们在遇到失败、挫折和打击时能自我安慰和解脱，还会迅速总结经验教训，而且坚信情况会发生变化，在人生的旅途中遇到一点困难是很正常的事情，我们需要用正确的心态去面对它。提高抗挫折能力，成为一名意志坚强的人。

自我评测

请扫描二维码，完成挫折心理测试。

习测：
挫折心理测试

（二）大学期间主要职业化能力与素养提升的方法与策略

大学生职业化能力与素养的提升是一个比较富有挑战性的话题，人们很容易总结出大学生需要提升的职业化能力与素养，但是关于每种能力与素养的提升方法与策略，却是见仁见智的。

1. 努力学好基础知识，加强自身修养

知识、技能、经验是能力与素养形成的基础，培养能力与素养首先要学好基础知识与专业知识，只有在此基础上才能养成技能，运用这些材料进行合理的组合，在实践中用作沟通交流的工具。其中，个人修养主要包括：文化修养，即个人文化知识的接受和提高方面的修养；艺术修养，即个人对艺术的审美感受力，是达到完美人格不可或缺的部分；涵养与意志的修养，即个人长期的内在和气质修养；品德修养，即高尚的道德理想，如合作、诚实、守信、正义等。

2. 积极参与各种活动，敢于创新实践

能力与素养的培养需要有较多的实践机会。具有自主学习意识的大学生，不仅会充分利用校内活动的机会，还会利用课余或节假日走出校门，参与校外实践。例如，通过无偿帮工或勤工俭学来训练目标职业所需的相关能力与素养。

3. 努力提高实践效率，学会用心用脑

用同样的时间参加同样的活动，不同的人所获得的能力发展水平却不尽相同。在实践活动中是否用心和用脑，以及能否对经验进行有意识的总结概括，都是提升能力与素养的关键。

4. 善于借鉴他人经验，勤于总结反思

学习他人包括两方面。一方面是观察他人，获得间接经验。在自己没有机会进行实践时，可以观察他人的行为，听取他人的经验介绍，对照实际效果，获得间接经验。这种途径可以解决尚未获得实践机会时的能力培养问题。另一方面是听取他人意见。“当局者迷，旁观者清”，通过实践活动，我们固然可以自己进行总结，但如果请求他人对自己的实践活动进行评价，就可以预防片面性，有效地检验自己的经验，提高实践效率。

三、大学生创业能力与素养的提升

（一）大学生应具备的创业能力与素养

创业是极具挑战性的社会活动，是对创业者自身智慧、能力、气魄、胆识的全方位考验。大学生要想创业成功，必须具备成功创业者基本的创业能力与素养，主要包括创业意识、创业心理品质、创业精神、竞争意识、诚实守信和创业能力等。大学生基本创业能力与素养如表 2-3-2 所示。

表 2-3-2 大学生基本创业能力与素养

内容	解析
强烈的创业意识	要想取得创业的成功，创业者必须具备自我实现、追求成功的强烈的创业意识。创业的成功是思想上长期准备的结果，事业的成功总是属于有思想准备的人，也属于有创业意识的人
良好的创业心理品质	创业之路是充满艰险与曲折的，自主创业需要一个人去面对激烈的竞争及随时可能出现的、需要迅速正确解决的问题和矛盾，这需要创业者具有非常强的心理调控能力，能够保持一种积极、沉稳的心态，创业的成功在很大程度上取决于创业者的创业心理品质。只有具有处变不惊的良好心理素质和愈挫愈强的顽强意志，才能在创业的道路上自强不息、竞争进取、顽强拼搏，才能从无到有、从小到大，闯出属于自己的一番事业
自信、自强、自主、自立的创业精神	自信就是对自己充满信心，能赋予人主动积极的人生态度和进取精神；自强就是不贪图眼前的利益，不依恋平淡的生活，敢于实践，不断增长自己各方面的能力与才干，勇于使自己成为生活与事业的强者；自主就是具有独立的人格，要有远见、有敢为人先的胆略和实事求是的科学态度；自立就是凭自己的头脑和双手、智慧和才能、努力和奋斗，建立起自己事业和生活的基础
竞争意识	竞争是市场经济最重要的特征之一，是企业赖以生存和发展的基础，也是立足社会不可缺乏的一种精神。创业者创业之初面临的是一个充满压力的市场，如果创业者缺乏竞争的心理准备，甚至害怕竞争，就只能是一事无成
诚实守信的品格	“小胜凭智，大胜靠德”，因为“德”是制服人心的最佳利器。诚实守信是一种道德品质，就创业者个人而言，诚信乃立身之本，“人而无信，不知其可也”，创业者在创业过程中，如果不讲信誉，就无法开创出自己的事业，失去信誉，就会寸步难行。诚信，一是要言出必行；二是要讲质量；三是要以诚信动人
全面的创业能力	创业能力是一种特殊的能力，这种特殊能力往往影响创业活动的效率和创业的成功。创业能力包括决策能力、经营管理能力、专业技术能力、交往协调能力、创新能力等。每一项均有其独特的地位与功能，任何一个要素都会影响其他要素的形成和发展，影响其他要素的功能和作用的发挥，乃至影响创业的成功

自我评测

请扫描二维码，进行创业能力测试。

习测：
创业能力测试

（二）大学生创业能力与素养的提升途径

创业者的自身素质是创业成败的关键，是可以通过以下途径来培养和提高的。

1. 努力学习知识

知识可以促进能力的发展。任何能力的形成和提高都是在掌握和运用知识的过程中完成的，创业能力也不例外。创业者一方面要加强专业意识的培养，要精通和掌握创业相关的专门知识和技能，并需要不断吸收新知识、新技术；另一方面应培养良好的社会意识，主要包括与人协调合作的意识、强烈的社会责任感、集体工作意识、竞争意识、环境意识、质量意识、品牌意识、安全意识等，这是提高创业能力极其重要的社会基础。

2. 积极参加实践

创业能力与素养的形成和提高只有在创业实践中才能实现。创业者应根据自身和专业特点，在认真学习专业文化知识、培养自己强烈的创业意识、成功意识的基础上，积极参与创业实践活动。

3. 向成功者求教

大千世界藏龙卧虎，有些人身怀绝技，能讲出常人所没有认识到的道理，能解决常人所不能解决的问题。如果我们真心诚意地向专家求教，那么何愁不能迅速成为行家里手呢？

4. 尽力提升自我

欲速则不达，创业能力与素质的提高需要长时间的锻炼和积累。我们主要可以从以下几个方面提升自己：一是善于集中别人的智慧，使自己变成最聪明的人；二是与有能力、有素质的人合作；三是知人善任，将不同特点的人组合成团队；四是不懂就问，不会就学；五是可以交一些“顾问型”的朋友。

自我评测

请扫描二维码，测试你是否具备成功创业者的能力与素质。

习测：
成功创业者的
能力与素质

任务实训

结合本任务学习，按要求完成《职业发展与就业创业指导实践手册》项目二 任务三中的实训演练“制订职业素养与职业能力提升方案”。

任务小结

通过本任务学习，使学生明确职业化能力与素养的概念和相关理论，清楚把握目标职业所应具备的能力与素质的内容，并能够依据自身的实际情况，有效掌握提升能力与素养的方法与策略。帮助学生有意识地培养用人单位所需要的职业化能力与素养，不但提高大学毕业生的就业数量，还能从本质上提高大学毕业生的就业质量。

任务评价

本任务学习已完毕，请在《职业发展与就业创业指导实践手册》项目二 任务三的“任务评价”中，就自身专业能力与核心能力的提升情况开展能力自评。

项目拓展

做有理想有本领有担当的新时代中国青年

习近平总书记在给北京大学援鄂医疗队全体“90后”党员的回信中指出：“青年一代有理想、有本领、有担当，国家就有前途，民族就有希望。”习近平总书记的重要回信，充分彰显党和国家对新时代中国青年前途和未来发展的高度重视，也为新时代中国青年该走怎样的道路指明了前进的方向。作为新时代的中国青年，一定要认真学习并牢记习近平总书记的重要讲话精神，不忘初心、牢记使命，把精神融入血脉、融入灵魂，做一个有理想、有本领、有担当的新时代中国青年，为了国家的美好前途和民族的美好希望，砥砺奋进，做出自己应有的贡献。

青年一代要树立远大理想

理想是希望之光。如果人生没有远大的理想，就不会有所作为。周恩来从小就立下“为中华之崛起而读书”的伟大理想和雄心壮志，正是在理想的牵引下，周恩来才会从少年、青年到晚年，从革命战争年代到中华人民共和国成立，再到社会主义建设阶段，始终坚忍不拔，并在中国共产党的领导下，一路过关斩将，披荆斩棘，为革命事业、为中华人民共和国成立和社会主义建设做出了卓越的贡献。新时代的中国青年，就要像周恩来那样，胸怀理想，立大志、创大业、立奇功，为党、国家和人民做出自己应有的贡献。

青年一代要练就过硬本领

本领是新时代中国青年的“硬核”。没有本领就不会做事，不会干事，更干不成大事，在工作岗位上，就很难发挥作用和效能。因此，作为新时代的中国青年，想要干出一番大业，独当一面，开疆拓土，一定要练就过硬的本领。如何练就过硬的本领？答案是要依靠不断地学习。

首先要向书本学习。学习马克思主义经典著作、毛泽东思想、中国特色社会主义理论体系、习近平新时代中国特色社会主义思想及习近平总书记重要讲话精神等。要读原著、学原文、悟原理。要多动脑，勤思考。只有不断学习，才不会在大是大非面前偏离政治方向。

其次要向实践学习。“实践出真知”“实践是检验真理的唯一标准”，作为新时代的中国青年，就要在实践中，学习新技术、掌握新技能、总结新经验、研究新方法。唯此才会在中国特色社会主义道路上立于不败之地，才会在新时代洪流中滚滚向前。

再次要向人民学习。子曰：“三人行，必有我师焉。”毛泽东同志曾经指出：“和全党同志共同一起向群众学习，继续当一个小学生，这就是我的志愿。”因此，作为新时代中国青年，就要以人民为师，向人民学习。学习他们不怕苦、不怕累，敢为人先，流血流汗的干劲和不畏牺牲、无私奉献的革命精神。

青年一代要具有担当精神

新时代中国青年，一定要有担当精神。如果没有担当精神，遇事就会推诿塞责，干事就会畏手畏脚、瞻前顾后、不思进取、停滞不前。但凡勇于担当者，皆富有敢于亮剑、敢于牺牲、无私奉献的革命精神。从舍身堵枪眼的黄继光、舍身炸碉堡的董存瑞、舍身入泥浆的王进喜，到在新冠疫情防控的人民战争、总体战、阻击战中的“最美逆行者”，他们都有一种无私奉献、敢于牺牲的担当精神，为大家，舍小家，不顾自身安危，用血肉之躯，筑起一道道钢铁长城，成为中流砥柱、国之栋梁。

新时代的中国青年要牢记习近平总书记的殷殷嘱托，要“不畏艰险、冲锋在前、舍生忘死，彰显了青春的蓬勃力量，交出了合格答卷。广大青年用行动证明，新时代的中国青年是好样的，是堪当大任的！”

项目考评

结合本项目学习情况，填写《职业发展与就业创业指导实践手册》项目二 练就干事金刚钻的“项目考评 成果评分表”。

创业启蒙篇

科技是强国之基，创新是兴族之魂，创业是富民之基。习近平总书记在党的二十大报告中强调，必须坚持科技是第一生产力、人才是第一资源、创新是第一动力，开辟发展新领域新赛道，不断塑造发展新动能新优势。

当代青年大学生肩负着祖国的未来，习近平总书记寄语广大青年，要把握创新特点，遵循创新规律，既奇思妙想、“无中生有”，努力追求原始创新，又兼收并蓄、博采众长，善于进行集成创新和引进消化吸收再创新；既甘于“十年磨一剑”，开展战略性创新攻关，又对接现实需求，及时开展应急性创新攻关。国家为大学生创新创业提供各项支持、营造良好环境，广大青年要抓住机遇、敢闯会创，在中华大地奏响激昂的青春乐章。

项目三

绘制就创同心圆

志之所趋，无远弗届，穷山距海，不能限也。

——《格言联璧》

项目地图

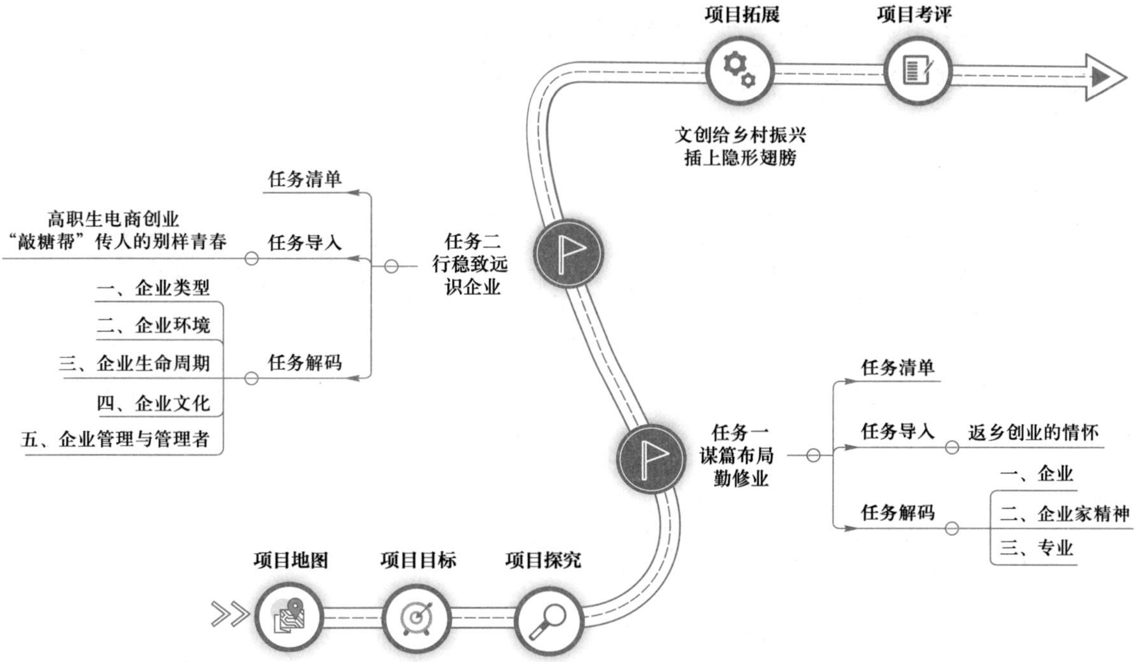

项目目标

● 知识目标

（1）了解企业的概念、特征与功能。

（2）掌握企业类型。

（3）熟悉企业运营流程，初识管理技巧，掌握岗位工作管理规范。

（4）深刻理解企业家精神的时代内涵与要义。

● 能力目标

（1）能够根据企业的特征，识别企业。

（2）能够正确分析专业就业或创业的岗位要求与职业环境。

（3）学会分析与评估微小企业经营风险，提出改进方法与措施。

（4）准确评估自身的企业家特质，制订能力提升计划。

● 素养目标

（1）激发探索专业及行业企业的兴趣。

（2）培养从小事起步的精益创业意识和创新精神。

（3）培养专创融合的三创思维，提升自身的社会责任感。

（4）激发爱党、爱国、爱社会主义的深厚情怀。

项目探究

（1）如果你选择直接就业，那么你的目标企业有哪些呢？

（2）俗话说，“业精于勤、荒于嬉”，面对就业，你都做好了哪些准备？你是如何确定求职企业的？

任务一　谋篇布局勤修业

任务清单

教学环节	教学信息	具体内容
教	知识重点	企业的概念和相关理论
	知识难点	掌握企业的特征，明确专业与创业的关系
	推荐教学方式	小组讨论与案例分享
	教学场所	多媒体教室或实训室
	建议学时	2 学时
学	必须掌握的理论知识	企业的概念、特征，企业家精神的时代内涵，专业认知
	必须掌握的工作技能	熟练掌握专业认知的内容，能正确分析企业家精神的内涵，制订能力提升计划
	能力训练	通过企业认知训练、企业调研与企业家访谈等实训活动，提升学生的专业能力、认知能力、沟通能力与写作能力

任务导入

返乡创业的情怀

杨光是某职业院校绿色食品生产技术专业的学生，他在本学期即将开设的课程表中看到了一门公共基础课“职业发展与就业创业指导”，带着好奇心，他翻开教材，发现模块二中有关于企业认知的内容，他对这门课充满期待。因为他的父亲在家乡正经营着一间规模不算大但已经有二十几年历史的豆腐坊，每年的收入不菲，杨光不知道父亲的豆腐坊算不算企业，如果是，那么又属于什么类型的企业呢？怎么从来没人叫父亲“老板”呢？他现在学习了绿色食品的相关专业知识，一直在思考应该怎样才能帮助家里把豆腐坊做大，尤其想借助自己的专业优势及线上媒体直播这一新型销售方式，帮助父亲推广自家的好产品。作为一名有志返乡创业的大学生，如何将自己所学的专业和创业理想有效结合，他还没有找到系统的思路。

结合案例，请思考以下问题。

（1）你认为杨光家的豆腐坊属于企业吗？

（2）如果你是杨光，那么你愿意选择结合自己的专业优势回乡创业，还是愿意选择在大城市就业？为什么？

任务解码

一、企业

（一）企业的概念

“企业”一词并非我国古文化所固有的，它是从西方语汇中引入的，其英文意思为Enterprise，由enter和prise两部分组成。前者是“获得、开始享有”的意思，引申为“盈利、收益”；后者是“撬起、撑起”的意思，引申为“杠杆、工具”。两个部分结合在一起，表示“获取盈利的工具”。

综合国内外学者的观点，企业是直接组合和运用各种生产要素（如土地和自然资源、劳动者、非人力形态的资本、技术、管理、信息等），从事商品生产、流通或服务等经济活动，为社会提供产品或服务，以盈利为目的、合法经营的经济组织。

（二）企业的内涵

企业的内涵体现在以下三个层面。

（1）企业是在社会化大生产条件下存在的，是商品生产与商品交换的产物。

（2）企业是从事生产、流通与服务等基本经济活动的经济组织。

（3）企业是依法设立，为社会提供产品与服务，自主经营、自负盈亏、独立核算的营利性组织。

课堂活动

结合所学知识点，按要求完成《职业发展与就业创业指导实践手册》项目三 任务一中的课堂活动“熟知企业基本情况汇总”。

（三）企业的特征

企业是适应市场经济要求，独立享有民事权利和承担民事义务的法人。在市场经济条件下，企业的特征主要表现在以下五个方面。

（1）经济性。企业的经济性主要指企业为满足人们需要，直接为社会提供各种产品或服务。

（2）营利性。企业是以营利为目的的经济组织。

（3）独立性。企业实行独立核算、自负盈亏。

（4）法人性。企业要依法成立，独立行使法人权利和义务。

（5）依法纳税性。依法纳税是企业的义务，是企业生产经营活动的生命线。

企业的特征决定着企业的功能，因此，在市场经济条件下，企业是推动社会经济发展的重要力量。

知识链接

企业的性质是契约

（1）个人一旦进入企业，就必然有契约产生，员工必须让渡自己的一部分自由，而企业就需要为员工发放工资。从法律的角度上讲，双方具有事实法律关系，即契约关系。

（2）企业要销售产品，必然会和用户产生契约。双方就商定的事宜以书面的形式约定下来，就是契约行为。

（3）企业在销售、采购、生产等一系列经营活动中都需要契约，所以企业是一系列的契约的集合体。

（四）企业的功能

企业的特征决定着企业的功能，在市场经济条件下，企业是推动社会经济发展的重要力量，具有经济和社会两方面的功能。

1. 经济功能

企业作为生产力的直接组织者和承担者，使潜在的生产力转化为现实的生产力，不断创造更多的社会财富，推动社会生产规模的不断扩大；企业也为技术进步创造了有利条件，市场竞争促使企业采用先进的科技成果，使用新工艺和新材料，改进技术装备，提高劳动生产率，从而推动社会生产力的进步；企业通过生产实践和各种形式的培训，能够提高企业职工的技术素质，培养专门化的技术人才，促进社会生产的发展。企业的经济功能通过企业经营循环过程（图 3-1-1）可以得到充分体现。

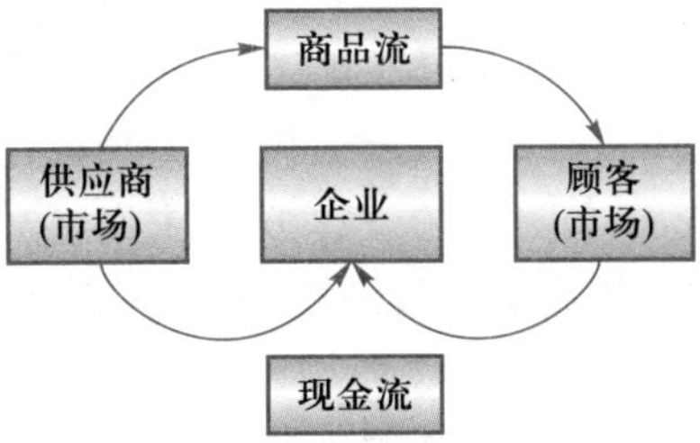

图 3-1-1　企业经营循环过程

2. 社会功能

企业的社会功能包括：满足顾客群体对产品和服务的需求，创造就业机会，为国家提供财富，推动其他社会和公共事业的发展等。同时，企业还承担着保护消费者权益、保护生态环境和防治污染等社会责任。

二、企业家精神

（一）企业家精神的概念

“企业家”这一概念由法国经济学家理查德·坎蒂隆于 1800 年首次提出。他认为："企业家"（Entrepreneur）是指能够使经济资源的效率由低转高的企业所有者或经营者；"企业家精神"（Entrepreneurship）则是企业家特殊技能（包括精神和技巧）的集合，是指企业家组织建立和经营管理企业的综合才能的表述方式，它是一种重要而特殊的无形生产要素。

展阅：企业家精神的内涵

（二）企业家精神的内涵

2020 年 7 月 21 日，习近平总书记主持召开企业家座谈会并发表重要讲话，阐释了企业家精神的时代内涵和本质要求，要求企业家弘扬新时代企业家精神，强调企业家要带领企业战胜当前的困难，走向更辉煌的未来，就要在爱国、创新、诚信、社会责任和国际视野等方面不断提升自己，努力成为新时代构建新发展格局、建设现代化经济体系、推动高质量发展的生力军。

随着我国经济发展进入新时代，推动高质量发展需要进一步激发各类市场主体的活力，而市场活力来自人，特别是来自企业家，来自企业家精神，因此，进入新时代更要弘扬企业家精神。

自我评测

请你说出你心中的新时代中国企业家的杰出代表，并分享他们以产业报国、以实业强国的事迹。

（三）企业家精神的时代内涵和本质要求

市场主体是经济的力量载体，而企业又是最重要的市场主体，是经济活动的主要参与者、就业机会的主要提供者、技术进步的主要推动者，在经济发展中发挥着十分重要的作用。改革开放以来，一大批有胆识、勇创新的企业家茁壮成长，形成了具有鲜明时代特征、民族特色、世界水准的中国企业家队伍，有力推动了我国企业由少到多、由小到大、由弱到强、由价值链低端到价值链中高端的巨变。一大批国际知名企业的成长历程充分表明：企业家爱国主义、民族大义的家国情怀，以及勇于创新、敢于担当、追求卓越和国际视野的精神境界，是引领企业发展壮大的根本保证。

（1）爱国情怀是新时代企业家精神的本质要求，是企业为国担责、为民分忧的根本保证。爱国是每位公民的应尽义务和法律底线。作为企业主要负责人的企业家既是自然人、公民，又是市场主体中法人组织的法定代表人。作为自然人，热爱祖国、拥护中国共产党的领导是其作为公民的基本义务；作为企业法人组织的法定代表人，无论公有制企业，还是非公有制企业都是社会主义市场经济的重要组成部分，都要自觉维护我国经济安全和发展利益，维护民族团结和社会和谐稳定。优秀企业家要对国家、民族怀有崇高使命感和强烈责任感，把企业发展同国家繁荣、民族兴盛、人民幸福紧密结合在一起，主动为国担当、为民分忧，把企业发展熔铸到共筑中国梦的历史使命中。

（2）勇于创新是新时代企业家精神的精髓内核，是推动企业发展壮大、不断超越的动力引擎。创新是引领发展的第一动力，在当今复杂的国际形势下，不断创新是培育世界一流企业的必由之路。创新凝聚着企业管理者的智慧与心血，是企业取得突破性发展、赶超竞争者的关键要素，而企业家是新时代发展创新型经济、实现制造业强国的中坚力量。

（3）敢于担当是新时代企业家精神的特殊使命，是企业和企业家社会责任的集中体现。企业家不仅仅是社会财富的创造者，更应对国家、对民族、对社会怀有崇高的使命感与强烈的责任感，力求更高水平、更高质量、更高效益的发展，促进国家社会不断进步，给人们带来幸福和安宁。一个有担当的管理者，也会是有社会责任感的企业家。解决就业问题是社会责任，研发创新产品是专业责任，分享经验成果是行业责任，对于一个企业家来说，任何责任都是必然要担当的，这是使命，也是荣誉。有了担当精神就有了不断追求更高成就的动力，就能够不断提升自己的管理水平，率领企业实现更大发展。

（4）追求卓越是新时代企业家精神的重要体现，是企业高质量发展的本质特征。追求卓越就是要弘扬工匠精神，其深层内涵在于对本职工作的执着、专注与精益求精的态度和付出。弘扬工匠精神，是新时代的使命呼唤。只有对产品精雕细琢，在各环节追求精益管理，在技术、品质、标准等方面达到一流，才能支撑起中国由制造业大国向强国的跃升。新时代的企业家们要有专注品质、追求极致的精品意识，将工匠精神融入企业生产的每个环节。

（5）国际视野是新时代企业家精神的时代要求，是企业提升全球竞争力的重要条件。创新无国界，企业只有以世界为舞台才能立于不败之地。面对国际上少数国家出现的贸易保护主义、逆全球化等暗流涌动的势头，企业家必须积极应对国际形势的变化，积极参与国际市场竞争，从全球化的视角设计企业的发展战略和竞争策略，用高质量、高水平的产品及服务开拓和巩固国际市场。

总之，在我国经济运行面临较大压力的特殊时期，创业活动作为经济增长的主要驱动因素，作为企业家和企业家精神在经济社会发展中发挥关键作用的一种经济形态，能激发企业家精神的发挥，国家应通过激励机制激励企业家的创新行为。

案例品读

做有温度的“生命守护者”

刘峰，毕业于南京信息职业技术学院，高中的他就已经拥有五项国家专利，是智能出行行业“走出国门的中国制造”的优秀代表之一；通过自身奋斗，他用技能创造，为自己赢得喝彩，从小就被称作“创新达人”“小发明家”。抱着对世界的好奇，他继续走在探索的路上。他就是南京快轮智能科技有限公司的创始人、董事长兼CEO——刘峰。

高考失利后，刘峰以技能特招形式进入南京信息职业技术学院电子信息工程技术专业。学校不仅专门成立了电子创新特色班，还特别为刘峰设计了培养方案和教学项目，并配备专门的指导老师，开放所有的实验室和研究室。刘峰直言："南京信息职业技术学院的帮助犹如给了我一次重生的机会。"就这样，刘峰成为南京信息职业技术学院的一名学生，开启了他三年的职业院校学习生活。几年来，他彰显了自己在发明上的天分，在创业上也颇有成绩。他的创业计划书拿了全校特等奖，不仅在校园里成功开店，还有了收入，他也成为校园里的"传奇"人物。

几年来，刘峰的发明不再只是用于驰骋赛场，而是有温度、有价值、有力量的，能为社会带来具体帮助的发明。他发明的搜救机器人可以快速救援；数次试验后自主研发的"高楼逃生器"垂直升降逃生装置可以在火灾中充分发挥作用；如今，刘峰成为智能出行行业"走出国门的中国制造"的优秀代表之一，他发明的代步工具于2016年获得全球首个电动滑板车UL认证。职业教育点燃了刘峰的人生梦想，而刘峰也让技能走出国门，让中国制造走向世界。

十年饮冰，难凉热血。刘峰身上有"咬定青山不放松"的坚韧，他用技能为自己赢得喝彩，用技能让生活更加美好。今天的刘峰依然十年如一日地嵌入技能发展的时代命题中，他始终怀揣着对世界的好奇，坚定地走在发明的路上。

启示：所谓幸运，都是辛苦付出后的嘉奖；所谓耀眼的逆袭，都是认真努力所埋下的伏笔。职业教育培养了大批高素质技术技能人才、能工巧匠与大国工匠，为加快建设教育强国、科技强国、人才强国奠定了坚实基础。

三、专业

展阅：正确认知专业能力

通过前面的学习，我们对企业和企业家精神有了大概的了解。或许很多学生会问，我为什么要知道什么是企业、什么是企业家精神？这是因为你还没有意识到，从你步入大学第一天起其实就已经对未来职业发展方向做了初步选择，无论将来到企事业单位就业，还是自主创业，在某种程度上源于你所学专业和你的职业梦想。当你毕业后，面对就业创业抉择时，首先就是要找出专业与职业发展的结合点，尽量选择与专业相关且自己喜欢的行业。因此，适时了解自己选择的专业发展前景如何，专业人才培养目标是什么，开设哪些专业核心课，通过这些课程的学习你应具备哪些知识、能力与素质，毕业后可能从事哪些职业或岗位等问题对个人的未来发展十分必要。

（一）专业认知

专业认知中大学生需要重点关注：本专业有哪些主干课程、专业课程和选修课程，专业课程中有哪些专业核心课，可以拓展的课程有哪些，自己需要掌握哪些专业核心能力，等等。如果想了解更多内容，则可以关注专业师资、实训条件、教学计划安排、专业前景及人才培养特色等。

知识链接

技能改变命运　技能成就人生

目前，我国已建成世界上规模最大的职业教育体系，截至 2022 年 5 月，共有职业学校 1.12 万所，在校生超过 2 915 万人。为社会输送了大量技术技能型人才。北京电子科技职业学院飞机机电设备维修专业的刘朴源，是学校与国航北京飞机维修工程有限公司“订单班”的学生。“招生即招工、入校即入企，考取民用航空器维修人员执照后，就业不成问题。”刘朴源感到找工作很轻松。安徽宣城职业技术学院的毕业生周子洋在当地从事人工智能训练方面的工作，互联网经济和新职业发展为他提供了新契机。广西柳州职业技术学院的毕业生黄浩，毕业后与朋友共同创业开办了柳州旭至自动化科技有限公司，目前公司研发的新产品已经在众多智能制造企业中推广应用，他将“所爱、所学、所干”完美结合，自己觉得很幸运……

职业教育围绕职业，教育为了就业，学什么就干什么，干什么就学什么，认识了这些，相信你不会再为你的专业而纠结了。

综上，专业认知是个人职业发展的条件，职业发展是专业学习与发展的目标和归宿。大学阶段是个人职业生涯发展规划的黄金期，未来将要从事什么行业、做什么职业、在这个职业上能够走多远、发展到什么阶段，都与大学期间的专业认知息息相关。大学生只有在对自己所学专业及专业就业前景充分了解的前提下，才能目标明确、合理地规划未来。

课堂活动

结合所学知识点，按要求完成《职业发展与就业创业指导实践手册》项目三 任务一中的课堂活动“所学专业对口企业盘点”。

（二）专业认知常见的困惑

对于刚入学的大学生来说，大多还处在对学习方式适应的认知阶段，尤其是对专业方面的认知还比较薄弱，虽然学校会通过入学教育、专业教育来重点说明和引导，但在短时间内，学生很难真正理解它的实质和内涵，从而造成困惑，影响了教学的效果。常见的专业认知困惑及解决办法如表 3-1-1 所示。

（三）专业与就业创业

1. 专业与职业的关系

2021 年 3 月，教育部印发《职业教育专业目录（2021 年）》，其中，共设置 19 个专业大类、97 个专业类、1 349 个专业，高职专科专业 744 个、高职本科专业 247 个，这些专业设置覆盖了国民经济各个领域，为企业提供 1 000 万左右的高素质技术技能

表 3-1-1 常见的专业认知困惑及解决办法

困惑类型	主要困惑内容	解决办法	备注
专业方向困惑	（1）不喜欢所学的专业； （2）担心该专业的就业前景不景气； （3）对未来感到迷茫	（1）主动了解并接受所学专业； （2）增强综合素质，为毕业求职时的第二次选择做好准备	建议结合个人兴趣爱好参加实践锻炼，拓宽就业技能
学习目标困惑	（1）没有明确的目标和动力； （2）不知道如何规划未来； （3）不知道为什么学习	（1）正确分析自我，明确学习目标； （2）通过考取证书来拥有“硬件”； （3）锻炼学习能力、思考能力和做人能力提升“软件”	建议寻求学业导师帮助，制定目标计划
学习方法困惑	（1）面对时间自由，不知所措； （2）无课业压力，时间管理不当； （3）无教师管理，不知怎么学习	（1）尽快适应，制定学习计划； （2）学习时间管理知识； （3）通过职业规划，尽快明确职业目标，制定能力提升计划	要与职业生涯规划教师保持有效沟通，在关键时刻向其寻求指导

人才。尤其是在现代制造业、战略性新兴产业和现代服务业等领域，一线新增从业人员中 70% 以上来自职业院校，职业教育社会认可度显著提升。对于专业与职业的关系，说法不一，我们要明确专业与职业之间既不是完全对应的关系，也不是毫无关系。二者的关系主要体现在以下两个方面。

课播：关于青年新职业指南

（1）专业融通职业。此类情况通常指一个专业方向对应一个职业目标。职业岗位要求专业性较强、技术含量较高、岗位选择较单一，体现了较强的对应关系。例如，护理、中医、法律事务、机械设计与制造、生物制药技术等专业，具有非常强的专门知识和技能，就业职业包括护士、中医师、律师、工程师、执业药师等，毕业生入职需要经过长期而又严格的专门训练，从事工作的内容具有高度的专门性，目前很多高职院校结合了“1+X 证书”制度，使学生入职前就获得相关部门授予的职业资格证书，便于更快入职上岗。

（2）专业包容职业。随着互联网技术的高速发展，众多新职业伴随着人们的需求应运而生。宽口径、厚基础的专业只有对应多个职业目标，才能满足实际职业发展需求。例如，农业经济管理专业，既可对应管理型职业，如涉农企业会计、企业管理类、新闻记者，又可对应营销员、会展员、策划员、秘书等事务型职业；而一名金融专业毕业生，就业范围除本专业职位外还可以从事会计、审计工作，更可以进入行政事业单位、国企、私企、外企等不同单位。专业对应的职业种类之多，数不胜数。

2. 专业与创业的关系

2022 年 3 月 22 日，由中国传媒大学创新创业教育中心联合风投机构 500 Global 共同编制的《2021 中国大学生创业报告》（以下简称《报告》）正式发布。从《报告》内容看，新一代信息技术（5G/ 区块链 / 云计算 / 大数据）和互联网 / 移动互联网等相关专业领域是大部分大学生看好的创业领域，通过这一点就可以看出，专业的选择对于未来创业起着至关重要的作用。

专业是创业的基础资源，在与专业相关的行业中选择创业项目，是理性的行为和合理的选择，事实也证明，创业者大多会在自己所学专业领域选择创业项目。例如，小米科技有限责任公司的创始人雷军毕业于武汉大学计算机系，毕业后根据自己所学专业创建了小米科技。创业需要多学科、复合型的知识结构，从筹划到设立公司，到打造产品、推广市场，再到管理企业，涉及行业、法律、财务、人力、市场等方方面面。

虽然所学专业与大学生是否选择创业没有必然的联系，但从创业生涯规划的角度来说，任何一个创业者总要以具备一定的专业知识为前提，这对于企业的管理经营与可持续发展具有重要的意义。

自我评测

请根据所学内容，分析你所学的专业是否具备创业优势并说明理由。

案例品读

都市高薪“白领”回家“务农”

“我们田东芒（杧）果一点不比别的差！”岑参还记得，他在中山大学信息管理与信息系统专业就读时，经常带家乡的芒果给同宿舍的同学品尝，看到完全不同于海南鸡蛋芒的田东大香芒，同学们流露出惊讶的表情，纷纷表示：“这么好的东西，怎么平时都吃不到呢？”

从高薪的港企辞职，岑参返乡卖芒果的消息一传出，这个世代务农的传统家庭一下炸开了锅，父母都觉得他们的儿子“疯了”。那感觉就像芒果还未成熟时，一口吃下去满嘴都是酸涩。岑参心里清楚，祖辈都是把种好的水果拿去市场交易，一手交钱一手交货，要让他们接受在看不见摸不着的互联网、微店上卖水果必然有个过程。刚开始，他负责推广营销，女朋友帮着做客服，家里人帮忙采购水果。乡邻问起来，他的父母还有些不好意思，但很快，家人的郁闷就被迅猛上升的销量冲得无影无踪了。开业不到一周，每天的发货量达到四五十件，经营到一个月时，岑参一天要写的快递单有时要上百份，这让他不得不采购一台打印机。那段时间，他经常在晚上 11 点后才能打包、发货。后来，岑参的农派三叔旗舰店在知名购物平台注册成功。品牌的力量加上网店管理的高标准、严要求运作，岑参使田东芒果实现了从“地摊货”到“品牌货”的升级，农派三叔旗舰店也成为广西第一家网络营销店铺，岑参将专业与产品结合，成功实现了创业。

启示：很多学生不是输在专业选择上，而是输在没有了解专业与就业的关系上，专业认知是求职前必要的准备，大学生只有充分了解专业，才能结合自身特点提高专业技能，为未来就业创业打下坚实的基础。

任务实训

结合本任务学习，按要求完成《职业发展与就业创业指导实践手册》项目三 任务一中的实训演练“开展企业家访谈”。

任务小结

通过本任务学习，使学生了解企业的概念、特征及功能，培养企业家精神，并通过对专业的认知，明确专业与就业创业的关系，为做好就业规划提供帮助。

任务评价

本任务学习已完毕，请在《职业发展与就业创业指导实践手册》项目三 任务一的“任务评价”中，就自身专业能力与核心能力的提升情况开展能力自评。

任务二　行稳致远识企业

任务清单

教学环节	教学信息	具体内容
教	知识重点	企业的类型及分类标准
	知识难点	企业生命周期
	推荐教学方式	线上理论与线下实践指导相结合
	教学场所	多媒体教室或创业实训室
	建议学时	2 学时
学	必须掌握的理论知识	企业类型与企业生命周期
	必须掌握的工作技能	熟知专业、就业、创业、企业的分类，掌握“互联网＋”时代微小型企业成功的要素，看懂企业生命周期图
	能力训练	通过训练提升企业类型识别的能力，了解企业文化的重要性，熟悉企业管理技巧与经营流程，提升分析问题与解决问题的能力

任务导入

高职生电商创业“敲糖帮”传人的别样青春

陈万佳毕业于浙江某职业技术学院电子商务专业，小时候就随爸爸推着小车沿街叫卖，21岁时已经是“红糖世家”的第四代传人，也是多家店铺与电商店铺的店主，他是老师同学眼中的“创业小明星”。

“鸡毛换糖”指的是兴起于浙江义乌的一种以物易物的原始交易形式，而在陈万佳的父亲看来，当地古法红糖的制作工艺作为国家级非物质文化遗产和地方传统民俗是“不能断代”的。可少年叛逆的陈万佳每天“不务正业”，父亲越是要求，他就越不想跟红糖打交道。陈万佳长大懂事后，觉得义乌红糖产业很好、规模很大，但也有人说义乌红糖的质量参差不齐。当他亲眼见到粗壮成熟的甘蔗烂在地里时大爷大伯愁眉苦脸的样子，他感到非常心痛。有一天回家，陈万佳突然发现父亲两鬓冒出了白发，他暗自做出传承家族企业的决定。

2019年高考，站在人生的十字路口，18岁的陈万佳毅然放弃自己想成为一名跆拳道教练的梦想，报考了职业院校，享受了学院产、供、销的“创业一条龙”服务。2020年，陈万佳开始了电商创业，三年来开办了三皇冠淘宝店铺、天猫店等多个电商店铺，旺季月销20万元左右。2021年，在创业导师的指导下，他的“敲糖帮——义乌红糖复兴之路”创业项目获得浙江省第十五届大学生电子商务竞赛一等奖。

陈万佳带领“敲糖帮”申请商标、打造品牌、摆脱低质低价竞争，把从学校学到的知识活学活用。他还和老师傅们一起参与制定《义乌红糖加工技术规程》，输出古法制糖“义乌标准”；开发出糖浆过滤沉淀系统，提升红糖品质；通过工艺改良，将红糖颗粒化，大大延长了红糖保质期，提升了红糖单位克重的营养价值。他还调动线下门店资源，在地方政府的指导下，参与举办了红糖文化节、非遗文化旅游、制糖技艺培训等活动。红糖产业在数字经济发展的推动下走出义乌，消费者遍布全国，带动了400多名蔗农和制糖师傅的就业，也帮助蔗农实现了增收。

用他自己的话说：“我的创业梦想不仅是获得收入，更是想让越来越多的人了解和认识义乌红糖，从这一口清甜重新认识新义乌。我自己血管里流淌的红色液体，都是义乌红糖的味道。”

结合案例，请思考以下问题。

（1）你还知道哪些类似“敲糖帮”这样的企业呢？

（2）如果你是陈万佳，那么你会做出同样的选择吗？

（3）结合家乡的特色，写出你了解的企业，并说明它们是什么类型的企业呢？

任务解码

一、企业类型

对大学生而言，无论未来选择就业还是创业，都有必要对当前企业类型加以了解。在现代社会中，具有共同属性的企业，其具体形态也是多种多样的，在管理方式、方法等方面也有所区别。

（一）按社会分工角度分类

按社会分工角度，企业可以分为农业企业、工业企业、服务业企业三类。

1. 农业企业

农业企业是以植物、动物和微生物为生产对象，以土地为基本生产资料，利用现代化的生产工具，通过人工培育和养殖动植物来从事生产经营活动的企业。它包括从事农作物栽培业、林业、畜牧业、渔业和副业等行业的企业。伴随着互联网的发展，现代农业企业已经摆脱了传统农业企业“靠天吃饭”的特点，通过现代科学技术的应用，其生产受自然条件的影响越来越小，生产周期不断缩短，季节性和地区性也不断减弱，形成了生产技术科学化、企业运行生态化、生产经营社会化等现代化特点。我国农业企业，是国民经济赖以存在并进一步发展的基础，在很大程度上决定着工业企业及其他企业的发展规模和速度。

课播：大国工匠之青春正当时

2. 工业企业

工业企业是直接从事工业性生产经营活动的企业。它包括从事采矿业，制造业，电力、热力、燃气及水的生产和供应业，建筑业等行业的企业。工业企业的类型发展变化很快，每种新的劳动工具、工艺、材料、能源出现都可能推动产生一个新的工业企业类型；而生产性或非生产性的社会需求一旦变化，与之相适应的工业企业就可能迅速出现。

3. 服务业企业

服务业企业是以增值为目的，提供服务产品的企业。它涵盖广泛的经营范围。服务业企业包括交通运输、仓储和邮政企业，信息传输、计算机服务和软件企业，金融企业，房地产企业，租赁服务企业，住宿和餐饮企业，居民服务和其他服务企业，等等。服务业企业多数直接为消费者服务，各地自然条件和社会条件的不同，以及文化发展的差别，导致服务业企业展现出较强的地方性。

（二）按生产经营规模分类

按生产经营规模，企业可以分为超大型企业、大型企业、中型企业和小型企业四类。具体标准根据企业从业人员、营业收入、资产总额等指标，结合行业特点制定。这里以农、林、牧、渔业为例，营业收入 20 000 万元以下的为中小微型企业。其中，营业收入 500 万元及以上的为中型企业，营业收入 50 万元及以上的为小型企业，营业收入 50 万元以下的为微型企业。

知识链接

家庭作坊式企业

家庭作坊式企业是私营企业，是以家庭或小家族为单位组建的一家一户的小微企业，也是一种微小型的家族企业。工作场所就是各家各户的住宅，企业内员工数量不多，一般为一家三口，或是家庭内部成员和少数打工人员，生产、加工、经营、贮存都在同一建筑内进行，这类企业特征是：经营者以住宅为生产场所，融业主家庭、雇工宿舍、车间、仓库为一体。

（三）按生产力要素所占比例分类

按生产力要素所占比例，企业可以分为劳动密集型企业、资金密集型企业及技术密集型企业三类。三类企业主要内容对比如表 3-2-1 所示。

表 3-2-1　三类企业主要内容对比

特点	技术装备程度	劳动力投入所占产品成本比重	产品开发及科研费用	产品先进性	举例
劳动密集型	低	高	低	低	轻工纺织业、服务企业、食品企业、日用百货及服务性企业等
技术密集型	高	低	较高	较高	钢铁、机械制造、汽车、石油化工、电力等
知识密集型	较高	较高（高级人才投入比重大）	高	高	电子计算机、飞机和宇宙航空工业、大规模和超大规模集成电路工业、原子能工业等。也有人把从事电子计算机软件设计、技术和管理的咨询服务业也纳入其中

（四）按生产资料所有制性质分类

按生产资料所有制性质，企业可以划分为国有企业、集体企业、私营企业、合资经营企业等类型（图 3-2-1）。

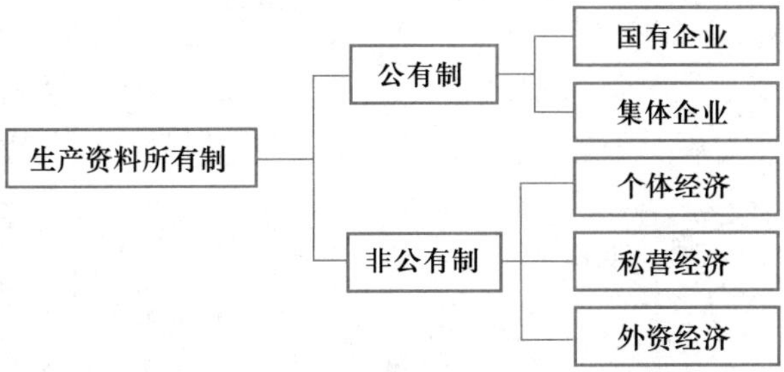

图 3-2-1　企业按生产资料所有制性质分类

课堂活动

结合所学知识点，按要求完成《职业发展与就业创业指导实践手册》项目三 任务二中的课堂活动“就业创业企业类型选择”。

知识链接

最易理解的企业分类方法

对于大学生而言，如果未来确有创业的意愿，则还要了解企业性质、掌握企业成功的要素，其中包括对企业法律形态的选择，熟悉工作企业的性质、工作环境和社会责任，这些将有助于帮助你更好地做出选择。（或许当你计划创办一个企业时，你才会发现，选择一个合适的项目或一个行当来做，十分困难。因为可以做的行当太多，让你无从下手。）企业有很多种类型，结合当前大学生创业企业的显著特点，以微小型企业为例，按主营业务进行分类最易理解，具体如表 3-2-2 所示。

表 3-2-2　不同类型的微小型企业对比分析

常见企业类型	区分标准	成功要素	举例
贸易类企业	企业本身不直接生产产品，通过销售成品或半成品直接为最终消费者提供服务的零售商或批发商	（1）地段外观好； （2）销售外观好； （3）商品选择面宽； （4）商品价格合理； （5）库存可靠； （6）尊重顾客	从事商品流通活动的企业，如线上线下水果生鲜连锁超市、各类电商购物平台店铺等
制造类企业	中国是制造大国，制造业发展最早，在当前企业中也占比较重。这类企业为满足社会需要并获得盈利，从事工业性生产活动或工业性劳务活动	（1）生产组织有效； （2）工厂布局合理； （3）原料供应有效； （4）生产效率高； （5）产品质量好	轻纺工业、资源加工工业，以及机电制造业等行业企业。以农业为例，如农产品深加工、农艺编织企业等
服务类企业	不出售任何产品，也不制造产品。为企业提供服务或提供劳务	（1）服务及时； （2）服务质量好； （3）服务收费合理； （4）售后服务可靠	室内设计、物流快递、家政服务、法律咨询等行业企业。以农业为例，如进行农业生产、提供服务的企业
农林牧渔业	以农业、林业、粮食及饲料加工业、畜牧业、渔业为主营业务的企业	（1）有效利用土地和水源； （2）降低种植养殖成本； （3）新鲜产品的运输； （4）不过度使用地力和水源，保护土地和水资源	种植业、养殖业、农业科技类公司，农机公司等。例如，服务乡村振兴的乡村旅游、智慧厨房、农机维修、无人机技术系列服务企业等

通过表 3-2-2 的内容不难看出，按以上方法了解企业的分类，便于我们明确未来就业创业的方向，还能为合理确定企业的经营范围提供帮助。

通过学习，同学们了解了企业类型，明确了所学专业对应的就业领域，这些对确定未来就业创业方向大有裨益。

课堂活动

结合所学知识点，按要求完成《职业发展与就业创业指导实践手册》项目三 任务二中的课堂活动“不同类型企业成功解码”。

二、企业环境

（一）企业环境的概念

企业环境是指存在于一个组织内部和外部的、影响组织业绩的各种力量和条件因素的总和。任何一个企业都是在一定的宏观环境下开展经营活动的，以求得自身的生存与发展。因此，如同自然界的生物必须要遵循“适者生存”的自然法则一样，大学生在就业创业之前，也要仔细了解企业环境的相关知识，寻找自己的就业创业榜样，以便为就业创业目标的选择提供更多的借鉴。

（二）企业环境的类型

企业环境包括外部环境和内部环境。其中，外部环境是企业不能控制但必须适应的外部力量，包括宏观环境和产业环境，在为企业的生存和发展带来机会的同时带来威胁；内部环境是企业能够控制的或根据企业的经营目标能够灵活运用的，包括企业所拥有的资源、能力、经营状况、组织结构和企业文化等，主要体现为企业在竞争中的优势和劣势。企业经营过程中要不断在其内部条件、外部环境及其经营目标三者之间寻求动态平衡。

三、企业生命周期

（一）企业生命周期的概念

企业的生命周期是指企业从诞生到死亡的时间过程。人的寿命由于受到自然生理因素的限制是有限的，而企业组织却不受这些限制，因而从理论上说可以无限延长，但历史上长寿的企业却并不多见。世界上最长寿的企业大约有 1 400 多岁，但更多企业的生命周期很短。公开数据显示，我国中小企业的平均寿命只有 2.5 年，集团企业的平均寿命也仅有 7～8 年。一个企业的成长过程如同人的一生，在成长与老化的共同作用下，每个企业都存在着自身的生命周期，大学生未来在选择就业或创业时，要充分了解你就职的企业处在什么时期。

认识和把握企业生命周期规律，采取积极措施应对企业衰亡的挑战，尤其把握好新创企业成长期管理，促使企业健康成长，争取成为“百年老店”，自然成为创业者奋斗目标和创业实践的重要课题。根据国家“十四五”规划和2035年远景目标纲要内容，未来五年，发展环境优良的行业大体有几个方向，新一代人工智能、量子信息、集成电路、教育、养老等行业纷纷“上榜”。我们就国家未来优势行业发展方向进行了梳理总结，具体如表3-2-3所示。

表3-2-3　国家未来优势行业发展方向

行业领域	主要发展方向	对应高职各专业方向
科技前沿领域	新一代人工智能、量子信息、集成电路、脑科学与类脑研究、基因与生物技术、临床医学与健康、深空深地深海和极地探测等	人工智能、物联网、生物技术、社区康养等
战略性振兴产业	新支柱（如新一代信息技术、生物技术、新能源、新材料、高端装备、北斗系统等），未来产业（如类脑智能、未来网络、氢能与储能等）	生物技术、智能化农机、信息技术等
5G新型基础设施建设	5G/6G网络、一体化大数据、工业物联网和车联网、遥感空间基础设施等	大数据、人工智能、农业物联网、计算机等
教育	基本公共教育，职业技术教育、高等教育，教师队伍建设、教育改革等	学前教育、美育教育等
养老	适老化改造、社区居家养老、养老机构等	社区养老服务、高级护理、养老托育
婴幼儿照护	托育服务、儿童友好城市、科学育儿等	幼儿照护服务等
文化旅游	文艺创作、融合发展、文化遗产保护、旅游质量提升等	旅游管理及技艺传承等
数字经济重点产业	云计算、大数据、物联网、工业互联网、区块链、人工智能、VR与AR、数字社会建设等	云计算、大数据、物联网、人工智能等
体育	全民健身公共服务、体育消费、竞技体育等	冰雪体育专项、体育等
医药卫生	医护人员培养、家庭医生、社会办医、中医药等	中药学、中药制药等
服务业	生产性服务业、生活性服务业等	社区管理等
制造业	高端新材料、重大技术装备、智能制造与机器人技术、航空发动机及燃气轮机、北斗产业化应用、新能源汽车和智能（联网）汽车、高端医疗装备和创新药、农业机械装备等	工程类专业，如农业机械装备、汽车运用与维修等
农业	农业综合生产、乡村建设等	种子生产与经营等
环保	生态安全、环境改善、绿色发展等	食品质量安全专业、食品检测等

与表3-2-3中所列行业领域相关的企业都具有相对优良的产业环境，可作为大学

生就业创业的重点方向。

（二）企业生命周期理论

企业生命周期理论是从20世纪60年代逐步发展起来的一种管理理论，它以研究企业成长阶段模型为核心内容。这种理论的核心观点是：企业像生物有机体一样有一个从生到死、由盛到衰的过程。

国内外许多学者从不同视角对企业生命周期进行了考察和研究，不同观点之间存在的差异较大，划分的阶段数量不等，划分的依据则主要围绕企业年龄、规模、成长速度、关键管理问题等。结合创业的阶段管理，本书选择在企业成长理论中得到广泛认同的安蒂思的企业生命周期（图3-2-2）做重点介绍。核心能力学说代表人物安蒂思·潘罗斯认为企业的生命周期包括孕育期、婴儿期、学步期、青春期、盛年期、稳定期、贵族期、官僚初期、官僚期及死亡期，共三个阶段十个时期。

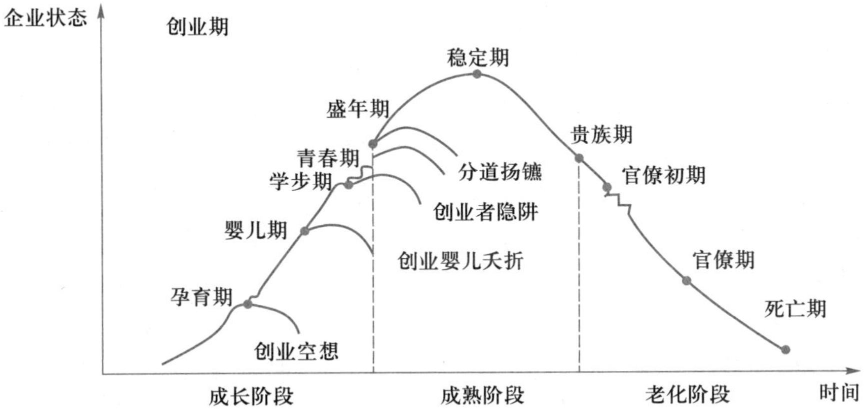

图3-2-2　安蒂思的企业生命周期

安蒂思的企业生命周期理论认为，企业组织体系随着生命周期不断演变，将会展现出可以预测的行为模式，在迈向新生命阶段时，企业组织体系都将面临某种阵痛。此时，企业若能通过程序的制订及有效的决策来攻克难关，促成转型的成功，那么所面临的问题便属于过渡性的正常现象。反之，如果企业只是一味地走老路，那么更多的异常问题将随之而来，而且会愈演愈烈，严重阻碍企业的发展。

综上所述，在企业的不同发展阶段，其创新力、控制力及企业内部结构和发展战略都是不同的，其成长过程表现出一个由承担风险到避免风险、由强调功能到强调形式、由创新到自我保护的变化，而能达到企业内外部发展平衡则是比较困难的。

四、企业文化

管理学家吉尔特·霍夫斯塔德在其著作《跨越合作的障碍——多元文化与管理》

中开篇即论述道："尽管不同时代、不同民族的文化各具特色，但其结构形式大体是一致的，即由各不相同的物质生活文化、制度管理文化、行为习俗文化、精神意识文化四个层级构成。"根据该理论，我们把企业文化剖分成物质、制度、行为和精神四个层次（图 3-2-3），当然在学术界还有三分法、七分法等，限于篇幅，此处不做赘述。

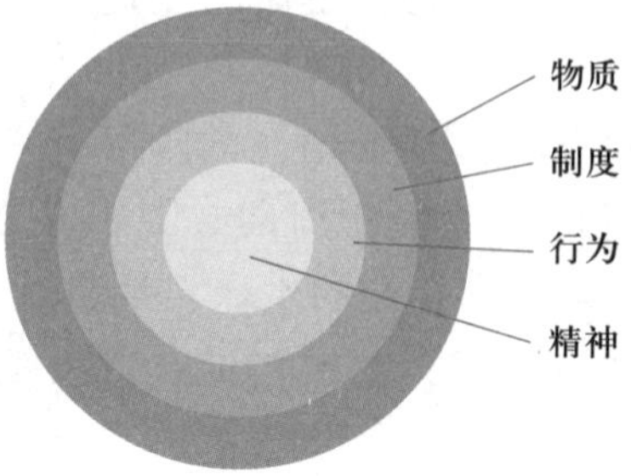

图 3-2-3　企业文化的结构层次

展阅：
创业者如何
让新员工理
解企业文化

在图 3-2-3 中，其核心的一个圆圈是深层的精神文化，主要指企业员工共同的意识活动，包括生产经营哲学、以人为本的价值观念、美学意识、管理思维方式等，它位于企业文化的最深层，是企业文化的源泉；其次是中层的行为文化，包括企业员工在生产经营、学习娱乐中产生的活动文化；再次是浅层的制度文化，包括企业中的习俗、习惯和礼仪，以及成文的或约定俗成的制度等；最外层的一圈是表层的物质文化，包括企业的名称、商标、产品、广告、办公环境等，也称形象层。

企业的物质文化、制度文化、行为文化、精神文化是密不可分的，它们相互影响、相互作用，共同构成文化的完整体系，对企业起到了不可估量的作用。

知识链接

麦肯锡 7S 模型

企业文化是企业的灵魂，价值观是企业文化的核心。卓越的公司成功的要素一般有七个方面，即战略（Strategy）、结构（Structure）、制度（Systems）、人员（Staff）、作风（Style）、技能（Skills）和共享的价值观（Shared Values），它们形成一个完整的思考框架（图 3-2-4）。

从图 3-2-4 中可以看到，共同的价值观处于核心位置，它是一个公司成功的关键，因此未来当你选择就业或创业时，一定要考虑你选择的企业或团队成员是否与你有共同的价值观，这是关键性问题。若作为一名管理者，首先就要形成企业家精神，多向优秀企业家们学习，努力成为一名合格的企业管理者。

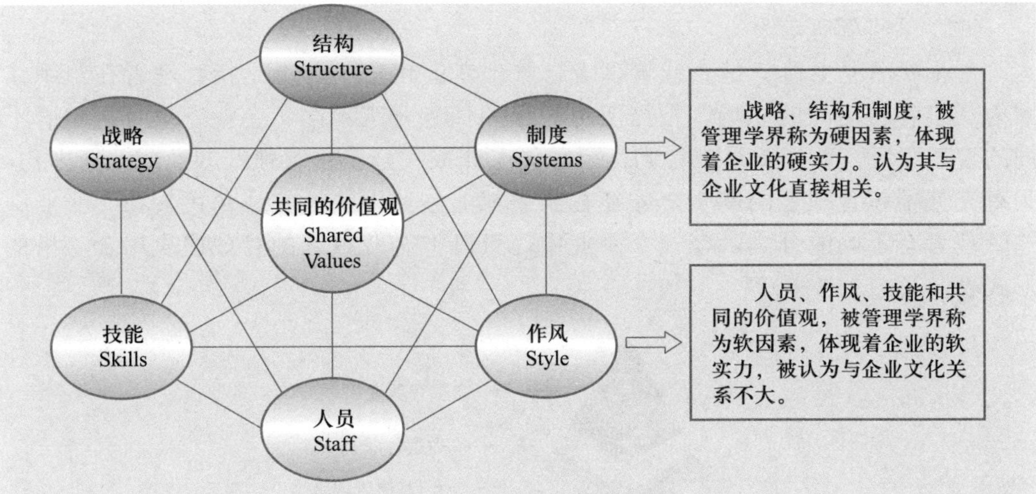

图 3-2-4　7S 模型图

五、企业管理与管理者

（一）企业管理

1. 企业管理的概念

企业管理是指企业为了实现组织的目标，通过决策、计划、组织、领导、控制和创新等工作，面对组织所拥有的资源进行合理配置和有效使用，以实现组织预定目标的过程。

展阅：打造孙吴特色农产品“金字招牌”

管理是社会化大生产的客观要求。企业管理的目的是尽可能利用企业的人力、物力、财力、信息等资源，实现“多、快、好、省”的目标，取得最大的投入产出效率。

2. 企业管理的内涵

有效的企业管理通常指管理者结合企业的目标，有计划地组织员工做正确的事、高效且快乐地做事。综合起来看应该是“正确的目标方向 + 高效的运作管理 + 愉悦的工作环境 = 科学的管理”，如此，有助于企业战略目标的实现。企业管理内涵示意如图 3-2-5 所示。

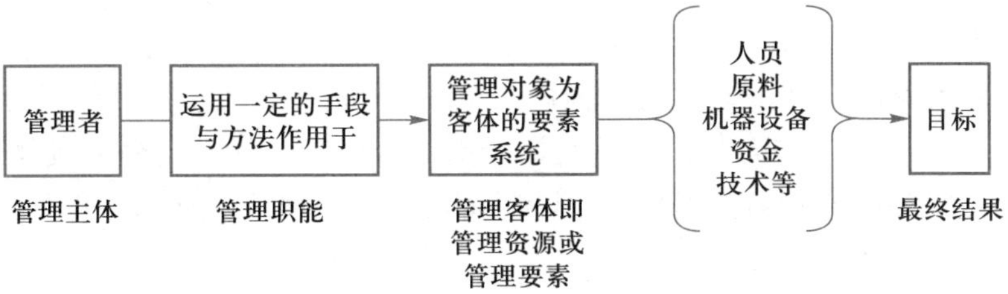

图 3-2-5　企业管理内涵示意

自我评测

管理的主要原则包括分工、权利责任、纪律、统一指挥、统一领导、个人利益服从集体利益、员工报酬、集权化、组织等级、秩序、公平、员工的稳定、创造性、集体精神。你认为最重要的五个原则是什么？说明你选择的理由。

（二）企业管理者

企业管理的主体就是企业管理者，管理者的角色实际上是指管理者在组织体系内从事各种活动的立场。根据服务对象和任务分工不同，企业管理者承担着不同的管理职责，以规范员工行为，引导员工养成良好工作习惯。创业或就业之初，只有充分了解管理者的职责，才能在未来就业创业中快速完成角色转换。企业中的管理者有不同的分类，在一个企业中，可以把企业组织的管理层次用金字塔的形式表示（图 3-2-6）。

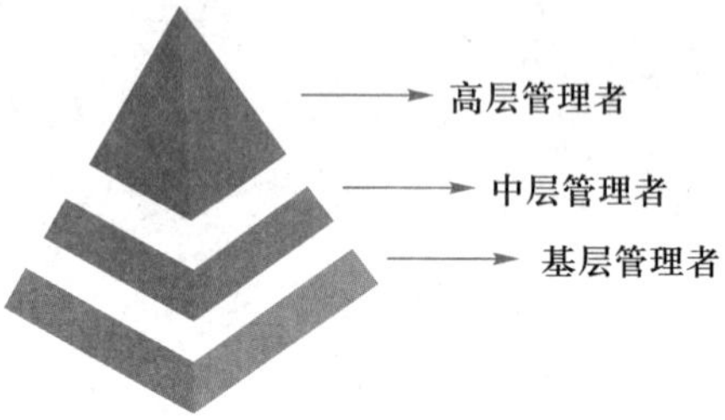

图 3-2-6　企业组织的管理层次

从图 3-2-6 中可以看出，对任何一个企业而言，处于决策层的高层管理者人数偏少，执行层的中层管理者数量偏多，操作层的基层管理者人数更多。他们之间的关系可以用三个词来形容，具体内容如下。

1. 高层管理者——企业的“指挥官”

高层管理者是对整个组织的管理负有全面责任的人。其主要职责包括：制定组织的总目标、总战略；确立组织的“政策方针”；对整个组织的绩效进行评价。他们能代表组织以权威的身份对外进行交流沟通，并在适当时机做出决策。

2. 中层管理者——企业的“执行员”

中层管理者在高层和基层管理者之间起桥梁的作用。主要职责包括：贯彻执行指挥官下达的任务和决策；监督和协调基层管理者按要求开展工作。中层管理者在指导基层管理者高效完成上级任务的同时，要特别注意日常管理的科学性。

3. 基层管理者——企业“监督员”

基层管理者又称一线管理人员，他们在企业组织中是最低层次的管理者，在监督过程中只能管辖一线工作人员。主要职责包括：给一线工作人员分派具体工作任务，直接指挥和监督任务执行得是否标准，随时解决和协调出现的问题，以保证各项任务的有效完成。

展阅：明茨伯格的管理者角色理论

（三）企业经营与管理的关系

1. 经营与管理的联系

（1）经营在管理的外延之中。企业运营都包括经营和管理这两个主要环节，经营是指企业进行市场活动的行为，而管理是企业理顺工作流程、发现问题的行为，简而言之，经营就是找正确的事情做，而管理则是将事情做好。经营与管理是相互渗透的，经营中的科学决策过程便是管理的渗透，而管理中的经营意识可以是情商的体现。

（2）经营主要是对外，追求从企业外部获取资源并加强企业影响力；管理主要是对内，强调对内部资源的整合和建立秩序。

（3）经营追求的是效益，要开源，要盈利；管理追求的是效率，要节流，要控制成本。经营是扩张性的，要积极进取，抓住机会，胆子要大；管理是收敛性的，要谨慎稳妥，要评估和控制风险。

（4）经营与管理密不可分且共生共存。它们在相互矛盾中寻求相互统一、相互依赖。

（5）经营是龙头，管理是基础，管理必须为经营服务。企业要做大做强，必须首先关注经营，研究市场和客户，并为目标客户提供有针对性的产品和服务；然后基础管理必须跟上。只有管理跟上了，经营才可能继续发展，同时，会对管理水平提出更高的要求。

可见，企业的发展规律是“经营－管理－经营－管理……”交替前进。如果撇开管理光抓经营，则是行不通的，管理扯后腿，经营就前进不了。反之，撇开经营，光抓管理，就会原地踏步甚至倒退。

2. 经营与管理的区别

经营与管理在许多方面都有不同之处，在产生条件、功能、作用、结果及产生时间 5 个方面均有所不同，如表 3-2-4 所示。

表 3-2-4　企业经营与管理的区别

区别标志	经营	管理
产生条件	产品生产	劳动的社会化
功能	预测，决策，调查，制定供、销方案	计划、组织、指挥、协调、控制
作用	侧重于外部	侧重于内部
结果	取得良好的经济效果	提高企业生产效率
产生时间	后	先

企业经营包括六项职能，即战略职能、决策职能、开发职能、财务职能、公共关系职能及管理职能，但在企业经营实践中，很多人会把经营职能与管理职能混为一谈。作为一名即将走向或创办企业的大学生，无论所学专业是什么，对于企业管理类的基础知识都要有一些了解，这有助于为未来职业发展和就业创业打下良好基础。

任务实训

结合本任务学习，按要求完成《职业发展与就业创业发展实践手册》项目三 任务二中的实训演练“模拟企业基本周期”。

任务小结

通过本任务学习，学生可以了解企业类型与企业环境，培育企业家精神，熟悉管理与经营的基础知识。根据专业认知，明确专业方向，为进一步提高专业能力与素质做好充分的准备。

任务评价

本任务学习已完毕，请在《职业发展与就业创业指导实践手册》项目三 任务二的“任务评价”中，就自身专业能力与核心能力的提升情况开展能力自评。

项目拓展

文创给乡村振兴插上隐形翅膀

春风起时，安徽合肥蜀山区马岗村就像在画中一样。通向田间的木栈道、从稻田里“长”出的阳光会议中心、古朴舒适的乡村民宿、质朴又充满设计感的茶室……文创因子的注入让这个城郊的村庄散发着文艺气息。

实施乡村振兴战略后，越来越多的文创人才与学者走出城市的设计室和艺术的象牙塔，在农村找寻实现梦想的舞台，以多元化的文化实践方式助力乡村振兴。来自上海的设计师闫峰作为黄山市永丰乡的“新村民”，他扎根在皖南这个古村里，为乡村文创事业忙碌。文创激活了乡村的闲置资产，村民通过将闲置房屋租赁给政府，政府引进文创设计团队，在保留乡村风貌特色的基础上对村庄闲置房屋进行创意设计，打造乡村民宿“小岭南一号院”。通过发展乡宿、文创、休闲、旅游等产业，马岗村实现村民就地就业，并盘活了43户闲置房屋。几年前，他租下了永丰乡闲置多年的村办企业厂房，打造徽州传统手工研习基地。在挖掘传统手工技艺的同时，闫峰注册“山里”品牌，将山里的土特产和传统手艺输出到城市，开始人生的“二次创业”。

与闫峰不同，艺术策展人王南溟和妻子——上海美术学院副教授马琳创办社区枢纽站，通过流动美术馆进乡村和艺术助教活动，努力缩小城乡之间公共文化服务的差距。他们和闫峰一样，都对农村充满感情，希望以自己的努力为乡村振兴出力。在王南溟看来，乡村振兴并非一蹴而就，通过美育可以给乡村建设带来潜移默化的持久动力。目前，王南溟已经接受了上海宝山区政府的聘请，成为宝山区美育大讲堂的美育导师，将“美育大讲堂”送进农村，助推乡村文化建设。

“很多个暑假，我们都是和其他志愿者一起，到太行山区的偏远地方给农村的小孩上免费美术课。”马琳自豪地告诉记者，在一群志愿者的努力下，太行山区一个国家贫困村（山西许村）不仅保留住了明清的老房子，还成立了许村国际艺术公社，吸引大批国内外艺术家开展艺术助教，带动了村里旅游服务业的快速发展。

乡村文创实践在乡村文旅规划、美丽乡村建设中找到了“共同语言”，不少地方政府开始考虑如何吸引并留住文创人才。黄山市永丰乡党委书记刘波说：永丰村是安徽的历史文化名村，这两年打造文艺小镇，最缺乏的就是文创人才。乡政府聘请闫峰做永丰文艺小镇的艺术顾问，下一步要完善人才激励政策，让来农村创业的人才留得下，干成事。

文创给乡村振兴插上隐形翅膀。深圳大学美术系教授应天齐曾因创作《西递村系列》版画声名鹊起，而曾经贫困闭塞的皖南西递村也从此名声远扬，西递村为他修建了西递应天齐艺术馆。中外游客慕名而来，如今西递村每年的旅游收入达7 000多万元。在安徽黄山，一些经过创意改造颇具艺术气质的精品民宿备受游客青睐，徽州民宿品牌日渐响亮。徽州民宿年经营收入10亿元以上，与国家全域旅游示范区创建、传统古村落保护和美丽乡村建设形成有机融合，长三角区域的文化协同为乡村振兴注入新活力，实现了艺术助力乡村振兴，传递文化。

项目考评

结合本项目学习情况，填写《职业发展与就业创业指导实践手册》项目三 绘制就创同心圆的“项目考评 成果评分表”。

项目四

按下双创启动键

青年学生富有想象力和创造力，是创新创业的有生力量。

——习近平

项目地图

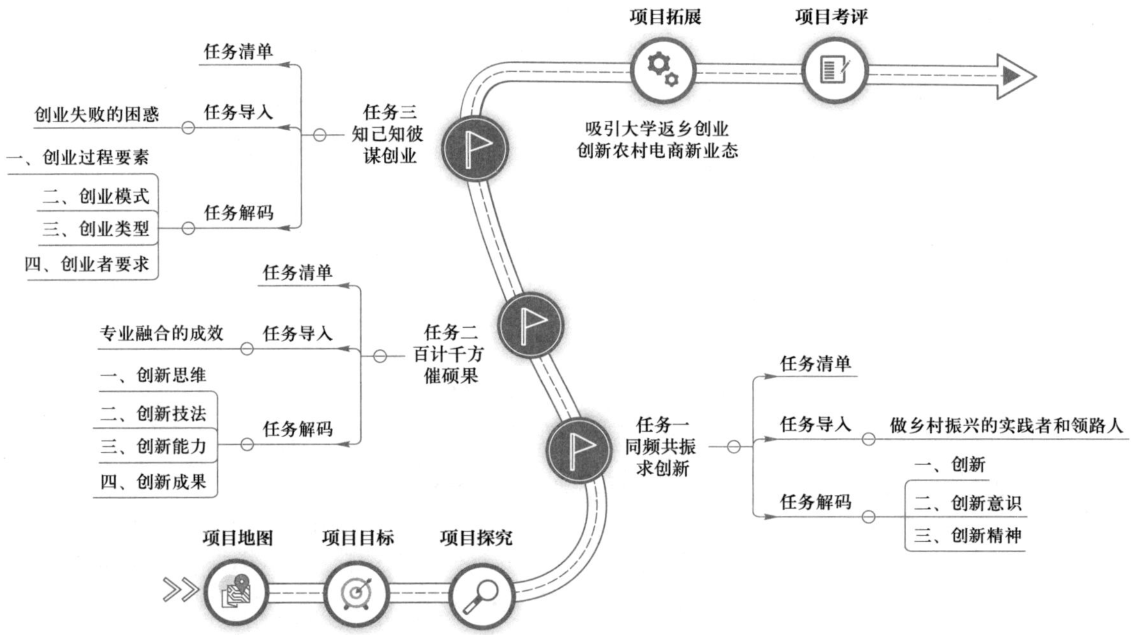

项目目标

● 知识目标

（1）了解创新、创新意识与创新精神的内涵特点，掌握创新的类型。

（2）理解创新思维的技法、创新能力的概念，掌握创新成果保护的基本策略。

（3）熟悉创业过程要素，了解创业者应具备的素质。

（4）了解大学生创业的类型，把握创业与就业的关系。

● 能力目标

（1）能够运用创新思维的方法提升创新能力。

（2）灵活运用创新思维，解决实际问题。

（3）能够根据个人实际正确选择就业或创业方向。

● 素养目标

（1）培养创新意识，形成不畏困难、敢于面对挑战的创业精神。

（2）培养主动关注国家发展的意识，明确个人在社会中的职业角色定位。

（3）培养强烈的民族自豪感和爱国主义情怀，形成立志奉献国家的精神。

项目探究

（1）你知道我国近十年来在各个领域的创新成果有哪些吗？

（2）作为大学生，你是如何理解创新精神的？

（3）如果未来选择专业创业，那么你认为应该从哪些专业层面去思考创新的路径呢？

任务一　同频共振求创新

任务清单

教学环节	教学信息	具体内容
教	知识重点	创新的特征
	知识难点	创新意识的培养
	推荐教学方式	小组讨论与案例分析
	教学场所	多媒体教室或实训室
	建议学时	2 学时
学	必须掌握的理论知识	熟悉创新与创新意识的内涵，以及创新的过程，掌握创新的类型；把握创新精神的内容和培养方法
	必须掌握的工作技能	熟练掌握创新的方法与突破创新思维障碍
	能力训练	创新思维的形式与方法训练

任务导入

做乡村振兴的实践者和领路人

乡村振兴需要人才，更需要留得住人才。佐印是黑龙江农垦职业学院的毕业生，毕业后成为省内首批返乡创业的大学生村官。在学校期间，通过创业培训的启蒙他产生了创业想法，经过与创业教师的反复沟通与调研，在学校创新创业一站式服务的支持下，佐印成立了哈尔滨市呼兰区康金镇王牛农作物种植专业合作社。合作社农民以土地入股，统一经营，带动当地及周边 300 个农户，年带动就业 2 000 人左右，形成了以谷子种植为特色的小杂粮种植示范区。想把农村工作干好，光有热情是不够的，在具备丰富的农业知识和现代营销手段的同时，佐印还不断创新生产经营模式并进行新产品的研发。从合作社的建立到种植品种的选择，再到直播间销售，他一步步实现了带领农民共同致富的梦想，还将谷子种植业务拓展到了俄罗斯。

如今，佐印带领的合作社繁育的谷子新品种（黑谷 2 号）已累计推广种植 10 000 亩。合作社还自主研发了富硒谷子种植方法，经检测，收获的小米达到国家富硒食品标准，从绿色小米升级转换为富硒功能米，身价倍增，每亩实现效益 1 200 元，是过去单一种植玉米的 3~4 倍。他的成功创业还反哺母校的创业团队，与现有专业创业学生共同研发生物菌肥、生物酵素、富硒杂粮等产品，为乡村振兴提供更多好的产品和服务。

结合案例，请思考以下问题。

（1）案例中伭印创业成功的根源是什么？

（2）作为大学生，我们应该为乡村振兴做好哪些准备？

任务解码

一、创新

（一）创新的概念

从目前已有的文献史料来看，“创新”一词在我国最早见于三国时期的《魏书》：“革弊创新者，先皇之志也。”《现代汉语词典》对其的解释为“抛开旧的，创造新的”。

课播：新职业对人才的需求

经济学中的“创新”一词，源于1912年哈佛大学经济学家约瑟夫·熊彼特的德文著作《经济发展论》，其创新的概念范围很广，涉及技术性的创新及非技术性的创新。后人经过总结提炼，得出现代关于创新的定义：创新是指为了发展的需要，运用已有的信息，不断突破常规，发现或产生某种新颖独特的，有社会价值或个人价值的新事物、新思想的活动。在此过程中实现改造或创造新事物、方法、元素、路径、环境。简单说，就是把一种新的生产要素和生产条件重新组合引入生产体系，强调以新思维、新发明和新描述、新组合为特征的一种概念化过程，包含发明、发现、开发和革新。

（二）创新的内涵

在英文中，Innovation（创新）一词起源于拉丁语 innovare，其原意有以下三层含义。

（1）更新。

更新指对原有的东西进行替换，标志为新替换的内容可以解决过去的某个问题。例如，各传统行业中产品的更新迭代，款式的重组设计，或用新的功能来解决某个问题或拓展某项功能，这些均属于更新的范畴。

（2）创造新的东西。

创造新的东西指创造出原来没有的东西。例如，特种绳索制造方——青岛海丽雅集团以生产女士扎头绳起家，如今创新研发出特种绳索应急自救产品，这款特种绳索不仅能上天，还能入海，在“蛟龙”号下潜7 000米深度时，一旦需要就可以立即把它拽上来，堪称“救命之绳”。海丽雅集团把一根绳子做到极致，并创下了中国绳缆界的“四个第一”，即“中国深度”“中国精度”“中国温度”“中国强度”，有“中国绳王”之美誉。

（3）改变。

改变指对原有的东西进行发展和改造，其标志是通过能否解决问题来验证发展或改造是否成功。例如，我国“和谐号”动车在电力机车的基础上进行升级和改造，实现了火车每小时提速到 300 千米，在此基础上又研发了磁悬浮列车，运行速度每小时再次提高了 300 千米。

（三）创新的特征

创新的特征主要体现在目的性、继承性、创造性、效益性、风险性和发展性六个方面。

1. 创新的目的性

创新的目的就是不断地满足人类自身生存发展的需要。创新总是围绕着解决问题进行，与完成某个任务相联系。因此，创新是一种有目的地认识世界和改造世界的实践活动。

2. 创新的继承性

创新必须建立在继承的基础上，只有继承前人创造的新经验、新方法，才有希望获得创新的成功。牛顿曾经说过，如果说我比别人看得更远些，那么是因为我站在巨人的肩膀上。这就很好地说明了新与旧的关系，新是在旧的基础上发展变化而来的。因此，继承是一切创新的基础，只有在继承的基础上创新，才是科学合理的。

3. 创新的创造性

创新是解决前人所未能解决的问题，创新意味着改变，而不是模仿、再造，是面向未来、研究未来、创造未来，着力对已有事物进行改革和革新，唯其“新”，才能具有优势。原有事物的内容如果不具有新颖性和先进性，新事物就不可能替代旧事物，创新就失去了意义。

4. 创新的效益性

创新是人类社会不断向前发展的不竭动力。创新使人类造就出崭新的物质成果和认识成果，人类社会在创新实践中得以传承和发展，创新能够满足人们的某种需要，促使企业获得成功，国家经济活力得到增强，社会取得进步。因而，创新的成果就会具有明显、具体的价值，对经济社会的发展产生效益。

5. 创新的风险性

创新的风险性是指创新者对客观环境（因素）认识不足或无法适应，或对创新过程难以有效地控制而造成创新活动失败的可能性，这种不确定性即创新的风险性。无论是技术创新、知识创新，还是组织创新、制度创新等，都存在着大量不确定的因素，因而，创新的风险是客观存在的，特别是高新技术创新和社会制度创新，更具有高风险的特点。

6. 创新的发展性

创新是一个动态发展的过程，创新发展是创造新知识、应用新知识并不断发展知识的过程。知识是创新之源，通过知识创新推动科技创新、文化创新、管理创新及其他各方面的创新。在知识经济条件下唯一不变的就是“一切都在变”，人们过去拥有的一切并不代表将来，创新是不断发展和革新的过程。

知识链接

创新无处不在

（1）人人可创新。创新不唯年龄、不唯学历、不唯职业，它不受生理因素的影响，也不受智商的影响和文化水平的限制。事实上，影响创新最主要、最关键的因素是人的非智力因素，我们承认智商，但不能把它当作唯一。

（2）时时可创新。创新是对已有事物的改革和革新，它本身不受时间和空间的限制，或许是一次闲谈，或许是在看剧，或许是在逛街的时候……只要保持一份善于联想的思维，创意随时可能到来。

（3）处处可创新。生活中只要有需求，就有创新，如袖珍小电筒、折叠雨伞等，它们就是用和田十二法中“缩一缩”的技法研制出来的。缩小后的东西体积小、造价低、便于携带，给人们带来便利。

（四）创新的原则

1. 科学性原则

创新必须遵循科学性原理，任何违背科学技术原理的创新都不能获得成功。

2. 市场性原则

创新设想要获得最后的成果，必须要经过市场的严峻考验，也就是要提升市场可信度。爱迪生曾说，我不打算发明任何卖不出去的东西，因为不能卖出去的东西，都没有达到成功的顶点。

3. 比较优势原则

创新不可盲目追求完美。在创新过程中，利用创造原理和方法，人们会获得许多创新设想，这些设想各有千秋。这时，就需要人们按相对较优的原则，从创新技术的先进性、创新经济的合理性、创新整体的效果性对设想进行判断、比较、选择。技术和经济应该相互支持、相互促进，创新的设想和成果，主要通过它的整体效果来加以体现。

4. 构思独特原则

我国古代军事家孙武在其名著《孙子兵法》中指出：“凡战者，以正合，以奇胜。故善出奇者，无穷如天地，不竭如江海。”所谓“出奇”，就是思维超常和构思独特，创新贵在独特，在创新活动中，创新对象的构思是否独特，可以从创新构思的新颖性、开创性、特色性等方面来思考。

（五）创新的类型

创新的表现形式是多种多样的，涉及企业活动的所有方面。创新根据其出现场合与表现形式不同，分为产品创新、技术创新、服务创新、模式创新、制度创新和文化创新六种形式。

（1）产品创新。产品创新是通过改善或创造产品，进一步满足用户的需求或开辟新的市场。产品创新的价值在于既满足了用户的需求、创造了用户价值，又实现了企业的商业目标、创造了商业价值。成功的产品创新能通过对产品的功能、外观、质量、安全性能等各方面不断进行改进以满足用户的需求，从而争取更广泛的用户基础，增加企业的市场竞争优势。产品创新的方式可分为开发新产品、开发新生产线、增加新品种、改进老产品、降低产品品种。例如，中国五矿所属中钨高新金洲公司瞄准世界科技前沿，成功研制直径 0.01 毫米的极小径铣刀，将极大助力电子信息、医疗等领域提质升级，它可以在一粒米上铣出 56 个汉字，在一根头发丝上铣出 7 个字母，这就是产品创新典型。

（2）技术创新。技术创新指根据生产实践和自然科学原理，创造和应用新知识、新技术、新工艺的手段，技术创新的核心体现在采用新的生产方式和经营管理方式、开发新产品、提高产品质量、提供新的服务等，如对产品的加工过程、工艺路线、设备、生产规则体系等进行的创新。企业可以通过研究和运用新的方式、方法和规则体系等实现技术创新，以提高企业的生产技术水平、产品质量和生产效率，技术创新路径包括提高产品质量等级品质率、降低质量损失率、提高工业产品销售率、提高产品产值率、节约资源、降低成本、有益于环境方面。例如，郑州铁路职业技术学院张善喜从材料、结构、软件开发、芯片开发等方面对传统止轮器进行改造，发明了给火车穿的“铁鞋”，开创国内外领先技术，并立志成为创新型“未来工匠”。

案例品读

扶危救困　在履行社会责任中彰显青年担当

邱泽芃，中共党员，河南工业职业技术学院机械工程学院机械设计与制造专业学生，曾驻守内蒙古赤峰市，常年卫国戍边，把清澈的爱献给祖国。

退伍复学后，他刻苦钻研“无人机技术”，怀揣着报国的梦想，在校园里如饥似渴地汲取知识和技能的养分，并将这项技术应用在野外救援、抗汛救灾、创新创业、协助破案等工作中，用技能点亮自己的“报国梦”。他曾获中国国际“互联网 +”大学生创新创业大赛国赛银奖、河南省防汛救灾优秀志愿者等荣誉。在校期间邱泽芃执行防疫任务，操控无人机参加救援队，被河南省文明委授予“河南省防汛救灾优秀志愿者”称号。之后，他研发的“乡村规划小飞侠——无人机智能实景三维建模设计”项目，以无人机三维建模、地理信息大数据、人工智能为技术支撑，在乡村规划、灾后重建、不动产登记、古建筑数字化存档等领域开展技术服务，建模面积达 700 多平方公里，业务范围辐射 11 个省份。最终他和团队师生一举摘下中国国际“互联网 +”大学生创新创业大赛总决赛银奖。

启示：青年一代有理想，有担当，国家就有前途，民族就有希望。

（3）服务创新。服务创新是企业为了提高服务质量和创造新的市场价值而发生的服务要素变化，是对服务系统进行有目的、有组织的改变的动态过程。服务创新是技术创新、业务模式创新、社会组织创新、需求和用户创新的综合。创业项目一定是扬长避短的，把自己的长处发挥到极致。这样竞争对手就少了，客观上几乎所有的平台都可以发展为合作对象，从而低成本地获取用户和订单。海底捞的“4P+4C”的线上线下商业模式就属于服务创新。

（4）模式创新。模式创新是通过改变企业价值创造的基本逻辑，以提升用户价值和增强企业竞争力的活动，既可能包括多个商业模式构成要素的变化，也可能包括要素间关系或者动力机制的变化。简而言之，模式创新指企业以新的商业模式盈利，对企业基本经营方法进行变革，一般而言，个体进行模式创新的方法有四种，即改变收入模式、改变企业模式、改变产业模式和改变技术模式。直播带货是各企业采用的一种利用新媒体进行的模式创新。

自我评测

你熟悉的服务业中，哪些企业的商业模式创新给你带来了启示？它们实现了哪些创新？

（5）制度创新。制度创新指人们在现有的生产和生活环境下，通过创设新的更能有效激励人们行为的制度和规范体系，来实现社会的持续发展和变革。制度创新包括产权制度、经营制度和管理制度的革新，还包括制定标准、规范或者管理制度，充分发挥组织成员的作用，从而激发员工的创造性和积极性，促使新的知识和社会资源的合理配置，产生新的社会财富，最终推动社会进步。例如，格力电器的企业制度创新便借助当前“互联网 +”平台机制及自身商业模式创新，打造了千余个知名品牌。

（6）文化创新。文化创新是在继承前人文化遗产精华的基础上，结合实践和时代的要求，综合人民群众精神文化生活需要所进行的文化上的超越和创造。文化在交流的过程中传播，在继承的基础上发展，文化发展的实质，就在于文化创新，它是社会实践发展的必然要求之一。例如，当下众多老字号掀起“国潮”新风尚，与年轻人同频，就是在文化传承中的创新之举。

课堂活动

结合所学知识点，按要求完成《职业发展与就业创业指导实践手册》项目四 任务一中的课堂活动“创新事项梳理”。

课播：激发创新意识

二、创新意识

（一）创新意识的概念

创新意识是指人们在社会实际活动中，根据社会和个体生活发展需要，主动开展创新活动的观念和意识，表现为对创新的重视和追求，以及对开展创新活动的兴趣和欲望。创新意识是人们对创新及其价值观的思想、态度、认识水平和认识程度，以及用于调整和规范自己活动方向的一种稳定的心理状态。人们对创新的认识和生产生活需要，直接激励和推动人们从事创新活动，创新意识是人们进行创新活动的出发点和内在动力。

（二）创新意识的内涵

创新意识的内涵就是创新的愿望和兴趣。一般来说，创新意识代表着一定社会主体奋斗的目标和价值指向性，主体产生稳定持久的创新需要、价值追求的推动力量，是唤醒、激励和发挥主体潜力的重要精神力量。

（三）创新意识的价值

（1）创新意识是推动一个国家创新的精神动力。社会生产力的发展要依靠全国各族人民具备创新意识和创新思维，能否在经济转型时期和产业结构调整过程中实现跨越式创新尤为关键。大学生代表国家的未来和希望，新一代科技创新需要具有创新意识的大学生科技人才。

（2）创新意识能推进社会全面进步。创新意识是以提高物质生活和精神生活水平为出发点的，其根源于社会生产方式的改变，从而带动经济的飞速发展，促成上层建筑的进步，创新意识应与社会进步并驾齐驱，促使人们在创新中解放思想，培养开拓进取、敢为人先的思想观念，促进社会更加民主、富强。

（3）创新意识可改变人才素质结构。社会要发展，就需要充满生机和活力的人才，这在无形中就输出了一种重要的信息，明确了一种新的人才标准，创新意识明确了人才素质变化的性质和方向。社会需要创新意识，它能使人有追求新异事物和真知灼见的强烈欲望，当人们不满足于现状时，就会大胆质疑，在创新中标新立异，克服遇到的困难和不良情绪等，从而培养坚强的意志、提高综合素质，充分发挥个人潜能，创造性地获得成功。

（四）创新意识的内容

创新意识与创新思维不同。在一般情况下创新意识是形成创造性思维的前提和条件。创新意识主要包括创新动机、创新兴趣、创新情感和创新意志。

1. 强烈的创新动机

创新动机是创新活动的内驱力，是引起和维持主体创新活动的内部心理过程，是产生创新行为的前提。任何创新活动都离不开创新动机，它是创新情感与创新意志的凝结与升华。大学生只有坚持问题导向，积极主动发现问题，急国家之所急，想民众之所想，才能快速响应，推动创新行动。

2. 浓厚的创新兴趣

创新兴趣是指人们从事创新活动的积极情绪和态度定向，能促进创新活动的成功，是促使人们积极探求新奇事物的心理倾向。“十四五”时期是比任何时候都更加需要创新作为第一动力的，作为高校大学生，如何在服务国家重大战略背景下，结合所学专业，更好发挥个人优势，创新兴趣是关键。

3. 稳定的创新情感

创新不仅仅是纯粹的智力活动过程，它还需要引起、推进乃至完成创造性活动的创新情感，只有具备稳定的创新情感才能创造成功。

4. 坚定的创新意志

创新意志是在创造过程中能够克服困难、冲破阻碍的顽强毅力和精神，它体现于创新意志的目的性和顽强性，表现为只有坚持不懈地克服一切困难和障碍，才能取得创新成果。

（五）大学生创新意识的培养

当今世界正面临百年未有之大变局，不稳定性、不确定性明显增强。“破局”之要在创新，对于国家而言，创新型国家建设必然充满着未知的机遇和挑战，产业转型升级急需大批创新型人才。云计算、人工智能、物联网、大数据、智慧城市、智慧交通、县域经济发展等都对高校的人才培养提出了新的要求，如何培养创新意识就成为高职院校人才培养的重点和关键。

1. 了解创新阶段

美国心理学家约瑟夫·沃拉斯于 1945 年首次对创造性思维所涉及的心理活动过程进行了较深入的研究，在此基础上提出了准备、孕育、顿悟和验证四个阶段。

（1）准备阶段。在创新意识培养的准备阶段，大学生要关注知识与经验的积累、事实资料的搜集、价值问题的提出和解决问题的探索。

（2）孕育阶段。此阶段重点通过创造性活动解决前人未能解决的问题，通过潜意识思考来酝酿解决问题的思路或办法。

（3）顿悟阶段。此阶段是指经过前期酝酿到潜伏期的周密思考后，抵达的灵感突发、猛然顿悟的阶段。大有“众里寻他千百度。蓦然回首，那人却在，灯火阑珊处”的感受，从而形成初期的解决方案。

（4）验证阶段。初期的解决方案也可能存在一定的问题，或无法落地，所以还需通过逻辑分析和假设论证，以检验其正确性与可行性，并在此基础上形成更加科学合理的创造途径。

2. 培养问题意识

大学生的特点是好奇心强烈、愿意参与动手方面的实践，但相对缺乏深入研究精神，因此要引导学生重视深度思考，在参加专业实习实践活动时，有意识地多问几个为什么、怎么办等类似的问题，让学生形成问题意识，再寻找解决问题的方法。

知识链接

用土豆育出世界顶级味道

某职业技术学院的学生陈进林对菌类育种特别感兴趣，在学校的支持下，他了解到菌类育种是从土豆开始的。先把土豆切碎，加水煮开，滤掉土豆；再把土豆水注上水，倒入琼脂和一些微量元素，就变成菌类生长的必需的培养基了。培养基需要分装在消毒的试管中，然后把菌丝接种进行培养。经过多次努力，陈进林慢慢地掌握了香菇和木耳的接种培育技术。这个时候，他听到了一个好消息：《舌尖上的中国》播出了羊肚菌的介绍，而羊肚菌是世界四大野生名菌之一，和松茸、块菌、牛肝菌齐名，是价格最为昂贵的野生食用菌之一，当时的市场零售价格每斤能达到1 200元。更关键的是：羊肚菌的全球需求量每年达100万吨，但产量仅仅只有10万吨，市场缺口很大。

于是，陈进林的梦想开始启航，那就是种植羊肚菌。他通过拜师学习羊肚菌菌种繁育，又到四川考察当地的羊肚菌种植基地，在此过程中一直虚心学习。了解了羊肚菌人工种植难度后，他仍然迎难而上，投资成立了公司，并在老家流转土地40亩，还建起了大棚。从人工种植到寻找野生羊肚菌菌种的反复试验，陈进林像培养孩子一样培育羊肚菌，最终建成了羊肚菌繁育推广体系，他也因此成为湖北省食用菌协会理事、随州市食用菌科技创新人才。他的羊肚菌繁育种植获广水市2018年特色农业产品优势区创新项目，企业也在2018年挂牌科技板。他还联合襄阳、随州食用菌协会开展种植技术培训23场，培训从业人员1 000多人次，接纳襄阳职业技术学院等高校实习学生1 000余人次，带动创业60人，吸纳就业361人。

启示：问渠那得清如许，为有源头活水来。职业教育大有可为，对技能的真诚热爱是探索钻研的动力源泉。只有在劳动光荣、技能宝贵、创造伟大的时代风尚中，青年才能成长为堪当大任的大国工匠。

3. 激发创造欲

创造欲是天生的也是无止境的。大多数人的创造欲被激发的原因在于不满足于现状，体现在对思想、观点、方法、功用等方面的不满，进而千方百计推陈出新。因此，教师应引导学生充分利用创意设计解决学习和生活中的难题，如定期举办创意设计大赛、创新创业类比赛等，在实践活动中激发大学生的创造欲。

4. 培养质疑精神

学术无边界，“学起于思，思源于疑”。在教学设计中教师针对同一个问题要让学生提出多种解决问题的方法，鼓励提问，大胆质疑，学生有疑惑才会去思考、去探索，有探索才会有发现和收获，这是创新获得成功的必经之路。

5. 树立科学理念

党的十九届五中全会关于“十四五”规划和2035年远景目标的科学规划和战略部署，聚焦全面贯彻新发展理念，其中首项就是创新。党的二十大报告再次强调，坚持创新在我国现代化建设全局中的核心地位。高校在培养创新意识的过程中一定要树立科学的创新理念，要按客观规律办事，既要面对现状勇于创新，又要防止空谈创新，把创新当成一种新提法而不落于行动。

课堂活动

结合所学知识点，按要求完成《职业发展与就业创业指导实践手册》项目四 任务一中的课堂活动“科创情况调研”。

三、创新精神

如果说科技是第一生产力，那么创新则是一个民族进步的灵魂，也是一个国家兴旺发达的不竭动力，各行各业只要发展就要创新，创新的前提是要有具备创新精神的人存在。

（一）创新精神的概念

创新精神是指具有能够综合运用已有的知识、信息、技能和方法，提出新方法、新观点的思维能力和进行发明创造、改革、革新的意志、信心、勇气和智慧。创新精神属于科学精神和科学思想的范畴，是进行创新活动必须具备的一些心理特征，包括创新兴趣、创新意识、创新胆量、创新决心，以及相关的思维活动。

（二）创新精神的内涵

创新精神是科学精神的一个方面，要用全面、辩证的观点看待创新精神。只有具有创新精神，我们才能在未来的发展中不断开辟新的天地。“坚持创新引领发展，培育壮大新动能。”创新是引领发展的第一动力，谁牵住了科技创新这个“牛鼻子”，谁走好了科技创新这步先手棋，谁就能占领先机、赢得优势。例如，我国首次实现5G信号全覆盖，让我们看到了信息技术变革带来的重大改变和机遇，无处不在的“超级网速”，人工智能、无人驾驶、智能家居、虚拟现实等新科技创新已经深度融入日常生活。可见，创新精神是一种勇于抛弃旧思想旧事物、创立新思想新事物的精神。

（三）创新精神的特征

1. 反对僵化教条，打破旧的平衡

当今世界，知识积累速度加快，知识传播手段日新月异，信息知识的产业化进程飞速发展，知识经济时代已初现端倪。要跟上时代的发展速度，要适应这种飞速发展的世界经济，就要创新思维、大胆革新，尤其是当代大学生，需要改变自身已经形成的惯性思维方法与学习习惯，要敢于在学习和工作中“提想法、换做法、换活法”，追新求异，打破和摆脱固定标准和模式。在备受关注的中国国际“互联网+”大学生创新创业大赛创新创业中源源不断涌现出大批优秀创新成果，这正是当代大学生弘扬创新精神的生动写照。

2. 反对孤立静止，突破原有限制

课播：培养创新精神

当今的全球化经济已令任何一个国家都不能置身事外，任何一个民族都不能游离于科技之外。因此，必须突破原有限制，不要孤立静止地看问题，处理问题，避免阻滞思路，堵塞言路，扼杀创新。在我国，对外交流的众多平台期待着有梦想的青年大学生加入。例如，在团中央青年发展部指导下，中国青年报社、KAB全国推广办公室定期推出的国内大学生创业实训营、亚太青年领导力与创新创业论坛等活动都是非常好的“双创”交流平台。

案例品读

为理想而赛

四川交通职业技术学院的敖博家从小就喜欢拆卸和组装玩具车，高考时选择了自己喜欢的汽车驾驶运用与维修专业。入学后，他坚持自己的兴趣，并希望通过所学的一技之长回报社会。

在校期间他与曾夺得世界技能大赛汽车技术项目银牌的学长交谈时，学长的那句“拼了命，才会有收获”，给他带来了极大的影响。于是，他开始积极准备参加世界技能大赛，不断提升自身技能。

准备期间，他对照世界技能大赛的要求，勤学苦练。在看到第45届世界技能大赛汽车技术项目辅助团队招收成员时，他第一时间报了名。进入团队后，他通过实践学习找窍门、总结规律，不断完善知识体系与实践技能。该比赛考核车型多种多样，每款车型都有不同的配置，并且一些比赛模块全程使用英文，这对敬博家而言很是困难，为了克服这个难题，他创新了学习方法，通过找窍门、反复练，自我加压，全力完成各项训练任务，最终成功进入四川省集训队。在每天刻苦训练的同时，敬博家还不断挑战自我，他变压力为动力，最终成功获得世界技能大赛选拔项目汽车技术项目金牌。

启示：任何人的成功都不是一蹴而就的，虽然创新一个未知领域可能很难，但在本专业领域完成创新能取得事半功倍之效。

3. 反对因循守旧，创立新的模式

因循守旧的本质为沿袭旧规，墨守成规，主要体现在政治、经济、文化和科技生活中，原因在于创新精神和创造力的不足。很多大学生在长期的学习中强调主观顺从客观，出现了“死读书，读死书”的现象，凡事拘泥于书本知识，不能发挥主观能动性，知识的应用也很被动。因此，大学生只有敢于挑战权威，学习的创造性、积极性才能得以充分发挥，使自己成为尊重事实、独立思考、充满自信的人。

（四）创新精神的构成

创新作为一种人类行为，其主体是企业家，创新的关键是对生产要素进行重新组合，能否为企业带来超额利润是检验创新成功与否的关键。因此，创新精神的构成要素中一定包含企业家精神，具体来说，创新精神包括与时俱进、开拓进取、勤于探索、勇于实践。

1. 与时俱进的精神

与时俱进是指以改革创新为核心的时代精神，是改革开放和现代化建设实践的伟大成果。它已经深深融入中国经济、政治、文化、社会建设的方方面面，成为振兴中华的力量源泉。

2. 开拓进取的精神

开拓进取是创新精神中不可或缺的重要品质。企业要不断地创新向前，有所作为，开拓进取是勇往直前的动力，是积极进发的源泉，是继往开来的力量支撑。新时代是进取者的时代，没有开拓进取的意志，就难以成就一番事业。想要做出一定成绩，开拓进取就是时代永恒的追求。

3. 勤于探索的精神

勤于探索精神主要包括强烈的好奇心、稳定的兴趣和无尽的求知欲。这在创新精神的构成要素中占主要地位。未来，每个产业都可能处于产业变革的“风口”，传统产业会因为科技变革而变得更先进，而要想将跨界与创新创业结合在一起，就要具备勤于探索的精神，只有这样才能找到自己的创业之路。

4. 勇于实践的精神

在长期实践中，中华民族培育形成了爱岗敬业、争创一流、艰苦奋斗、勇于创新、淡泊名利、甘于奉献的劳模精神，崇尚劳动、热爱劳动、辛勤劳动、诚实劳动的劳动精神，执着专注、精益求精、一丝不苟、追求卓越的工匠精神。劳模精神、劳动精神、工匠精神是以爱国主义为核心的民族精神和以改革创新为核心的时代精神的生动体现，是鼓舞全党全国各族人民风雨无阻、勇敢前进的强大精神动力。

自我评测

回顾过去，思考你是否具备创新精神？

（五）当代青年创新精神的涵养

党的二十大报告强调“青年强，则国家强”，指出“当代中国青年生逢其时，施展才干的舞台无比广阔，实现梦想的前景无比光明”，对广大青年提出了“立志做有理想、敢担当、能吃苦、肯奋斗的新时代好青年”的重要要求，充分体现了党对青年一代的亲切关怀和殷切期待，为青年一代健康成长指明了努力方向。

（1）以勇立潮头的浩气涵养创新精神。“百舸争流千帆竞，勇立潮头敢为先”。核心竞争力是实现个人价值的关键因素，只有不断提升竞争力、勇于创新，才能立足于本行业。“狭路相逢勇者胜”，只有勇于探索、勇于攀登，才能实现创新的突破。

（2）以超越前人的志气涵养创新精神。“沉舟侧畔千帆过，病树前头万木春”“长江后浪推前浪”。如果我们安于现状，畏葸不前，那么个人乃至整个社会只会原地踏步。作为当代青年，我们要拿出“江山代有才人出，各领风骚数百年”的志气，秉持辩证否定的态度，敢于超越前人，让创新精神厚植于我们的内心深处。

（3）以与时俱进的朝气涵养创新精神。当今世界面临百年未有之大变局，局势瞬息万变，唯有与时俱进才能跟上时代的步伐。当代青年要牢牢把握时代发展的“风向标”，争当富有朝气的“排头兵”，以朝气蓬勃、充满活力的姿态，在劈波斩浪中开拓前进，在披荆斩棘中开辟天地，在攻坚克难中创造业绩，将创新精神发扬传承。

任务实训

结合本任务学习，按要求完成《职业发展与就业创业指导实践手册》项目四 任务一中的实训演练“制订创新意识培养计划”。

任务小结

通过本任务学习，使学生了解创新意识与创新精神的概念、内涵，掌握培养创新意识与创新精神的方法，为成功创业或就业提供动力源泉与坚实基础。

任务评价

本任务学习已完毕，请在《职业发展与就业创业指导实践手册》项目三 任务一的任务评价中，就自身专业能力与核心能力的提升情况开展自评。

任务二　百计千方催硕果

任务清单

教学环节	教学信息	具体内容
教	知识重点	创新思维的应用方法
	知识难点	创新成果的保护与转化
	推荐教学方式	小组讨论、案例分享
	教学场所	多媒体教室或实训室
	建议学时	2学时
学	必须掌握的理论知识	了解创新思维的内涵与作用；熟悉创新思维的特征与形式、创新成果的保护与转化
	必须掌握的工作技能	熟练掌握创新思维的应用方法，明确国家对创新成果转化的鼓励政策及创新成果转化的路径
	能力训练	能够根据任务设计创新产品，通过设计创新成果保护策略，撰写相关的申报材料

任务导入

专创融合的成效

某高职院校食品营养与健康专业大二学生李沁与其室友筹备的奶茶店在校园内正式开业了。李沁平时就比较喜欢喝奶茶，几乎光顾了学校附近所有的奶茶店。她发现奶茶虽兼具牛奶和茶的口感，尤其受到年轻人的追捧且品种繁多，但普遍缺乏营养。

于是，李沁想凭借自己的专业知识，研制一种味道可口又健康的奶茶。功夫不负有心人，经过长达三个月的反复实验，李沁成功研制出第一款特色奶茶。该奶茶请专业人士按照方剂比例调制而成，尽可能地兼顾口感和功效。随着李沁的不断推广，同学们开始慢慢尝试接受这个新口味。与此同时，李沁还研制了用玫瑰花和蜂蜜调制的“瑰蜜奶茶”等新品种，让同学们有了更多的选择。随着奶茶新品人气的不断提升，李沁店铺的销路慢慢打开，团队人数也由最初的两人，发展到现在的十人，并入驻了学院的创业孵化园。李沁开始思考如何把这个奶茶店打造成像“蜜雪冰城”那样知名的连锁品牌，她需要从哪些方面入手呢？

结合案例，请思考以下问题。

（1）你认为李沁在哪些方面做了创新？

（2）如果你是李沁，那么你的连锁店会开展哪些方面的创新活动？请说明理由。

任务解码

一、创新思维

（一）创新思维的概念

创新思维是指在创新动机的激发下，充分利用人脑意识的主观能动性，借助于各种形式的思维方式，对已有的知识经验进行再组合、再创造，从而获得独特有创新、有价值的新思路、方法或是新产品等创造性成果的思维过程。它是对现有的认识和实践的升华，突破常规思路，以新颖独特的思路和方法探索未知领域或解决已有的问题，从而创造新的、有价值的物质或精神产物的思维过程。

通常所说的创新思维都是相对于常规思维而言的。常规思维指从已有的知识和经验中引申出解决问题的方法，或者运用已有的知识和经验去重复地解决前人已解决的问题。创新思维作为思维的高级形式，是具有开创意义的思维活动，是人类探索事物本质、获得新成果、促进个人发展和社会发展的有效手段。区分常规思维与创新思维，主要从两个方面来看：一是从思维过程来看，凡是有现成的规律、方法，可遵循的思维都是常规性思维，反之则为创新思维；二是从思维结果来看，凡是思维结果不是前所未有的，都不是创新思维。

（二）创新思维的内涵

创新思维是人类思维的精华，是创新能力的核心，是人们从事创新活动必须具备的最重要、最基本的心理素质。创新思维在整个创新活动中占有极其重要的地位。创新活动的前半期，主要靠创新思维产生创新设想；创新活动的后半期，则是将创新思维付诸实施，形成创新成果。可以说，一切创新成果都是创新思维结出的硕果。

（三）创新思维的特征

创新思维的特征主要体现在突破性、感知性、非逻辑性、综合性、可塑性、价值性六个方面。

1. 突破性

创新思维是人类为了满足生存和发展需求而进行的一项开拓性的自觉活动，它的结果体现为创新，本质是追求创新。它是人类特有的认识世界、发现世界和改造世界的能动力量，其突破性体现在两个方面：一是在意识领域具有开拓性，突破原有思维框架；二是依靠想象来实现一种有创见的创新思维活动，能产生某种具有开拓性的思维成果，体现了思维的主动性和能动性。著名教育家陶行知曾倡言："处处是创造之地，天天是创造之时，人人是创造之人。"

2. 感知性

人要理性地认识客观世界，就需要敏锐的思维，而思维来源于个体通过各种器官直接感知客观世界进行的思考。在通常情况下，具有创新思维的人普遍具有超强的感知性特征，他们既能敏锐地认识客观世界的性质，又能敏锐地感知客观世界变化的特性。具体体现在思维活动自由、跳跃，凭着灵感和直觉，以及飞跃式、突发式的形式获取答案，而不是固定的方式方法或途径与程序架构。

3. 非逻辑性

非逻辑性一般指思维方式的逻辑尚未形式化、规范化的一种思维方法。创新思维常常具有跳跃性，省略逻辑推理的中间环节，而表现为新观念的提出和问题的突破，从"逻辑的中断"到"思想的飞跃"过程中常伴随着直觉、顿悟和灵感，从而使创新思维具有超常的预感力和洞察力。

4. 综合性

创新是一种探索性的活动，从问题的发现、提出到成功解决，整个过程势必曲折反复，因而也一定有多种思维方式参与：既有知觉的洞察和灵感的闪现，又有想象的驰骋和类比的启迪，更不乏演绎与归纳、发散与集中、假想与试探。人们只有突破思维定式的约束，综合、灵活地运用多种创新思维，才会有非同寻常的创造。

5. 可塑性

创新思维的可塑性表现为视角能随着条件的变化而转变，可以利用大脑和心理的发展规律，通过环境的改善、经验的积累、后天的学习和行为的习惯化来挖掘自身蕴含的创新思维潜能，重塑创新思维。

6. 价值性

创新思维成果是独创的，能转化为知识、信息、技术、产品等，创造巨大的价值和社会意义，甚至对生产力产生推动和变革，但这个价值不是一成不变的，是会随着产品或服务的更新迭代而被替代的。大学生创新思维的特征主要体现在创新思维提升空间较大和有较为鲜明的独立性和批判性两个方面。

（四）创新思维的作用

创新思维的作用主要体现在提升人才的素质、推动社会的发展的，同时它是一个民族创新能力的精神力量源泉。具体体现在：一是创新思维能促成人才素质结构的变化，提升人的本质力量；二是创新思维是社会发展的重要手段之一；三是创新思维为人类的生存和发展所必需，是一种促进社会进步的思维，是社会价值的创新发展基础；四是创新思维是决定一个国家、民族创新能力最直接的精神力量。

课播：小创意大财富

（五）创新思维的形成

创新思维的形成经历了准备期、酝酿期、明朗期和验证期共四个时期。

1. 准备期

准备期是准备和提出问题的阶段，主要包括发现问题、收集资料及从前人的经验中获取知识和得到启示。创新思维的准备包括三方面的具体工作：一是经验的积累及整理；二是搜集必要的事实和资料；三是了解所提出问题的社会价值、能满足何种社会需要及其价值前景。通过这三方面的工作，力求使问题概念化、形象化和具有可行性。

2. 酝酿期

酝酿期也称沉思和多方思维发散阶段。在酝酿期要对收集的资料、信息进行加工处理，这是探索解决问题的关键，是大脑高强度活动的时期，因此常常需要耗费很长时间，花费巨大精力，这一时期，需要从各个方面按照新的方式进行加工，为探寻创新途径奠定基础。

3. 明朗期

明朗期即找到解决问题办法的突破期。它是经过酝酿期的反复探索，在充分准备的基础上，突然出现灵感或顿悟，使创新思维能够脱颖而出的阶段。在明朗期，灵感思维起着决定性作用，呈现猛烈爆发态势。

4. 验证期

验证期即运用逻辑论证，对创新思维进行评价、完善，并得出科学结论的阶段。所有前期的想法，都需要在理论上进行推敲或经过实践检验，并不断加以修正和完善。

案例品读

校园里的“专利哥”

来自温州的郑巨帅在上大学期间就已经申请了34个实用新型专利。他的第一项专利就是“闹钟枕头”，他在大一暑期时利用三天的时间，在老师指导下将他的创意变为专利。

当有人问他创意从何而来时，郑巨帅的回答是来源于生活，在生活中遇到问题时，就会想方设法解决问题，让事情变得高效、便捷。同时，学校的创造性思维训练实训也是启发他创新思维的关键，激发了他的创造热情。之后他又结合宿舍需求设计出能抑制臭味的“垃圾桶”。

启示：创新不是某个人的专属，它来源于生活的细微观察与思考。

（六）创新思维的形式

创新思维的形式多种多样，本书着重介绍对大学生开展创新实践大有裨益的六种思维。

1. 逻辑思维

逻辑思维也称抽象思维，是指人们在认识活动中运用概念、判断、推理等思维方法，对客观现实进行间接、概括的反应的思维。逻辑思维的基本单元是概念，基本思维方法是抽象，基本表达工具是语言和符号。逻辑思维具有规范、严密、确定和可重复的特点，包含形式逻辑思维和辩证逻辑思维。

展阅：“吞水音图描记仪”的诞生

逻辑思维是人脑的一种理性活动，思维主体先将感性认识阶段获得的对事物的认识信息抽象成概念，再运用概念进行判断，并按照一定的逻辑关系进行推理，从而产生新的认识。也就是说，要想创新，并找出复杂问题的解决方案，就必须运用逻辑思维。例如，工作者用生产经验解决生产中的问题便属于逻辑思维能力。

2. 联想思维

联想思维是指在人脑内的记忆表象系统中，某种诱因使不同表象产生联系的一种思维。通过联想思维，人们可以从别人的发明创造中获得灵感，并进行创新。例如，国外有句谚语：“丢了一个铁钉，丢了一个王国。”这是怎么联系起来的呢？可以进行这样的设想，“铁钉—马掌—战马—统帅—战争—王国”，这就是联想思维的作用。又如，在指甲剪被人发明后，有人发明了手机支架指甲剪，该工具融合了手机支架、指甲剪、开瓶器等功能，属于联想思维的创新成果。

联想思维具有连续性、形象性、概括性三个特征，其主要类型包括相似联想、相反联想、因果联想、组合联想四类。例如，发明收割机的专家就是理发时由推子的动作引发联想，发明了收割机。

3. 发散思维

发散思维又称扩散性思维、辐射性思维，是指从多种角度、方向去设想、探求答案，最终使问题获得圆满解决的思维形式。发散思维是创新思维的核心，其思维活动不受任何限制，可以提出大量可供选择的方法、方案或建议，也可以提出一些别出心裁、出乎意料的见解，使看似无法解决的问题迎刃而解。发散思维有其自身的一些特点、如流畅性、变通性、独特性和多感官性，其类型包括逆向思维、横向思维和立体思维。例如，“一事多写”“一题多解”“一物多用”均是发散思维，就像自行车车轮的许多辐条一样，以车轴为中心向外辐射。

课堂活动

结合所学知识点，按要求完成《职业发展与就业创业指导实践手册》项目四 任务二中的课堂活动“发散思维训练”。

4. 聚合思维

聚合思维也称求同思维、辐合思维、集中思维，是一种有方向、有范围、有条理的收敛性思维形式。聚合思维具有集中性和最佳性两个特点，即聚合的过程是有集中指向的，目标单一，是为了解决某个问题，在众多现象、信息或发散思维的结果中，向问题的一个方向思考，根据已有的知识和经验，把多种想法理顺、筛选、综合，得出满意的结论，其目标是寻求最佳方式。在生活中，人们运用聚合思维做出的发明创造处处可见、如收录两用机、组合家具、电动牙刷等。聚合思维的创新点是善于从复杂多变的因素中寻求共性，找出解决问题的结合点，其特征体现在收敛性、连续性和求实性，它与发散思维相互联系、相互依赖、相互补充。例如，金能导电、银能导电、铜能导电，推导出金属能导电；隐形飞机的制造也运用了聚合思维。

课堂活动

结合所学知识点，按要求完成《职业发展与就业创业指导实践手册》项目四 任务二中的课堂活动“求异聚敛思维训练”。

5. 形象思维

形象思维是指人们在认识世界的过程中，对事物表象进行取舍时形成的，用直观形象的表象解决问题的思维形式。在日常生活、学习和生产活动中，形象思维一直起着重要作用。例如，将时间比喻成一条河流，将家庭比喻成一座城堡，将希望比喻成绿色，等等，均属于形象思维；王维的“返景入深林，复照青苔上”也是形象思维的体现。

6. 直觉思维

直觉思维通常是人们说的第六感，是指不受某些固定的逻辑规则约束而直接领悟事物本质的一种思维形式。突然对某一问题有“灵感”和“顿悟”，甚至对未来事物的结果有“预感”或“预言”等，都是直觉思维的表现，直觉思维主要有直接性、独创性、预见性、坚信感四个特征。例如，凭借直觉而进行的快速、顿悟性的思维。如牛顿的万有引力定律的发现就是直觉思维的体现。

（七）创新思维障碍的突破

1. 创新思维障碍的概念

人的大脑思维有一个特点，就是一旦沿着一定方向，按照一定次序思考，久而久之，就形成了一种惯性，当遇到类似的问题或表面看起来相同的问题时，就不由自主地沿着上次思考的方向或次序去解决，这就是思维惯性。如果多次以这种惯性思维来对待客观事物，就会形成非常固定的思维模式，我们称之为“思维定式”，思维惯性和思维定式合起来，就变成了创新思维障碍。创新思维障碍阻碍了新思想、新观点和新技术的产生，对于创新是非常不利的。

课播：突破思维定式

2. 创新思维障碍的类型

要突破创新思维障碍，必然要了解思维障碍的类型。

（1）从众型思维障碍。从众型思维是指在认识判断、解决问题时，附和多数，人云亦云，缺乏独立思考，无主见，无创新意识的一种思维定式。体现在别人怎么做，我就怎么做，也是常说的从众心理。在实际生活中，个体在群体的压力或影响下，大多数人可能因从众心理而陷入盲目性，从而改变个人意见，明明稍加独立思考就能正确决策的事，最后却因从众而走弯路，将思维定式变成思维枷锁。

（2）权威型思维障碍。在思维领域，人们在思维过程中盲目迷信权威，对权威人士的言行展现出一种不自觉的认同和盲从，以权威的是非为标准，缺乏独立思考能力，是思想惰性的表现。对社会的发展、科学文明的进步起着不良的桎梏作用。权威型思维障碍的形成主要有两个来源：一是儿童在走向成年的过程中所接受的“教育权威”；二是社会分工的不同和专业技能的差异所导致的“专业权威”。

（3）经验型思维障碍。经验是人类在长期实践中获得的主观体验和感受，是通过感官对个别事物的表面现象和外部联系的认识，是理性认识的基础，在人类的认知与实践中发挥着重要作用。但经验并不能充分反映事物发展的本质和规律，经验型思维障碍忽略了经验的相对性和片面性，制约了创新思维的发挥。可见，经验既是我们的财富，在某种程度上又是我们的包袱。

案例品读

曲别针的用途

在一堂选修课上，教授拿出一枚曲别针对学生说：“大家都动动脑筋，告诉我曲别针有哪些用途？”

同学 A 说：“曲别针可以弯成阿拉伯数字和加减乘除、开方等各种数学符号。”

同学 B 说：“曲别针是金属，在磁场中有磁性反应。”

同学 C 说：“可以当钩子，如果衣服的纽扣或拉链坏了，则可以当搭扣。”

同学 D 说：“可以做成夹子、挂链及项链。”

同学们七嘴八舌地说了一通，教授笑着问道：“还有吗？”看大家都沉默了下来，教授才轻轻地伸出 5 个手指头，说道：“曲别针的用途远不止这些，我可以说出 50 种、500 种，甚至 5 000 种。”

接着，他将曲别针掰直后插入手机卡槽的小孔中，轻轻一推就将电话卡取出来了，随后又通过曲别针与橡皮筋的搭配将活页纸装订成本子……

启示：人们往往习惯按照固定模式来思考问题，久而久之，就会影响思维的灵活性与创造性。因此，不要让常规思维限制自己的思维，要敢于打破常规，从不同的角度来看待事物或观念，发现其隐藏的本质，为自己的思维插上翅膀。

（4）书本型思维障碍。在瞬息万变的经济社会中，书本知识有明显的滞后性。大学生要善于驾驭知识，理论联系实际，活学活用。三国时期的街亭之战，熟读兵书的马谡未能创造经典战例，反而因孔明的“挥泪斩马谡”而“千古留名”。同理，一些传统企业面对互联网大潮，仍套用原来的经验，结果反而被看上去似乎没有什么坚实基础的互联网公司打得“满地找牙”。

3. 创新思维障碍的突破方法

思维定式是创新的主要障碍，要进行创新创造活动，必须突破原有的思维框架，转换思维视角。

（1）改变思维角度，变“顺着想”为“倒着想”。世界上任何事物的存在都是对立统一的，如果说顺序思路可以使我们比较容易地找到解决问题的切入点，提高效率，那么尝试对立思路，可以在千变万化的客观事物中，找到双方的契合点，合理有效地解决问题，取得成果。“司马光砸缸”的道理即是如此。

（2）转换思维方式，从事物的对立面出发。学会用哲学思维考虑问题，对于难以解决的问题与其抓住不放，不如把问题转换一下，直接跳到对立面中矛盾的一方去思考。可以采用的方法：一是复杂问题简单化；二是生疏问题熟悉化；三是直接问题间接化。

课堂活动

结合所学知识点，按要求完成《职业发展与就业创业指导实践手册》项目四　任务二中的课堂活动“创新思维破冰训练”。

二、创新技法

（一）创新技法的概念

创新技法指创造学家收集大量成功的创造和创新的实例后，研究其获得成功的思路和过程，经过归纳、分析、总结，找出规律和方法，以供人们学习、借鉴和仿效。简言之，创新技法就是创造学家根据创新思维的发展规律而总结出来的一些原理、技巧和方法。

创新技法从本质上说就是要突破原有的思维习惯，克服思维定式对思想的束缚，运用创新方法帮助我们进行创造性思考，提出解决问题的新方法和新思路。

（二）常用创新技法与应用

1. 思维导图

思维导图（Mind Maps）是一种将发散性思维具体化、图形化的方法，是表达发散性思维的有效图形工具。简单来说，它是一种借助图形、文字和线条连接而成的创造性思维工具（图 4-2-1）。思维导图的特点为运用图文并重的技巧，把各级主题的关系用相互隶属与相关的层级图表现出来，把主题关键词与图像、颜色等建立记忆链接，能够帮助我们有效提高记忆，开发思维潜力和创新力，具有很好的分析、归纳和总结的作用。

课播：
思维导图法
的进阶应用

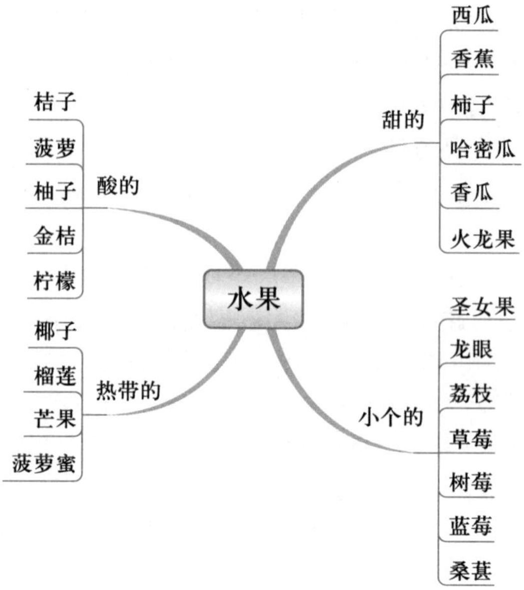

图 4-2-1　思维导图示意

思维导图的绘制，大致包括以下几个步骤。

步骤一：写下中心主题——埋下智慧的种子。从白纸中心开始创作，在中心位置画一个与主题有关的图形，尽可能多地使用色彩。注意：中心主题要放置在合适的位置，只有这样才能自由扩展分支。

步骤二：扩展层次——长出茂密的枝干。画分支时，通常从时钟钟面 2 时的位置开始顺时针画。注意：越是重要的内容越靠近中心，由内向外扩展。可以将分支设计成独特的形状，这些独特的形状可以激发有关这个分支的信息记忆。

步骤三：关注关键词——采摘智慧的果实。关键词写在线条的上面，每条线上使用一个单词或词语，这样可以触发更多的想象和联系。注意：关键词要用特殊字体，用以区别，从而强化大脑辨识。

步骤四：连线——链接记忆的桥梁。连线由中心到边缘逐渐变细，就像一棵树，树干比较粗，树枝比较细。注意：从中心伸出来的主干最好不要超过 7 个（大脑短时记忆一次能记住 5～9 个信息），如果主干过多，则不利于记忆，人们理解起来也困难。

步骤五：增加色彩——刺激视觉的感官。找不同的笔，如油性笔、荧光笔等，用其标注关键词、画出不同的线条。注意：尽量避免制作黑白图或仅使用单调的文字表述。

步骤六：触发记忆和灵感——重温之前的想法。在一定时间内进行复习，快速画出原图的简图版。注意：创造力和记忆力不可分割，应定期更新思维内容。

2. 六顶思考帽法

六顶思考帽法是英国学者爱德华·德·博诺（Edward de Bono）开发的一种思维训练方法，这种方法为人们提供了一个全面思考的模型，其中的“平行思维”理念能大大减少人们互相争执的时间。这个模型让人们能够重点思考“能够成为什么”，而不是思考“本身是什么”，是一种面向未来的思维方式，而不是就当下已经执行的情况进行争辩，能帮助团队提升决策效率，挖掘具有建设性的有益意见。

顾名思义，“六顶思考帽”表示六顶思考的帽子。六顶思考帽法将不同思考方式用不同颜色的帽子直观地表示出来。具体包括三个阶段和六个步骤。

（1）提出初步解决方案阶段。

步骤一：白色思考帽出场。白色代表客观、中立的思考方式。戴上白色思考帽表示人们在思考过程中主要关注的是客观的事实和数据，而不是主观结论，只是客观单一地描述事实，不掺杂主观臆断。

步骤二：绿色思考帽出场。绿色代表蓬勃生长的植物，象征旺盛的生命力。戴上绿色思考帽表示人们需要从更具创新和想象的角度进行思考。这种思维方式得出的结论具有独辟蹊径、新颖等特点，应用时注意首先要明确需要解决的问题是什么；其次要突破思维定式，此时应充分发挥想象力，尽量突破经验和思维的局限，配合使用头脑风暴法等创新技法，提出符合问题特征并具有更强操作性、更高性价比、可执行的问题解决方案。创造性思考、求异思考、头脑风暴等都属于此类思维方式。

（2）评价方案阶段。

步骤三：黄色思考帽出场。黄色代表肯定及激励。戴上黄色思考帽表示人们更加倾向于从正面思考，更加关注积极因素，并能够提出建设性的观点，表现出积极向上、充满希望、乐观的思维方式。评估时需要先用黄色思考帽从每个方案中分析出积极的方面及有利的因素，并提出改进方案的建设性意见。

步骤四：黑色思考帽出场。黑色代表否定及怀疑。戴上黑色思考帽表示人们在思考过程中倾向于采取批判性的思维方式，常常发出质疑。当然，这种批判是合乎逻辑的，而不是为了批判而批判，这时，黑色思考帽提出方案在执行过程中可能存在的问题，以及会出现的风险。

（3）改进与方案再设计阶段。

步骤五：红色思考帽出场。红色代表情绪和情感。戴上红色思考帽表示人们在思考的过程中不再是理性的，而可以彰显自己的情绪，并不完全按照逻辑推理进行思考，直觉、第六感等都属于这种思维方式。运用红色思考帽进行直觉思考，在充分分析利弊的基础上做出决定。

步骤六：蓝色思考帽。蓝色代表理性、条理、控制。戴上蓝色思考帽表示人们在思考过程中可以调节和控制其他思考帽的使用顺序，管理整个思考过程，并在思考的最后进行总结，从而得出可靠的结论。

综上，六项思考帽法应用思路如图 4-2-2 所示。

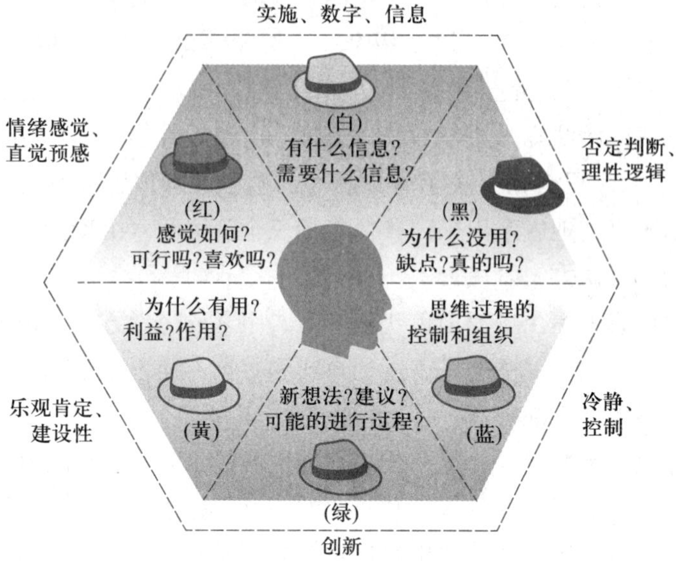

图 4-2-2　六项思考帽法应用思路

3. 头脑风暴法

头脑风暴法（Brain Storming）又称 BS 法、智力激励法，该技法是由美国创造学家亚历克斯·奥斯本于 1939 年首次提出，并于 1953 年正式发表的一种激发性思维的方法。它是指利用特定的会议形式，使与会者产生联想和创造性想象，进而激发灵感，以获得大量的创新性设想的创新技法。此法一方面通过给与会者的大脑施加较多的信息刺激，促使其大脑把已有知识和所得信息围绕要解决的问题重新安排，形成多种新的组合，从而产生大量的新设想；另一方面能够营造一种鼓励与会者大胆思维和提出新设想的氛围，提高与会者的创新积极性。这种方法一般适用于解决比较简单、需要严格确定的问题，或需要大量构思和创意的问题。

头脑风暴会议，大致包括以下几个步骤。

步骤一：确定议题。头脑风暴会议是一次思想交流的会议，选准并明确议题是整个活动的关键所在。

步骤二：确定参加会议的人数及人选。一般参加会议的人数在 5～10 人为最佳，可以根据实际情况确定参加人数。根据议题内容，全角度、全方位地确定与会者范围，使其更具有代表性和层次性。

步骤三：成立专家小组。对每个人的意见进行评定和跟踪。对与会者的意见进行质疑和询问，并集中大家的见解，形成系统化决策意见。

步骤四：选好主持人。主持人应善于调动会议气氛和控制会议时间。主持人不但要思维敏捷，而且要熟悉头脑风暴会议的程序及具备处理会议中出现的各种问题的能力，懂得多种询问的方法与技巧，激发大家对议题的兴趣，让大家产生争分夺秒的感觉。主持人要善于创造自由发言的氛围，在会议中防止出现评论别人的发言的行为，严禁大家私下交流，引导式地让与会者进入一种自由讨论的状态。畅谈时间由主持人灵活掌握，一般不超过1小时。

步骤五：筛选整理。在第一次形成风暴意见之后，经过分类整理形成系统化意见，如果已经获得解决问题的满意答案，则此次头脑风暴会议便完成了预期目的。如果还有无法解决的问题，则可再次征求与会者的意见，丰富和深化头脑风暴后的建议；也可以召开下一轮头脑风暴会议，直至最后形成执行方案。

课播：
和田十二法

4. 创新创造和田十二法

创新创造本身源于生活、源于社会，但也需要学习并掌握一定的方法和技巧。创造学之父奥斯本以提问的方式从九个角度对现有产品的材料、颜色、气味、声音、形状、大小、轻重、粗细、上下、左右或前后等结构或顺序进行重组，形成奥斯本检核表。我国研究者提出创造创新和田十二法，进一步完善和发展了奥斯本检核表。

（1）加一加。能在这件东西上添加些什么吗？指将某一事物的原理、方法、局部功能和部分应用加在另一事物上。例如将发泡技术移植到制作雪糕的工艺中，于是发明了冰激凌；将汽车上的自动门应用到冰箱上，于是发明了自动开门冰箱。

（2）减一减。可以在这件东西上减掉些什么吗？可减少一点、缩短一些、变窄一点、减薄一点、减轻一点等。例如利用吹头发用的吹风机烘干潮湿的被褥，在此基础上发明了被褥烘干机，销路非常好。

（3）扩一扩。把这件东西扩展会怎样？将原来的事物尺寸放大一些会怎样？它的功能及应用范围能否扩展？

（4）缩一缩。让这件东西缩小会怎样？在不改变事物基本功能的前提下，尽量缩小其空间。例如，山区农民设计出自重60千克的可进行多项作业的微型拖拉机；植物学家培育出微型南瓜、西红柿等。

（5）变一变。改变一下形状、颜色、声音、气味、次序、位置、结构会怎样？改变可以从内部构成上展开，也可以从使用对象上展开，还可从工艺、质量、数量、处理办法及思维方式等方面展开。

（6）改一改。这件东西存在什么缺点？如何通过分析现有物品的不足之处，找到改进办法？例如，将手动抽水马桶改为自动感应式抽水马桶等。

（7）联一联。把某些东西或事物联系起来能达到什么目的？把看起来无关的事建立联系，演变成新事物。例如，将大米与牛奶联系起来，就是营养丰富的牛奶大米。

（8）学一学。模仿其他事物的结构会有什么结果？学习它的原理、技术又有什么结果？例如，科学家根据蝙蝠的飞行原理，发明了雷达。

（9）代一代。有什么东西能代替另一些东西？指用其他的事物、材料或方法来代替现有事物进行创新。也就是说，从材料、零部件、方法、颜色、形状和声音等方面寻找现有事物的代替品，进行整体替代或局部替代。

（10）搬一搬。把这些东西搬到别的地方，能有其他用处吗？将原有想法、道理、技术搬到别的地方，还有什么用途？例如，用激光可以打孔、切割，用在医疗上，可以治疗近视眼等。

（11）反一反。把一件东西的正反、上下、左右、前后、横竖、里外颠倒一下，会有什么结果？把事物颠倒过来思考，能产生不同效果，从而发现新原理、新方法、新工艺、新结构，进而创造出新事物。

（12）定一定。为解决某问题或改进某项性能，需要规定些什么吗？包括制度、标准、型号、顺序等。杭州一位同学发明了"定位防近视警报器"。他利用微型水银密封开关，将其与电子元件、发音器一起安装在头部定位机上，经调节规定头部到桌子的距离，当人头部到桌子的距离低于这个规定距离时，微型水银密封开关就会接通电源，并发出警告声，提醒人要端正坐姿。

课堂活动

结合所学知识点，按要求完成《职业发展与就业创业指导实践手册》项目四 任务二中的课堂活动"创新技法应用训练"。

三、创新能力

（一）创新能力的概念

创新能力是在技术和各种实践活动领域中不断提供具有经济价值、社会价值、生态价值的新思想、新理论、新方法和新发明的能力。

（二）创新能力的构成要素

大学生的创新能力由学习能力、分析能力、综合能力、想象能力、批判能力、创造能力、解决问题的能力、实践能力和组织协调能力九个方面构成。

（三）创新能力的评估

在教育实践中，在创新人才培养上应该怎么样评估人才的创新能力呢？除要明确创新能力的相关内容外，还应对创新能力的内容进行具体的指标分解，建立一个明确的、便于操作的评估指标体系。具体包括三大方面九个指标：一是创新品质素质，包括创新思想、创新行为、创新个性；二是创新思维素质，包括开放思维、多向思维、创造思维；三是指创新智能素质，包括广博的知识、综合能力和创新性见解。

习测：大学生创新能力评估的指标与量化表

自我评测

请扫描二维码，阅读创新能力评估指标体系的构成，自行完成量化考核表。

四、创新成果

（一）创新成果的概念

创新成果是指个人或组织开展的创新活动取得的成果。它是人们在社会实践中创造出来的智力劳动成果。在创业中，创新成果的完整定义是指企业为占据市场并实现市场价值，将创新的新知识、新技术、新工艺加以应用，在经营管理模式和生产方式上革新，从而提高新产品质量，开发生产新的产品，提供新的服务并取得商业成效的成果。通常来讲，创新成果体现在产品的结构、功能、原理、性质、方法、过程等方面取得的显著变化。

（二）创新成果的特征

创新无论是从经济学意义上看还是从一般意义上来说，它的成果与一般劳动成果相比具有目的性、新颖性、超前性、价值性和风险性五个特征。

（三）创新成果的转化

1. 创新成果转化的概念

创新成果转化指创新成果知识产权人，通过自己使用、许可使用、转让、特许经营等方式行使创新成果知识产权的财产权利，实现创新成果知识产权的经济价值。创新成果的取得和保护的最终目的就是让所创造出的智力成果转化为经济价值和市场效益。

2. 创新成果转化的模式

（1）自主创业。自主创业转化的特点是将创新成果的成果源与吸收体融为一体，将市场交易内部化，消除了中间环节，转化交易成本较低，转化效率较高。对于朝气蓬勃的大学生而言，通过自身的创业，把青年人奇思妙想的创新思维转化为商品和利润，显得更为重要和紧迫。据统计，2022 年全国高校毕业生规模将首次突破 1 000 万人，达到 1 020 万人，其中专科大学生毕业人数近 460 万人，再创历史新高。对于我国这样的一个人口大国来说，虽然就业形势严峻，但创新创业不再是少数人的专利，而是多数人的选择。

（2）许可使用。创新成果许可使用是指产权人授权他人在一定时期和范围内，以一定方式行使创新成果的使用权并获得相应报酬的行为。著作权、专利权和商标权都可进行许可使用。许可指在不转让财产所有权的条件下让渡财产中的权利。

创新成果许可有以下几点须注意：一是产权中的人身权利不得许可使用；二是不能导致产权所有权的主体发生变化；三是不得超出许可人自身所拥有的权限；四是被许可人不得超出合同约定的范围行使权利。

（3）产权转让。产权转让是指创新成果产权所有人依法将其享有的创新成果产权中的财产权利全部或部分转让给他人的行为，包括著作权转让、受让人转让。目前，中华人民共和国教育部、财政部、人社部等部委相继出台了一系列指导大学生灵活就业、自主创业的政策，这些政策为大学生创新创业营造了良好的商业环境、政策环境和法律环境，各级政府也相继出台了支持和鼓励科研人员的成果落地转化的系列政策措施，因此大学生在实施创新创业过程中，只有熟悉政策环境，明确责任担当，才能在创新创业的大潮中敢为人先。

（四）创新成果的保护

1. 创新成果的保护形式

在我国，创新成果保护主要采用的是知识产权形式。例如，发明、外观设计、文学和艺术作品，以及在商业中使用的标志、名称、图像，都可被认为是某一个人或组织所拥有的知识产权。知识产权是一种无形财产权，是法律赋予人们对其智力成果，在一定期限和地域内享有的一种专有权，也是创新成果的内容体现。

通常所说的知识产权主要包括工业产权和著作权两大部分。工业产权是指人们在生产实践中，基于智力劳动所产生的一种特殊权利，包括专利权和商标权，是知识产权的重要组成部分；著作权也称版权，是作者依法对自己在文学、艺术、科学、工程技术等方面的作品所享有的权利。随着科学技术的迅速发展，高校的创新成果层出不穷，也出现了知识产权纠纷的案例，因此大学生更需要了解个人的智力成果如何才能得到保护。2021 年 1 月 1 日生效的《中华人民共和国民法典》第一百二十三条规定，民事主体依法享有知识产权。知识产权是权利人依法就下列客体享有的专有的权利：作品；发明、实用新型、外观设计；商标；地理标志；商业秘密；集成电路布图设计；植物新品种；法律规定的其他客体。

党的十八大以来，党中央把知识产权保护工作摆在更加突出的位置。习近平总书记曾指出："创新是引领发展的第一动力，保护知识产权就是保护创新。"党的二十大报告中在谈到"完善我国科技创新体系"时特别强调，要"加强知识产权法治保障，形成支持全面创新的基础制度"。

2. 创新成果的保护策略

创新成果的保护策略大体可分为申请专利、商标权保护、著作权保护的公开保护策略和采用商业秘密保护的保密保护策略等。

（1）公开保护策略。当创新主体有了发明创造后，可以通过申请专利来保护自己的合法权利，但是在申请专利前，需要先做出综合分析，之后才能决定是否需要申请专利。如果创新成果是易于被竞争对手破解的，则建议选取申请专利、著作权的方式加以保护；如果是难以被竞争对手破解和模仿的创新成果，则可以考虑采用商业秘密的方式加以保护。例如，对于电子类或机械制造等方面的发明创造，建议申请专利；对于个人或组织开发的软件，可以通过登记计算机软件著作权的方式加以保护：而对于化学类和方法类的创新成果，则可根据能否保密来决定是否申请专利。

（2）保密保护策略。商业秘密作为知识产权的一部分受到我国法律的保护。对于某些不属于专利保护对象的经营信息或在较长时间内难以被模仿或破解的技术信息，建议考虑采用商业秘密的形式加以保护。在激烈的市场竞争中，任何一个企业在生产经营方面的商业秘密都十分重要。创新主体可综合考虑技术信息需要受保护的地域范围、市场竞争状况等因素，依法采用商业秘密的形式加以保护。

知识链接

了解商业秘密的范畴

根据《中华人民共和国反不正当竞争法》，商业秘密是指不为公众所知悉、具有商业价值并经权利人采取相应保密措施的技术信息、经营信息等商业信息。其中，技术信息通常包括技术、工艺流程、生产配方、设计图纸等；经营信息是指技术信息以外的、能够给权利人带来竞争优势的用于经营的信息，比较常见的是客户名单、管理方法、产销策略、货源情报等。

此外，如果上述两种方式在单独实施的情况下，都不能为创新主体实现利益最大化，则可考虑通过采取多种保护方式相结合的综合保护方式。例如，技术信息中部分采用专利保护，而某些能保密的内容采用商业秘密来保护，从而实现利益最大化。

展阅：商标申请流程图

3. 创新成果的保护方式

对于创新成果，我国已经建立了完整的法律制度，为创新成果的保护、转化等提供合理的法律框架。尤其是在创新成果的公开保护方式中涉及专利申请、计算机软件著作权申请、商标注册等方面均有完善的制度为保障。为使创新成果能够切实得到有效保护并实现最大收益，创新成果所有人需要综合考虑法律规定、技术特点、自身状况、技术的市场前景等多方面的要素加以决策。创新成果公开保护方式申请一览表如表 4-2-1 所示。

表 4-2-1　创新成果公开保护方式申请一览表

类型	主要内容	申请类型	申请流程
专利申请	申请人向国家知识产权局提出专利申请，经依法审查批准后，才能取得专利权	发明专利（技术水平较高，有革命性变化）	专利申请—受理—初审—公布—实质审查请求—实质审查—授权
		实用新型专利（实用价值高，又称小发明、小专利）	专利申请—受理—初审—授权
		外观设计专利	专利申请—受理—初审—授权
计算机软件著作权申请	申请人向中国版权保护中心提出申请，由中国版权保护中心审核并发出登记证书	软件著作权	填写申请表—提交申请文件—登记机构受理申请—审查—取得登记证书
商标注册	商标权的申请人可自行提交电子申请，或到国家知识产权局商标局委托地方市场监管部门或知识产权部门设立的商标受理窗口等地点办理	商品商标（商品使用）	详见二维码内容
		服务商标（服务上使用）	
		集体商标（组织在进行商事活动上使用）	
		证明商标（特定品质使用）	

大学生作为专利发明人或设计人，同样对其发明创造享有专利权并承担与此相应的义务，相关执行标准遵照《中华人民共和国专利法》内容执行。

科技创新是不是大学生的主业？如何解决大学生科技创新在时间精力和经济成本上的重重压力？有专家认为，高校应该为学生的创新创业提供更好的教学科研资源，政府要在大学生科技创新和社会需求之间开辟一个通道，建设一种常态化的科技创新成果转化平台，让大学生的科技创新活动形成体系，进而营造创新创业的良好氛围。

▶ 任务实训

结合本任务学习，按要求完成《职业发展与就业创业指导实践手册》项目四 任务二中的实训演练“制定创新成果设计与保护策略”。

任务小结

通过本任务学习，可以帮助学生了解创新思维的概念与形式，熟悉创新思维的特征，掌握突破创新思维定式的方法，培养创新能力，并通过对创新成果的认知，掌握创新成果的内容与保护方法，为专业学习与就业创业提供助力。

任务评价

本任务学习已完毕，请在《职业发展与就业创业指导实践手册》项目四 任务二的“任务评价”中，就自身专业能力与核心能力的提升情况开展能力自评。

任务三　知己知彼谋创业

任务清单

教学环节	教学信息	具体内容
教	知识重点	创业过程要素与创业模式
	知识难点	创业过程对创业者素质的要求
	推荐教学方式	头脑风暴与小组讨论
	教学场所	多媒体教室或实训室
	建议学时	2 学时
学	必须掌握的理论知识	能够了解创业过程要素和创业模式、熟悉创业类型、掌握创业必备的素养和创业准备的要素
	必须掌握的工作技能	熟练掌握创业类型的判断方法
	能力训练	创业素养提升训练

任务导入

创业失败的困惑

李冲是某职业学院现代农业装备应用技术专业的学生，刚进入大学，他看到部分同学在卖服装或代购化妆品，他也尝试加入，然而几经周折却都不顺利，半年的生活费亏损殆尽。李冲很纳闷，是自己真的不适合创业吗？正当李冲郁闷时，恰好学院组织了创业培训，培训中要求学员要对个体进行自我创业资源分析，经过分析，李冲发现自己最大的比较优势在于所学专业，于是他在假期选择到当地一家农机公司进行实习，从事农机修理工作，他一边积累经验，一边了解产品特性，提升专业和实践能力的同时还对企业管理的流程和运营有了进一步了解。毕业后他决定回乡创业——开一家农机修理厂，成为一名“民创客”。现在国家倡导的农业创业可享受诸多政策红利，他希望能有更多的小伙伴加入他的团队，可是他应该怎样做才能实现他的创业梦想呢?

结合案例，请思考以下问题。

（1）你认为案例中李冲屡次创业失败的原因何在？有什么方法能够让他规避风险?

（2）你能否为李冲的下一步创业规划提出可行性建议？

任务解码

一、创业过程要素

创业过程要素是那些开展创业活动必需的各种社会资源的总称。

素有“创业教育之父”美誉的杰弗里·蒂蒙斯认为，创业过程是一个高度动态的过程，商机、资源和团队是创业过程中最重要的三大要素，创业的过程依赖于这三大要素的匹配和均衡（图 4-3-1）。其中，商机是创业过程的核心驱动力，创始人或工作团队是创业过程的主导者，资源是创业成功的必要保证。创业过程始于商机，而不是资金、战略、网络、团队或创业计划。处于模型底部的创始人或工作团队要善于配置和平衡，借此推进创业过程，他们必须做的核心过程是对商机的理性分析和把握，对风险的认识和规避，对资源的最合理利用和配置，对工作团队适应性的分析和认识。需要说明的是，在三个要素中绝对的平衡是不存在的，但企业要保持发展，必须追求一种动态的平衡。创业者必须思量的问题是目前的团队能否领导公司未来的成长、能否合理分配及拓展资源，以及能否克服下一阶段企业所面临的困难。

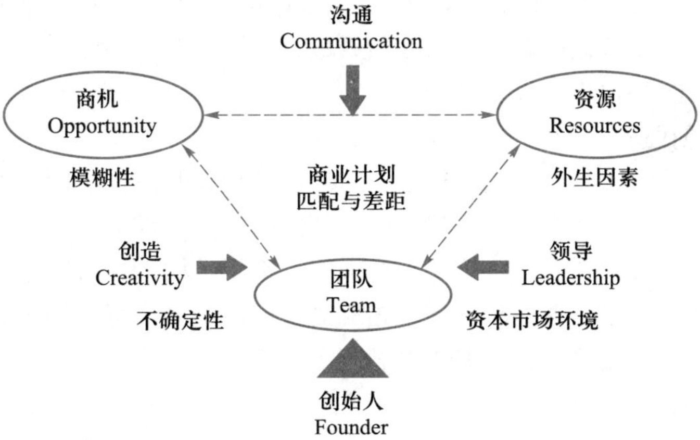

图 4-3-1　蒂蒙斯创业过程模型

二、创业模式

创业的功能主要体现在资源的合理配置，推动组织发展，实现人生价值，推动社会资源进步和填补科研空白。对于大学生而言，创业时既要考虑自身的经济条件，又考虑时间因素，可尽量选择风险相对较低、回报较高又具有创造性的模式，以提高成功的概率。常见模式有新媒体创业、大赛创业、概念创业、团队创业、加盟创业、兼职创业及内部创业等。

（一）新媒体创业

新媒体创业是以某个电子商务网站门店的形式经营或媒体平台经营，而产生的一种新型创业模式，如以微信、头条号、淘宝、短视频直播带货等形式在线销售商品，实现创业。作为新技术和新潮流的引导者和受益者，最具活力的大学生成了网络创业的主要力量。

（二）大赛创业

大赛创业即利用各种创业大赛搭建的平台，获得资金等支持进行创业，如Yahoo、Netscape等企业都是从创业竞赛中脱颖而出的。因此，创业大赛也被形象地称为创业孵化器。例如，云南罗三长的“红糖馒头”就是在参加“互联网＋”大学生创新创业大赛的过程中成立发展起来的，还形成连锁加盟形式，现在形成了以罗三长本人为原型的全新品牌标识“罗小馒”，并打造了“LOGO馒”的系列人物、动画、漫画、微信表情等形象，统一升级了所有门店。

（三）概念创业

概念创业即凭借创意、点子、想法创业。当然，这些创业概念必须标新立异，至少在打算进入的行业或领域是全新的创举。只有这样，才能抢占市场先机，吸引风险投资商的眼球。同时，这些超常规的想法还必须具有可操作性，而非天方夜谭。一个点子就能造就一个企业，概念创业有时的确有着四两拨千斤的神奇作用。例如，斯洛伐克利用创业新点子“无色咖啡”成功创业。

（四）团队创业

团队创业是指具有互补性或者有共同兴趣的成员组成团队进行创业。如今，创业已非纯粹追求个人英雄主义的行为，团队创业成功的概率要远高于个人独自创业。一个由研发、技术、市场融资等各方面人员组成、优势互补的创业团队，是创业成功的法宝，对高科技创业企业来说更是如此。

（五）加盟创业

加盟创业是采用加盟的方式进行创业，一般是加盟开店。也就是说，加盟商（受许人）与连锁总部（特许人）之间建立一种契约关系，根据契约，总部向加盟商提供一种独特的商业经营特许权，并给予人员训练、组织结构、经营管理、商品采购等方面的指导和帮助，加盟商则向总部支付相应的费用。例如，可以加盟成熟的连锁酒店进行创业，如汉庭快捷酒店、如家快捷酒店等。

（六）兼职创业

兼职创业即在工作之余创业。例如，教师、培训师可选择兼职培训顾问；设计师可自己开设工作室从事设计；撰稿人可向媒体或创作方面发展；会计、财务顾问可代理做账理财；翻译可兼职口译、笔译；律师可兼职法律顾问等。

（七）内部创业

内部创业是指在企业公司的支持下，有创业想法的员工承担公司内部的部分项目或业务，并且和公司共同分享劳动成果的过程。这种创业模式的优势就是创业者无须投资就可获得大量资源，即使创业失败也不会有过度的心理负担。

三、创业类型

创业活动涉及各行各业，创业者的创业动机千差万别，创业项目和领域多种多样，创业的类型也因此呈现多样化。

（一）基于创业动机不同划分

1. 生存型创业

生存型创业是指创业者为了生计而相对被动地进行的创业。主要特征为：创业者受生活所迫，物质资源贫乏，在现有市场中捕捉机会，从事低成本、低门槛、低风险、低利润的创业。

2. 机会型创业

机会型创业是指创业者为了追求商业机会，谋求更多发展而从事的创业活动。机会型创业由于更多着眼于新的市场机会，拥有更高的技术含量，有可能创造更大的经济效益，从而改善经济结构。无论是从缓解就业压力还是从改善经济结构的目的出发，政府和社会都更加关注和倡导机会型创业。机会型创业与生存型创业的区别如表 4-3-1 所示。

表 4-3-1 机会型创业与生存型创业的区别

	机会型创业	生存型创业
创业者个人特征	创业者多为年轻和学历高的群体	创业者多为二次就业，年龄结构偏大
创业投资回报预期	对投资回报期望较高，也会承担更大的创业风险	对投资回报期望较低，承担的风险较小
创业壁垒	拥有一定资金、技术和人才优势，会更关注新的市场机会，选择有一定壁垒的行业	受到创业资金、技术和人才等的限制，更多地会回避技术壁垒较高的行业
创业资金来源	比生存型创业者获得更多的贷款机会和政府政策及创业资金支持	资金主要来源于个人和家庭自筹
拉动就业	既能解决自己的就业问题，又能解决更多人的就业问题	一般只能解决个人或是家庭成员的就业问题

（二）基于创业起点不同划分

1. 创建新企业

创建新企业是指创业者或团体从无到有地创建全新的企业组织的过程。这个过程充满机遇，但风险和难度也很大。

2. 企业内创业

企业内创业是指在已有公司或企业内进行创新的过程，如企业流程再造。正是通过二次、三次乃至连续不断的创新创业，企业的生命周期才能不断地在循环中延伸。

（三）基于创业者数量不同划分

1. 独立创业

独立创业是指创业者独立创办自己的企业的创业模式，也叫自主创业，其特点在于产权归创业者个人所有，企业由创业者自由掌控，决策迅速，但创业者要独自承担风险，创业资源整合比较困难，并且受个人才能限制。

2. 合伙创业

合伙创业是指两个以上的创业者通过订立合伙协议，共同出资、合伙经营、共享收益、共担风险，并对合伙企业债务承担无限连带责任的创业模式，其优势劣势正好与独立创业相反。

（四）基于创业项目性质不同划分

1. 传统技能型创业

传统技能型创业是指使用传统技术、工艺的创业项目。例如，生产饮料、中药、工艺美术品、服装，进行食品加工等。这些独特的传统技能项目在市场上表现出经久不衰的竞争力。

2. 高新技术型创业

高新技术型创业是指知识密集度高，带有前沿性、研究开发性质的新技术、新产品创业项目。

3. 知识服务型创业

知识服务型创业是指为人们提供知识、信息的创业项目。当今社会，各类知识性咨询服务机构不断细化和增加，这类项目中不乏投资少、见效快、市场前景广阔的项目。

（五）基于创业方向或风险不同划分

1. 依附型创业

依附型创业可以是依附于大企业或产业链而生存的，在产业链中确定自己的角色，为大企业提供配套服务，也可以是特许经营权的使用。例如，利用某些品牌效应和成熟的经营管理模式进行创业。

2. 尾随型创业

尾随型创业是指模仿他人所开办的企业和经营项目。在行业内已经有许多同类企业，创业者尾随进入，缺乏新意。

3. 独创型创业

独创型创业是指提供的产品和服务能够填补市场空白的创业，大到商品完全独创，小到商品的某个技术独创。

4. 对抗型创业

对抗型创业是指进入其他企业已形成垄断地位的某个市场，与之对抗较量的创业。

（六）基于创新内容不同划分

1. 基于产品创新的创业

基于产品创新的创业指基于技术创新或工艺创新的成果，产生了新的消费者群体，从而导致创业行为的发生。

2. 基于营销模式创新的创业

基于营销模式创新的创业采取了一种有别于其他厂商的市场营销模式，因而可能给消费者带来更高的满足感。

3. 基于组织管理体系创新的创业

基于组织管理体系创新的创业采取一种有别于其他厂商的企业组织管理体系，因而能更有效地实现产品的商业化和产业化。

自我评测

请扫描二维码，结合自身实际进行测试，发现适合自己的创业类型。

习测：
创业类型测试

四、创业者要求

（一）创业者必备的条件

如今，谈论创业的人越来越多，然而真正投身创业或创业成功的人却依然较少，或是缺少付诸行动的勇气与决心，抑或是缺乏足够的准备、缺少管理经验铩羽而归，甚至有些人根本就不知道怎么去创业，却已然盲目地走上创业之路。对于自己是否适合创业，我们可以初步进行测评，先了解自己是否具备创业素质。

自我评测

请扫描二维码，结合自身特质，进行创业素质测试。

习测：
大学生创业素质测试

1. 创业者应有的特质

对创业者应当具备的品质可谓是“仁者见仁，智者见智”。我国学者陈德智借鉴古代圣贤的思想精髓，提出创业家应具备的品质为“五德”，即“智、信、仁、勇、严”。众多创业学者们在研究创业者的品质时，所提出的共性品质包含诚实和谦虚、克制和忍耐、热情和责任感、积极性和创造性、公道正派与自信心。

有权威分析报告表明：作为成功的创业者，100位中国内地企业家共同的品质有十项，诚信列于十大财富品质排行榜之首，其他九项分别是把握机遇、创新、务实、终身学习、勤奋、领导才能、执着、直觉和冒险。尽管每个富商获取财富的经历不同，对十大财富品质排行序列也有不同看法，但对这十项品质的认可却无任何异议。

展阅：
创业者的十大品质

知识链接

建设中国特色社会主义需要优秀的企业家

改革开放以来，党中央、国务院和社会各界一直高度重视对企业家的培育和鼓励。习近平总书记指出，全面深化改革，就要激发市场蕴藏的活力。市场活力来自人，特别是来自企业家，来自企业家精神。这清楚地告诉我们，在社会主义社会的发展和建设过程中，需要一大批具有核心竞争力的企业，需要众多的具有开拓精神，能发现机会、整合资源、勇于创新、敢于拼搏、爱国敬业的企业领导人、带头人。在社会主义发展和建设过程中，既有公有制企业，也有非公有制企业，还有混合所有制企业，更有无数微小型企业，所有这些企业都在朝着追求卓越、开拓市场的方向前进，企业家在市场经济的激励下，为国家的发展、企业的建设贡献自己的力量，他们是参与经济活动的重要主体、“关键少数”和特殊人才。

课堂活动

结合所学知识点，按要求完成《职业发展与就业创业指导实践手册》项目四 任务三中的课堂活动“创业特质评价”。

2. 创业者必备的素养

创业者是创业活动的组织者，也是创业风险的直接承担者。要顺利闯关夺隘，必须具备或培育基本的创业素养。创业素养也是大学生毕业后在就业创业过程中所必需的素质和修养，包括创业知识素养、创业品质素养和创业技能素养。

（1）创业知识素养。创业知识是进行创业的基本要素。创业实践证明，良好的知识结构对于成功创业具有决定性的作用，创业者不仅仅要具备必要的专业知识，更要掌握必备的现代科学、文学、哲学、伦理学、经济学、社会学、心理学、法学等综合性知识和管理科学知识。

（2）创业品质素养。创业人格品质是创业行为的原动力和精神内核。在创业人格品质中，使命责任、创新冒险、坚韧执着、正直诚信等意志品质与创业成败息息相关。创业是开创性的事业，尤其在困难和不利的情况下，人格品质魅力在关键时刻往往具有决定性的作用。此外，在梦想适应的过程中还要具备适应社会和环境的能力，培养个人的感召力与人格魅力，明确身上的责任，只有这样才能将自己远大的理想、抱负和宏伟的目标与国家目标结合起来，形成创业者品质。大学生创业精神培育主要来源于创业理论知识引导、创业实践锻炼、创业人才培养、创业环境熏陶和创业教育培养。

（3）创业技能素养。成功的创业者不仅要具备良好的知识结构、优良的人格品质，还必须掌握应对和处理创业现实问题的基本技能。一般来说，成功的创业者应具备以下基本能力。

第一，决策能力——驾驭全局，纠差移偏。正确决策是保证创业活动顺利进行的前提。尤其是有关创业机会的识别和选择、创业团队的组建、创业资金的融通、企业发展战略及商业模式的设计等重大决策，直接关系着对创业全局的驾驭和创业的成败。要决策正确，要求创业者具有较强的信息获取和处理能力，能敏锐地洞察环境变动中所产生的商机和挑战，形成有价值的创意并付诸创业行动。特别是要随时了解同行业的经营状况及市场的变化，做到知己知彼，以便适时调整创业中的竞争策略，使所创之业拥有并保持竞争优势。同时，通过不断强化创新思维和开展创新实践，总结创新经验，吸取失败教训，及时修正偏差和错误，进一步提高决策能力，促进企业健康成长。

第二，沟通协调能力——建立信任，管理冲突。创业团队成员之间及创业者与其他利益相关者建立信任是进行有效合作的基础，有效沟通是产生信任、凝聚共识、消除误解的重要手段。尤其对企业内部的有效协调，能及时化解冲突、明确责任、协调行动。良好的沟通协调能力及说服影响力是形成共同愿景，集中意志，步调一致的重要保证。

第三，组织执行能力——整合资源，实现目标。组织执行能力是创业者为了有效地实现企业目标，整合各种资源，把企业生产经营活动的各个要素和环节，从纵横交错的相互关系上，从时间和空间的相互衔接上，科学、高效地组织起来并使之开动运行的能力。创业需要策划和创意，创意的实施和战略意图的实现更需要行动力。创业者组织执行能力的发挥，可以使企业围绕总体目标的实现形成一个有机整体，并保证其高效率地运转。

第四，组建团队的能力——构建组织，实现协同。一项针对创业者能力的研究报告指出，组成团队与管理团队是成功创业者需要具备的主要能力之一。一个企业需要拥有细致的“内管家”、活跃的“外交家”、战略的“设计师”、执行的“工程师”、发散思维的“开拓者”、内敛倾向的“保守派”，需要技术研发、市场开拓和财务管理等方方面面的人才。工作分工不同，需要不同个性的人。创业者既要能够把不同专长、不同个性的人才凝聚到一起，又要能够让他们在一起融洽和愉快地工作，组成优势互补的创业团队，形成协同优势。

课堂活动

结合所学知识点，按要求完成《职业发展与就业创业指导实践手册》项目四 任务三中的课堂活动“创业能力与素养剖析”。

（二）创业者素养的提升

潜在创业者要全面提高个人的创业知识、素质和能力，可以采用多种方式。例如，多与创业者交流，多品味成功创业者的故事和经历，向身边成功的创业者学习。还可以尝试做成功创业者的助手或学徒，提高思考问题、评价问题及应对风险的能力。此外，“兼听则明、偏信则暗”，一味固执己见，是难以产生创意和获得团队的支持的。

知识链接

创业者对自身优势的反思

创业者对自身优势的反思是酝酿创业阶段的一项重要工作。在创业初期，创业者的优势是新创事业竞争力的主要来源。在此阶段，创业者应思考以下问题。

（1）我现在就创业，还是工作几年，积累一定经验后再创业？

（2）我在创业经验、创业技术、人际关系、项目资金方面有优势吗？

（3）如果这次创业失败了，那么我还要继续创业吗？

（4）真正创业成功的人很少，我能成为其中的“少数”吗？

（5）我有应对创业困难的预案措施吗？

（三）创业准备

创业准备的要素包括关注创意来源、积累人脉资源、做好知识储备三个方面。

1. 关注创意来源

创意是创造意识或创新意识的简称。它是指由现实存在事物的理解及认知所衍生出的一种新的抽象思维和行为潜能。汉代王充的《论衡・超奇》曰：“孔子得史记以作《春秋》，及其立义创意，褒贬赏诛，不复因史记者，眇思自出于胸中也。”郭沫若《鼎》：“文学家在自己的作品的创意和风格上，应该充分地表现出自己的个性。”

创意是通过创新思维意识，进一步挖掘和激活资源组合方式进而提升资源价值的方法。生活中好的创意来源众多，创意构思可以来自不同的行业，如文创行业、制造行业、教育行业等，需要冥思苦想，也需要反复动手实践。

2. 积累人脉关系

良好的人脉关系能形成多渠道的情报来源，助力创业的起步。注意在生活中积累血缘、学源、亲源、师生源、同学源等各种人脉资源，并通过长期沟通、联系做好维护，同时通过参加各种社交活动接触更多朋友来积累人脉资源。

3. 做好知识储备

创业者要不断增强自己的知识储备，为将来的发展打下坚实的基础。例如，多读书、参加课外活动、听讲座、参加讨论和辩论、利用网络资源、参加实践活动等。同时，需要保持好奇心和学习动力，不断激励自己。

▶ 任务实训

结合本任务学习，按要求完成《职业发展与就业创业指导实践手册》项目四 任务三中的实训演练“创业素质测评与分析”。

▶ 任务小结

通过本任务学习，可以帮助学生了解创新的基本概念、特点及功能，培养创新意识与创新精神，并通过对创新方法的学习，掌握突破思维定式的方法，为创新创业提供保障。

▶ 任务评价

本任务学习已完毕，请在《职业发展与就业创业指导实践手册》项目四 任务三的“任务评价”中，就自身专业能力与核心能力的提升情况开展能力自评。

项目拓展

吸引大学生返乡创业　创新农村电商新业态

辽宁省朝阳市木头城子镇十家子村利用亲情、乡情，吸引大学生返乡创业，以电子商务为突破点，创办了新发永业电子商务公司、农民合作社等经济实体，通过“互联网＋种植基地＋深加工基地＋合作社＋实体店”的模式，推动当地小米、小麦、葵花、葡萄、苹果等产业高质量发展。

培育产业发展领头雁

十家子村党支部积极号召、扶持大学生返乡创业。2015年，本村大学生王颖响应号召，返乡创立新发永业电子商务公司，注册“村姑进城”品牌，发展葡萄、小米等种植加工，推动当地特色水果和杂粮产业发展。在王颖的影响和村党支部支持帮助下，先后有20多名大学生积极返乡，领办合作社，创办经济实体，积极投身创业富民大潮，成为农村创业创新和助推乡村产业发展的领头雁，并积极组织十家子村返乡大学生王颖参加创新创业大赛。

发展农村电商新业态

十家子村搭上互联网快车，探索“线上开网店＋线下实体店”的创新模式。先后在辽宁朝阳、上海等地开设线下实体体验店，与淘宝等大型平台企业对接，搭建农产品网上销售渠道，形成了“线下体验、网上下单、云仓发货”的电商平台运营机制，打通了农产品进城入市的销售渠道，建立了农产品从生产源头到终端销售的全新产业链模式，为乡村产业发展插上了互联网的“翅膀”。

打造乡土特色金招牌

十家子村以“土地流转＋入股”的方式，流转土地近万亩。以农民合作社为核心，通过种苗供给、田间管理和成熟采收一体化跟踪服务，打造高标准农产品生产基地，确保产品源头的健康。同时，建立清洗、包装、分等分级标准，规范农产品初加工，与沈阳农业大学等院校和科研院所合作，开发母婴食品等，拓展农产品深加工，培育创立了“村姑进城”“蛮妞”“晶脂”等知名品牌。

助力脱贫攻坚奔小康

十家子村探索“党支部＋合作社＋基地＋电商＋贫困户”的“5+”模式，带动27户贫困户脱贫、500余户农民致富。村党支部将集体收入的三分之一用于帮助农户脱贫发展致富产业。合作社通过土地入股等方式，让农户享受股份制比例分红。纳入高标准农产品生产基地范围的农产品由公司统一收购，再通过电商平台和线下体验店统一销售。

同时，农户可进入公司就业，让农民真正成为卖农金、收租金、挣薪金、分红金、得财金的“五金”农民。

中农富通农业园区运营创新研究院（北京中农富达农业发展有限公司，以下简称“中农富达”）是中农富通集团旗下的专业研究机构，以“聚世界一流农业人才，建国际优秀推广平台”的发展愿景为战略指导，围绕农业园区运营管理，有效整合内外部优质资源，形成成熟的农业园区管理体系，打造农业园区运营综合问题解决服务平台、农业双创孵化平台，促进以农旅综合园区、农业科技园区、农业产业园区、农业嘉年华等为代表的园区运营模式创新、运营管理提升，实现可持续发展。

项目考评

结合本项目学习情况，填写《职业发展与就业创业指导实践手册》项目四 按下双创启动键的“项目考评 成果评分表”。

项目五
抢抓机会窗口期

水因地而制流，兵因敌而制胜。故兵无常势，水无常形。

——《孙子兵法》

项目地图

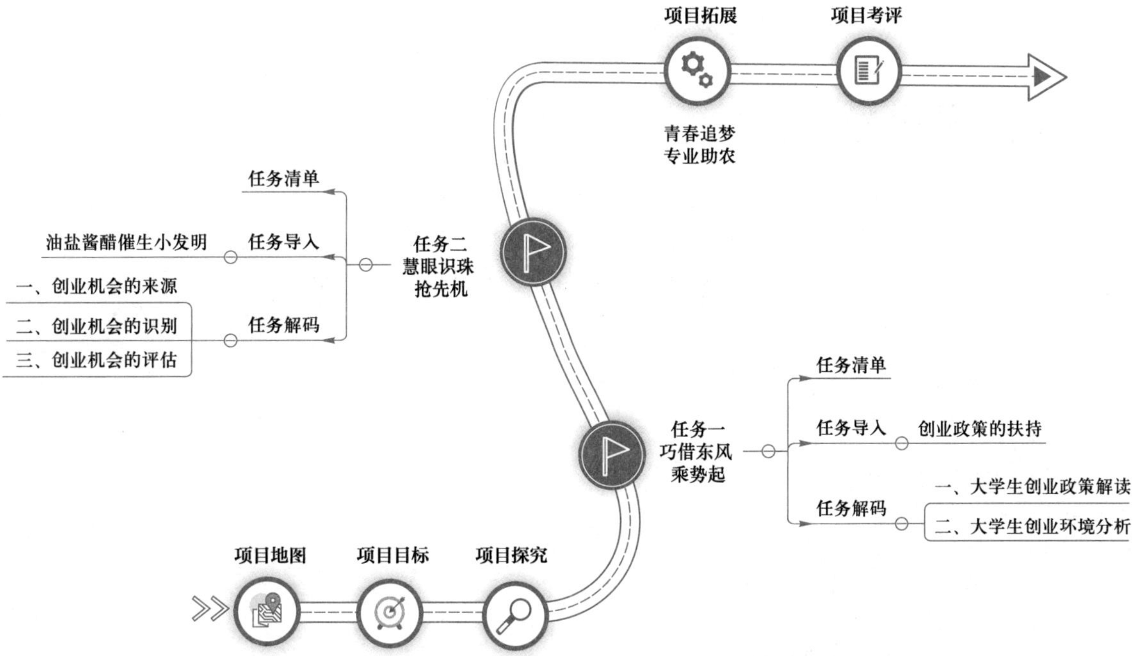

项目目标

● **知识目标**

（1）能够利用国家及地方就业创业政策对自身创业优势进行分析。

（2）了解创业机会的概念、来源，明确创业机会的特征。

（3）掌握创业机会的评估方法。

● **能力目标**

（1）能够根据创业政策为未来就业创业做好心理准备。

（2）能够有效识别创业机会，分析创业环境并制作商机简报。

（3）能够运用创业机会的评估方法对创业机会进行评估。

● **素养目标**

（1）培养学生顺应机遇、把握机遇的积极进取的人生态度。

（2）培养学生自主、探究、合作的能力，以及创新精神，引导学生关注社会热点和生活实际。

（3）树立科学的创新观和创业观，引导学生主动适应国家经济社会发展和人的全面发展需求，积极开展创新创业实践。

项目探究

（1）你知道国家对大学生创业的扶持政策有哪些吗？

（2）如果选择创业，那么你知道怎样识别创业机会吗？

（3）分析你们团队的创业项目蕴含哪些创业机会？

任务一　巧借东风乘势起

▶ 任务清单

教学环节	教学信息	具体内容
教	知识重点	创业的政策
	知识难点	创业环境分析
	推荐教学方式	线上理论与线下实践指导相结合
	教学场所	多功能厅或创业实训室
	建议学时	2 学时
学	必须掌握的理论知识	创业环境的概念
	必须掌握的工作技能	能够对创业环境进行分析，合理利用国家及地区相关政策
	能力训练	创业政策查询、撰写专业创业环境 SWOT 分析报告

▶ 任务导入

创业政策的扶持

正在创业的大学生李力（化名）急需资金批量生产自主研发的新材料时，他欣喜地获悉他申请的 10 万元小额创业贷款已经获批。李力目前已经着手准备建立专门用于制造防水材料的工厂，并打算在配方走入市场后向国家申请该项产品的专利。他自信地说:“相信随着今后公司的不断发展和成长，我的创业路将会越走越宽广。”

大学生创业政策小额贷款在李力资金紧张的时候帮了大忙，然而以前像李力一样幸运地申请到创业贷款的大学生并不多。李力很庆幸，自己是偶然看报得知的这项扶持政策，否则，公司可能就错过了如此发展的良机。

结合案例，请思考以下问题。

（1）大学生创业政策对李力的成功创业提供了哪些帮助?

（2）你对大学生创业政策了解多少？请举例说明。

▶ 任务解码

近年来，国务院办公厅、国家各部委，以及各省、自治区、直辖市陆续出台了各类有关促进大学生就业创业的政策，在简化注册程序、提供资金扶持、鼓励学校创新创业教育、提供创业服务等方面起到了积极的推动作用。

一、大学生创业政策解读

展阅：
国务院办公厅关于进一步支持大学生创新创业的指导意见

在“大众创业、万众创新”的时代背景下，国家出台了很多关于创业的优惠政策，涉及融资、税收、创业培训、创业指导等诸多方面，了解这些政策，对大学生走好创业第一步意义重大。2022 年 4 月，教育部高校学生司、教育部学生服务与素质发展中心发布《普通高校学生自主创业政策公告》，内容包括税收优惠政策、担保贷款和贴息政策、资金扶持政策、工商登记政策、户籍政策、创业服务政策、学籍管理政策。

（一）税收优惠政策

课播：
大学生创业能享受哪些优惠政策

（1）持人社部核发的《就业创业证》（图 5-1-1）的高校毕业生在毕业年度内创办个体工商户的，可按规定在 3 年内以每户每年 12 000 元为限额（最高可上浮 20%，具体由各省、自治区、直辖市人民政府根据本地区实际情况确定）依次扣减其当年实际应缴纳的增值税、城市维护建设税、教育费附加、地方教育附加和个人所得税。

图 5-1-1　《就业创业证》

（2）对高校毕业生创办微小型企业的，可按规定享受微小型企业普惠性税费政策；创办个体工商户的，对其年应纳税所得额不超过 100 万元的部分，在现行优惠政策基础上减半征收个人所得税。

（二）担保贷款和贴息政策

（1）创业担保贷款和贴息支持。创业者可在创业地申请创业担保贷款，最高贷款额度为 20 万元，对符合条件的个人合伙创业的，可根据合伙创业人数适当提高贷款额度，最高不超过总额的 10%。对 10 万元及以下贷款、获得设区的市级以上荣誉的高校毕业生创业者免除反担保要求；对高校毕业生设立的符合条件的微小型企业，最高贷款额度提高至 300 万元，财政按规定给予贴息。

（2）创业担保贷款申请程序。申请创业担保贷款贴息支持的个人和微小型企业应向当地人力资源社会保障部门申请资格审核，通过资格审核的个人和微小型企业，向当地创业担保贷款担保基金运营管理机构和经办银行提交担保和贷款申请，符合相关担保和贷款条件的，与经办银行签订创业担保贷款合同。

课堂活动

结合所学知识点，按要求完成《职业发展与就业创业指导实践手册》项目五 任务一中的课堂活动“创业担保贷款信息搜集”。

（三）资金扶持政策

（1）免收有关行政事业性收费。毕业 2 年以内的普通高校毕业生从事个体经营的，3 年内，免收管理类、登记类和证照类等有关行政事业性收费。

课播：大学生求职创业补贴政策

（2）求职创业补贴。对在毕业学年有就业创业意愿并积极求职创业的低保家庭、贫困残疾人家庭、原建档立卡贫困家庭和特困人员中的高校毕业生，残疾及获得国家助学贷款的高校毕业生，给予一次性求职创业补贴。

（3）一次性创业补贴。对首次创办微小型企业或从事个体经营，且所创办企业或个体工商户自工商登记注册之日起正常运营 1 年以上的离校 2 年内高校毕业生，试点给予一次性创业补贴。

（4）享受培训补贴。对大学生在毕业年度内参加创业培训的，按规定给予培训补贴。

（四）工商登记政策

简化注册登记手续。创办企业只需填写“一张表格”，向“一个窗口”提交“一套材料”，登记部门直接核发加载统一社会信用代码的营业执照，“多证合一”。

课播：多证合一政策

（五）户籍政策

取消落户限制。高校毕业生可在创业所在地办理落户手续（直辖市有关规定执行）。

（六）创业服务优惠

（1）免费创业指导。可免费获得公共就业和人才服务机构提供的创业指导。

（2）技术创新服务。各地区、各高校和科研院所的实验室以及科研仪器、设施等科技创新资源可以面向大学生开放共享，提供低价、优质的专业服务。

（3）创业场地服务。鼓励各类孵化器面向大学生创业团队开放一定比例的免费孵化空间。政府投资开发的孵化器等创业载体应安排 30% 左右的场地，免费提供给高校毕业生。有条件的地方可对高校毕业生到孵化器创业给予租金补贴。

（4）创业保障政策。加大对创业失败大学生的扶持力度，按规定提供就业服务、就业援助和社会救助。毕业后创业的大学生可按规定缴纳“五险一金”。

（七）学籍管理政策

（1）折算学分。各高校要设置合理的创新创业学分，建立创新创业学分积累与转换制度，探索将学生开展自主创业等情况折算成学分。

（2）弹性学制。学校可以根据情况建立并实行灵活的学习制度，可放宽学生修业年限，保留学籍休学创新创业。

此外，各省、自治区、直辖市积极贯彻落实国家相关文件精神，从政策制定优化双创环境、提升大学生创新创业能力、加强创新创业指导服务等方面展开，着手推进创新创业扶持政策落实落细。全国各高校也积极响应国家号召，努力办好和参与各类创新创业大赛，以中国国际“互联网 +”大学生创新创业大赛为例，各省出台了奖励措施，鼓励产学研相结合，深度融合企业需求，进行专创融合。

课堂活动

结合所学知识点，按要求完成《职业发展与就业创业指导实践手册》项目五 任务一中的课堂活动“创业扶持政策汇总”。

二、大学生创业环境分析

（一）创业环境的概念

创业环境是指创业主体开展创业活动、实现创业理想，在其发展过程中影响企业发展的各种条件的总称。其中创业环境既包含涉及创业活动的社会、政治、经济、法律、文化等外部条件，又包含创业活动在进行中所受到的创业支持与帮助。创业环境是各种因素的综合体。企业的创业活动要在创业环境中的各种因素的共同作用下才能完成，因此，创业环境的好坏对于创业的成败至关重要。

（二）创业环境的特征

1. 整体性

环境是一个由各要素相互作用、相互联系而组成的有机整体。创业环境的各要素也是相互联系、相互影响的。

2. 主导性

在创业环境的各要素中，总有一个或几个要素在某一阶段的发展中居于主导地位，即在创业环境这个整体中规定和支配着其他要素。

3. 可变性

创业环境是不断发展变化的，经济结构的调整、政治制度的优化、市场需求的变化、消费水平的提高等，都极大地影响着创业环境，使之处于不断变化的过程，并且逐步趋于完善。

4. 差异性

差异性是指地区的差异，创业环境是个空间概念，所在的区域不同，内容也不尽相同。区域政治、经济、文化等方面的差异，决定了创业环境的地区差异。

（三）创业环境的分类

大学生创业环境可以从多个角度进行分类，大致如表 5-1-1 所示。

表 5-1-1　创业环境分类

分类角度	具体分类
按构成要素分类	分为经济环境、政治法律环境、科技环境、商务环境、教育环境、社会文化环境及自然环境等
按层次分类	分为宏观环境、中观环境和微观环境。宏观环境是指一国或一个经济区域范围内的创业环境；中观环境是指某个地区或城市、乡镇的创业环境；微观环境是指企业的氛围、团队合作精神和创新精神等方面的创业环境
按是否是有形物质分类	分为硬环境和软环境。硬环境是指企业创业环境中有形的环境要素总和，如基础设施、自然区位和经济区位；软环境是指无形的环境要素总和，如政治、法律、经济、文化等
按社会属性分类	分为社会环境和自然环境。社会环境也可被称为国情，是指创业者所处的国家和社会的政治制度、经济制度、法律制度、思想文化、风俗习惯及党和政府在特定历史时期的路线、方针、政策等方面的条件；自然环境是指创业者面对的地理、资源、气候等自然状况
按对创业组织的影响分类	分为内部环境与外部环境。内部环境是指创业组织内部各种创业要素的总称，如人员、资金、设施、技术、产品、生产、管理、运营等方面的情况；外部环境是指创业组织外部的各种创业条件的总称，包括社会的、自然的、政治的、经济的、合作的、竞争的、远处的、近处的形势和情况

（四）创业环境的分析模型

本书项目二中所述的 SWOT 分析法同样是企业战略制定中常用的一种分析工具，被广泛地应用于大学生创业环境分析中，需要考虑的因素，如表 5-1-2 所示。

表 5-1-2　大学生创业环境分析需要考虑的因素

因素	积极因素	消极因素
内部能力	潜在内部优势（S）： 产权技术 成本优势 竞争优势 特殊能力 产品创新 规模经济 良好的财务资源 高素质的管理人员 公认的行业领先者 消费者的口碑 适应力强的经营战略 其他	潜在内部劣势（W）： 竞争劣势 设备老化 战略方向不清晰 竞争地位恶化 产品线单一 技术开发滞后 营销水平低于同行业其他企业 管理不善 战略实施不佳 不明原因导致的利润率下降 资金拮据 相对于竞争对手的高成本 其他

续表

因素	积极因素	消极因素
外部环境	潜在外部机会（O）： 纵向一体化 市场增长迅速 可以增加互补产品 能争取到新的用户群 有进入新市场或拓展市场面的可能 有能力进入更好的企业集团 在同行中竞争业绩优良 拓展产品线满足用户需要 其他	潜在外部威胁（T）： 市场增长较慢 竞争压力增大 不利的相关政策 新的竞争者涌入行业 替代产品销售额正在逐步上升 用户讨价还价的能力增强 用户的需要与爱好逐步转变 通货膨胀递增 其他

在使用SWOT分析法对创业环境进行分析后，要发挥优势，抓住机会，明确发展方向，找出差距和不足，针对威胁采取相应措施，最终实现自己的目标。

课堂活动

结合所学知识点，按要求完成《职业发展与就业创业指导实践手册》项目五 任务一中的课堂活动“创业环境分析”和“专业创业环境思考”。

大学生创业是一种趋势，虽然有优势和机会，但也存在劣势和威胁。大学生要根据自己的特点，制造、发现并抓住机会，发挥优势，同时要找出具体的不足，制订解决威胁与困难的方案，从而实现自己的人生目标。

任务实训

结合本任务学习，按要求完成《职业发展与就业创业指导实践手册》项目五 任务一中的实训演练“撰写创业环境分析报告”。

任务小结

通过本任务学习，使学生了解大学生创业的环境和分析创业环境的方法，掌握大学生创业相关的政策，学会利用创业政策为创业服务，促进创新创业的生态环境得以永续发展。

任务评价

本任务学习已完毕，请在《职业发展与就业创业指导实践手册》项目五 任务一的“任务评价”中，就自身专业能力与核心能力的提升情况开展能力自评。

任务二　慧眼识珠抢先机

任务清单

教学环节	教学信息	具体内容
教	知识重点	创业机会的来源
	知识难点	创业机会的评估方法
	推荐教学方式	理论与实践、线上与线下相结合
	教学场所	多媒体教室或创业实训室
	建议学时	2 学时
学	必须掌握的理论知识	创业机会的概念、特征；创业机会的来源、类型；创业机会的评估方法
	必须掌握的工作技能	熟练掌握创业机会的特征，能够发掘身边的创业机会，通过定性评估法和定量评估法对创业机会进行有效的评估
	能力训练	搜寻创业机会、识别创业机会、评价创业机会

任务导入

油盐酱醋催生小发明

在长沙市第十届大学生科技创新创业大赛上，来自长沙环境保护职业技术学院的学生刘思的“自动闭塞方便卫生瓶盖工厂建设”项目获得了专科生组一等奖，这一来源于生活的小发明相比一众大型的科技发明得到了更多关注。

刘思的发明很小却很实用，简而言之就是在瓶盖上安装了一根弹簧，使用酱油、醋这些液体时只要按下手柄，就可以倒出，松开手柄，瓶盖就能自动封住。刘思说：“想到这个创意，是因为我们家里的酱油用完之后都不盖，因为我是学食品营养与检测这个专业的，所以觉得不是很卫生，会残留很多微生物，影响健康，这个发明唯一突出的特点就是把塑料改成弹簧，方便操作。”

后来，刘思不仅申请了专利，还通过大学生绿色通道注册了公司。

结合案例，请思考以下问题。

（1）案例中的刘思是如何发现并把握创业机会的？

（2）你是如何理解“世界并不缺少机会，而是缺少发现机会的眼睛”这句话的？在我们的生活中还存在哪些类似的创业机会？

任务解码

一、创业机会的来源

创业机会是指有吸引力的、较为持久的、适时的一种商务活动的空间，并最终表现在能够为客户创造价值、增加价值的产品或服务中，它不同于有利可图的商业机会，其特点是发现甚至创造新的“手段－目的”关系，其根本目的是满足顾客需求。创业机会主要包括技术机会、市场机会和政策机会。

知识链接

创业机会与商业机会的区别

创业机会指创造新的产品或服务，从而获得新的商业机遇，它属于一种特殊的商业机会。它是建立新企业的基础，只有把握住机遇，把握住有利可图的市场机会，企业才能获得经济利益。

商业机会指一个企业已经建立后，寻找和把握新的机会来发展企业。它主要指企业家从市场中获取可以利用的机会，发掘存在的商业潜力，以获得经济利益。

创业机会属于一种特殊的商业机会，它的特殊性体现在创造价值的能力很强。商业机会只能改善企业现有的利润，而创业机会是一个潜在的机会，会产生较为持久的价值。从风险程度来讲，创业机会的风险相对较高，商业机会的风险相对较低。

有的创业者认为自己有创新的想法和点子，对创业充满信心。这固然重要，但并不是每个大胆的想法和新异的点子都能转化为创业机会。那么如何判断一个好的创业机会呢？杰弗里·蒂蒙斯提出，好的创业机会有以下四个特征：第一，它很能吸引顾客；第二，它能在目前的商业环境中行得通；第三，它必须在机会之窗（所需行动发生或做出决定的短暂时间窗口）存在的期间被实施；第四，你必须有创立业务的资源（人、财、物、信息、时间）和技能。

创业机会受环境的变动，市场的不协调或混乱，信息的滞后、领先或缺口等因素的影响，其根源在于事物的变化（包括产品、服务、市场等方面），创业者可以通过其本身特有的素质发现创业机会。归纳起来，创业机会主要源于以下五个方面。

（一）顾客需求

创业的根本目的是满足顾客需求，寻找创业机会的一个重要途径是善于发现和体会自己和他人在需求方面的问题或生活中的难处。著名经济学家菲利普·科特勒曾指出：市场营销是个人和集体通过创造产品和价值，并同别人自由交换产品和价值，来获得其所需所欲之物的一种社会和管理过程，市场营销的最终目标是满足需求和欲望。创业是否成功，就在于你能不能发现潜在需求，并将满意和愉悦及时奉送给有这些有需求的人。例如，上海有一位大学毕业生发现远在郊区的本校师生往返市区的交通十分不便，于是他创办了一家客运公司，这就是将顾客需求转化为创业机会的成功案例。

（二）环境变化

创业机会大多产生于不断变化的社会环境，环境变化了，市场需求、市场结构必然发生变化。现代管理学大师德鲁克将创业者定义为那些能“寻找变化，并积极反应，把它当作机会充分利用起来的人”。这种变化主要来自产业结构变动、消费结构升级、城市化加速、人口思想观念的变化、政府政策的变化、人口结构的变化、居民收入水平提高、全球化趋势等诸多方面。例如，居民收入水平提高，私人轿车的拥有量不断增加，这就会派生出汽车销售、修理、配件、清洁、装潢、二手车交易、陪驾等诸多创业机会。社会环境变化趋势引发的创业机会如表 5-2-1 所示。

展阅：返乡创业小伙把电商做得风生水起

表 5-2-1　社会环境变化趋势引发的创业机会

趋势	应对需求的创业机会
社会信息化	信息系统集成、软件、通信网络、电子商务等
社会国际化	国际贸易、海外投资、旅游、国际文化交流等
环境保护化	可再生商品、绿色有机食品、新能源商品等
社会老龄化	终身教育、家政护理、急救、人寿保险等
女性社会化	家政服务、高级时装化妆品、女性休闲活动等
人才流动化	就业信息服务、专业培训、职业教育等
家庭小型化	小型家具、家电、便利店、方便食品等
物品过剩化	二手市场、租赁服务、回收加工等
健康志向化	家用诊疗仪、休闲服务、户外运动、健康器材等

（三）发明创造

发明创造提供了新产品、新服务，更好地满足顾客需求，也带来了创业机会。每一次技术革新都带来巨大的变革，符合市场需求的技术进步带来商业价值。利用产业先进思想指导技术革新，不仅创造了市场需求和创业机会，还有可能迎来新产业或带来时代的变革。例如，随着健康知识的普及和技术的进步，仅日常的饮水问题就带来了不少创业机会，各种净化水技术派生出诸多的饮用水产品和相应的饮用水供应站。

（四）市场竞争

如果你能弥补竞争对手的缺陷和不足，那么这也将成为你的创业机会。看看你周围的公司，你能比他们更快、更可靠、更便宜地提供产品或服务吗？你能做得更好吗？若能，你也许就找到了机会。介入一个竞争项目，要分析出与自己有相同服务的竞争对手的优点和缺点。《孙子·谋攻篇》中说过的一句话“知己知彼，百战不殆。”好的方面要学习和再提高；不好的方面，要具体问题具体分析，然后根据竞争对手的缺点和不足，在自己的项目中弥补这些缺点，只有这样才能和原有的竞争对手相抗衡，获得更多客户。例如，深圳传音控股股份有限公司旗下的传音手机利用亲民的价格和专属于黑人的自拍美颜功能打败了三星、苹果等大品牌，占据了非洲接近一半的手机市场份额，被誉为“非洲手机之王”。

（五）新知识技术的产生

一些新知识技术的产生，也为创业者提供了创业机会。例如，今天，手机的功能已经不仅仅局限于打电话、发短信，微信、上网等新功能纷纷出现，基于这些功能的市场需求，提供了许多创业机会，于是有人利用无线上网来创业，微商及各种购物 App 纷纷出现，有人把它称为“拇指经济”，这一切都来源于新知识和新技术的产生。

课堂活动

结合所学知识点，按要求完成《职业发展与就业创业指导实践手册》项目五 任务二中的课堂活动“创业机会挖掘”。

二、创业机会的识别

在创业过程中，创业机会的识别是创业领域的关键问题。识别创业机会是一个反复思考和探索、不断调整均衡，将创意或者创新进行转变的过程。在这个过程中，机会的潜在预期价值及创业者的自身能力得到反复的权衡，创业者对创业机会的战略定位也越来越明确。创业机会识别的过程可分为机会搜寻、机会识别和机会评价三个阶段（图 5-2-1）。

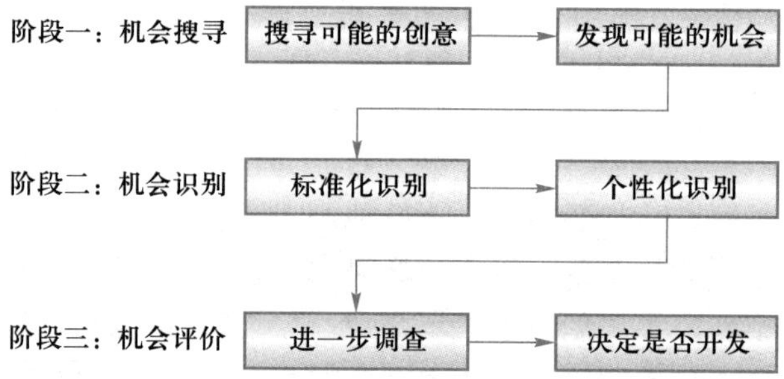

图 5-2-1　创业机会的识别过程

（一）机会搜寻阶段

机会的搜寻，即搜索和发现可能的机会。在机会搜寻阶段，创业者须搜索整个环境，以发现可能的机会，如果遇到了潜在的商机，便进入机会识别阶段。

（二）机会识别阶段

机会识别阶段须解决两个问题，即搜索到的创意是否是一个创业机会，如果是，则它是否是创业者所期待的机会。因此，此阶段分为两步，第一步为机会的标准化识别，创业者会用标准化的机会模式识别模板，判断所遇到的机会是否理想；第二步为机会的个性化识别，即考察这一机会与创业者自身特点的匹配程度。

（三）机会评价阶段

机会评价阶段主要考察先前收集的相关信息，将直觉进行量化，根据风险水平和预期回报的一致性评价决定是否将这一创业机会付诸实践。

三、创业机会的评估

对于一位目光敏锐的创业者来说，创业机会每时每刻都可能出现。但是，并不是所有的创业机会都是通向成功与财富的康庄大道，相反，一个看似前景远大的创业机会背后，往往隐藏着危险和陷阱。对于毫无经验的创业者而言，如果仅凭激情行事，匆忙做出决定，就很容易误入歧途，掉进失败的泥沼中无法自拔。因此，在发现创业机会后，需要对创业机会进行客观的评估，以理性的方式来决定下一步的行动是一名优秀的创业者所必须具备的能力。创业机会的评估方法如下。

（一）定性评估法

定性分析侧重考虑：确定把握该创业机会需要具备的成功条件；分析本企业或创业者在该市场机会上所拥有的优势；本企业或创业者目前拥有的竞争优势；与本企业或创业者的发展方向和目标是否一致。综上，可以从以下五个方面评估创业机会。

（1）机会的原始市场规模。市场越大越好，但大市场可能会吸引强有力的竞争对手，因此小市场更为友善。

（2）机会存在的时间跨度。一切机会都只存在于一段有限的时间之内，这段时间的长短差别很大，由商业性质决定。

（3）机会的变化。特定机会的市场规模将随时间增长的速度变化。一个机会可能带来的市场规模会随时间变化，一个机会可能带来的风险和利润也会随时间变化，所以识别机会的时期，会决定创业机会蕴含的商业利润。

（4）好机会的五个特点。市场前景可明确界定；前 5～7 年的销量能够保持稳步且快速的上升；创业者能获得利用创业机会所需的关键资源；创业者不被锁定在刚性的技术路线上；创业者可以用不同的方式创造额外的机会和利润。

展阅：“芦荟王”的发展之路

（5）特定机会对特定创业者的现实性。创业者是否拥有利用某个创业机会所需的资源；是否能架桥跨越资源缺口；是否存在可以占有的市场份额，甚至可以创造市场；创业者是否拥有相应的能力，如管理能力、自身的营销经验和其他专长等。

（二）定量评估法

1. 标准打分矩阵

标准打分矩阵法指通过选择对创业机会成功有重要影响的因素，并由专家小组对每个因素进行最好（3 分）、好（2 分）、一般（1 分）三个等级的打分，最后求出每个因素在各个创业机会上的加权平均分，从而对不同的创业机会进行比较。在实际使用时，创业者可以根据情况选择其中的全部或部分因素来进行评估，标准打分矩阵表如表 5-2-2 所示。

表 5-2-2　标准打分矩阵表

标准	专家评分			
	最好（3 分）	好（2 分）	一般（1 分）	加权平均分
易操作性				
质量和易维护性				
市场接受性				
增加资本能力				
投资回报				
专利权状况				
市场大小				
制造的难易程度				
广告潜力				
成长潜力				

课堂活动

结合所学知识点，按要求完成《职业发展与就业创业指导实践手册》项目五 任务二中的课堂活动“创业机会识别”和“我的创业机会评估”。

2. 珀泰申米特法

珀泰申米特法是通过让创业者填写针对不同因素的不同情况，预先设定好权值的选项式问卷方法，从而快捷地得到特定创业机会的成功潜力指标（表 5-2-3）。对于每个因素来说，不同选项的得分为 −2～2 分，通过对所有因素得分的加总得到最后的总分，总分越高说明特定创业机会成功的潜力越大。只有那些最后得分高于 15 分的创业机会，才值得创业者进行下一步的规划，低于 15 分的则应被淘汰。

表 5-2-3　珀泰申米特法

评估因素	权值	得分
税前投资回报率	大于 35%：+2 25%～35%：+1 20%～25%：−1 小于 20%：−2	
预期年销售额	大于 2 亿元：+2 1 亿～2 亿元：+1 5 000 万元～1 亿元：−1 小于 5 000 万元：−2	

续表

评估因素	权值	得分
投资回收期	小于6个月：+2 6个月～1年：+1 1～2年：-1 大于2年：-2	
生命周期中预期的成长阶段	大于3年：+2 2～3年：+1 1～2年：-1 小于1年：-2	
从创业到销售额高速增长的预期时间	小于6个月：+2 6个月～1年：+1 1～2年：-1 大于2年：-2	
占据市场领先地位的潜力（技术、市场、人才等方面）	具有绝对超越竞争对手的持续性核心竞争力：+2 具有与竞争对手持续、相当的核心竞争力：+1 具有初期的竞争优势与领先者能力，但可能容易被取代：-1 不具备竞争优势与领先者能力：-2	
进入市场的难易程度	市场不饱和，竞争不激烈，进入壁垒很低：+2 市场一般饱和，竞争适度，进入壁垒一般高：+1 市场较饱和，竞争激烈，进入壁垒较高：-1 市场非常饱和，竞争很激烈，进入壁垒过高：-2	
商业周期的影响	完全不受商业周期波动或反周期的影响：+2 对商业周期波动具有一定的抗衡能力，影响甚小：+1 受商业周期波动影响一般：-1 受商业周期波动影响巨大：-2	
产品调价的潜力	顾客获得较高的价值可以弥补较高的价格：+2 顾客获得较高的价值尚不足以弥补较高的价格：+1 顾客获得同等的价值能够弥补相应的价格：-1 顾客获得同等的价值只能弥补最低的价格：-2	
市场试验的范畴	只需要进行一般的试验：+2 需要进行接近行业平均水平的试验：+1 需要进行超出行业平均水平一定量的试验：-1 需要进行超出行业平均水平较高的试验：-2	
初期公司人才要求	只需要进行一般的常规培训或不需要专业培训：+2 需要进行接近同行水平、正常的专业培训：+1 需要进行较长时间、大量的专业培训：-1 需要进行长周期、全面的专业培训：-2	

▶ 任务实训

结合本任务学习，按要求完成《职业发展与就业创业指导实践手册》项目五 任务二中的实训演练“制作商机简报”。

任务小结

通过本任务学习，使学生了解创业机会的概念、来源与特征，掌握创业机会评估的方法，培养学生发现创业机会的能力，通过搜索、识别创业机会，有效把握创业机会。

任务评价

本任务学习已完毕，请在《职业发展与就业创业指导实践手册》项目五 任务二的“任务评价”中，就自身专业能力与核心能力的提升情况开展能力自评。

项目拓展

青春追梦　专业助农

邓阳天，某职院优秀毕业生。对于大学生来说，每个人都有自己的梦想，当现实插上了梦想的翅膀，便可以创造一个个奇迹！而这些奇迹就来自于他善于发现并及时抓住机会。

如果说创业是摸黑走路的话，那么梦想就是火炬，为我们照亮前行之路、给我们前进的动力，使我们不畏艰险、勇往直前。邓阳天就是这样一个为了实现创业梦想而努力奔跑的人，是一个为创造奇迹而努力拼搏的人。

在大学时，当别人都在玩手机、谈恋爱的时候，邓阳天却满脑子都想着赚钱补贴家用，他在校期间就兼职做过很多工作。他从不服输，坚信命运掌握在自己的手中。在校期间，他积极参加学校举办的各种创新创业实践和各类创业大赛，邓阳天觉得，正是学校浓郁的创新创业氛围，点燃了他心中的创业梦想。

在专业实践过程中，邓阳天逐渐成长起来，创业的蓝图在他的脑海中也越来越清晰。通过实践，他积累了丰富的经验和人脉关系，还创办了广州市蚁创互联网服务有限责任公司，开始了自己的创业之路。从一无所有，到赚到人生的第一桶金，即使创业举步维艰，也挡不住他坚定的步伐！作为青年领袖盛典的创办人、广州市蚁创互联网服务有限责任公司董事长、社交电商操盘手、资深全案策划师的他一直致力于校园市场，为了实现自己的梦想，邓阳天一直奔跑在创业的路上，几年来，取得了骄人的成绩。

2018 年 3 月，召开首届青年领袖盛典，参会规模达到 1 000 余人。

2018 年 10 月，召开第二届青年领袖盛典，参会规模达到 1 300 余人。

2019 年 10 月，召开第三届青年领袖盛典，参会规模达到 1 500 余人。

2019 年，操盘青柠生活社交电商平台，用 6 个月的时间从平台模式运营到市场，让公司净赚 200 多万元。

2019 年，操盘琴叶旗下阿希朵品牌，两个月的营业额高达 371 万元。

2020年5月，进入梵大集团负责纯购生活电商平台，运营6个月，从客户数0突破至200万，单天最高营业额达到2 000多万元。

2020年12月，进入云药集团投资旗下绿色星球平台负责操盘运营，4个月时间完成运营团队整体建模并将用户数从0做到70万。

2021年3月，进入青岛乡拼优选，负责运营与培训，7天完成6场线下招商会，合计招商金额达到257万元。

2021年5月，进入长沙小蜜桃负责拼团项目，起盘运营2个月，做到37万用户，日流水达到2 000多万元。

他用自己的创业经验告诉大学生创业者："作为当代大学生，应该有创新精神和创业梦想，虽然在学校更多的是体验创业和实践，但在大学期间也要提前学习好社会所需的经验和技能"。

邓阳天的成功就是因为他能在生活中、实践中发现机会，这也让他的企业不断创新迭代。直到现在，作为公司董事长的他仍然认为公司做得很一般，还不够优秀。他不断给自己设定新目标，以及奋勇拼搏的精神正是当代大学生学习的榜样！

项目考评

结合本项目学习情况，填写《职业发展与就业创业指导实践手册》项目五 抢抓机会窗口期的"项目考评 成果评分表"。

参考文献

［1］汤锐华 . 大学生创新创业基础［M］. 北京：高等教育出版社，2016.

［2］沈斐敏，汤锐华 . 大学生就业指导与创业实践［M］. 北京：高等教育出版社，2011.

［3］杨薇薇 . 如何多途径获取政务信息资源［J］. 秘书之友，2006（4）：21-24.

［4］王培俊 . 职业规划与创业体验［M］. 北京：高等教育出版社，2011.

［5］王进，施霞 . 大学生职业意识现状调查及培养对策［J］. 职业教育研究，2009，11（9）：69-71.

［6］王敏 . 试论加强大学生职业规划意识的必要性［J］. 教育与职业，2006（36）：89-90.

［7］刘艳红，郭志敏，罗晓蓉 . 职业生涯规划（配学生手册）［M］.2 版 . 北京：高等教育出版社，2020.

［8］由建勋 . 大学生职业发展与就业指导［M］.2 版 . 北京：高等教育出版社，2021.

［9］邰葆清 . 就业与创业指导［M］.2 版 . 北京：高等教育出版社，2021.

［10］曲秀琴，郭捍华 . 大学生创业与就业［M］. 哈尔滨：哈尔滨工业大学出版社，2014.

［11］曲秀琴 . 企业管理实务［M］. 北京：中国铁道出版社，2012.

［12］温辉 . 大学生创业基础［M］. 天津：南开大学出版社，2019.

［13］杨卫军 . 创新创业基础［M］. 北京：高等教育出版社，2018.

［14］杨京智 . 大学生创新创业基础（大赛案例版）［M］. 北京：人民邮电出版社，2020.

［15］杨彬，王沛然，李小红 . 大学生就业指导［M］.3 版 . 北京：人民邮电出版社，2019.

［16］崔久波，徐培富 . 大学生创新创业教育教程［M］. 北京：现代教育出版社，2018.

［17］张卿，郭忠会 . 大学生职业规划与创业指导［M］. 北京：教育科学出版社，2014.

［18］李家华，王艳茹 . 创业基础［M］. 上海：上海交通大学出版社，2017.

［19］由建勋 . 创新创业实务［M］.2 版 . 北京：高等教育出版社，2020.

［20］庞成宇，丁辉，李岸 . 创新创业教育［M］. 成都：电子科技大学出版社，2016.

［21］高丽华，王蕊 . 创新创业基础［M］. 北京：高等教育出版社，2021.

［22］刘金同，高慧婷 . 就业与创业指导［M］. 北京：北京出版社，2014.

［23］刘霞，宋卫 . 大学生创新创业基础与实践（慕课版）［M］. 北京：人民邮电出版社，2021.

［24］郑佳 . 农产品网络营销［M］. 北京：中国农业大学出版社，2018.

［25］吴杏 . 湖北省农业中小企业财务管理问题及对策研究［D］. 武汉：华中师范大学，2019.

［26］习近平 . 习近平谈治国理政［M］. 第 3 卷 . 北京：人民出版社，2022.

［27］白敏植 . 大学生职业规划与创新创业实践［M］. 北京：高等教育出版社，2018.

［28］张成 . 创业管理［M］. 西安：西安电子科技大学出版社，2018.

［29］董青春，曾晓敏 . 创业行动手册［M］. 北京：清华大学出版社，2018.

［30］《大学生创新创业导论》编写组 . 大学生创新创业导论［M］. 北京：高等教育出版社，2016.

［31］高静，黄俊 . 创业基础理论与实务［M］. 北京：清华大学出版社，2019.

［32］袁畅，廖江涛，周姗 . 大学生创新创业教育［M］. 北京：高等教育出版社，2018.

［33］田秀萍 . 创业基础知识与实务［M］. 北京：中央广播电视大学出版社，2015.

［34］马广水 . 创新创业基础［M］. 北京：高等教育出版社，2016.

［35］王瑛 . 职业发展与就业指导［M］. 北京：对外经济贸易大学出版社，2014.

[36] 王振杰，刘彩琴，刘莲花，等. 大学生创新创业基础 [M]. 北京：高等教育出版社，2018.

[37] 程淑华. 大学生创新创业指导教程 [M]. 大连：大连理工大学出版社，2019.

[38] 邓汉慧. 创业风险识别与规避 [M]. 北京：高等教育出版社，2020.

[39] 叶吉波. 大学生创业教育教程 [M]. 大连：大连理工大学出版社，2013.

[40] 人力资源和社会保障部职业能力建设司，中国就业培训技术指导中心. 创办你的企业 [M].2 版. 北京：中国劳动社会保障出版社，2017.

[41] 毕思勇. 市场营销 [M].4 版. 北京：高等教育出版社，2017.

[42] 周红跃. 浅析扬子壹购的目标市场选择和产品组合策略 [J]. 广告大观（理论版），2015（2）：23-26.

[43] 范作冰，李胜玲. 黄山风景区门票定价策略探析 [J]. 生产力研究，2016（9）：86-89.

[44] 吴勇. 市场营销 [M].5 版. 北京：高等教育出版社，2017.

[45] 关冬梅. 创新创业管理技术读本 [M]. 北京：高等教育出版社 2017.

[46] 李玉清，魏明. 网络营销实务 [M]. 北京：电子工业出版社，2018.

[47] 赵明家，林文艺，叶树斌. 大学生创新创业教育 [M]. 长春：吉林大学出版社，2018.

[48] 杜俊峰. 大学生就业与创业指导 [M]. 天津：南开大学出版社，2012.

[49] 鞠殿民，张金明，付忠臣. 大学生创业基础教程 [M]. 西安：西安电子科技大学出版社，2015.

[50] 姜进. 创新创业指导 [M]. 北京：高等教育出版社，2016.

[51] 王光炎. 创新创业教育 [M]. 长春：吉林大学出版社，2017.

[52] 宋红霞，张凤英. 创业管理实务 [M]. 北京：中国铁道出版社，2014.

[53] 王中强，陈工孟. 创新思维与创业教育 [M]. 北京：清华大学出版社，2017.

[54] 杜运夯，何荣军. 创新思维与创业教育 [M]. 北京：机械工业出版社，2018.

[55] 周苏，褚赟. 创新创业：思维、方法与能力 [M]. 北京：清华大学出版社，2017.

读者意见反馈

为收集对教材的意见建议，进一步完善教材编写并做好服务工作，读者可将对本教材的意见建议通过如下渠道反馈至我社。

咨询电话 400-810-0598

反馈邮箱 gjdzfwb@pub.hep.cn

通信地址 北京市朝阳区惠新东街 4 号富盛大厦 1 座
高等教育出版社总编辑办公室

邮政编码 100029

防伪查询说明

用户购书后刮开封底防伪涂层，使用手机微信等软件扫描二维码，会跳转至防伪查询网页，获得所购图书详细信息。

防伪客服电话 （010）58582300

资源服务提示

授课教师如需获取本书配套教学资源，请登录“高等教育出版社产品信息检索系统”(https://xuanshu.hep.com.cn/)，搜索本书并下载资源。首次使用本系统的用户，请先注册并进行教师资格认证。

资源服务支持邮箱：songchen@ hep.com.cn

高等职业教育新形态一体化教材

职业发展与就业创业指导

（配实践手册）（下册）

主　编　曲秀琴　聂爱林
　　　　刘巧芝

副主编　牛红云　徐　颖
　　　　王　博　于　坤

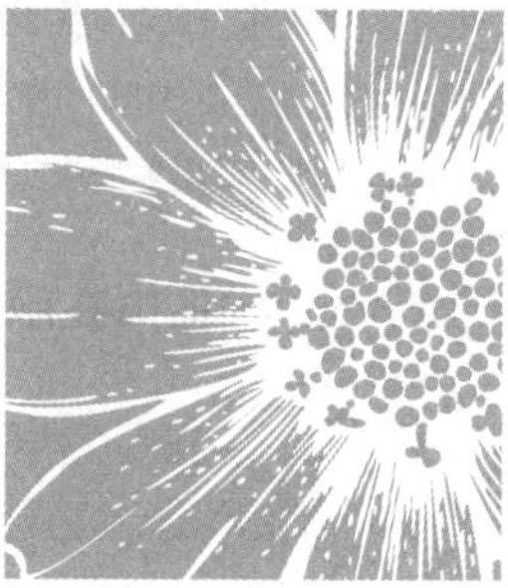

中国教育出版传媒集团
高等教育出版社·北京

内容提要

本书为高等职业教育新形态一体化教材，省级精品在线开放课程“大学生创业与就业”的配套教材。

本书编写以党的二十大精神为引领，全面贯彻党的教育方针，落实立德树人根本任务，坚持为党育人、为国育才，提高人才培养质量。本书立足职业教育类型特色，遵循高职院校学生成长成才规律和认知习惯，以促进学生的全面发展和终身发展为目标，以更新学生的就业创业观念为先导，以培养、提高学生的就业创业实践能力为主线，从职业发展与就业创业指导同思政教育、专业教育有效融合的角度出发，科学构建职业发展与就业创业指导课程教材知识体系。

全书采用上下册结构，辅以一体化设计的实践手册。本书为下册，上册包括生涯规划、创业启蒙两个篇章，下册包括创业实践、就业指导两个篇章。本书在传授学科基础知识、前沿理论及新方法、新工具的同时，秉承“理实一体、学做合一、德能并举、校企共育”的育人理念，注重多方协作、多元融合，共建高素质技术技能人才培养体系，在充分调研的基础上，通过典型案例的选取、实训实践活动的设计及特色栏目的设置，旨在增强学生生涯规划和职业发展的能力，助力学生练就干事创业的本领，成为敢想敢为又善作善成的新时代好青年，在全面建设社会主义现代化国家的火热实践中绽放绚丽之花。

本书既可作为职业院校、普通高等学校职业发展与就业创业指导类课程教材，也可作为职业指导与培训、职业生涯咨询等机构的参考资料和培训用书。

图书在版编目（CIP）数据

职业发展与就业创业指导：配实践手册：上下册 / 曲秀琴，聂爱林，刘巧芝主编. -- 北京：高等教育出版社，2023.9

ISBN 978-7-04-060760-4

Ⅰ. ①职… Ⅱ. ①曲… ②聂… ③刘… Ⅲ. ①大学生-职业选择-高等职业教育-教材 Ⅳ. ①G717.38

中国国家版本馆CIP数据核字（2023）第123318号

Zhiye Fazhan yu Jiuye Chuangye Zhidao

策划编辑 陈 磊　责任编辑 陈 磊 李岳璟　封面设计 王 琰　版式设计 童 丹
责任绘图 于 博　责任校对 刁丽丽　责任印制 刁 毅

出版发行 高等教育出版社
社　　址 北京市西城区德外大街4号
邮政编码 100120
印　　刷 三河市华润印刷有限公司
开　　本 787 mm×1092 mm 1/16
本册印张 12
本册字数 260千字
购书热线 010-58581118
咨询电话 400-810-0598
网　　址 http://www.hep.edu.cn
　　　　 http://www.hep.com.cn
网上订购 http://www.hepmall.com.cn
　　　　 http://www.hepmall.com
　　　　 http://www.hepmall.cn
版　　次 2023年9月第1版
印　　次 2023年9月第1次印刷
总 定 价 59.80元

物 料 号 60760-001

前　言

党的二十大报告指出：教育、科技、人才是全面建设社会主义现代化国家的基础性、战略性支撑。必须坚持科技是第一生产力、人才是第一资源、创新是第一动力，深入实施科教兴国战略、人才强国战略、创新驱动发展战略，开辟发展新领域新赛道，不断塑造发展新动能新优势。

为深入贯彻落实党中央关于职业教育工作的决策部署和习近平总书记有关重要指示批示精神、持续推进现代职业教育体系建设改革、优化职业教育类型定位，2022年12月，中共中央办公厅、国务院办公厅印发的《关于深化现代职业教育体系建设改革的意见》中提出要“切实提高职业教育的质量、适应性和吸引力，培养更多高素质技术技能人才、能工巧匠、大国工匠，为加快建设教育强国、科技强国、人才强国奠定坚实基础”的明确要求。随着我国产业结构的转型升级，社会各行各业对高技能人才的需求与日俱增，站在新的历史起点上，作为推动经济社会发展的重要动力之一，职业教育理应立足新时代发展需求，肩负服务经济社会发展、推动国家战略落地见效、实现学生全面发展的使命，坚持为党育人、为国育才，全面提高人才自主培养质量。

就业是最基本的民生。党的十八大以来，以习近平同志为核心的党中央高度重视就业工作，明确把就业摆在“六稳”“六保”之首，同时对高校毕业生就业问题特别关心。国务院《“十四五”就业促进规划》指出，要“强化择业就业观念引导，推动高校毕业生积极理性就业”。大学生就业不仅是教育行业为党育人、为国育才的具体抓手，还关系到学生前程、家庭幸福，是办好人民满意的教育的重要指标，更是服务国家战略和区域发展能力的具体体现。新修订的《中华人民共和国职业教育法》强调，“实施职业教育应当弘扬社会主义核心价值观，对受教育者进行思想政治教育和职业道德教育，传授科学文化与专业知识，培养技术技能”。这就要求我们将就业创业教育贯穿人才培养全过程，通过“德教”“境教”和“身教”，大力弘扬劳模精神、劳动精神、工匠精神，引导学生树立正确的就业创业观念，注重与思政教育、专业教育的融合发展，践行“课赛融通”“综合育人”的教育理念，让学生在实践中提升职业技能水平和就业创业本领。

本书编写基于人才培养需求及教学实际，遵循高职院校学生学习特点与认知规律，以职业能力为本位、以就业创业过程为导向，避免理实脱节，致力构建“导、教、学、训、测、评”一体化的职业发展与就业创业指导课程教材新体系。本书主要具有以下特色。

1. 课程思政协同育人

本书编写强调职业发展与就业创业教育同思政教育、专业教育的深度融合。全书以落实立德树人根本任务为主线，着力推动价值塑造、知识传授和能力培养的相融相促。坚持职业价值观与社会主义核心价值观相统一的原则，围绕专业教育遴选具有时代性和代表性的典型案例，润物无声地融入思政元素，旨在以理想信念教育为精神坐标，引导学生坚定“四个自信”，明确自身的时代担当，充分将个人理想与国家社会发展有机结合，以实际行动为全面建成社会主义现代化强国、实现第二个百年奋斗目标贡献力量。

此外，在“大众创业、万众创新”时代背景下，本书注重创新创业教育同职业生涯教育和就业指导教育的有机结合，将创新创业内容贯穿教材始终，力求在学生心中播撒创新创业的种子，以创新增动能，以创业促就业。

2. 内容体系序化创新

本书突破职业规划、就业指导和创新创业课程割裂开设的局面，将课程内容进行整体化设计，重新梳理并有效构建课程间知识技能点的联系与衔接，科学序化了全新的课程体系和内容结构。首先，以职业认知与自我探索为起点，引导学生加强自我认知、明确职业目标、规划职业生涯、提升自身职业素质，为将来的就业创业夯实基础；其次，聚焦创新创业认知与实践，帮助学生培养创新意识、涵养创业精神、提高创新创业能力，以适应新时代要求和社会发展所需；最后，以高质量就业和从业为落脚点，指导学生强化就业能力、投身求职行动、提高职场适应能力和创业水平，完成从学生到职业人、创业者的蜕变。

教材内容既强调了职业在人生发展中的重要地位，又关注了学生的全面发展和终身发展，对高质量就业创业人才培养路径进行了积极探索。本书内容设计深入浅出、通俗易懂，案例选取真实、典型、新颖，语言风格贴近新时代大学生话语体系。

3. 体例结构精心设计

本书采用项目任务式开发模式，每个项目开篇均创设一个富有创意和趣味性的教学场景，旨在激发学生的探究意识，进而带着思考开启项目学习之旅。每个任务则首先以“清单”形式明确教与学的重难点和具体要求，然后以“启发式案例”引入学习任务，最后以“小结”方式对学习效果加以巩固。每个项目完成后，以“好文共赏”的形式达到拓知广识的目的，最终以“评测”方式实现完整项目的闭环设计。全书内容知识通过文字描述、图表化表达、数字化资源展示多维呈现，实训活动则依托配套开发的实践手册来完成。

本书编写突出实践性，总结就业创业知识重点与难点，用理论指导实践、用实践丰富理论，通过阶段式任务的设计，将基础理论的应用自然过渡到对实践操作的服务上来，强化学生的实践应用能力。以学习情境的创设、特色栏目的设置，辅以配套实践手册的应用，构建了完整的就业创业理论与实务体系，突出强调“以生为本”，增强学生学习的主动性与参与感，着实提高学生就业创业的能力和水平。此外，本书在注重思维引导、案例探究、项目实训与课内外实践训练相融合的同时，探索多元的人才培养模式，强调“以赛促学、课赛融通”，结合有关就业创业赛事，增加实操内容，并通过不同类型的案例，展示了职业院校学生在“互联网+”新技术、新产业、新业态、新模式下的职业发展变化趋势及创新创业成果，实现生涯规划与就业创业教育全程化和规范化，弘扬了劳动光荣、技能宝贵、创造伟大的时代风尚。

4. 资源形式多元呈现

与本书配套的省级精品在线开放课程“职业发展与就业创业指导”已在国内主流课程平台开放共享，该课程立足服务国家战略，课程内容突出教学与课程思政融合发展，紧密结合就业创业参赛需求，能发挥辅教辅学辅练的功能作用。

此外，本书配备了丰富多元的教学资源，通过二维码链接于图书的边白处，随扫随学、方便快捷，打破了时间和空间的限制，能有效地激发学生学习的主动性、积极性，满足不同教学场景的需要。

本书由曲秀琴、聂爱林、刘巧芝担任主编，由牛红云、徐颖、王博、于坤担任副主编，赵欣童、张馨元、袁畅参与编写。全书由曲秀琴负责制订编写方案并总纂定稿，由王博、于昆、于晓、王佳等提供案例素材资源。

本书在编写过程中参考借鉴了国内外学者的最新研究成果，吸收了不少有益见解和精彩案例，在编写和出版本书过程中编者还得到了高等教育出版社的帮助与指导，在此一并表示衷心的感谢。

本书编写虽经团队反复研讨审读，但由于编者水平有限，书中难免存在疏漏与不妥之处，恳请广大师生在使用过程中提出宝贵意见，以利于教材今后进一步修正和完善。

编者

2023 年 5 月

目　录

创业实践篇

就业指导篇

创业实践篇

2017 年 8 月，习近平总书记在给参加第三届中国“互联网 +”大学生创新创业大赛“青年红色筑梦之旅”的大学生的回信中鼓励广大青年学生“扎根中国大地了解国情民情，在创新创业中增长智慧才干，在艰苦奋斗中锤炼意志品质，在亿万人民为实现中国梦而进行的伟大奋斗中实现人生价值，用青春书写无愧于时代、无愧于历史的华彩篇章”。

新时代给中国青年人前所未有的机会，青年人能够将自己的青春梦、创业梦与伟大的中国梦完美结合，努力成长为德才兼备的有为人才。愿广大青年在最好的时代放飞青春与梦想，敢闯会创谱华章。

项目六

敢揽创业瓷器活

不论学习还是工作，都要面向实际、深入实践，实践出真知；都要严谨务实，一分耕耘一分收获，苦干实干。广大青年要努力成为有理想、有学问、有才干的实干家，在新时代干出一番事业。

——习近平

项目地图

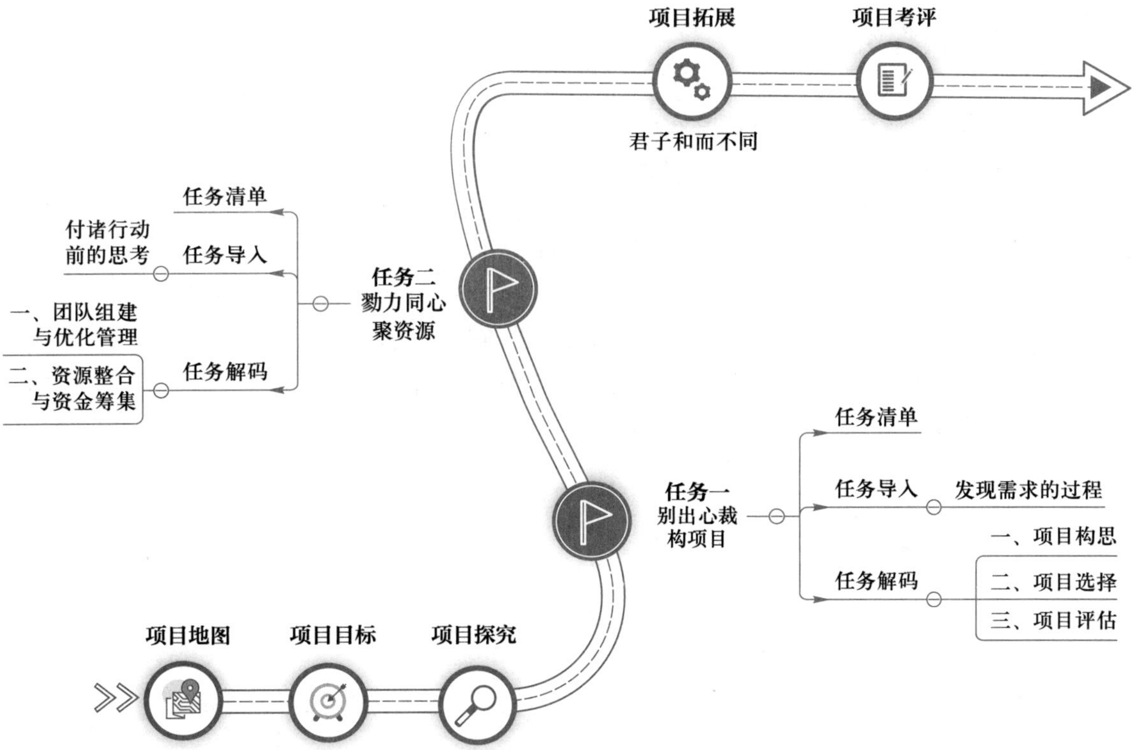

项目目标

● 知识目标

（1）了解创业项目构思的原则与方法。

（2）掌握影响项目选择的因素与面临的风险。

（3）了解创业资源的概念与分类，明确资源获取与整合的方法与融资策略。

（4）明确创业团队组建的要素、基本模式和有效管理的方法。

● 能力目标

（1）能够挖掘出好的企业构思并形成创业项目。

（2）能够对获取、整合与优化创业资源提出策略。

（3）能够进行合理的团队分工，提高识人用人的能力，有效管理团队。

● 素养目标

（1）增强商业意识，提升对于创业机会敏感度，树立新发展理念。

（2）主动适应“互联网+”时代，培养信息获取、统筹规划与全局意识，养成善于思考问题的良好习惯。

（3）培养遵纪守法的意识和敢于担当的工作作风。

（4）充分考虑团队建设的重要性，培养团队合作意识与沟通协调能力。

项目探究

王明是一所农业职业院校农产品加工与质量检测专业的学生，他一直有创业的想法，在学习了创业政策与创业机会的相关内容后，更加坚定了创业的决心。王明想结合自己所学的专业，从事与农业或农产品相关的行业，这样既能发挥专业优势，又能获得国家相关政策支持，可谓事半功倍。但具体选择什么创业项目，王明还没有思路。

探究：

（1）你认为创业者在选择创业项目时应重点关注哪些内容？

（2）如果你是一名创业者，你知道应如何组建创业团队吗？

任务一　别出心裁构项目

任务清单

教学环节	教学信息	具体内容
教	知识重点	项目构思的相关内容
	知识难点	项目评估的方法
	推荐教学方式	小组讨论与案例分享
	教学场所	多媒体教室或实训室
	建议学时	2 学时
学	必须掌握的理论知识	项目构思的原则、方法；创业项目选择的标准、创业项目评估
	必须掌握的工作技能	熟练掌握项目构思的方法，根据实际情况对创业项目进行选择
	能力训练	能够运用多种方法挖掘项目构思、选择合适的创业项目，通过案例分析对创业项目进行评估与选择

任务导入

发现需求的过程

作为一名农产品加工与质量检测专业的学生，王明的课程中有很多专业实训的项目。通过学习，他掌握了食品加工的诸多方法，他想利用自己的专业优势进行创业。王明的家乡绿水青山，环境优渥，盛产大米和各种菌类农产品，随着各项政策的支持，家乡正大力发展短途乡村旅游业，来往的游客也越来越多。很多游客都想带点特产回去，但当地的特产均为农作物，携带不方便，小城里也没有专门销售特色农产品的店铺。于是，王明开始考虑能否利用农产品加工的专业优势进行创业，在家乡开设一家销售当地特色农副产品的小店，这个创业想法是否可行？

结合案例，请思考以下问题。

（1）案例中的王明发现了什么市场需求？

（2）你认为王明在家乡经营特色农副产品小店的创业项目构思如何？说明理由。

任务解码

一、项目构思

（一）项目构思的原则

一个好的项目构思必须包含两个方面：一是以顾客需求为出发点；二是创业者要具备满足顾客需求的条件。如果只从自己的技能和资源出发，而不知道是否有顾客需求，创业就可能会失败；如果只从顾客需求出发，而没有相应的技能和资源来满足顾客需求，则创业也不会成功。创业者应该沿着这两条途径同时开发项目构思，一个好的项目构思要既能满足顾客需求，又属于创业者所擅长的领域。

课堂活动

结合所学知识点，按要求完成《职业发展与就业创业指导实践手册》项目六 任务一中的课堂活动“创业方向锚定”。

（二）项目构思的方法

优秀的创业者会通过更多的方法挖掘出新的项目构思供自己选择，并不会过于固执地坚持一个项目构思，因为创业者初期的项目构思并不一定是最合适的，需要不断优化调整。创业者要先把能够想到的所有项目构思列出清单，再对创业项目进行选择与评估。在挖掘项目构思时，创业者可以通过以下方法来进行挖掘。

1. 运用头脑风暴法

在本书上册项目四 任务二中，我们已经对头脑风暴法及其应用有过初步了解，在挖掘项目构思时，可以采用一般头脑风暴法和结构性头脑风暴法。

（1）一般头脑风暴法。该法是指最初创业者从一个词语或一个题目开始，将浮现在脑海中的所有想法写下来，即使某些想法乍看上去似乎毫不相干或不切实际，之后再做评判。例如，创业者可以和几个朋友以“乡村旅游”为关键词共同寻找项目构思，起初项目构思产生的可能很慢，但很快就会发现许多种可能性，如租车服务、导游、拍照服务、乡土特色工艺品、地图导航、民家住宿、农家乐、乡村美食、采摘体验园等。

（2）结构性头脑风暴法。该法是围绕一种特定的产品，从该产品的制造线、销售线、服务线和副产品线四个方面，想出尽可能多的相关项目。制造线是指与该产品的生产制造相关的项目；销售线是指与该产品销售推广相关的项目；服务线是指与该产品服务相关的项目；副产品线是指与该产品的副产品间接相关的项目。例如，以“一件纯棉T恤衫”为关键词，在该产品的制造线上，可以想到种植棉花的农业项目、制作服装的加工项目、纺织棉线的原料供应商项目；在该产品的销售线上，可以进行服装的批发、零售，做专卖店或者连锁加盟店；在该产品的服务线上，可以为纯棉T恤衫加工改色、缝补改制、洗衣清洁或进行服装设计、绘制个性化图案；在该产品的副产品线上，也可以进一步延伸，如用废布料加工拖布、手工艺品，制作枕芯等。

在进行头脑风暴时，创业者们可以无限遐想，直到不再有新的构思为止，同样无论想起什么，都应该先及时记录下来，之后再确定这个构思是否可行。

2. 调查区域环境

创业者可以具体调查准备创业地区的项目情况和相应环境，实际调研走访这个地区现有何种类型的项目，在市场中能否找到生存空间；还可以分析准备创业地区的资源和机构。例如，创业者可以调查准备创业地区具有的丰富自然资源，包括土地、农业、森林、矿产、水产品和各种当地特产等，分析在不破坏环境的前提下，这些自然资源可以用来制作哪些有用的产品，以此来形成项目构思。

3. 寻找痛点问题

一家企业以提供产品或服务来满足顾客的需求，并通过解决人们工作、生活中遇到的各种问题来求得自己的生存与发展，而企业帮助用户解决困扰他们的问题、满足顾客在某方面极其迫切的需求就是在为用户解决“痛点”。例如，如果人们无法获得所需的产品或服务，创业者就可以尝试抓住创业机会，用企业研发的产品来填补这部分市场空白；如果现有企业提供的服务质量水平较低，那么对于新企业来说，这就是一个提供更佳服务的竞争机会；如果某项产品很好但价格昂贵，使人们难以接受，那么创业者可以在平衡产品特性的情况下降低成本，这中间存在着市场机遇。

在寻找痛点问题、挖掘项目构思时，创业者要辨别“真痛点”，不要将“伪需求”当作痛点。例如，用户非常担心、害怕某件事情，而企业的产品可以让用户不再担心、害怕这件事情；用户有一个需求希望得到满足，而企业的产品能够马上满足用户的需求，让用户心情舒畅；用户在心理层面有一些憧憬，而企业的产品能够让用户的心理得到慰藉，满足用户的期盼……这些产品都能够极大地为用户创造价值、刺激其愿意为产品付费，这就是利用“痛点思维”来挖掘企业构思。

案例品读

生活中的痛点就是创业的机遇

一次偶然的机会，郭峰了解了浙江桐乡市科技创业园区（以下简称园区），于是萌发了将自己的创业梦想在这里落地生根的想法。自此，园区便诞生了一家叫“比华丽”的企业，主要研发生产太阳能热水器的控制器。郭峰说，当时研发生产这款产品的创意源于生活需要。那时太阳能热水器普遍还是手动上水、关水，导致很多时候人们因水阀关得不及时而浪费大量的水资源，当时也有自动上水的设备，只是性能还不太稳定。这是人们生活中普遍存在的痛点，而痛点往往就意味着机遇，郭峰深谙此理，决心研发这一产品。他在园区接触到了很多志同道合的创业者，大家会给予他一些建议，当地科技局和园区还帮他去对接联系了中国计量大学和清华大学的专家，为“比华丽”的产品研发获得了智力支持，几个月后，郭峰的产品便研发成功了。这一速度超出了他的预期，更令他兴奋的是，在随后很短的时间内，他就打开了市场，销量节节攀升。再后来，郭峰又研发出“想能睡眠”（智控床垫），用智能制造解决生活痛点。谈及创业的心得，郭峰表示：“创业要成功，最终还是要满足用户需求，要获得用户的认可，无论是解决太阳能热水器的问题，还是解决人们睡眠等问题，都是为了帮助人们解决生活中的痛点，同时也是为社会做一些贡献。”

启示：创业者要理解新的发展理念，积极发现并解决生活中的痛点，把握商业机会。

展阅：万物互联下的O2O模式

4. 利用时代趋势

在挖掘项目构思时，创业者也可以利用时代背景顺势而为。如今，互联网已经和每个人联系得越来越紧密，创业者可以利用互联网收集相关信息，如通过网络上的求购信息发现市场需求、了解顾客偏好等，这些信息有助于创业者启发项目构思。2020年国务院政府工作报告中提出，“全面推进‘互联网+’，打造数字经济新优势。”党的二十大报告中强调，要“加快发展数字经济，促进数字经济和实体经济深度融合，打造具有国际竞争力的数字产业集群。”“互联网+”就是“互联网+传统行业”，随着科学技术的发展，利用信息和互联网平台，使得互联网与传统行业进行融合，利用互联网具备的优势特点，创造新的发展机会。由“互联网+”新业态带来的变化衍生出很多行业大趋势，如直播电商、网上教育、线上医疗、网络购票等互联网与传统行业的结合；共享单车、共享充电宝等产品体现的“共享经济”；“密室逃脱”、农产品采摘体验园等服务体现的“体验经济”等。“互联网+”体现了创新驱动，也提供了跨界的可能性，创业者们开始尝试跨界融合创新，产生了便利人们日常生活的各项产品和服务，如扫码支付、网络购物、智能家居、智能汽车等。

课堂活动

结合所学知识点，按要求完成《职业发展与就业创业指导实践手册》项目六 任务一中的课堂活动“创业项目构思”。

二、项目选择

当挖掘了足够多的项目构思后，创业者要认真思考每个项目构思，并从中筛选出最适合的项目构思。如何选择创业项目是所有创业者面临的一个难题，实际上，世界上没有最好的创业项目，只有最适合的创业项目，创业者在进行判断时，可以遵循“五看”的标准。

（一）看发展前景

想开创自己的事业，就要知道哪些行业是国家政策鼓励和支持的，选择服务国家战略、拥有良好发展前景的行业，能充分享受国家政策红利，相对降低创业失败的可能性。

（二）看顾客需求

创业项目的选择必须以市场为导向，不能仅凭自己的想象和主观愿望，而要从社会需要出发。顾客的需求分为现实需求和潜在需求，作为一个成功的创业者，不仅要了解、满足顾客的现实需求，适应市场，更要创造需求、创造市场。创业者一定要进行详尽的市场调研，对创业项目的市场潜力有相应的了解，然后结合其他因素对创业项目进行一次严格的机会评估。

（三）看落地实效

创业是一种有风险的投资，必须遵循量力而行的原则。对于大学生创业者来说，应该尽量避免风险过大的项目。创业者可以有宏伟的目标、远大的理想，但也要脚踏实地，从小事入手，聚沙成塔，持续发展。

（四）看优势特长

创业者的特长、专业、才智、阅历在某种情况下会成为选择项目的主要根据，这有利于创业者从开始就进入熟悉的工作状态，提高创业者的初始创业成功率。对于具备较高的才智、较丰富的阅历且能力非凡的创业者而言，其不一定要选择自己熟悉的项目，因为他们在短期内就可以熟悉该行业的规则、把握发展最新动向，但这样的创业者并不多见。每个人都有自己的长处和优势，有自己感兴趣的或较为熟悉的领域。在创业过程中，如果创业者能够发挥自己的长处和优势，选择自己有兴趣且熟悉的领域，就能在一定程度上提高创业的成功率。

案例品读

母女二人的创业之路

晓楠是某农业职业院校环境艺术设计专业的学生，她的母亲因病辞去了原有的工作，身体康复后，晓楠的母亲做过食品推销员、清洁工等临时性的工作，但始终认为应该选择一条适合自己长期发展的道路。晓楠了解了母亲的困扰，想到当初自己填报高考志愿时选择现在专业的原因就是受母亲的影响。自己的母亲一直对园艺有着相当浓厚的兴趣，工作之余也经常做绿化种植和绿化装饰设计，既然如此，母亲为什么不能利用自己的优势和兴趣进行创业呢？

晓楠向母亲提出建议，母亲听后也颇为心动，二人经过一番市场调研，认为项目可行性很大。于是，母女俩在筹集到启动资金后，租了6亩（1亩≈666.67平方米）土地，办起了园艺场。晓楠的母亲技术卓越、经验丰富，培植的绿化植物美观且成活率高，晓楠也运用自己在学校学到的景观设计等专业知识帮助母亲拓展思路、设计出更好的绿化装饰方案。就这样，母女二人的园艺场越办越好，还带动了周围的农户共同进行绿植培育，他们种植了包括7个大棚、2间暖房在内的盆花和观赏植物，花卉品种达百余种，已拥有30多家固定客户。

启示：创业者可以充分利用自己的优势、专业与特长，在众多领域中寻找创业机会，如智慧农业、清洁能源、文创产业等。

（五）看创新精神

创新是企业的生命，对于创业者来说，创新更具备紧迫性和重要性，要力争做到“人无我有，人有我优，人优我特”。市场波诡云谲，创业者面临着激烈的市场竞争，只有加强市场调研、刺激和创造需求，不断创新，提供满足人们需求的、具有特色的产品和服务，才能使企业得以生存发展，只有不断创新，才能在产品和服务上形成竞争优势。

课堂活动

结合所学知识点，按要求完成《职业发展与就业创业指导实践手册》项目六 任务一中的课堂活动“创业项目选择”。

三、项目评估

（一）项目评估内容

在进行项目筛选时，可以从以下方面对创业项目进行评估，以找到最合适的项目构思。

1. 市场需求分析

没有需求，就没有市场前途，任何成功的企业都是以市场需求为导向的。一个具有较大潜力的企业，应该能够生产满足客户需求的产品，并且这种产品应能令客户感到其具有较大的价值。正如本书上册项目五 任务二中关于“创业机会的评估”的描述，市场规模也同样重要，如果一个创业企业进入的是一个市场规模巨大且还在发展中的市场，那么即使在这个市场上占有一个较小的份额，也可以拥有相当大的销量，从而建立一家规模小但殷实的公司。

2. 竞争对手分析

市场总是存在竞争的。在分析竞争对手时，创业者应该密切关注主要的直接竞争对手，尤其是那些与自己同速增长或比自己增长快的竞争对手，要注意发现任何竞争优势的来源。一些竞争对手可能不是在每个细分市场都出现，而是出现在某些特定的市场中，因此，要对不同的竞争对手进行不同深度水平的分析，密切关注那些已经或有能力对公司的核心业务产生重要影响的竞争对手。

创业者不仅应关注现在的竞争对手，还应预估谁将可能成为未来最主要的竞争对手，并为此采取积极应对之策。现有直接竞争对手可能会因打破现有市场结构而损失惨重，因此主要的竞争威胁不一定来自它们，而可能来自新的或潜在的竞争对手。它们可能包括某些进入低壁垒行业的企业、有明显经验效应或协同性收益的企业、具有潜在技术竞争优势的企业等。

（二）创业环境分析

企业是整个社会经济系统中的其中一个子系统，它始终与内外部环境进行着信息、物质资源和人才等方面的交流。内外部环境的种种变化可能会给企业带来不同的影响，也许会为企业的生存和发展提供新的机会，也许会对企业的生存造成威胁。因此，在筛选项目的企业构思时，需要充分考虑创业环境（表 6-1-1）。

表 6-1-1　创业环境分析表

类型	分类	内容说明
外部环境分析	政治与政策法律环境	包括一个国家的社会制度，政府的方针政策及法律法规等，直接影响创业的是各种法律法规和政策，如税法、专利法、环境保护法、反垄断法、产业政策、投资政策、政府补贴政策等。
	经济环境	指企业经营过程中所面临的各种经济条件、经济特征、经济联系等客观因素，如 GDP 及其增长率、贷款的可能性、可支配收入水平、居民消费倾向、利率、不同地区和消费群体间的收入差别、价格波动等。
	社会文化环境	包括一个国家或地区的居民教育程度和文化水平、宗教信仰、风俗习惯、审美观点及价值观念等。
	科技环境	指一个国家或地区的技术水平、技术政策、新产品开发能力以及技术发展动向等。
	地理和气候环境	是指企业所在地域的全部自然资源所组成的环境。
	社区环境	包括准备创业地区的社区购买力、社区人口状况分布，产品或服务的需求和供给调查。
内部环境分析	企业内部资源	在创业阶段，创业者主要分析目前拥有的财力资源、物力资源、市场资源、环境资源、技术资源及人力资源等方面，在进行企业内部资源分析的时候，还需要特别注意企业的无形资源，如信誉资源、文化资源和商标等。
	企业核心能力	核心能力是指企业拥有的有价值、稀有、难以模仿、不可替代的能力，它是决定企业生存和发展的最根本因素，是企业保持持久竞争优势的源泉。

在分析创业的外部资源时，如果不对社会文化环境因素加以留心，则很有可能造成在某个特定地区创业者创办的企业无法运转的窘境；如果创业者在分析科技环境时，能够及时把握本企业涉及的技术领域的发展情况、专业渗透范围、产品技术质量检验指标和技术标准等要素，就能增强企业在该地区运转的可行性；创业者应注意对地区自然环境条件、气候条件、季节因素和使用条件等方面进行分析。例如，在我国南方十分畅销的藤制家具，在北方售卖受阻的主要原因就是北方气候干燥，这种家具到北方后往往会发生断裂。初创企业一般规模较小，其影响力局限于社区范围，反过来，社区环境的小气候对刚创建的企业来说影响是巨大的，因此分析企业所在的社区环境也是创业环境分析的重点之一。

在分析创业的内部资源时，要客观评估并根据实际情况进行策略调整。例如，财力资源较少的创业者可以选择一些最简单的贩卖式创业项目；财力资源中等的创业者可以选择依靠或者依托别人的现有资本、生产资料等方式进行创业，如租赁效益不好的企业的车间进行生产从而降低前期投入成本；财力较为雄厚的创业者可以选择那些同类产品少的远期前景很好的项目，如环保行业、保健行业、妇幼行业、养老行业等，这些行业的市场需求很大，但是产品较少或者不够完善，存在很大的发展空间。

（三）项目评估的方法

1. PEST 分析法

PEST 是政治（Politics）、经济（Economy）、社会（Society）、技术（Technology）的英文缩写。PEST 分析法（图 6-1-1）是指对影响行业和企业的各种宏观环境因素进行分析。不同行业和企业根据自身特点和经营需要，分析的具体内容会有所差异，但一般都从上述影响企业的主要外部环境的四大因素进行分析。

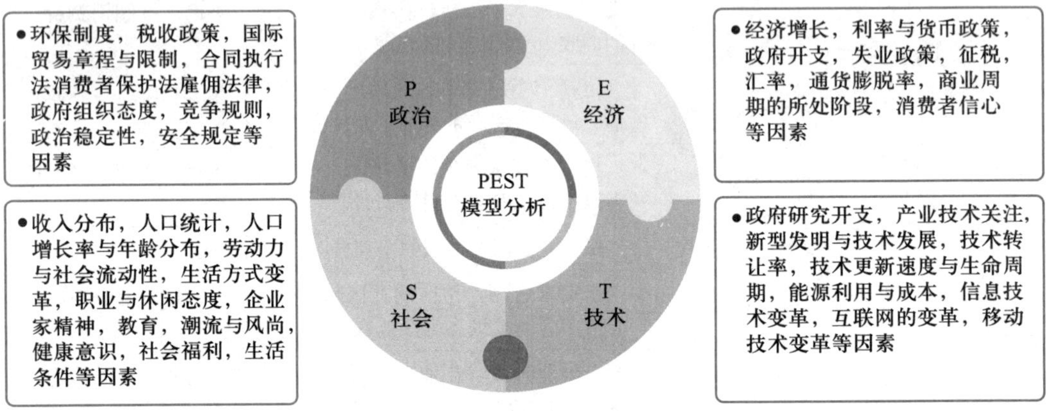

图 6-1-1 PEST 分析模型

2. 波特五力分析法

课播：一分钟了解波特五力模型

波特五力分析法是哈佛商学院教授迈克尔·波特（Michael Porter）于 20 世纪 80 年代初提出的，适用于行业分析和商业战略研究的理论模型，波特认为，决定行业竞争强度和市场吸引力的力量有五种，分别是供应商的议价能力、购买者的议价能力、潜在对手的进入能力、替代品的替代能力、现有竞争者的竞争能力。通过分析可知，企业要努力从自身利益需要出发，以增强自己的市场地位与市场竞争力。五力分析模型如图 6-1-2 所示。

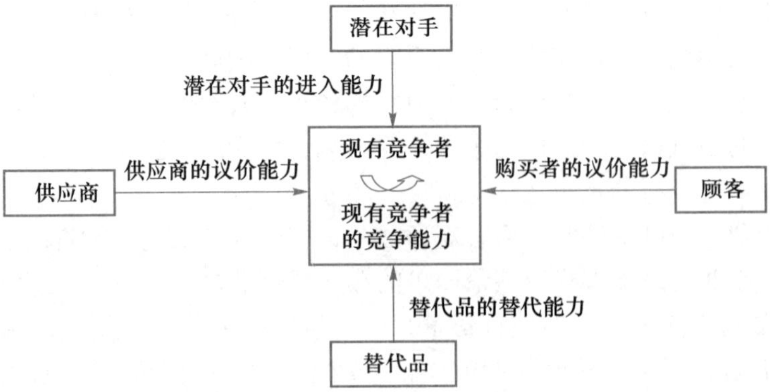

图 6-1-2 五力分析模型

3. SWOT 分析法

SWOT 分析法同样是制定企业战略时一种常用的分析方法，被广泛运用在企业战略管理、市场研究、竞争对手分析等领域中。创业者可以通过调查列举出企业自身的优势（Strength）、劣势（Weakness）、外在的机会（Opportunity）和威胁（Threat），并对企业自身的情况加以分析，从而得出相应结论。

优势和劣势是指存在于企业内部的、创业者可以改变的因素。优势是指创办企业的有利因素。例如，创业者计划提供比竞争对手质量更好的产品或服务，或选择的商店位置非常有利，或雇佣的员工技术水平更高等；劣势是企业不太擅长的方面，如果企业的产品或服务比竞争对手更贵，就会没有足够的资金来按照自己的意愿开展促销活动和提供综合性的系列服务等。

机会和威胁是存在于企业外部的、创业者无法施加影响的因素。机会是指周边存在的对创办企业有利的事情，如销售的产品越来越流行、店铺附近没有类似企业、选址周边有在建住宅小区等，这些都带来潜在顾客数量的上升。威胁是指周边存在的对创办企业不利的事情，如新的竞争对手进入、原材料价格上涨等。

课堂活动

结合所学知识点，按要求完成《职业发展与就业创业指导实践手册》项目六 任务一中的课堂活动“创业项目选择”。

任务实训

结合本任务学习，按要求完成《职业发展与就业创业指导实践手册》项目六 任务一中的实训演练“创业项目分析”。

任务小结

通过任务学习，能够帮助学生掌握项目构思的原则与方法及创业项目的评估与选择，为学生日后进行创业项目选择与规划打好基础，提升其创业就业能力与素质。

任务评价

本任务学习已完毕，请在《职业发展与就业创业指导实践手册》项目六 任务一的“任务评价”中，就自身专业能力与核心能力的提升情况开展能力自评。

任务二　勠力同心聚资源

任务清单

教学环节	教学信息	具体内容
教	知识重点	创业团队组建的相关理论
	知识难点	创业资金的筹集方法
	推荐教学方式	小组讨论与案例分享
	教学场所	多媒体教室或实训室
	建议学时	2 学时
学	必须掌握的理论知识	创业团队组建；创业团队分工；创业资源类型与资金筹集的方法
	必须掌握的工作技能	熟练掌握如何获取、整合创业资源，能根据实际情况组建创业团队
	能力训练	能够组建创业团队并做好团队分工，能够盘点自己的创业资源并进行整合

任务导入

付诸行动前的思考

王明通过对创业构思的评估和实地创业环境的考察分析，认为在家乡开一家特色农产品销售小店是个很好的想法，尤其是他还可以利用自己的专业优势，在售卖普通农产品的基础上，创新更易于携带的农副加工产品，从而增强企业的竞争力。当王明准备将自己的想法付诸行动时，他发现了两个问题：一是团队组建问题。王明需要合作伙伴，他虽然熟悉生产制作，但是不了解财务知识与销售模式，他需要帮手。二是资金问题。虽然王明自己有点小积蓄，但如果想要创业，他的这些钱只够前期启动，可以说是杯水车薪，王明还需要再筹集一些资金。那么，他应该怎么办呢？

结合案例，请思考以下问题。

（1）王明如果要开店，需要什么样的团队成员？

（2）你建议王明采用哪些合理合法的手段筹集创业资金？

任务解码

一、团队组建与优化管理

（一）创业团队组建

创业活动环节多、联系紧密，很难保证每个创业者都是多面手，因此需要不同方面的专业性人才加入。如果只有一个人进行创业，并不一定会失败，但当遇到问题时，创业者因自身的局限性会分身乏术，解决问题时缺乏时效性，而问题不断堆积会产生一系列的恶性连锁反应，企业很可能会面临即将倒闭的窘境。如果创业者拥有自己的创业团队，挖掘每个团队成员的特长和资源，则有助于在有限时间内尽快找到解决问题的办法。因此，创业团队是由少数志同道合、技能互补的团队成员，为实现共同的创业目标，按照利益共沾、风险共担、分工合作的原则组合在一起工作的“命运共同体”。

1. 创业团队的 5P 要素

高效的创业团队需要具备以下五个重要的要素，即创业 5P 要素（图 6-2-1）。

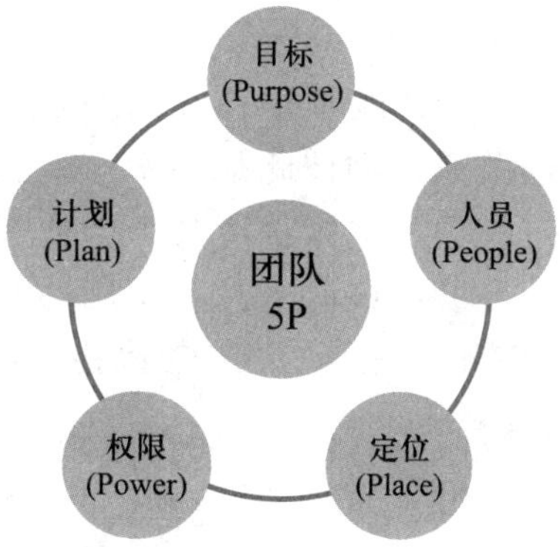

图 6-2-1　创业团队 5P 要素

（1）目标（Purpose）。一个成功的团队必须要有共同目标，只有具有共同目标的团队才有凝聚力、战斗力。共同目标常以创业企业战略的形式体现。初次创业的创业者要选择最有可能实现的目标，因为宏伟目标在运行的过程中必然会遇到一些障碍，需要将其拆分成可阶段性实现的小目标，每次小目标的达成会让团队都能感受到惊喜，从而增强团队成员的成就感，激励团队为实现最终目标努力。

（2）计划（Plan）。计划是创业团队未来的发展规划，它包含两层含义：一是目标最终的实现需要一系列具体的行动方案，可以把计划理解成达到目标的具体工作程序；二是团队要按计划执行，只有在计划的指导下，创业团队才会一步一步地贴近目标，最终实现目标。计划是目标和定位的具体体现，可行的计划有助于创业目标的有效控制、调整和实施。

（3）成员（People）。一个优秀的创业团队是创业成功的关键因素之一，因此在人员选择方面，创业者应充分考虑团队成员的能力、性格、经验等方面的因素，要考虑技能是否互补，充分发挥团队优势、共同协作完成团队目标。

（4）定位（Place）。团队成员的定位和角色分工，影响着创业活动的成功。创业活动不仅需要企业能够寻找到合适的商机，还需要创业团队能够各司其职，形成一种良好的合力。创业团队的定位包含两个方面：一是创业团队的定位，即创业团队在企业中处于什么位置，由谁选择和决定团队的成员，创业团队最终应对谁负责，创业团队采取什么方法激励下属等；二是个体的定位，即创业者作为成员，在创业团队中扮演什么角色，是制订计划，还是具体实施或评估，是大家共同出资，委派某个人参与管理，还是众人共同出资，共同参与管理，或聘请第三方（职业经理人）管理，这决定了创业企业的法律组织形式（个人独资企业、合伙企业还是公司制企业等）。

（5）权限（Power）。创业活动是一种动态变化的复杂活动，必须赋予团队成员必要的权限才能实现。创业团队中领导人的权力大小与其团队的发展阶段和创业实体所在的行业相关，一般来说，在创业团队发展的初期阶段，领导权相对比较集中，随着创业进入成熟阶段，领导者所拥有的权力可能会发生演变。

2. 创业团队常见类型

可从不同角度、层次和结构来划分创业团队，依据创业团队成员之间的关系，可将其分为三种类型。

（1）星状团队（图 6-2-2）。星状创业团队一般在团队中有一个核心人物，充当团队的领队角色。这种团队在形成之前，一般是核心人物有了创业的想法，然后根据自己的设想进行创业团队的组建。这些加入创业团队的成员，也许是核心人物熟悉的人，也有可能是陌生人，这些团队成员在企业中更多是扮演支持者的角色。

（2）网状团队（图 6-2-3）。网状创业团队的成员一般在创业之前都有密切的关系，如彼此是同学、亲戚、同事或朋友等。网状创业团队一般是成员在交往过程中，共同认可某个创业想法并就该想法达成共识以后，开始共同创业，在创业团队组成时，没有明确的核心人物，大家根据各自的特点，进行自发的组织角色定位。因此，在企业初创时期，各位成员基本上扮演的是协作者或者伙伴的角色。

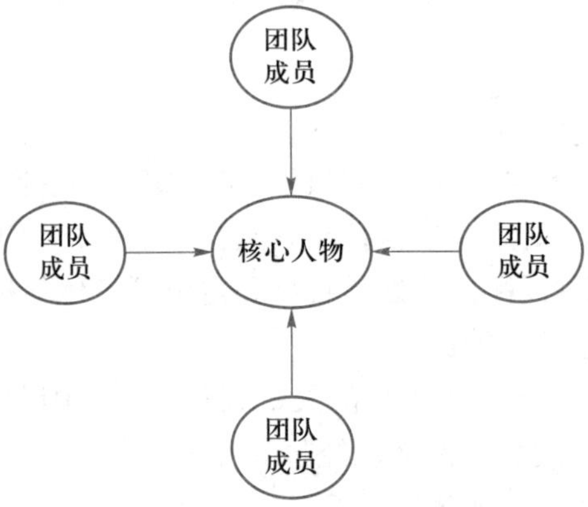

图 6-2-2　星状团队

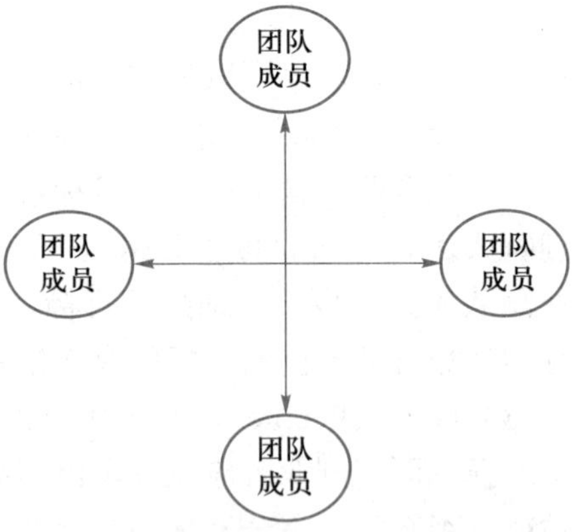

图 6-2-3　网状团队

（3）虚拟星状团队（图 6-2-4）。虚拟星状创业团队基本上是前两种创业团队类型的中间形态。在团队中有一个核心人物（成员），但是该核心人物地位的确立是团队成员协商的结果。因此其从某种意义上说，他是整个团队的代言人，而不是主导型人物，其在团队中必须充分考虑其他团队成员的意见，权威性较低。

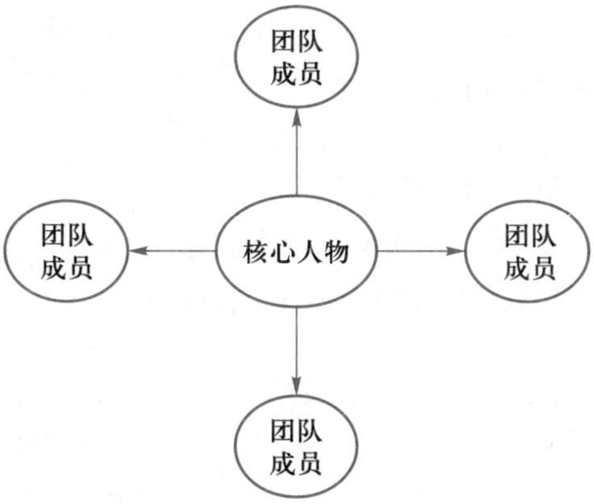

图 6-2-4　虚拟星状团队

三种类型的创业团队各有利弊，三者间的优劣势比较如表 6-2-1 所示。

表 6-2-1　三种常见创业团队优劣比较

类型	优势	劣势
星状创业团队	（1）组织结构紧密，向心力强，主导人物在组织中的行为对其他个体影响巨大 （2）决策程序相对简单，组织效率较高	（1）容易形成权力过分集中的局面，从而使决策失误的风险加大 （2）当团队成员和主导人物发生冲突时，团队成员往往处于被动地位。在冲突较严重时，一般会选择离开团队，因而对组织的影响较大
网状创业团队	（1）组织决策时，一般采取集体决策的方式，通过大量的沟通和讨论达成一致意见 （2）当团队成员之间发生冲突时，一般采取平等协商、积极解决的态度，消除冲突，团队成员不会轻易离开	（1）团队没有明显的核心，整体结构较为松散，团队成员在团队中的地位相似，容易在组织中形成多头领导的局面 （2）组织决策效率相对较低
虚拟星状创业团队	核心成员具有一定威信，既不过度集权，又不过度分散	核心人物必须充分考虑其他成员意见，权威有待提高

课堂活动

结合所学知识点，按要求完成《职业发展与就业创业指导实践手册》项目六 任务二中的课堂活动“创业团队类型选择”。

3. 创业团队角色与分工

英国团队管理专家梅雷迪斯·贝尔宾被誉为“团队角色理论之父”，他在观察与分析成功团队时发现，一支结构合理的团队应该由三大类、九种不同的角色组成，这就是著名的贝尔宾团队角色理论，其中行动类角色包括鞭策者（Shaper，SH）、执行者（Implementer，IMP）、完成者（Completer Finisher，CF）；社交类角色包括协调者（Coordinator，CO）、凝聚者（Team Worker，TW）、外交家（Resource Investigator，

RI）；思考类角色包括智多星（Plant，PL）、专业师（Specialist，SP）、审议员（Monitor Evaluator，ME）。贝尔宾团队角色理论说明，高效的团队工作有赖于默契协作，团队成员必须清楚其他人所扮演的角色，了解如何互相弥补不足、发挥优势，成功的团队协作可以提高生产力，鼓舞士气，激励创新。

团队中存在的这九种角色，每种角色都有自己的特点，具体如表 6-2-2 所示。了解每种角色的特点有助于定位和分配成员职权权限。

表 6-2-2　九种团队角色特点描述

角色	角色描述	可允许的缺点	不可允许的缺点
鞭策者	领导激励他人	具有竞争性	好争辩
执行者	纪律性强，有保守倾向，办事高效	教条，相信经验	阻止变化
完成者	勤恳尽责，按时完成任务	追求完美	过于执着的行为
协调者	称职的主事人，知人善任，促成目标	缺少亲力亲为	完全依赖团队
凝聚者	防止摩擦，平衡争端	优柔寡断	避免承担责任
外交家	行动力、沟通力强	三分热度	不遵循安排
智多星	创新者，发明者	激进、忽略现实	不善于倾听
专业师	目标专一，提供专门的知识和经验	忽略本领域外技能	缺少钻研
审议员	三思而后行，批判性思维	做决定较慢	失去理性的批判

总的说来，创业团队应包括三类基本人才：一是管理型人才，负责团队工作调配与应急事务处理等；二是营销型人才，负责任务具体实施及市场调研、推广等；三是技术型人才，负责创业项目研发、技术支持和专业服务等。这三个方面的人才可以形成良好的沟通协作关系，形成能力或技术上的互补，保证创业团队的运转实现稳定高效。

知识链接

组织结构图

团队的组织结构可以通过组织结构图来反映，组织结构图通过规范化结构的方式，能够简洁明了地展示公司的内部组成、组织内的等级与权利、角色与职责、功能与关系。组织结构图主要分为直线型组织结构、职能型组织结构、直线职能型组织结构、事业部组织结构、矩阵式组织结构五种基本类型。

此外，不同的企业依据自身经营活动会组建成不同的团队，创业合伙人或团队成员间会有不同的分工。一般来说，创业合伙人包括首席执行官（Chief executive officer，CEO）、首席财政官（Chief financial officer，CFO）、首席运营官

（Chief operation officer，COO）、首席技术官（Chief technology officer，CTO），其具体分工如表 6-2-3 所示。

表 6-2-3　常见的合伙人或团队成员分工

分工	职责
首席执行官	企业经营管理决策
首席财政官	掌握企业的财务信息和现金资源
首席运营官	首席运营官要负责建立公司整个的销售策略与政策，组织生产经营，协助首席执行官制定公司的业务发展计划，并对公司的经营绩效进行考核，如果公司未设有总裁职务，则首席运营官还要承担整体业务管理的职能，主管企业营销与综合业务拓展
首席技术官	企业内技术的最高负责人，主要责任是将科研成果转化为盈利产品

课堂活动

结合所学知识点，按要求完成《职业发展与就业创业指导实践手册》项目六 任务二中的课堂活动“创业团队角色分工”。

（二）创业团队优化与管理

建立在创业团队基础上的企业绩效往往好于单个创业者所创办的企业，创业团队是一个创业企业的核心，对创业的成功起到至关重要的作用。创建一支高效的创业团队往往不能忽视创业团队的优化与管理。

1. 高效团队的特征

一支高效的创业团队一般具备以下六个特征。

（1）清晰的目标，即对目标有清晰的理解、坚信目标的意义和价值、了解目标的重要性。

（2）彼此的信任，即对成员能力的信任、维持群体内的相互信任。

（3）相关的技能，即具备实现目标所必需的技术和能力、有良好合作的个人品质。

（4）一致的承诺，即表现出高度的忠诚、具有群体认同感、对群体目标有奉献精神。

（5）良好的沟通，即有通畅的渠道交流信息、有健康良好的信息反馈。

（6）适合的领导者，即拥有能为创业团队指明前进的方向、鼓舞创业团队成员信心的领导。

2. 创业团队优化

一支团队通常要经历一系列的发展阶段，才能逐渐成长起来，在这个过程中，创业者要对团队不断进行优化，才能让团队更具凝聚力、更加高效地运转（表 6-2-4）。

表 6-2-4　创业团队不同阶段的优化策略

所处阶段	具体表现	团队领导职责
初步组成阶段	在这一阶段，每个成员都迫切想知道工作任务的具体内容，成员之间彼此的信任度不高。团队要及时进行思想交流，收集成员信息	团队领导可以向团队成员介绍自己的观点，回答“我们要做什么”的问题，要明确这一阶段完成任务虽不是最主要的，但也需要慢慢推动工作进展
向上波动阶段	当团队从互相认识转向拥有共同目标时，团队成员间可能会出现意见不合的情况，在这一阶段如果处理得当，团队将富有高度创造性	创始人要尽量满足成员的个人需要并使团队成员安心，随着成员提出不同的观点，可能会有冲突产生，创业团队要把冲突公开，并帮助团队成员解决冲突，团队领导需要把任务作为推动团队发展并解决波动阶段问题的工具，形成团队凝聚力
稳定运行阶段	团队成员理解了各自的工作任务，并相互信任后，团队开始和谐发展，团队成员感到他们是团队的一部分，并意识到如果接受他人的观点，就能更好地完成任务，在这一阶段，个人可以得心应手地处理在团队中遇到的挑战，整个团队正致力于在行动准则和工作程序上达成一致	团队领导应该注重目标的制定并激励成员为目标作出贡献，加强团队成员间的合作
成熟运转阶段	团队在一种公开、信任的氛围中工作，成员之间能够互相理解并领悟工作的实质	团队领导的主要精力要放在企业的任务需求上，要帮助团队制订并监控计划、时刻谨记团队目标

3. 创业团队的管理

创业者想维系一个创业团队的高效运转，要格外注意以下五个方面。

（1）角色定位清晰。明确团队成员的具体职责、权限、业务范围，对他们能行使的权限及应承担的责任进行清晰的界定。

（2）分工明确。明确的分工能最大限度地发挥成员各自的优势，降低团队成员的工作难度，保证企业的高效运转。

（3）激励得当。激励应当体现出团队成员工作量及业绩的差异化，要根据成员对企业贡献的不同建立报酬分配方案，且留出改进和调整的空间。

（4）慎重分配股权。创业者要慎用股权激励手段，只有对企业发展具有不可替代性的人，才能考虑赋予其股权，对股权的分配应由团队上下协商讨论。

（5）保障沟通顺畅。通过充分沟通与交流，形成被团队成员广泛理解和接受的决定，以促进创业团队成员之间的融合。

二、资源整合与资金筹集

（一）创业资源整合

创业活动本身就是一种创业资源的重新整合，创业资源是企业创立以及成长过程中需要的各种生产要素和支撑条件。在创业过程中，创业者要把创业资源时刻放在反复估量、权衡的重要位置上，将新创企业所需的各种要素有效地组合起来，形成新的产品或服务，才能创造出新的价值。

1. 创业资源的类型

创业资源的类型按照分类标准可分为以下 10 种（表 6-2-5）。

表 6-2-5　创业资源的分类

分类标准	资源类型	内容说明
资源来源	自有资源	自有资源是指创业者或创业团队自身所拥有的可用于创业的资源，如创业者自身拥有的可用于创业的自有资金、技术、自己建立的营销网络等
	外部资源	外部资源是指创业者从外部获取的各种资源，包括从亲戚、朋友、商务伙伴或其他投资者处筹集到的资金、经营场所、设备或其他原材料等
存在形式	有形资源	有形资源是可见的、具有物质形态的价值且可用货币度量的资源，如厂房、机器设备、原材料、产品、资金等
	无形资源	无形资源是指具有非物质形态的价值、难以用货币精确度量的资源，如信息资源、人力资源、政策资源、企业的品牌声誉、技术、相关专利等
资源性质	人力资源	人力资源在整个企业的创办过程中起着至关重要的作用，是核心资源之一，创业者及其团队成员的洞察力、知识、技能、经验、视野、愿景及社会关系影响到整个创业过程，风险投资家，尤其是天使投资人在选择项目时，往往更看重创业团队和人
	财务资源	财务资源主要是指以货币形态存在的资源，包括资金，资产，股票等，充足的资金有助于新创企业的持续发展，对于创业者来说，为维持企业发展，如何有效筹集资金是创业成功与否的关键问题之一
	物质资源	物质资源指企业在创业过程和经营活动中所需要的有形资源，如房屋及建筑物、机器设备、生产材料等，也包括一些自然资源，如矿山、森林等
	技术资源	技术资源是创业资源的另一关键核心资源，如关键技术、工艺流程等。创业技术决定着创业产品的市场竞争力以及创业企业的获利能力，创业企业如果拥有创业技术的所有权，可以大大降低创业企业的初创成本
	社会资源	社会资源的范畴很广泛，这里所说的社会资源主要是由人际和社会关系网络形成的关系资源，即人脉，在创业过程中，拥有丰富社会资源的创业者更容易整合多元化的社会资源，获取别人难以接触的资源或先于他人获取有价值的资源
	组织资源	组织资源包括组织结构、制度化和正规化的企业管理、企业诊断、市场营销策划等，一般来说，人力资源需要组织资源的支持，才能更好地发挥作用，企业文化与品牌也需要在良好的组织环境下培养

2. 创业资源整合

创办任何企业都需要创业资源，但不是所有的资源对企业都同等重要，创业者需关注两方面：一是要重点关注资金、技术、人才等关键资源所起到的作用；二是要用前瞻性的眼光去挖掘战略性资源，这是企业获得竞争优势的前提，需要创业者在获取资源的同时对创业资源进行有效整合。

创业者获取创业资源时，要遵循的主要原则是：灵活地用好、用足企业现有的资源，以有限的内部资源，撬动最大化的外部资源，进行资源整合。需要注意的是：首先，创业者获取的资源应适用，只有新创企业发展需要的资源才是资源获取的目标，任何资源的获取都是有代价的，多多益善的思路并不能给企业带来有效的利益；其次，创业者要善用合作来换取各类资源，新创企业初期资源紧缺，可以通过对未来的利益预期换取合作、获取资源，创业者也可以利用个人魅力和现有的社会资源编制推陈出新的创业计划书，吸引外部投资者入股，为企业筹集资金。

不同类型的创业活动对于资源的需求不同。如果创业者依据自身拥有的技术创办了技术驱动型的企业，且最先拥有的技术资源较为充足，这时创业者就应重点关注人力资源等其他资源的获取与整合；如果创业者以拥有的人才力量为基础进行创业，那么应通过发挥团队特长或根据机会开发来获取、整合、利用资源；如果创业者最先拥有的是资金资源或初创资金较为充裕，那么应以资金带动其他资源，向企业聚集资源并将其整合，为企业发展所用。

知识链接

企业资源整合策略

创业就是一个系统过程，在进行企业资源整合时，创业者可以采取多种策略。例如，当初创者手中暂无资金、实物、场地等现有资源时，可以采取通过置换、代售等方式先获取利润再偿付成本的做法。创业初期资源比较匮乏，创业者可以采取积少成多的策略。在创业初期企业资源有限时，要实现“小投入、大回报”“少花钱多办事”。例如，先进设备的资源获取可以通过融资租赁设备的方式来解决；产品和品牌资源可以通过加盟某知名连锁品牌店来获取；在实力尚显单薄时还可以通过资源整合来构建战略协作生态圈，实现互惠共赢。面对大经销商批量进货的成本优势，小企业可以联合其他众多小企业“联合采购，分散经营”，通过联合进货以获得批量采购进货的优势，降低企业运行成本。

课堂活动

结合所学知识点，按要求完成《职业发展与就业创业指导实践手册》项目六 任务二中的课堂活动“创业资源盘点”。

（二）资金资源筹集

“巧妇难为无米之炊”，在各种创业资源中，除技术资源与人力资源外，还有一项关键核心资源就是资金资源。创业早期需要筹集较多的资本，以便为创业启动提供充足资金，企业的持续运营离不开大量的资金投入。资金资源筹集的主要途径包括以下几个方面。

1. 自有资金

自有资金是创业者最常见的筹集资金的渠道，从资金成本或企业经营控制的角度来说，个人自有资金的成本最低廉，另外当企业试图引入外部资金，尤其是获得银行及风险投资者的资金时，常常需要拥有个人资金。这是因为自我融资是一种有效的承诺，创业的不确定性和信息不对称常常造成创业融资的诸多困难。如果在投身创业的过程中投入自己的资金，这本身就是一种信号，它告诉其他投资者，创业者对自己认定的商业机会有信心。通常外部资金的供给者会认为：如果创业者自己没有资金投入，就可能不会对企业的经营尽心尽力。

2. 私人借贷

在创业初期，创业者的家庭成员和亲朋好友由于与创业者的个人关系密切而愿意给予投资和支持。需要注意的是，虽然从家庭成员和亲朋好友处获得资金要相对容易一些，但创业者必须将投资的利弊及可能存在的风险都告诉家庭成员和朋友，并制定一份正式协议，以便日后出现问题时，将对家庭成员和朋友关系的不利影响降到最低。

课播：黑龙江省创业担保贷款贴息及奖补资金管理办法

3. 银行贷款

向银行贷款也是常见的一种融资方式，创业者也可以通过银行贷款补充创业资金的不足。由于创业是风险较高的一种活动，银行不会轻易贷款给创业者，创业者可以通过提供可靠的担保、尽量缩短贷款期限、做好前期准备方便银行审查等方式减轻银行贷款风险、获得银行支持。

4. 担保贷款

如果创业者不能获得商业银行的贷款，则可以考虑通过中小企业信用担保机构来取得担保贷款。政府部门为促进当地小企业的发展，常常会通过一些金融机构，为小企业提供基金担保贷款业务，但如果选择担保机构进行贷款，则一定要认清资质，寻找正规的机构进行申请。

知识链接

黑龙江省大学生创业担保贷款

根据黑龙江省财政部等三部门《关于进一步加大创业担保贷款贴息力度　全力支持重点群体创业就业的通知》（财金〔2020〕21号）中的规定，高校在校生、毕业生（含大学生村官和留学回国学生）等群体均可申请，个人创业担保贷款最高贷款额度20万元，对符合条件的个人创业担保贷款借款人合伙创业的，可根据合伙创业人数按每人20万元计算并适当提高贷款额度，最高不超过符合条件个人贷款总额度的10%，上限为300万元。贷款期限最长不超过3年。对还款积极、带动就业能力强、创业项目好的借款个人和小微企业，可继续提供创业担保贷款贴息，累计次数不得超过3次。

课播：天使投资人看重的事

5. 天使投资

天使投资是自由投资者或非正式机构对有创意的创业项目或小型初创企业进行的一次性的前期投资，是一种非组织化的创业投资形式，与其他投资相比，天使投资是最早介入的外部资金。天使投资有三个方面的特征：一是直接向企业进行权益投资；二是不仅提供现金，还提供专业知识和社会资源方面的支持；三是投资流程简单，短期内资金就可到位。

6. 地方政策

全国各地许多地方都发布了相关的创业优惠和鼓励政策，为符合要求的企业免费提供创业园地、相关政策扶持和资金支持等，如果创业者的企业符合当地的地方性优惠政策扶持条件，则可以借助优惠政策筹集到相应资金。

7. 政府项目

政府和一些民间的非营利组织，也是创业资金的重要来源。政府依据相关法律政策，对于处于一定阶段的有很好发展前景的、对相关领域有重大影响的创业项目，提供直接资金支持，如科技型中小企业技术创新基金，它是经国务院批准设立的，用于支持科技型中小企业技术创新的政府专项基金，通过拨款资助、贷款贴息和资本金投入等方式扶持和引导科技型中小企业技术创新。

8. 风险投资

风险投资是由职业金融家投入到新兴的、迅速发展的、具有巨大竞争潜力企业中的一种权益资本，风险投资不需要抵押，也不需要偿还。如果投资成功，投资人将获得几倍、几十倍甚至上百倍的回报；即使投资失败，投进去的资金也无需创业者偿还，投资失败的风险由投资人承担。对创业者来讲，使用风险投资创业的最大好处在于即使失败也不会背上巨额债务。但投资人对于项目的审查会非常严格、对项目要求非常之高。

9. 大赛融资

大学生通过创新创业大赛融资，不仅可以拿到奖金，还有资源的对接和输入，创新创业大赛汇集投资人、行业企业专家、创业孵化基地、优质创业项目、新闻媒体等多方资源，大学生参加创新创业大赛，就有可能增加曝光率，也能在投资人面前尽情展示，最终有希望获得融资和政策支持。通过创新创业大赛来融资，是部分创业团队启动资金的重要来源，尤其是后续的资源输入，对所有团队都非常重要，创业团队应根据自己的项目进行理性分析，选择合适的竞赛。

当前比较有影响力的有“挑战杯”中国大学生创业计划竞赛、中国国际“互联网 +”大学生创新创业大赛、中国创新创业大赛三项赛事。其中，中国国际“互联网 +”大学生创新创业大赛是当前参赛大学生人数最多的大赛，也是全球最大的投融资平台。大学生通过参与大赛就有机会接触到许多投资机构负责人，对于有融资需求的初创企业来讲，“互联网 +”大赛可以让团队高效、低成本接触到潜在适合的投资人。

课堂活动

结合所学知识点，按要求完成《职业发展与就业创业指导实践手册》项目六 任务二中的课堂活动“创业资金筹措”。

任务实训

结合本任务学习，按要求完成《职业发展与就业创业指导实践手册》项目六 任务二中的实训演练“组建创业团队”。

任务小结

通过任务学习，能够帮助大学生掌握创业团队的组成和创业资源的整合，可以组建创业团队并依据实际情况进行团队优化，也能够通过不同方式，合理合法地募集创业资金，提高识人用人的能力，为后续实施创业就业奠定良好的人力资源基础。

任务评价

本任务学习已完毕，请在《职业发展与就业创业指导实践手册》项目六 任务二的“任务评价”中，就自身专业能力与核心能力的提升情况开展能力自评。

项目拓展

君子和而不同

携程（全称携程旅行网）的超级创始团队是一支充满了传奇色彩的创业团队。携程团队能够获得巨大的成功，主要有两个原因：一是团队的阵容豪华，每个创始人都有着光彩夺目的背景，个人能力和专业素养极高；二是创始团队的四个人都非常善于合作，能将团队的力量放大数倍，并且他们对于创业的态度不是激情的、热烈的、横冲直撞的，而是内敛的、成熟的，彼此之间信任且宽容。借用孔子的一句话，“君子和而不同”，正是四位创始人达到的一种境界。

回顾携程的创业史，最早是由季琦和梁建章两人发起的。这两人中，季琦属于行动派，而内敛、沉稳、理性的梁建章则是一个思想者。他们虽然背景不同，但是对一件事有着高度的共识，那就是互联网背后蕴藏的商机。两人有了共同的创业目标之后，还需要资金的支持，于是他们找到了沈南鹏。此时，沈南鹏在美国已经深深地感受到了互联网的力量，并且发现了中国这个潜力无穷的市场，于是在两人找到他的时候，他很快就答应了。可是在三个人成功组队之后，他们发现虽然三个人的背景、性格很互补，但是缺少一个真正的行业人才，那就是懂旅游的人，而范敏就是他们寻找的“答案”，他曾经做过旅行社，而且在瑞士进修过酒店管理。在季琦无数次“软磨硬泡”后，范敏终于同意了。就这样，携程诞生了。公司在季琦的带领下走出了初创期，后来当公司需要更加精细化管理的时候，季琦主动让位给了更加细腻理性、更懂得现代企业管理的梁建章。再后来，梁建章主动归隐，范敏开始执掌携程帅印。与现在经常听说的公司权利的更迭相比，携程的每次领导交替都显得非常平静，合伙人之间的默契与信任，是携程能够一直走下去的动力。

项目考评

结合本项目学习情况，填写《职业发展与就业创业指导实践手册》项目六 敢揽创业瓷器活的“项目考评 成果评分表”。

项目七

畅通商业价值链

调查研究是谋事之基、成事之道。没有调查就没有发言权，更没有决策权。研究、思考、确定全面深化改革的思路和重大举措，刻舟求剑不行，闭门造车不行，异想天开更不行，必须进行全面深入的调查研究。

——习近平

项目地图

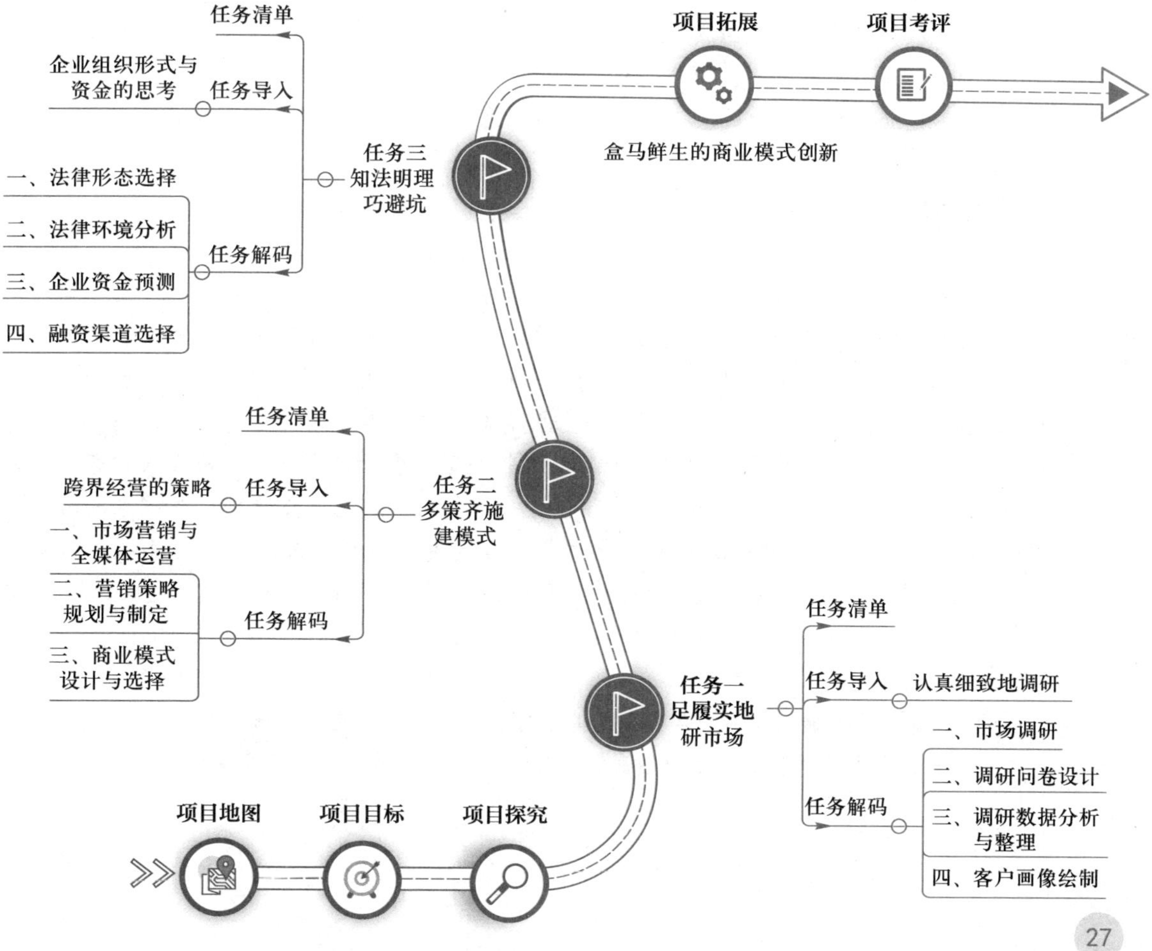

项目目标

● 知识目标

（1）了解市场调研的类型、程序，明确调研内容、步骤与注意事项。

（2）明确客户画像的含义，掌握客户画像的内容。

（3）明确 STP 营销策略规划的内容。

（4）了解商业模式的类型，明确商业模式画布的构成要素与内容。

（5）了解企业的法律形态与法律环境，掌握创业所需资金的测算方法。

● 能力目标

（1）掌握创业项目市场调研的方法，学会设计调研问卷。

（2）能够结合调研数据分析并制作客户画像。

（3）能够制订创业项目营销策略计划并确定商业模式。

（4）能够绘制商业模式画布并对其内容进行评估与优化。

（5）能够为创业项目选择合适的企业组织形式并预测启动资金。

● 素养目标

（1）增强调查与研究的主观意识，培养尊重实际，善于思考的良好品德。

（2）培养吃苦耐劳的创业者品格，树立诚实守信的企业家精神。

（3）加强问题意识，提高分析问题、解决问题的能力。

（4）树立良好的职业品质，增强自身责任感，养成认真负责的工作态度。

项目探究

某农业职业院校农产品加工与质量检测专业的学生王明决定创业，他找到了与自己同校且同乡的好友李雪，李雪是经济管理学院的学生，了解并掌握财务及市场营销方面的知识。他们一拍即合，决定以家乡的大米和特色菌类为基础，利用农产品加工技术进行农副产品的生产。王明具备专业知识技能，能够与所在学校的实验室展开合作，能运用先进的技术仪器研发优质的农副产品。李雪家里一直承包土地、种植大米并养殖当地特色的食用菌类，具备相关的人脉资源。王明想充分利用自己掌握的加工技术和李雪的资源成就一番事业。但是二人就一些细节还需要进一步开展市场调研，如周围的其他农户是否愿意参与合作来保障原料的充足供应、产品在这个旅游小镇上是否有足够销路等。

探究：

（1）做好市场调研是企业经营的重中之重，你认为创业者应对哪些内容展开调研？

（2）如果构建创业项目商业模式，你觉得应该从哪些角度进行思考？

任务一　足履实地研市场

任务清单

教学环节	教学信息	具体内容
教	知识重点	市场调研的内容、步骤、方法等相关理论
	知识难点	调研问卷的设计及调研数据的分析整理
	推荐教学方式	小组讨论与案例分享
	教学场所	多媒体教室或实训室
	建议学时	2 学时
学	必须掌握的理论知识	市场调研的内容、步骤、方法；调研问卷的设计；客户画像的架构
	必须掌握的工作技能	熟练掌握市场调研的步骤与方法，能够根据实际情况对创业项目进行市场调研
	能力训练	能够选择合适的方法进行市场调研，构建客户画像

任务导入

认真细致地调研

李雪毕业回到家乡后一直想自己创业，当王明找到自己时，李雪果断地决定与王明联手，一起在家乡开一家销售特色农产品的店铺。王明和李雪发现，随着家乡短途旅游业的兴起与发展，很多邻居都在景区附近经营饭庄，生意红红火火，这让李雪很心动。李雪想，她和王明准备开设的农副产品销售小店是不是也可以同时提供餐饮服务？用户如果在店里进行餐饮消费，不但能实际了解当地大米的口感，而且能品尝到特色菌类的鲜美，这应该能促进小店农副产品的销售。于是，王明和李雪进行了市场调研，发现邻居们经营的餐饮店中使用的大米就是家乡自产的大米，很多菜肴的食材也是当地的特色食用菌，其实已经为顾客提供了实际品尝当地农特产的机会和途径，如果自己也开餐饮店，就与邻居们的店形成了竞争，但整个景区附近却没有卖这些鲜美的农副产品的小店。因此，王明与李雪决定先专注做好销售农副产品的小店。

结合案例，请思考以下问题。

（1）王明和李雪通过调研发现了什么样的市场机会？

（2）你认为王明和李雪想经营好农副产品销售小店，还应做哪些准备？

任务解码

一、市场调研

（一）市场调研的概念

市场营销调研是指通过系统地收集、记录与市场营销有关的大量资料，加以科学的分析和研究，从中了解本企业产品目前的市场和潜在市场，并对市场供求变化及价格变动趋势进行预测，为企业经营决策提供科学依据。

市场调研可以通过收集、整理和分析市场信息，掌握市场发展变化的规律和趋势，为识别机会提供可靠的数据和资料。创业者还可以通过调研确定消费者的需求，这是提供产品或服务的基础。创业是建立在可靠信息基础上的，调研就是通过对市场环境与行业状况、顾客需求与目标市场状况、竞争对手及自我经营状况等信息的收集，为创业计划的可行性做出科学的预测。

知识链接

成功的古代商人重视市场调研

在中国古代曾出现许多成功的商人，据《史记》《汉书》等记载，利义两全的代表人物范蠡、白圭在经商中提出“乐观时变”“与时逐”等观点，强调商业活动要把握经营时机、预测市场行情。其中，“旱则资舟，水则资车，以待乏也[①]”“论其有余不足，则知贵贱[②]”等观点，总结了市场调研对经营活动的重要作用。

（二）市场调研的内容

市场调研涉及多方面的情况，因此调研的内容和范围极为广泛、复杂，主要有以下几个方面。

1. 宏观环境因素调研

宏观环境因素调研包括政治环境调研，如国家或地区的政府现行政策法令、政治形势的稳定程度等；经济发展状况调研，如市场在宏观经济发展中的变化、各种综合经济指标所达到的水平和变动程度等；社会文化调研，如文化程度、职业、民族构成、宗教信仰及风俗习惯、社会道德与审美意识等；技术发展状况与趋势调研，如与本企业生产有关的技术水平状况及趋势、相同产品生产企业技术水平的提高情况等；竞争对手调研，如竞争对手数量、竞争对手的市场占有率及变动趋势、竞争对手已经

---

① 行旱路就预先准备好船只，行水路就预先准备好车辆，以备需要时用。

② 研究商品过剩或短缺的情况，就会懂得物价涨跌的道理。

和将要采用的营销策略、潜在竞争对手情况等。

2. 微观环境因素调研

微观环境因素调研包括对产品、价格、分销渠道和促销方式等因素的调研。产品调研包括产品性能特征，顾客对产品的意见和要求，产品生命周期，产品的包装方式、品牌外观等；价格调研包括产品价格的需求弹性，新产品价格制定或老产品价格调整所产生的效果，竞争对手价格变化情况，选样实施价格优惠策略的时机和实施这一策略的效果调研；分销渠道调研包括企业现有产品销售渠道状况，中间商实力信用及作用，企业对中间商调整激励政策的调研；促销方式调研包括人员推销、广告宣传、营业推广、公共关系的实施效果调研。

3. 市场需求调研

市场需求调研主要包括市场最大和最小需求容量、现有和潜在的需求容量、不同商品的需求特点和需求规模、不同市场空间的营销机会以及企业和竞争对手的现有市场占有率等情况的调查分析。进行市场最大和最小需求容量、现有和潜在需求容量的调研需要创业者了解同类产品在目标市场中销售的具体数据和品牌、规格、来源、生产厂家、价格，并根据当地的有关统计人口、社会经济统计数据，寻找过去和现在发生的变化，预测将来可能发生的变化；不同商品的需求特点和需求规模、不同市场空间的营销机会的调研需要创业者了解当地市场有关产品的消费变化，主要需查清当地同类产品的生产数量和可能发生的变化、当地产品的就地销售数量、当地的工资收入水平、消费习惯等，并综合分析产品今后的消费变化趋势；企业和竞争对手的现有市场占有率调研需要创业者查明同类产品在当地的年消费量、消费者数量和产品的消费方式、产品消费范围的大小、消费频度、产品用途，以及竞争性代用品等信息。

（三）市场调研的步骤

市场调研要想能够及时、准确、有效地掌握市场营销信息，必须遵循合理的调研程序。一般市场调研要经过五个步骤、八道程序，具体如图 7-1-1 所示。

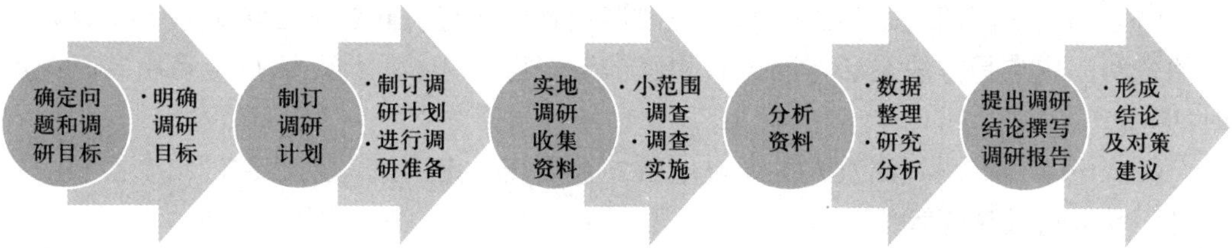

图 7-1-1　市场调研的五个步骤与八道程序

课堂活动

结合所学知识点，按要求完成《职业发展与就业创业指导实践手册》项目七 任务一中的课堂活动“调研计划制订”。

（四）市场调研的方法

根据不同的调研内容与调研目的，创业者可以采取不同的调研手段，常见的调研方法有以下几种。

1. 问卷调查法

问卷调查法是市场营销调研中较常用且较为有效的方法，是用于收集第一手资料最普遍的工具。其优点是简单易操作、节省开支，不受人数、范围限制，具备广泛性，在匿名状态下具有一定客观性，用同一问卷进行提问，有益于对被调查者在同一情况下进行比较分析；缺点是大部分的问卷调查都是由问卷设计者预先设定好回答范围，这会使被调查者作答较为受限，可能会遗漏一些更细致、深层的信息，简单的答案选项对于复杂的问题而言并不能获取需要的丰富信息，并且问卷是由被调查者自由作答的，调查者为了不给被调查者压力，一般不会当场进行检查，这样容易出现被调查者漏答、错答等问题。在问卷调查中，问卷的回收率和有效率必须达到一定的比例，才能让调查资料有代表性和价值，而问卷调查容易出现回收率低或有效性低的问题。

2. 网络调查法

网络调查法的应用越来越广泛，其优点是速度快、费用低、范围广，不受时间和空间的限制，调查结果统计方便，调查人员和被调查人员可以进行互动沟通，获取更深层次的信息；缺点是受网络建设及网络普及情况的影响较大，并且网络调查的对象主要是年轻的、收入及受教育程度较高的群体，网络调查的内容也限于与他们有关或他们感兴趣的问题。

3. 查阅调查法

查阅资料的优点是成本低、资料数据内容翔实，缺点是调研结果缺乏时效性、找到对应材料的不确定性较大。

4. 访谈调查法

访谈调查法是指调查者通过面谈、电信或书面等方式向被调查者进行调查的方法，常见的形式有以下三种。

（1）面谈法。调查人员面对面地向被调查者询问有关问题并当场记录被调查者提供的资料，优点是方法灵活，面谈时相互启发，可做深入询问；缺点是费用高、花费时间长。

（2）电话调查法。调查人员通过电话向被调查者询问，优点是省时、成本低；缺点是不易取得被调查者的信任。

（3）邮寄调查法。这种方法是将设计好的调查内容邮寄给被调查者，要求其填好后寄回，优点是被调查者分散，答案不会受调查人员的影响；缺点是回收率较低。

5. 观察调查法

观察调查法是调查人员直接到调查现场进行观察或用仪器（如照相机、摄像机、录音机等）进行记录的一种调查方法。这种方法不直接向被调查人员提出问题，而是从侧面观察或用仪器记录现场发生的事实，被调查人员不会明显感受到自己在被调查，因而能够获得更加客观的一手资料。

用来观察的仪器设备种类很多，除了常用的照相机、摄像机、录音机外，还可以利用交通记录器记录来往车辆的数目，为商店店址的选择提供依据，或利用测瞳仪根据顾客瞳孔的大小测量，观察他们对产品、包装、广告的兴趣等。

观察法一般分为直接观察、痕迹观察和行为记录法三种，优点是调查人员能够观察到被调查者的实际行动，因而调查结果更加客观；缺点是观察到的事实情况不能由被调查者说明其原因、动机和意见。

二、调研问卷设计

在众多调研方法中，问卷调查法应用较为广泛，创业者可根据调查结果了解市场需求、消费者倾向等，从而做出相应的决策，促进企业的发展。

（一）调研问卷的设计原则

进行调研问卷设计时，要根据调查目的确定主题，明确问题、突出重点。问题的排序应有一定的逻辑顺序，符合被调查者的思维程序，让被调查者一目了然、避免歧义、愿意如实回答。调研问卷要求语言平实、语气诚恳，尽量避免使用专业术语，对于敏感问题应采取一定的技巧，使问卷具有较强的可答性和合理性。调研问卷中所提出的问题不宜过多、过细、过于繁琐，应做到言简意赅，在设计调研问卷时要考虑问卷回收后的数据汇总处理，便于进行数据统计处理。

（二）调研问卷的组成结构

一个正式的调研问卷一般由三部分组成。

1. 前言

前言主要说明调查主题、调查目的、调查意义，以及向被调查者致意等，应强调调查与被调查者的利害关系，以取得调查者的信任和支持。

2. 正文

正文是问卷的主体，即核心部分，须依据调查主题设计若干问题。这些问题大致可分为三类：第一类是被调查者行为的问题，即研究者可以从被调查者过去及现在的行为状况预测其未来行为的可能性；第二类是被调查者态度的问题，这类问题是要研究被调查者对特定问题的感受、认识和观点；第三类是被调查者基本分类资料，如性别、年龄、受教育程度、职业、婚姻状况、收入、居住地区、党籍、省籍等。

展阅：设计调研问卷的步骤

3. 附录

在附录中，可以对某些问题附加说明，还可以再次向消费者致意，附录可随调查主题的不同而改变。

需要注意的是，调研问卷的结构要合理，正文应占整个问卷的3/5～4/5，前言和附录只占很小比例。

（三）调研问题的设计

一份调研问卷要想成功取得目标资料与数据，除了要做好大量前期准备工作外，在设计问题时也有很多方式与技巧，调研问题的设计在一定程度上决定了问卷质量的高低，会影响调研的最终结果。

1. 调研问题的提问方式

调研问题一般有两种提问方式。

（1）封闭式提问。封闭式提问指答案事先由调研人员设计好，被调查人在各种可能性的回答中选择某些答案。这种提问法的优点是易分类整理、统计分析，便于被调查者回答问题、节省调查时间，但限制了被调查者的自由发挥，答案范围可能过窄，难以适应复杂的问题。

常见的封闭式提问方式有以下五种。

① 二元选择式。这种提问方式又称是非题，是指提出的问题仅有两种答案可以选择，如是或否、有或无等，这两种答案是对立的、排斥的，被调查者的回答非此即彼，不能有更多的选择。

举例：

您购买过 ××（品牌）的农产品吗？

A. 买过　B. 没买过

这种提问的方式的优点是易于理解，并且可以迅速得到明确的答案，便于统计、处理和分析，其缺点是没有给回答者进一步阐明理由的机会，难以反映被调查者的意见，了解的情况不够深入。

② 多元选择式。这种提问方式与二元选择式的结构基本相同，只是答案多于两种。被调查者依据问题的限制条件或要求，可以选择其中一种答案，也可以选择多种答案。

举例：

您每月花费在生鲜产品购买方面的费用大约是多少？

A. 100 元及以下　B. 101～200 元　C. 201～300 元　D. 301 元及以上

为了全面了解被调查者的真实背景、动机等，可以选择采用多元选择式的方式提出问题。这种方法的优点是比二元选择式的强制选择有所缓和，答案有一定的范围，也比较便于统计处理。

③ 比较式。比较式就是采用对比提问方式，要求被调查者做出肯定回答的方法。

举例：

请比较下列不同品牌的牛奶，您更喜欢哪个品牌的口感？

A. 完达山　B. 蒙牛　C. 伊利　D. 君乐宝　E. 三元

④ 排序式。这种提问方式是指调查人员为一个问题准备若干答案，让被调查者根据自己的偏好程度定出先后顺序。排序方式主要有两种，一种是对全部答案排序；另一种是只对其中的某些答案排序。究竟采取何种方法，应由调查者来决定，具体排列顺序由回答者根据自己所喜欢的事物和对事物的认知程度等进行排序。

举例：

您购买牛奶时考虑的因素有哪些？（请选出三项并按照重视程度排序）

A. 价格　B. 安全　C. 口味　D. 产地　E. 新鲜程度　F. 其他（请注明）

这种提问方式比较适用于对质量和效用等问题做出评价，应用比较式要考虑被调查者对所要回答问题中的商品品牌等项目是否熟悉，否则可能导致空项发生。

（2）开放式问题。

开放式问题的提问方式由于被调查者不受限制，因此可揭示出许多新的信息，供调查参考，但答案较分散，整理困难，不利于统计分析，容易产生理解误差。

开放式问题多运用于探测型调研阶段，了解人们的想法与需求。一般来说，开放式问题因其不易统计和分析，所以在一份调查问卷中只能占小部分。对于开放式问题的选择要谨慎，所提的问题要进行预试，再广泛采用。例如，为了解消费者对品牌、广告的印象等，可以采用开放式问题。

举例：

请说出您所知道的奶制品品牌________________________________。

以上列举的品牌中，您最喜欢的品牌是________________________________。

回答开放式问题时，被调查者会耗费更多时间，因此该类问题要控制好设置数量，避免被调查者产生抵触情绪。

2. 调研问题的设计技巧

在设计调研问卷的问题时还有一些技巧，掌握这些技巧可以帮助创业者做出更高质量的调研问卷，获得所需要的真实数据。

（1）语言表达要准确。在设计调研问卷的问题时，不要使用让被调查人有模糊认识的语句。

举例：

您通常喜欢选购什么品牌的鞋?

以上就是用词不准确的典型，因为对“通常”的含义，不同的人有不同的理解，回答各异，不能取得准确的信息。可将问题设置为具体的情境，如“您外出旅游时，会选购什么品牌的运动鞋？”因此，在进行调研问题的设计时，可以通过提出更聚焦的问题、用具体描述代替模棱两可的用词、避免使用绝对性措辞等技巧，让调研问题语言表达更加准确。

（2）内容设计不误导。在设计调研问卷的问题时，要避免出现倾向性，以免误导被调查者，得到失真的调研数据。

举例：

某品牌的农产品质优价廉，您是否准备选购该产品?

这样的问题容易使被调查者因问题具有引导性而得出肯定性的结论，或因对问题反感而简单得出结论，这样不能反映消费者对商品的真实态度和真正的购买意愿，产生的结论也缺乏客观性，调研结果可信度低。可见，创业者可以采用不夸大问题的某一方面、不预设立场限制用户的回答等提问技巧来避免调研问题产生倾向性。

（3）问题设置要准确。不易回答的问题有两种。一是时间太久、回忆不起来或回忆不准确的问题。

举例：

你还记得去年的 8 月 4 日见到了谁吗？他穿着什么样的衣服？

不要提问过于久远的内容，因为这种问题即使问了，也无法得到确切、有效的信息。二是涉及个人隐私的问题。如问卷中涉及被调查人的身高、体重、收入等内容。避免被调查人陷入两难的技巧有：

① 问题设计要避免敏感信息出现。以调研用户购买能力为例，创业者可能会设置收入的问题，如果直接询问被调查者的实际收入数值，可能会让被调查者陷入尴尬，甚至感到被冒犯。如果调研中确实无法回避这类问题，则创业者在设计调研问题时可以列出档次区间或用间接的方式提问，主动转移敏感信息。

② 问题设计要避免社会期望偏差。社会期望偏差是科学研究的范畴，是心理学研究中使用的一个术语，它认为一个人在回答问题时，可能会以一种被提问者认为是社会可以接受的方式来回答，而不是完全准确表达出自己内心真实想法。例如，如果一个人自诩科技达人、3C（Computer、Communication、Consumer Electronics 三类电子产品的简称）产品爱好者，且身边的朋友都认为他在这方面很厉害，那么当他接到如“你听过大家都在谈论的现在特别火的传音手机吗？”这样的调研问题时，得出的结论很有可能是失真的，因为很少有人愿意承认自己对大家都在谈论的事情一无所知，为了维护自身的形象，即使他没听过也会说听过。而如果将调研问题改成“请列出你知道的所有手机品牌”，被调查者则会根据自己的认知正常填写，如此调研效果就会好很多。

（4）问句设计要有艺术性。尽量避免出现对被调查者产生刺激而不能得到真实答案的问句，导致问卷结果出现偏差。

举例：

您至今未买便携式计算机的原因是什么？

A. 买不起　B. 没有用　C. 不懂　D. 软件少

您至今暂未购买便携式计算机的主要原因是什么？

A. 价格较高　B. 用途较少　C. 不了解性能　D. 其他

在上面的提问中，第一种提问方式容易刺激被调查者，相反第二种提问方式及答案设计要艺术得多。

三、调研数据分析与整理

（一）资料溯源

根据资料收集人和资料收集目的的不同，调研数据可以分成原始资料和二手资料两类。

1. 原始资料

原始资料又称一手资料或直接资料，它是由调研人员为了解决现有问题而专门收集的资料。

2. 二手资料

二手资料又称现成资料或间接资料，它是由其他人员为了解决其他问题而收集的资料。

（二）整理审核

为了辨别资料的真假和误差，达到去伪存真的目的，调查者要对调查的结果进行检查，审核情报资料是否可靠。

（三）分类编码

为了使资料便于查找和利用，调查者应将调研的资料按一定标准进行分类、编号。

（四）统计分析

统计分析是对资料加以分析，揭示其规模、结构、水平和比例等关系，反映其变化趋势，以表格形式表示各种调研数据，反映各种信息的相关经济关系或因果关系。从某种意义上说，对资料的分析要比收集更重要。

（五）撰写报告

调研的最后阶段工作是根据营销调研的结果撰写调研报告，以供决策者参考。

调研报告主要包括五个内容：调研过程概述（摘要）、调研背景及目的（引言）、调研结果分析（正文）、结论对策、附录。调研报告不是市场的最终结果，创业者应继续注意市场情况变化，以检验调研结果为依据，及时跟进市场发展趋势，为改进以后的数据打下基础。

市场调研是一个长期、复杂的过程，为了取得真实的调研数据，创业者必须不畏艰辛、吃苦耐劳，才能获得最终的调研数据，总结调研结果并为后续创业决策提供可靠依据。

四、客户画像绘制

（一）客户画像的概念

客户画像，是一种勾画目标客户、联系客户诉求与设计方向的有效工具。客户画像是根据客户特征、业务场景和客户行为等信息，构建一个标签化的客户模型，是将典型客户信息标签化。创业者往往会用最为浅显和贴近生活的话语将客户的属性、行为与期待的数据转化连接起来，作为实际客户的虚拟代表，客户画像形成的客户角色并不是脱离产品和市场之外构建出来的，其形成的虚拟客户角色需要有代表性、能代表产品的主要受众和目标群体。

（二）客户画像的作用

1. 聚焦服务对象

客户画像可以使产品的服务对象更加聚焦、更加专注。缺乏经验的创业者做一个产品，往往期望目标客户能涵盖所有人，通常这样的产品会走向消亡，因为如果这个产品是适合每个人的，那么其实它是为最低的标准服务的，这样的产品要么毫无特色，要么过于简陋。

创业者常常喜欢用学生、白领等名词泛泛地描述自己的目标客户，而无法聚焦到真实具体的人。通过赋予一张人物的面孔和名字来创建一个人物角色，可以让企业的客户变得更加真实，从而进一步分析、细化客户的主要特点，如性别、年龄、职位、收入状况等。人物角色是能代表整个真实客户需求的虚构人物，其帮助企业确保在整个产品设计期间把客户始终放在心里。

2. 准确定位客户

客户画像可以在一定程度上避免产品设计人员草率定位客户。代替客户发声是在产品设计中常出现的现象，通过客户画像可以明确企业要服务的特定人群的特点，给特定群体提供专注的服务，能帮助创业者更了解客户的需求与期望。

（三）客户画像的架构

构建客户画像是寻找目标客户、优化产品设计，以此指导运营策略、分析业务场景和完善业务形态。通过客户画像，企业可以精准找到要服务的目标顾客。需要注意的是，客户画像只是找到目标顾客的工具，这一切要基于创业者的产品，要从客户的角度思考问题，找到其切实需求并满足他们。

课堂活动

结合所学知识点，按要求完成《职业发展与就业创业指导实践手册》项目七 任务一中的课堂活动“目标客户锁定”。

构建客户画像，首先要收集数据，如打通平台产品信息、引流渠道用户信息、收集客户实时数据等；其次要搭建行为建模，通过对客户行为数据进行分析和计算，为客户打上标签，以标签的形式将客户形象具体化，从而为客户提供有针对性的服务；最后要构建客户画像，如客户的基本特征、社会特征、偏好特征、行为特征等。

自我评测

通过上述学习，请你阅读案例中的客户画像（图 7-1-2），并完成表格（表 7-1-1）填写。

年龄：35
性别：女
婚否：已婚，育有一女

职位：销售经理
收入：8 000/月
资产：有居住房1套，代步车1辆

描述：家庭幸福，平时喜欢看书，爱好跑步健身、旅游，工作忙碌且经常加班，不注意日常开销没有多少存款
痛点：工作忙碌早出晚归；生活中两点一线地奔波过于单调，想扩大社交圈子；因为平时不注意开销，所以总是存不住钱
目标：改变现状，试着合理分配钱款避免冲动消费，改变身体亚健康的状态，多交一些志同道合的朋友

图 7-1-2　客户画像案例

表 7-1-1　消费行为判断测试

应用	产品类别	判断（在选项括号中打√）	
她可能购买或使用哪些产品	（1）一款电子书阅读产品	会买（　）	不会买（　）
	（2）健身房年卡	会买（　）	不会买（　）
	（3）一款记账类 App（应用软件）	会买（　）	不会买（　）
	（4）一套全新的高层住宅商品房	会买（　）	不会买（　）
简要论述你的判断依据			

课堂活动

结合所学知识点，按要求完成《职业发展与就业创业指导实践手册》项目七 任务一中的课堂活动“客户画像绘制”。

任务实训

结合本任务学习，按要求完成《职业发展与就业创业指导实践手册》项目七 任务一中的实训演练“撰写调研报告”。

任务小结

通过任务学习，学生能够掌握市场调研的步骤、方法及注意事项，可以开展市场调研，也能够根据市场调研的结果构建企业产品的目标客户画像，增强调查与研究的主观意识，培养吃苦耐劳的创业者品格。

任务评价

本任务学习已完毕，请在《职业发展与就业创业指导实践手册》项目七 任务一的“任务评价”中，就自身专业能力与核心能力的提升情况开展能力自评。

任务二　多策齐施建模式

▶ 任务清单

教学环节	教学信息	具体内容
教	知识重点	了解市场营销的相关理论
	知识难点	能够掌握商业模式画布的相关内容
	推荐教学方式	小组讨论与案例分享
	教学场所	多媒体教室或实训室
	建议学时	2 学时
学	必须掌握的理论知识	市场营销的作用与市场营销组合策略；STP 营销策略规划；商业模式构成要素
	必须掌握的工作技能	熟练掌握 STP 营销策略规划及市场营销组合策略，能根据实际情况构建创业项目的商业模式
	能力训练	能够规划创业项目 STP 营销策略，完成创业项目的商业模式画布设计

▶ 任务导入

跨界经营的策略

王明和李雪认真进行市场调研后发现，有 80% 的游客在短途旅行结束后有购物需求，大部分游客都想带点特产回家，但因为返程不易携带过重的产品，所以游客比较偏爱小包装的产品或更加轻便、易于携带的产品。当地特色的山珍菌类和副产品都很轻便，因此可以塑封进行售卖，但是大米该如何售卖呢？王明根据调研的情况，决定将当地的大米按照不同重量分装售卖。自驾来旅游的游客可以直接购买大袋大米；对于乘公共交通返程的游客，王明为其精心准备了小包装的大米并在包装袋上印好了订货电话，游客可以买小袋米作为礼物，日后有需求也可以直接电话订购，王明甚至考虑开一家网店，线上线下一同售卖。李雪认识当地的一些手工艺人，李雪打算与这些技艺精巧的手工艺人合作，利用当地特产加工成小巧精致的工艺品，一同放在小店进行售卖，这些精美且具备当地特色的手工艺品和摆件也许会很受女士和儿童的欢迎。于是李雪又针对工艺品的相关内容进行了调研，通过调研李雪觉得这部分商品的市场需求很大，王明也赞同李雪的想法。但这家售卖当地特色产品的小店要如何进行宣传、怎样招揽顾客呢？王明和李雪暂时没有头绪，而且店铺的业务中多出了工艺品售卖的业务，他们觉得还有一些考虑不周的地方。

结合案例，请思考以下问题。

（1）王明和李雪可以采用哪些方式进行宣传与营销呢？

（2）如果要增加工艺品售卖业务，你建议他们考虑哪些问题？

任务解码

一、市场营销与全媒体运营

（一）市场营销的概念与作用

1. 市场营销的概念

市场营销是指在变化的市场环境中，企业或其他组织以满足消费者需要为中心进行的一系列营销活动。被誉为“现代营销学之父”的菲利普·科特勒对市场营销做出定义：市场营销是指企业的这种职能，即认识目前未满足的需要和欲望，估量和确定需求量大小，选择和决定企业能最好的为其服务的目标市场，并决定适当的产品、劳务和计划（或方案），以便为目标市场服务。

2. 市场营销的作用

市场营销的优劣不是决定企业成功的唯一因素，但从企业的发展来讲，市场营销起到关键作用。市场营销链接社会需求与企业自身，是二者中间的桥梁。它既是企业用来把消费者需求和市场机会变成利润的途径之一，也是企业战胜竞争者、谋求发展的重要方法。市场营销对于合理选择时机、地点和价格定位，把产品从生产者手中传递到消费者手中，求得生产与消费在时间、地区的平衡，从而促进社会供需总体平衡，对社会经济发展起到重要作用。

（二）全媒体运营

人们在日常生活中能看到、听到、接触到的内容，如广播、电视、电影、短视频、报刊等，都是信息传播的媒介载体，是全媒体的一部分。宏观的全媒体运营不限于互联网领域，而指利用传统媒体、互联网新媒体等一切媒体手段进行信息传播与营销推广的方式。互联网微观概念下的全媒体是指多渠道、有策略地覆盖人们会触及的主流互联网媒体平台（如公众号、短视频等），打造全网媒体矩阵。这里主要从微观角度介绍全媒体网络营销运营。

随着互联网技术的发展，网络营销相继而生，成为传统营销的重要组成部分，网络营销是依托互联网信息技术和社交媒体等平台来满足消费者需求，实现企业总体经营目标所进行的营销活动，是企业整体营销战略的组成部分之一。网络营销贯穿企业经营全程，始终存在于信息收集、信息发布、贸易磋商等环节，直到交易完成。

1. 网络营销的内容

（1）网络市场分析。从网络市场环境分析入手，分析网络竞争对手，开展网络市场调研，进行网络市场细分与定位。

（2）网络顾客购买行为分析。了解顾客需求，掌握顾客购买行为和决策。

（3）网络营销策略选择。从 4P——Product（产品）、Price（价格）、Promotion（推广）、Place（渠道）到 4C——Customer（顾客）、Cost（成本）、Convenience（便利）和 Communication（沟通）到 4R——Relevance（关联）、Reaction（反应）、Relationship（关系）、Reward（报酬）等常见的市场营销组合，有利于企业掌握网络推广策略，优化搜索引擎、加强新媒体营销 / 微营销等。

（4）网络营销效果评估。网络营销的核心问题是如何抓住顾客，如何利用网络营销的内容与服务来黏住顾客、解决用户黏性的问题，如何通过沟通与分享来调动顾客参与营销活动，如何利用社群及生态链实现营销价值的关联。

2. 网络营销的方法

为更好地实现网络营销职能，企业营销人员需要通过一种或多种网络营销方法来完成网络营销。随着网络工具的发展和变化，网络营销的方法也在不断增加。常用的有无站点网络营销（信息发布、在线销售等）和基于网站的网络营销，后者除了具备无站点网络营销的特点，还可以运用网站资源合作、网络广告、网络会员制等方法实现网站推广、销售促进等功能。

二、营销策略规划与制定

（一）营销策略规划

1956 年，美国市场营销学家温德尔・史密斯最先提出了市场细分的概念，菲利普・科特勒进一步发展和完善了史密斯的理论，并最终形成了 STP 理论（图 7-2-1）。

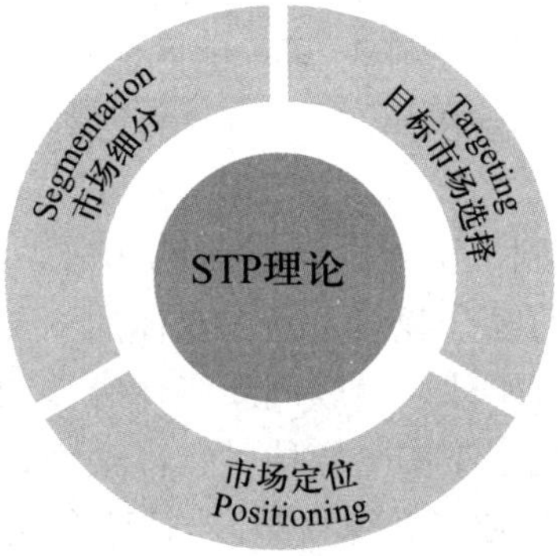

图 7-2-1　STP 理论

1. 市场细分（S）

市场细分就是企业通过市场调研，按照一个或若干特征变量对现有或潜在的市场进行划分，进而选择具有共同消费需求的子市场作为企业目标市场的过程。市场细分不是对商品进行分类，而是对需求各异的消费者进行分类，是识别具有不同需求和欲望的购买者或用户群的过程。

一种产品的整体市场之所以可以细分，是由于消费者或用户的需求存在差异。而引起消费者需求差异的因素有很多，这构成了市场细分的标准（表 7-2-1）。

表 7-2-1　消费者市场细分的标准

细分标准	细分变量
地理因素	国家、地区、城市规模、地形地貌、气候、交通状况、人口密度等
人口因素	年龄、婚姻、性别、职业、收入、民族、宗教、国籍、受教育程度、家庭人口、家庭生命周期等
心理因素	社会阶层、生活方式、个性、态度等
行为因素	购买时机、购买数量、购买频率、品牌忠诚度，以及对服务、价格、渠道、广告的敏感程度等

案例品读

传音拿下非洲手机之王密码

时至今日，传音手机雄霸非洲市场，占据了非洲市场 40% 以上的市场份额。那么传音手机为什么能够畅销非洲？因为传音是从非洲用户的需求入手，以服务的眼光来改进产品的。

首先，非洲有很多不同的电信公司，它们之间的信号不兼容，这就迫使一个人可能有三四部手机和配套的手机卡，因此非洲用户很喜欢多卡多待，传音手机就满足了非洲用户这一需求。其次，非洲用户喜欢用手机拍照，传音手机就直击用户需求、改造了手机的拍照效果，其成像技术根据眼睛、牙齿来补光拍照，对黑色皮肤进行了美颜处理，让深肤色变成了对比明显的巧克力色，满足非洲用户的美颜需求。传音手机还抓住了非洲用户喜欢载歌载舞的特点，将手机播放音乐的音量增强并让音质更出色，满足了非洲用户的又一需求。

启示：我国创新型国家建设需要创新型的人才，传音手机根据用户对产品的需求进行产品创新，展现了良好的企业家精神和中国企业的担当。

2. 目标市场选择（T）

目标市场是指企业在细分市场的基础上，根据一定的条件和标准，选择其中一个或几个目标市场作为经营目标的决策过程。通过对有关细分市场进行评估，企业会发现一个或几个值得进入的细分市场，这时企业需要选择要进入哪一个或哪几个细分市场。目标市场的选择策略样例如图 7-2-2 所示。目标市场的选择策略有以下几种。

展阅：企业进入目标市场的常见营销策略

（1）产品市场集中化。产品市场集中化模式是一种最简单的目标市场，选择一个子市场为目标市场，然后集中人、财、物等资源生产单一产品，满足消费者需求。例如，某家鞋厂只生产儿童运动鞋，满足儿童对运动鞋的需求。

展阅：目标市场策略选择的影响因素

（2）产品专业化。产品专业化模式是指企业以一种产品向若干子市场出售。例如，生产运动鞋的企业只生产运动鞋、不生产其他类型的鞋子，但同时向男人、女人、儿童、老人销售不同的运动鞋。

（3）市场专业化。市场专业化模式是企业面向某一子市场以多种产品满足其需求。例如，一家鞋厂只生产女鞋、不生产男鞋和童鞋，但女鞋的品类包括运动鞋、布鞋、凉鞋等。

（4）选择专业化。选择专业化模式指企业选择若干子市场为目标市场，并分别以不同的产品满足其需求。例如，一家鞋厂生产男士运动鞋、女士凉鞋、儿童布鞋三种鞋子进行销售。

（5）市场全面化。市场全面化模式是指企业用一种或多种产品满足市场上各种顾客群体的需要，以达到占领整个市场的目的，一般只有大公司才有实力采取这种策略。例如，一家实力雄厚的制鞋企业，可以生产面向男女老少的各种类型的鞋子。

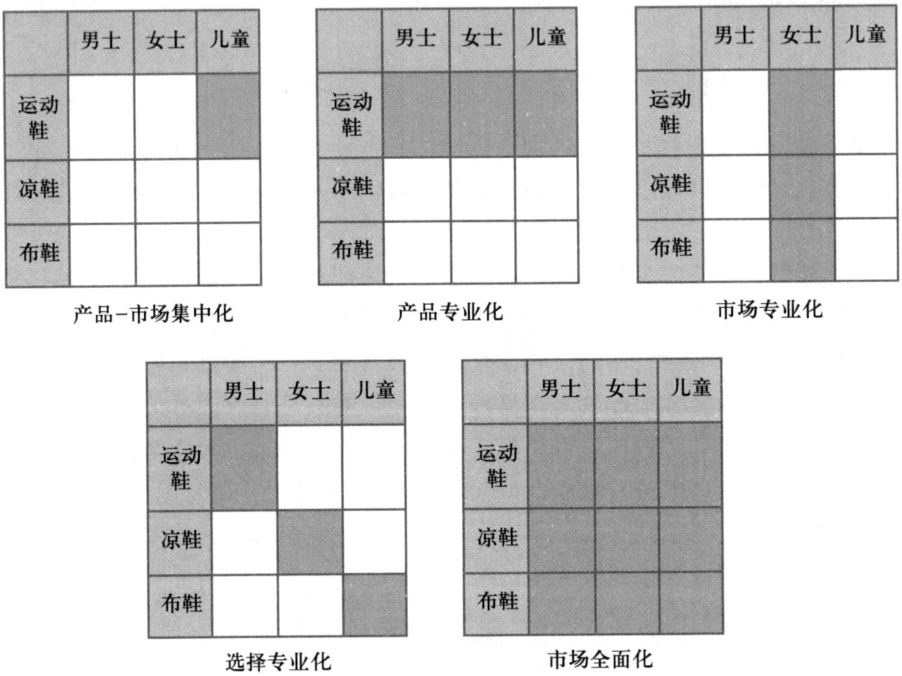

图 7-2-2　目标市场的选择策略样例

3. 市场定位（P）

产品的市场定位是指企业整体形象及产品特性在消费者心目中位置定格的过程，其实质在于对已经确定的目标市场从企业产品特征出发，进行更深层次的剖析，进而确定企业营销策略，并最终落实到具体产品的生产和销售中。随着市场上商品品类越来越丰富，与竞争者雷同或毫无个性的产品无法吸引消费者注意力的。

课堂活动

结合所学知识点，按要求完成《职业发展与就业创业指导实践手册》项目七 任务二中的课堂活动“STP 营销策略规划”。

（二）营销策略制定

市场营销组合是否适当是企业能否占领目标市场的关键。企业的营销竞争优势取决于整体营销组合策略的优劣，而不是单个策略的优劣，企业在目标市场上的竞争地位和经营特色也主要通过营销策略组合来体现。

1. 制定产品组合策略

产品组合策略指企业根据自己的营销目标，对产品组合的广度、深度、密度进行最优组合决策。产品组合的广度是指一个企业所拥有的产品线数目的多少，产品线越多，产品组合就越宽，反之则越窄。例如，北大荒集团（全称北大荒农垦集团有限公司）拥有豆制品相关产品线、米面粮油产品线、奶制品产品线等。产品组合的深度是指一条产品线内有多少不同的产品项目，项目越多，产品线越长，产品组合就越深，反之就越浅。产品组合的密度是指产品线之间的关联程度，它们在最终用途、生产条件、技术要领、分配路线等方面越接近，相互联系越紧密，密度就越大，反之则越小。

展阅：常用的产品组合策略

2. 制定价格组合策略

价格策略是企业能否走向成功的重要因素，因此，产品定价一直是企业的重要决策之一。价格策略的复杂之处在于它不仅仅是简单的成本和利润的计算，还受各种非成本因素的影响。因此，企业不仅要制定合理的价格策略，还必须随着环境的变化不断地对其进行修改和完善，常用的价格组合策略有以下六种（表 7-2-2）。

表 7-2-2　常用的价格组合策略

类型	说明
高价定价策略	这种价格策略是以高价位来搜刮市场利润的一种定价策略
渗透性定价策略	这种定价策略是以较低的产品价格打入市场，目的是在短期内加速产品成长、获得大量的市场占有率
组合定价策略	这种价格策略是指如果企业开发出一系列产品，且产品之间关联性很强，如开发的主产品必须使用特定的专属产品，或在主产品使用过程中附属产品也必须使用本企业开发的产品，这时将主产品价位降低，甚至可以降到成本以下，以吸引更多的顾客，面对配置的附属品，则采取高价策略，以此获得尽可能多的利润
心理定价策略	这种价格策略是指企业定价时，利用顾客的心理，有意识地将产品价格定高些或定低些，以扩大销售范围，常用的心理定价策略有尾数定价、声望定价、习惯定价、招揽定价等
折扣定价策略	这种价格策略是指企业在销售的过程中，出于促销或其他目的，直接或间接地给中间商或最终消费者一定的价格优惠
差别定价策略	这种价格策略是指企业以不同的价格向不同的消费者销售相同或类似的产品，常用的差别定价策略有顾客差别定价、时间差别定价等

（三）制定渠道组合策略

分销渠道，有时也称营销渠道、销售通路、销售网络和流通渠道，绝大多数生产商依靠中间渠道将他们的产品带到市场上去。在营销组合中，分销渠道的作用是将产品送达目标市场。分销渠道一般由处于渠道起点的制造商、处于渠道终点的消费者，以及处于制造商与消费者之间的经销商和代理商等营销中介构成，它包括生产者、经销商、代理商、批发商、零售商以及最终消费者或用户等。对于新创企业来说，比较合适的渠道有以下五种（表 7-2-3）。

表 7-2-3　对于新创企业较为合适的渠道

类型	说明
直接邮购营销	在企业创业初期的困难阶段使用这种渠道，不需要店铺，只需要有一个库房和管理办公室，这种形式可最大限度地减少投资、节约经营费用，从而降低产品价格、提高竞争力
网络营销	借助方便、快捷、低廉的互联网销售渠道和平台，企业可以通过一些商业网络介绍推销自己的产品，也可以建立自己的网络销售系统实现网上销售
直销并直接建立自己的销售网络	这种渠道策略是在目标市场采用密集型和轰炸机的销售策略，一般是针对市场需求巨大、面向广大消费者、利润率高、技术含量高的产品，比较适合于初创企业在企业品牌影响还不高、企业知名度还不大的情况下，打开产品的销路
广泛性和控制性相结合的销售渠道	这个渠道策略是指既要尽可能多地利用中间商分销产品，又要能控制中间商的销售活动，其目的在于保证选用的销售渠道畅通无阻，保证产品质量、信誉不受损害
捆绑式销售	新产品系列是相关产品或用途是相互配套、相互联系的，那么配套产品可以利用主要产品的销售渠道进行销售

知识链接

《直销管理条例》和《禁止传销条例》

我国于 2005 年 12 月 1 日起执行的《直销管理条例》中所称的直销是指直销企业招募直销员，由直销员在固定经营场所之外，直接向最终消费者推销产品的经销方式。直销产品的范围由国务院商务主管部门会同国务院工商行政管理部门根据直销业的发展状况和消费者的需求确定、公布。

我国于 2005 年 11 月 1 日起实行的《禁止传销条例》中所称的传销是指组织者或经营者发展人员，通过对被发展人员以其直接或间接发展的人员数量或者销售业绩为依据计算和给付报酬，或者要求被发展人员以缴纳一定费用为条件，取得加入资格等方式牟取非法利益，扰乱经济秩序，影响社会稳定的行为。

（四）制定促销组合策略

展阅：不同广告形式的对比分析

促销是指企业将产品或劳务的信息传递给目标顾客，从而引起顾客兴趣、促进购买，实现企业产品销售的一系列活动，其实质是实现营销者与目标顾客之间的信息沟通，以促进产品的销售。广告、人员推销、公共关系和营业推广是四种主要的促销组合工具，不同的促销工具以不同的方式与人们进行沟通，产生不同的影响。

（1）广告。广告是一种有偿行为，主要运用大众媒体来引起人们的注意，以达到说服受众的目的。广告影响最显著，投入资金也经常高于其他促销方式。现代广告媒体种类繁多，企业选择余地越来越大。

（2）人员推销。人员推销是促销组合中最传统也最不可缺少的促销方式，在现代企业市场营销和社会经济生活中占有重要地位。人员推销就是为了达成销售目的，用口头介绍的方式向一个或多个潜在顾客执行面对面的商场营销通报和沟通，销售人员既服务于买方，也服务于卖方。

（3）公共关系。公共关系简称公关，是指通过获得有利的公众宣传与企业的公众建立良好关系，消除不利的谣言、传闻或事件，树立良好的企业形象。公共关系以远低于广告的代价对公众心理产生较强的影响，一般而言，公共关系的促销方式比广告的可信度高。

（4）营业推广。营业推广又叫销售促进，是指企业运用各种短期诱因，鼓励消费者和中间商购买、经销或代理企业产品或服务的促销活动，如买一送一、购物优惠券等。

展阅：常见的营业推广方式

课堂活动

结合所学知识点，按要求完成《职业发展与就业创业指导实践手册》项目七 任务二中的课堂活动“4P 营销策略规划”。

三、商业模式设计与选择

（一）商业模式的概念

商业模式是指为实现客户价值最大化，把能使企业运行的内外各要素整合起来形成一个完整、高效且具有独特核心竞争力的运行系统，并通过最优实现形式来满足客户需求、实现客户价值的同时，使系统达成持续盈利目标的整体解决方案。商业模式描述的是一个企业如何创造价值、传递价值和获取价值的基本原理。

（二）商业模式五层金字塔

商业模式的五大要素组成了商业模式的金字塔，从第一层到第五层分别是企业定位、盈利模式、关键资源和能力、业务系统、自由现金流结构，它们的关系如图 7-2-3 所示。

（三）商业模式画布

成功的商业模式设计会给企业带来无限收益。商业模式设计是指根据客户需求而进行创新的战略重塑，为追踪可持续利润而进行的企业战略设计，其重点在于全部设计必须紧扣客户价值。

商业模式设计分析常用到的一个工具是商业模式画布。它是一种用来描述商业模式、可视化商业模式、评估商业模式及改变商业模式的通用语言，它利用画布的形式，呈现了直观、简单、可操作性强的特点，一般由客户细分、价值主张、渠道通路、客户关系、收入来源、核心资源、关键业务、重要合作、成本结构九个部分构成（图 7-2-4）。

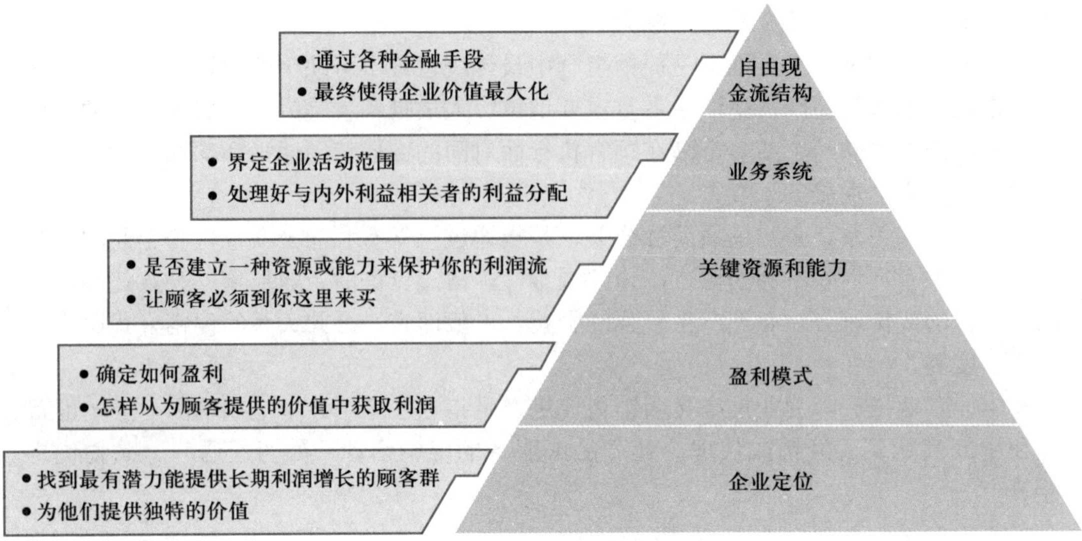

图 7-2-3　商业模式五层金字塔

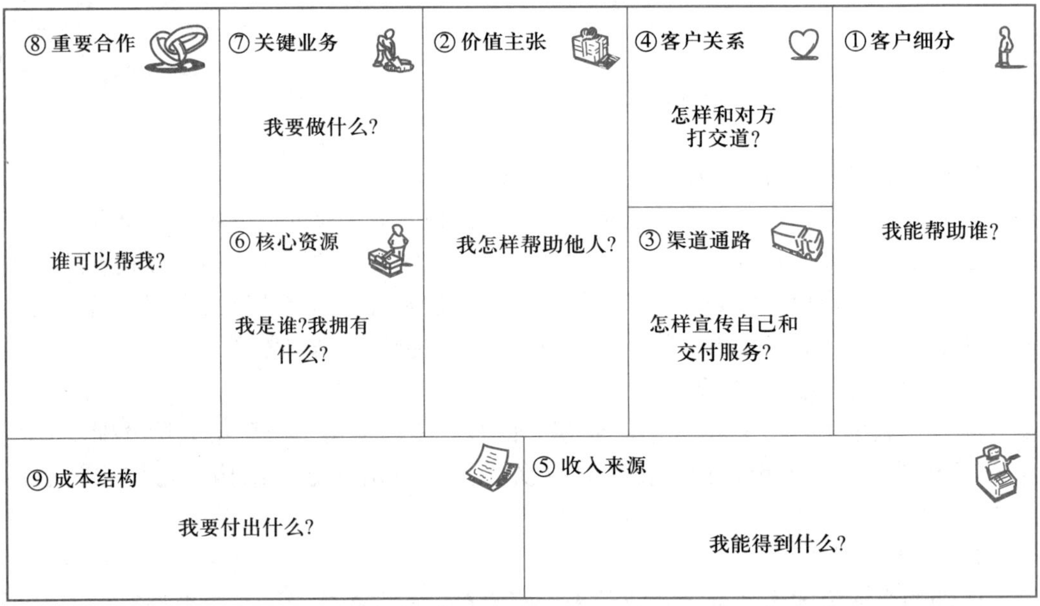

图 7-2-4　商业模式画布

1. 客户细分

客户是商业模式的核心，为了更好地满足客户，企业应按照客户的需求、行为及特征的不同，将客户分成不同的群组，一个商业模式可以服务于一个或多个或大或小的客户群体，但创业者需要谨慎地选择服务于哪个客户群体。不同市场类型客户细分依据如表 7-2-4 所示。

表 7-2-4　不同市场类型客户细分依据

市场类型	客户细分依据
大众市场	大众市场中，价值主张、渠道通路和客户关系全部聚焦在一个大范围的客户群中，其需求和需要解决的问题大致相同
利基市场	利基市场是在较大的细分市场中具有相似兴趣或需求的一小群顾客所占有的市场空间，大多数成功的创业型企业一开始并不在大市场开展业务，而是通过识别较大市场中新兴的或未被发现的利基市场发展业务
区隔化市场	不同的客户需求及困扰问题在细分市场上有所差别，如银行及服务机构区分设置的 VIP 服务和普通客户服务
多元化市场	具有多元化客户商业模式的企业可以服务于两个不同需求的客户细分群体，如腾讯公司的在线存储空间业务和按需服务器使用业务
多边平台或多边市场	有些企业为两个或更多的相互依存的客户细分群体提供服务，如银行为信用卡持有者服务，也为受理信用卡的商家提供服务，同时也需要广告商为其产品等提供资金，支付宝同样如此，既为买家提供服务，又为卖家提供服务，同时需要银行为其资金流动提供支持

2. 价值主张

价值主张是客户选择一家公司而放弃另一家公司的原因，它解决了客户的问题或满足了客户的需求，因此，每一个价值主张就是一个产品或服务的组合，这一组合迎合了某一客户群体的要求。从这个意义上来说，价值主张就是一家公司为客户提供的利益的集合或组合。价值主张可以是创新性的，并带来一种新的或者革命性的产品或服务，也可以是与既有的产品或服务相似，但却增添了新的特点和属性。价值主张的类型如表 7-2-5 所示。

表 7-2-5　价值主张类型

类型	说明
创新	有的价值主张满足的是客户全新的需求，因为之前市场上并没有类似的产品或服务存在
性能	改进产品或服务的性能是一项传统而普遍的价值创造的方式
定制	针对某些客户或客户群体的某项需求，提供定制的产品或服务也能够创造价值
保姆式服务	简单地帮客户完成任务，也可以为客户创造价值
设计	设计是一个重要但很难量化的元素，一个产品可能由于其出色的设计而鹤立鸡群，在时尚产业和消费电子产业，设计对于价值主张而言尤其重要
品牌 / 地位	客户可以简单地通过使用和展示某一品牌而获得价值
价格	以更低的价格提供相同的价值，是满足价格敏感型客户群体需求的普遍方式，但低价格对于商业模式的其他模块都有着重要的影响，需要慎重考虑
节约成本	帮助客户节约成本是创造价值的重要方式
风险控制	为客户购买的产品降低风险，能够为客户创造价值
可获得性	帮助客户获得之前他们无法获得的产品和服务，也是创造价值的方式，这一方式可能得益于商业模式、科技的创新，或是两种创新共同作用的结果
便利性 / 实用性	让产品使用起来更方便或操作起来更简单，也可以创造相当大的价值

3. 渠道通路

渠道通路用来描绘公司如何沟通、接触其细分客户群体，传递其价值主张。渠道通路构成了公司相对于客户的接口界面。它的作用是可以使客户更加了解公司的产品和服务，帮助客户评估一家公司的价值主张，使得客户得以购买到某项产品和服务，向客户传递价值主张、提供售后支持。

4. 客户关系

企业需要明确与目标客户群体要建立何种关系类型，从靠人员维护的客户关系到自动化设备与客户间的交互，都属于客户关系的范畴。研究客户关系是为了开发新的客户、留住原有的客户和提升销售额。常见的客户关系类型如表 7-2-6 所示。

表 7-2-6　客户关系类型

类型	说明
个人助理	基于人与人之间的互动，如导购员等
专用个人助理	为单一客户安排的专门客户代表，属于层次最深最亲密的关系类型，如个人理财经理、私人造型师等
自助服务	为客户提供自助服务，与客户不直接接触，如无人超市等
社区	利用用户社区与客户、潜在客户建立更为深入的联系，促进社区成员间的互动，如社群类生鲜购买服务
自动化服务	整合更加精细的自动化过程，为客户提供自助服务，如中国移动人工智能客服
共同创作	与客户一起创造价值，超越传统客户与供应商之间的关系，如小米手机与“米粉”

5. 收入来源

收入来源是指企业的收入与赚钱的方式，是描述企业创造财富的途径，其内容包括企业的盈利模式与定价策略，也就是描述企业具体如何从卖给客户的产品或服务中盈利。收入来源于将价值主张成功地提供给客户，因此这一要素用来描绘公司从每个客户群体中获取的收入。常见的收入来源类型如表 7-2-7 所示。

表 7-2-7　收入来源类型

类型	说明
资产销售	被广泛使用的收入来源方式是销售实体产品的所有权，如图书、家电、汽车等
使用收费	通过特定的服务来收费，客户使用的服务越多，付费越多
订阅收费	销售重复使用的服务，如订阅服务、会员卡服务等
租赁收费	对某个特定资产在固定时间内将使用权出租给他人使用，出租方可以获得经常性的收入，租用方只需承担限定时间内的费用，无须支付购买费用
授权收费	将受法律保护的知识产权授权给客户使用，从而换取授权费用，授权方只需出让版权，无须制造产品，授权收费在媒体行业比较普遍
经济收费	以提供中介服务而收取佣金的方式，保证双方或多方的利益，如房屋中介
广告收费	为特定产品或品牌提供广告宣传服务，包括传统的媒体行业和会展行业，也包括以软件和服务为主的其他行业

6. 核心资源

每一种商业模式都需要一些核心资源，这些资源使企业得以创造并提供价值主张、获得市场、保持与某个客户群体的客户关系并获得收益。核心资源是指为实现上述商业模式各项要素的供给和交付而必需的资源，核心资源用来描绘让商业模式有效运转所必需的最重要因素，核心资源类型如表 7-2-8 所示。核心资源既可以是自有的，也可以是公司租借的或从重要伙伴那里获得的。

表 7-2-8　核心资源类型

类型	说明
实体资产	实体资产包括生产设施、不动产、销售网点等
知识资产	知识资产包括品牌、专有知识、专利和版权、合作关系和客户数据库等
人力资源	人力资源包括知识密集型产业和创意产业中的人力资源等对企业发展至关重要的资源
金融资产	有些商业模式需要金融资源或财务担保，如现金、信贷额度

7. 关键业务

每一个商业模式都有着自身的关键业务，这些业务是一个企业成功运营所必须采取的重要行为。关键业务构造模块用来描绘为了确保其商业模式可行，企业必须做的最重要的事情。同核心资源一样，企业的关键业务也因不同的商业模式类型而不同，如企业是在进行产品销售、产品生产，是在提供咨询或者协助研发，还是在管理供应链。关键业务类型如表 7-2-9 所示。

表 7-2-9　关键业务类型

类型	说明
问题解决	为解决客户问题提供新的解决方案，其商业模式需要知识管理和持续培训等业务
制造产品	制造产品是企业商业模式的核心，此类业务涉及生产一定数量或满足一定质量的产品，与设计、制造有关
平台或网络	以平台为核心资源的商业模式，关键业务都与平台管理、服务提供和平台推广有关

8. 重要合作

成功的企业需要构建重要合作伙伴，这个关系在商业模式建立中承担起基石的作用，企业通过建立联盟来优化自身的商业模式、降低风险或者获得资源。商业模式有效运作所需的供应商与合作伙伴的网络中，创业者需要事先清楚交易内容、要从合作者那里获得什么、需要合作者在什么时候进行什么样的活动，常见的重要合作类型如表 7-2-10 所示。

9. 成本结构

成本结构包括运营一个企业所引发的所有成本。成本结构是产品或服务成本中的各项费用，包括人力、原料、土地、机器设备、信息、通路、技术、能源、资金、政商关系、管理素质等，各部分所占比例或各成本项目占总成本的比重。一般将商业模式的成本结构分为成本导向型和价值导向型两类（表 7-2-11），但需要指出的是，许多商业模式的成本结构是介于二者中间的。

表 7-2-10　重要合作类型

类型	说明
在非竞争者之间的战略联盟关系	关联度很大的不同行业企业进行合作
在竞争者之间的战略合作关系	为对抗更强大竞争对手，两家同行业企业联合“作战”
因开发新业务构建的合资关系	需要借助其他企业进入新领域
确保可靠供应的购买方与供应商关系	稳定可靠的供应商

表 7-2-11　成本结构类型

类型	说明
成本导向型	成本导向的商业模式聚焦于成本最小化，这种方式的目标在于创造并维持极尽精简的成本结构，采取的是低价的价值主张、自动化生产最大化以及广泛的业务外包，例如，主打廉价航空的西南航空就是典型代表
价值导向型	价值导向型是指企业在商业模式设计中更少关注成本，而更多地关注价值创造，通常更高端的价值主张以及高度的个性化服务是价值导向商业模式的特点，例如，高端酒店会提供高级的设施及专属的服务

课堂活动

结合所学知识点，按要求完成《职业发展与就业创业指导实践手册》项目七 任务二中的课堂活动“商业模式画布绘制”。

（四）“互联网 +”商业模式

随着“互联网 +”时代的到来，商业模式也渐渐变得互联网化，即利用“开放，平等、协作，快速，共享”的互联网精神来颠覆和重构整个商业价值链。常见的“互联网 +”商业模式有以下几种。

1. 免费商业模式

互联网时代是一个注意力稀缺的时代，这导致众多互联网创业者们开始想尽办法去争夺注意力资源。而互联网产品最重要的就是流量，有了流量，才能够以此为基础构建自己的商业模式。很多互联网企业都是以免费的产品吸引很多的用户，然后将新的产品或服务推荐给不同的用户，在此基础上再构建商业模式。例如，腾讯会议利用免费会议模式吸引流量，再为有需求的企业用户提供更流畅、可容纳人数更多的其他功能服务；360 安全卫士为用户提供免费杀毒的同时也向有需要的用户提供付费的、专业的计算机检测修理等服务。

2.“工具 + 社群”商业模式

从聚集“流量”、沉淀“流量”、到变现“流量”的价值实现的一体化过程，就是“工具 + 社群”商业模式，也可称为“工具 + 社群 + 电商 / 微商”的混合模式。现在的很多社交软件（图 7–2–5）、短视频应用运用了这种商业模式来实现流量变现。

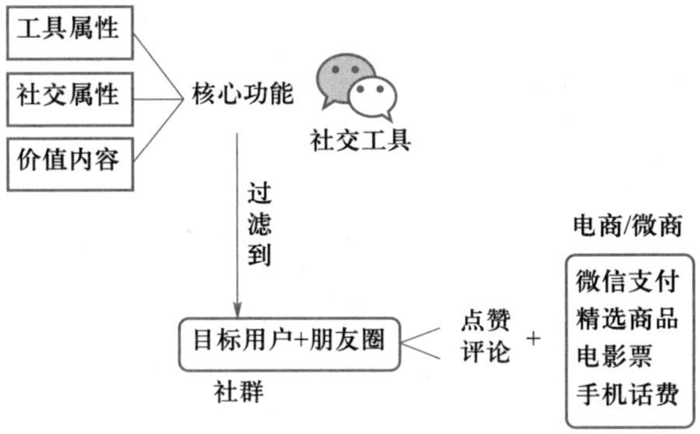

图 7–2–5 “工具 + 社群”商业模式

3. 平台商业模式

平台型商业模式的核心是打造足够大的平台，促进产品更为多元化和多样化，更加重视用户体验和产品的闭环设计。平台型商业模式已成为互联网时代最重要的一种经营形态，它从行业视角、以产业思维来构建一个开放的、多方共赢互利的生态平台，链接“需”和“求”双方，以最快的速度汇聚资源，满足用户多元化的个性化需求。

4. 跨界商业模式

“跨界”商业模式最重要的优势就是摆脱了单一的盈利模式，通过多种盈利模式的跨界融合，给消费者带来更高的、多层次的消费体验。随着互联网技术的发展，“跨界”经济蓬勃发展，如小米公司“跨界”智能家居，未来可能还要进军汽车、农业等领域，“跨界”已成为现代主流的商业模式。

5. O2O 商业模式

O2O 商业模式就是将线下的商务机会与互联网结合，让互联网成为线下交易的平台（图 7–2–6）。这主要包括两种场景：一是线上到线下，用户线上购买或预订服务，再到线下商户实地享受服务，如网上购买电影票、线上打车服务等；二是线下到线上，用户通过线下实体店体验并选好商品，然后通过线上下单来购买商品。例如，众品牌手机的线下体验店就是采用了这样的商业模式。

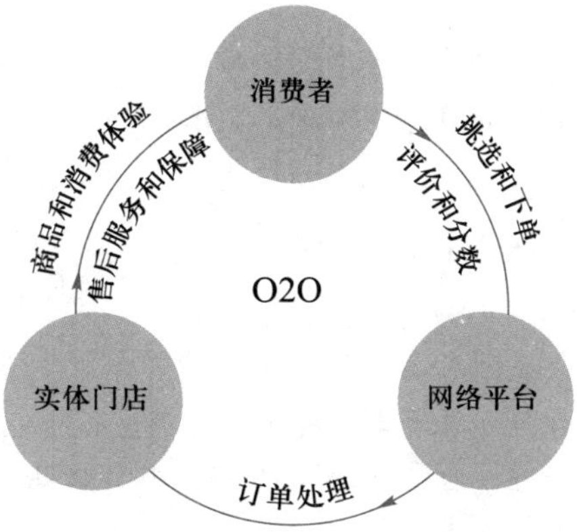

图 7–2–6　O2O 商业模式

6. 长尾型商业模式

长尾型商业模式以“小众、冷门”的商品或服务为价值主张，以满足“小众、冷门”需求的买家作为目标客户（图 7-2-7）。长尾这一概念描述了从面向大量用户销售少数拳头产品，到销售庞大数量的利基产品的转变，虽然每种利基产品相对而言只产生小额销售量，但利基产品的销售总额可以与传统面向大量用户销售少数拳头产品的销售模式媲美。

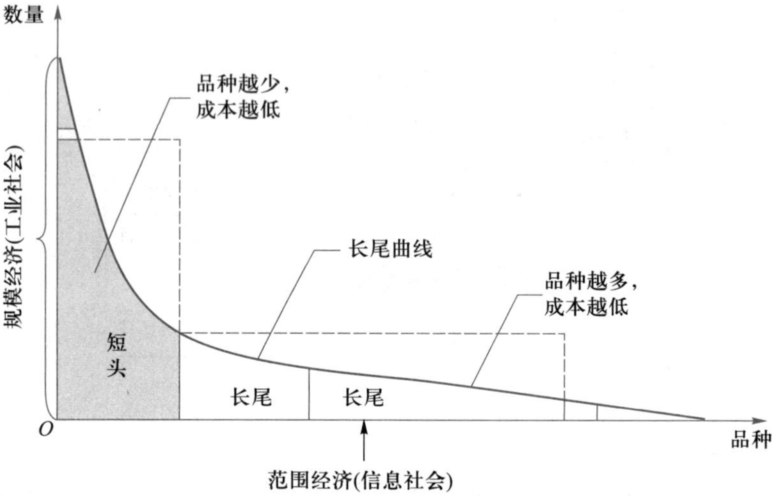

图 7-2-7　长尾型商业模式

课堂活动

结合所学知识点，按要求完成《职业发展与就业创业指导实践手册》项目七 任务二中的课堂活动“‘互联网 +’商业模式应用举例”。

▶ 任务实训

结合本任务学习，按要求完成《职业发展与就业创业指导实践手册》项目七 任务二中的实训演练“构建商业模式”。

▶ 任务小结

通过任务学习，学生能够掌握创业项目 STP 策略规划，可以依据实际情况运用营销组合策略开展市场营销，合理进行企业推广宣传，同时体会“互联网 +”商业模式，能够通过商业模式画布，为创业项目构建商业模式，提高分析问题、解决问题的能力，增强自身责任感。

任务评价

本任务学习已完毕，请在《职业发展与就业创业指导实践手册》项目七 任务二的“任务评价”中，就自身专业能力与核心能力的提升情况开展能力自评。

任务三　知法明理巧避坑

任务清单

教学环节	教学信息	具体内容
教	知识重点	了解企业的法律形态和启动资金测算方法
	知识难点	能够掌握不同企业的法律形态特点
	推荐教学方式	小组讨论与案例分享
	教学场所	多媒体教室或实训室
	建议学时	2 学时
学	必须掌握的理论知识	企业法律形态的类型；创业启动资金的类型和测算方法
	必须掌握的工作技能	熟练掌握企业法律形态特点，能根据项目需要选择合适的企业法律形态
	能力训练	能够选择适合创业项目企业的法律形态，能够进行创业项目启动资金测算

任务导入

企业组织形式与资金的思考

王明和李雪利用商业模式画布详细研究、模拟了企业的商业模式运转情况，并且商讨出了合理的营销方案，还向学校的创业导师咨询，对即将创办企业的相关细节进行了完善。创业导师提醒二人，还应仔细思考一下这家企业准备采取什么样的法律形态，预计需要准备多少资金才能保证创业项目启动并顺利运营。王明和李雪对这方面确实了解不多，他们又陷入了沉思。

结合案例，请思考以下问题。

（1）你会建议王明和李雪选择哪种企业组织形式呢？

（2）在王明和李雪计算创业项目所需资金时，你应该提醒他们注意什么？

任务解码

一、法律形态选择

（一）企业法律形态的概念

企业法律形态是指国家法律规定的企业组织形式，即企业在市场环境中存在的合法身份。

（二）企业法律形态的种类

我国企业的主要法律形态有股份有限责任公司、有限责任公司、外资企业、中外合资企业、中外合作企业、乡镇企业、股份制合作企业、合伙企业、个人独资企业等。

大学生创业常选择的企业法律形态主要有个人独资企业、合伙企业和有限责任公司，以及个体工商户、农民专业合作社等非企业法律形态。

知识链接

农民专业合作社：农村经济发展的主力军

我国有明确的法律文件对农民专业合作社做出界定，根据《中华人民共和国农民专业合作社法》的第一章总则第二条规定，农民专业合作社是在农村家庭承包经营基础上，农产品的生产经营者或者农业生产经营服务的提供者、利用者，自愿联合、民主管理的互助性经济组织，如水产专业合作社、茶叶专业合作社、农机专业合作社。

农民专业合作社属于农民合作型的组织类型，其最根本的基础是家庭承包经营，每个成员均是合作社的权利享有人以及责任承担人，农民专业合作社可以提升整体农业的生产力水平以及在市场环境中的竞争力，能够为农产品的生产、销售、加工、运输、储藏等各项服务工作提供更为专业的基础，对于农业的长期发展以及农业经济水平的提升有非常重要的促进作用。

（三）企业法律形态的关键词

1. 企业法律的名词概念

（1）自然人

自然人是指基于自然出生而依法在民事上享有权利和承担义务的个人。在我国，自然人是指公民。

（2）法人

法人是相对自然人而言的。法人是具有民事权利能力和民事行为能力，依法独立享有民事权利和承担民事义务的组织。简言之，法人是具有民事权利主体资格的社会组织。《中华人民共和国民法典》中将法人分为营利法人、非营利法人和特别法人三大类。

（3）法定代表人

法定代表人是指依法律或法人章程规定代表法人行使职权的负责人。我国法律实行单一法定代表人制，一般认为法人的正职行政负责人为其唯一法定代表人，如公司董事长、工厂厂长。

（4）无限债务责任

无限债务责任是指当企业的全部财产不足以清偿到期债务时，投资人应以个人的全部财产用于清偿，实际上就是将企业的责任与投资人的责任连为一体，即以个人的一切财产作为抵押，一旦破产负债，全部个人财产都要用于还债。

（5）有限债务责任

有限债务责任是指在公司的资产不足以清偿全部债务时，公司的债权人不得请求公司的股东承担超过其出资义务的责任，更不得将其债务转换到其股东身上。

（6）注册资本

注册资本也叫法定资本，是公司制企业章程规定的全体股东或发起人认缴的出资额或认购的股本总额，并在公司登记机关依法登记。

实行注册资本认缴登记制，公司股东认缴的出资总额或者发起人认购的股本总额（即公司注册资本）应当在工商行政管理机关登记。公司股东（发起人）应当对其认缴出资额、出资方式、出资期限等自主约定，并记载于公司章程。有限责任公司的股东以其认缴的出资额为限对公司承担责任；股份有限公司的股东以其认购的股份为限对公司承担责任。公司应当将股东认缴出资额或者发起人认购股份、出资方式、出资期限、缴纳情况通过市场主体信用信息公示系统向社会公示。除法律、行政法规以及国务院决定对特定行业注册资本最低限额另有规定的外，取消有限责任公司最低注册资本 3 万元、一人有限责任公司最低注册资本 10 万元、股份有限公司最低注册资本 500 万元的限制。

案例品读

没有最好只有最合适

某高职院校生物技术专业的大学生赖嘉宝在大学三年级时与同学组建创业团队，与校内一家小厂合作，生产“怡可轩养生饼”，在学校饭堂门口摆摊展销，当天 600 盒全部售罄。之后，赖嘉宝与其创业团队参加创业大赛，荣获大赛冠军，并获得东莞光大集团 200 万元的风险投资，考虑到投资方在东莞的资源优势，他决定创业项目选址在东莞地区进行发展。该团队与投资方达成协议，计划共同注册成立怡可轩餐饮管理有限责任公司，注册资本为 300 万元，但投资方财务顾问建议创业团队可以以个体工商户的形式先开设个体店，等事业做大，再注册成立公司，股东之间权利义务可以通过签协议来约束。

大学生初次创业，自身没有什么资金积累，很多是通过家庭筹借、贷款和风投等筹集来的。大学生可以按专家建议，先注册个体工商户，承担无限连带责任，等企业逐渐成熟，发展壮大了，再变更企业法律形态，设立公司，投资人各自承担有限责任。

启示：法律形态的选择应与企业的发展现状相适应，没有最好，只有最适合。

2. 大学生创业常见法律形态的特点

新企业创立之前，创业者应该首先确定拟创办企业的法律组织形式。新创企业可采用不同的组织形式，对创业者而言，各种法律组织形式没有绝对的好坏之分，各有利弊。但无论选择怎样的形式，都必须根据国家的法律法规要求和新创企业的实际情况，科学衡量各种组织形式的利弊，决定合适的组织形式。

不同企业的法律形态具有各自的特点（表 7-3-1），了解各种类型企业法律形态的特点，有助于选择企业自身合适的法律形态。例如，如果创业者未来想找投资人投资，就考虑注册有限责任公司，而不能考虑个人独资企业。如果创业者前期资金不足，则可以考虑个人独资企业和合伙企业，因为这种形式只需缴纳个人所得税，而有限责任公司既要缴纳企业所得税，个人也要缴纳个人所得税，是双重税制。如果创业者注册有限责任公司，承担的是有限债务责任，以认缴金额作为偿还公司债务的最高值，也就是说，创业者个人不会因为这次公司经营失败而倾家荡产。

表 7-3-1　不同企业法律形态比较

形态	业主数量与注册资本	成立条件	经营特征	利润分配和债务责任
个体工商户	业主是一个人或者是一个家庭；无注册资本限制	有相应的经营资金（对于经营场所，各地有具体要求）	资产属于私人所有，自己既是所有者，又是劳动者和管理者	利润归个人和家庭所有；由个人或家庭经营的，以其个人或家庭资产对企业债务承担无限责任
个人独资企业	业主是一个人；无注册资本限制	（1）投资者是一个自然人 （2）有合法的企业名称，有固定的生产经营场所和必要的生产经营条件 （3）有必要的从业人员	资产为投资人个人所有，业主既是投资者，又是经营管理者	利润归个人所有；投资人以个人资产对企业债务承担无限责任
合伙企业	（1）普通合伙企业有两个以上普通合伙人组成；无注册资本限制 （2）有限合伙企业由两个以上 50 个以下合伙人创立，其中至少有一个普通合伙人；无注册资本限制	（1）合伙人为自然人的，应当具有完全民事行为能力 （2）有书面合伙协议 （3）有合伙人认缴或实缴的出资额 （4）有合伙企业的名称和生产经营场所	（1）按照合伙协议的约定或者经全体合伙人决定，可以委托一个或者数个合伙人对外代表合伙企业执行合伙事务 （2）由普通合伙人执行合伙事务 （3）有限合伙人不执行合伙事务，不得对外代表有限合伙企业	合伙企业的利润分配、亏损分摊，按照合伙协议的约定办理；合伙企业不能清偿到期债务的，合伙人承担无限连带责任 普通合伙人对合伙企业债务承担无限连带责任，有限合伙人以其认缴的出资额为限对合伙企业债务承担责任

续表

形态	业主数量与注册资本	成立条件	经营特征	利润分配和债务责任
有限责任公司	股东在50人以下没有最低注册资本要求；注册资本由过去的实缴改为认缴，认缴金额及认缴方式由股东在公司章程中约定	（1）股东符合法定人数 （2）股东出资达到认缴额度 （3）股东共同制定公司章程 （4）有公司的名称，建立符合有限责任公司要求的组织机构 （5）有固定的生产经营场所和必要的生产经营条件	（1）公司设立股东会、董事会（执行董事）和监事（会） （2）由董事会聘请职业经理人管理公司业务	按股东实缴的出资比例来分取红利，以其认缴的出资额为限对公司承担责任
		一人有限责任公司，即只有一个自然人股东或者一个法人股东的有限责任公司	（1）不设股东会 （2）应当在每一会计年度终了时编制财务会计报告，并经会计师事务所审计 （3）可设一名执行董事	股东不能证明公司资产独立于股东自己财产的，应当对公司债务承担连带责任
农民专业合作社	有五名以上具有民事行为能力的公民农民专业合作社的成员中，农民至少应当占成员总数的80%	（1）五名以上成员 （2）符合规定的章程 （3）有规范的名称和确定的住所成员出资	（1）设立农民专业合作社成员大会 （2）每年至少召开一次农民专业合作社成员大会 （3）合作社设理事长一名，可设理事会、监事会（或执行监事）	（1）在弥补亏损、提取公积金后的当年盈余按照成员与本社的交易量（额）比例返还 （2）农民专业合作社成员以其账户内记载的出资额和公积金份额为限对农民专业合作社承担责任

说明：个体工商户和农民专业合作社均不属于企业组织形式，但二者作为重要的市场主体类型、大学生创业的重要方式之一，故将其置于表中同其他组织形式进行比对。

知识链接

个体工商户与个人独资企业的区别

个体工商户既可以由个人出资设立，也可以由家庭共同出资设立。通常为了方便执法活动，政府会要求某些种类的独资企业注册，如餐馆注册为了方便卫生检查，这就是个体工商户。

与个人独资企业相比，个体工商户的债务如属个人经营的，需以个人财产承担；以家庭经营的，则需以家庭财产承担。个人独资企业的出资人在一般情况下仅以其个人财产对企业债务承担无限责任。需要注意的是：在新企业设立登记时，明确以家庭共有财产作为个人出资的依法以家庭共有财产对企业债务承担无限责任。

个体工商户和独资企业的经营方式也有所不同，个体工商户经营条件及方式比较自由，可以选择流动性强的经营方式，如可以选择摆地摊或者临时性的经营手段，但是个人独资企业不同，其必须有固定的经营场所和经营方式。

此外，个人独资企业可以设立分支企业、子公司，而个体工商户是不可以的。

课堂活动

结合所学知识点，按要求完成《职业发展与就业创业指导实践手册》项目七 任务三中的课堂活动“企业法律形态选择”。

二、法律环境分析

选择了企业的法律形态，创业者还需要了解企业的法律环境和需要承担的企业责任。所有的创业者都要按照国家法律的规定创办和经营企业，并承担相应的企业责任。

（一）企业的法律环境

国家法律法规是规范公民和企业经济行为的准则，具有权威性、强制性、公平性。在创办和经营企业的过程中，创业者要自觉树立“学法、知法、懂法、守法、用法”的观念，保证自己的企业合法、有序的经营和发展。

我国制定的法律很多，与创办企业直接相关的基本法律及其相关内容如表 7-3-2 所示。

表 7-3-2　创办企业直接相关法律

相关法律	相关内容
《中华人民共和国企业法》	我国企业相关法律包括《中华人民共和国公司法》《中华人民共和国个人独资企业法》《中华人民共和国合伙企业法》《中华人民共和国乡镇企业法》等
《中华人民共和国民法典》	与财产所有权有关的财产权、债权、知识产权、民事责任等、合同的订立、变更、转让等权利
《中华人民共和国劳动法》	促进就业、劳动合同和集体合同、工作时间和休息休假、工资、劳动安全卫生，女职工和未成年工特殊保护、职业培训、社会保险和福利、劳动争议、监督检查等
《劳动合同法》	劳动合同的订立、劳动合同的履行和变更、劳动合同的解除和终止、特别规定集体合同、劳务派遣、非全日制用工、监督检查、法律责任等

与企业相关的法律还有《中华人民共和国会计法》《中华人民共和国税收征收管理法》《中华人民共和国产品质量法》《中华人民共和国消费者权益保护法》《中华人民共和国反不正当竞争法》《中华人民共和国保险法》《中华人民共和国环境保护法》《中华人民共和国就业促进法》等。

（二）企业的法律责任

法律会规范企业的经营活动，也会保护企业的正当权益。遵纪守法的企业可以赢得客户的信任、供应商的合作、员工的信赖、政府的支持，甚至会赢得竞争对手的尊重，从而为企业营造一个良好的生存发展空间。

1. 工商登记

新创企业必须有一个明确的合法身份，就像企业的“户口”一样。我国法律规定，新创企业要经过工商行政管理部门注册登记，领取营业执照。营业执照是依照法律程序申请的规定企业经营范围等内容的书面凭证。企业只有领取了营业执照，才算有了“正式户口”，才可以开展各项法定的经营业务。

2. 依法纳税

依法纳税是公民和企业应尽的义务和责任。我国税法规定，所有企业都要依法报税和纳税。与企业和企业主有关的主要税种有：增值税、企业所得税、个人所得税、城市建设维护税、教育费附加等。

社会经济活动是一个连续运动、生生不息的过程，即生产—流通—分配—消费。国家对生产流通环节征收的税种称为流转税，它是以销售收入为对象征收的一种税，如增值税等；对分配环节征收的税种称为所得税，它是以企业生产经营所得和个人收益为对象征收的一种税，如企业所得税、个人所得税。此外，还有以流转税为基础征收的附加税费，如城市维护建设税、教育费附加等。

3. 员工权益

企业竞争力的一个关键影响因素是员工的素质和积极性。在劳动力流动加快和竞争加剧的形势下，优秀的劳动者越来越成为劳动力市场上炙手可热的重要资源。因此，创办企业要特别重视以下四个方面的问题。

（1）了解劳动合同。劳动合同是劳动者与企业签订的确立劳动关系、明确双方权利和义务的协议。劳动合同对双方都产生约束力，不仅保护劳动者的利益，还保护企业的利益，它是解决劳动争议的依据。创业者绝对不能嫌麻烦或者为了眼前的利益而设法逃避签订劳动合同。

（2）熟知劳动保护。尽管创业初期资金紧张，但企业仍然要尽量创造良好的工作条件，防止发生工伤事故和职业病。做好危险品和有毒物品的使用和储存工作，改善声、光、气、温、行、居等条件，以保证员工的人身安全并提高他们的工作积极性和工作效率。

（3）明确劳动报酬。劳动合同中有关劳动报酬的约定要符合我国有关最低工资标准的规定，并且必须按时以货币形式发放给劳动者本人。企业的员工不仅仅是下属，还是与创业者一起让企业变得更好的人，合格的企业家应该学会以己度人、关爱员工。

知识链接

加班工资报酬

安排劳动者延长工作时间的，应支付不低于劳动者工资150%的工资报酬。休息日安排劳动者工作又不能安排补休的，应支付不低于劳动者工资200%的工资报酬。法定休假日安排劳动者工作的，应支付不低于劳动者工资300%的工资报酬。

（4）关注社会保险。社会保险是通过国家立法强制实行的，由劳动者、企业或社区、国家三方共同筹资，建立保险基金，在劳动者因年老、工伤、疾病、生育、残疾、失业、死亡等原因丧失劳动能力或暂时失去工作时，给予劳动者本人或供养直系亲属物质帮助的一种社会保障制度。

《中华人民共和国社会保险法》规定，国家建立基本养老保险、基本医疗保险、失业保险、工伤保险和生育保险等社会保险制度，用人单位和个人依法缴纳社会保险费，其中前三项保险由单位和职工共同缴纳，后两项保险仅由单位缴费。

三、企业资金预测

创业启动资金是指创业者在创业前期的资本投入，包括创业者能力提高的就业培训、店铺租赁、店面装修、店面展示商品所需资金及数量不等的流动资金，简单来说就是开办企业并使其正常运转需要准备的所有资金。

（一）创业启动资金的分类

启动资金按用途可分为投资和流动资金两大类。

（1）投资。这里的投资是指创业者为开办企业而购置的固定资产和无形资产，以及支付开办费和其他投资需要的资金。开办企业时投资是必需的，不同企业的投资是不同的。有的企业用很少的投资就能开办，而有的企业却需要大量的投资才能启动。明智的做法是，把必要的投资降到最低限度，降低企业经营风险。

（2）流动资金。流动资金是指企业维持正常运转所需要准备的资金，也称运营资金，如购买原材料、支付工人工资、支付水电费用等开支。

（二）创业启动资金的预测

1. 投资预测

创立企业需要必要的投资，而且可能要等企业开始赚钱后经过一段时间才能收回投资。因此，在创办企业之前，创业者需要预测开办企业需要的投资。投资一般可分为固定资产、无形资产、开办费和其他投资四类。

（1）固定资产。固定资产是指企业为生产产品、提供劳务、出租或者经营管理而持有的、使用时间超过12个月的，价值达到一定标准的非货币性资产，包括房屋、建筑物、机器、机械、运输工具以及其他与生产经营活动有关的设备、器具、工具等。开办企业需要适宜的场地和建筑，可以是用来开办工厂的整个建筑，也可以是一个铺面，如果项目允许，则可以利用居住场所开展创业。创业项目不同对经营场所的需求也不同，如果企业对场地和建筑有特殊要求、需要建造自己的厂房，就需要大量的资金和时间。创业者在理想的地点找到合适的建筑或厂房当然很好，但要考虑现成的建筑是否需要经过改造才能满足企业的需要，这也需要花费大量的启动资金。设备是指企业需要的所有机器、机械、工具、车辆、办公家具等。对于制造商和一些服务企业、它们往往最需要的是设备。一些企业需要在设备方面投入大量资金，因此，弄清企业需要什么设备并选择正确的设备类型非常重要。即便企业只需要少量设备，创业者也要慎重考虑并选择，并列入启动资金的计算中。

（2）无形资产。无形资产是指企业长期使用的、不具有实物形态但能带来经济收益的资产，如特许经营权、商标权、专利权、土地使用权、大型软件等。无形资产是企业的一种特殊资产，在法律规定范围内，企业对无形资产享有占有、使用、收益等处置权利。企业在预测无形资产之前，首先应考虑所购买的无形资产的合法性，其次要确认无形资产的法定有效期，以及评估和计价的法律依据。

（3）开办费。开办费是指企业在筹建期间发生的各项费用，包括前期市场调查费、培训费、差旅费、印刷费、注册登记费、不计入固定资产和无形资产价值的借款费用等。

（4）其他投资。除上述投资外，开办企业还可能发生一次性装修费、转让费等支出。需要注意的是，企业在预测开办费和其他投资时，要尽可能涵盖各类项目的支出，并且要留有余地。此外，这里不是严格按照财务管理课程中的会计科目对启动资金进行分类的，而是从便于小微企业创办者理解和区分的角度进行的资金分类和测算。

2. 流动资金预测

一般情况下，企业创办后必须经营一段时间，才能有足够的销售收入。制造类企业在销售之前必须先把产品生产出来；服务类企业在开始提供服务之前要购买材料和办公用品；贸易类企业在卖货之前必须先采购货品；农、林、牧、渔类企业则需要更长的时间才能获得回报，因此需要更多的资金投入。所有企业要想获得理想的收入，必须花费时间、精力、资金进行推广。创业者需要流动资金支付购买并储存原材料和商品的费用、促销费、工资、租金、保险费及其他费用。

课播：如何进行流动资金预测

不同的企业所需的流动资金也不同。有的企业需要足够的流动资金来支付 6 个月的费用，也有的企业只需要支付 3 个月的费用。创业者必须预测并计算在获得销售收入之前，企业能够支撑多久，有些费用需要按照实际发生金额来计算，如有些保险费是要按年度来支付的。一般而言，初创阶段企业的销售并不乐观，因此，创业者在测算流动资金时，要计划得更宽裕一些，创业者也可以为企业制订一份现金流量计划，它会帮助创业者更准确地预测所需要的流动资金。

自我评测

通过上述学习，请你结合自己对启动资金分类的了解，在表 7-3-3 中做出选择。

表 7-3-3 启动资金类型测试

启动资金分类	选择（在所属类别后打 √）	
会计算账用的计算机	投资（ ）	流动资金（ ）
高档实木办公桌	投资（ ）	流动资金（ ）
机器设备	投资（ ）	流动资金（ ）
木材原材料	投资（ ）	流动资金（ ）
购置的厂房	投资（ ）	流动资金（ ）
工人的工资	投资（ ）	流动资金（ ）
送货用的货车	投资（ ）	流动资金（ ）
办公室的配套文件柜	投资（ ）	流动资金（ ）
水电费	投资（ ）	流动资金（ ）
店面房租	投资（ ）	流动资金（ ）
签字用的一盒圆珠笔	投资（ ）	流动资金（ ）

（三）创业启动资金测算的步骤

首先，创业者要先把所有需要花费资金的项目按照启动资金的类型进行分类。

其次，按照所列清单测算每个项目的具体花费，计算出投资的金额和所需流动资金的金额，要注意，这里至少保留三个月的流动资金，因为一般企业会用三个月（或更长）才能实现单月盈利。根据企业经营范围的不同，项目的潜伏期也各不相同，有的甚至长达一年或几年，因此在进行流动资金测算时，要根据企业的经营内容和实际情况灵活调整、适当增加，预留一部分抗风险的资金。

最后，将投资和流动资金相加，即可得到创业项目最低的启动资金数额。

习测：小张的公司为什么会资金断流

自我评测

扫描二维码，探讨以下问题。

（1）你认为张涵公司资金断流的原因何在?

（2）你能否帮助张涵计算他创业需要的启动资金?

展阅：大学生创业资金筹集的三个样本

课堂活动

结合所学知识点，按要求完成《职业发展与就业创业指导实践手册》项目七 任务三中的课堂活动“启动资金预测”。

四、融资渠道选择

创业融资需求具有阶段性特征，不同阶段的资金需求量和风险程度存在差异，不同的融资渠道所能提供的资金数量和要求的风险程度也不相同。

创业者在融资时必须将不同阶段的融资需求与融资渠道进行匹配，才能高效地开展融资工作，获得创业活动所需的资金，化解融资难题。

（一）种子期和启动期的融资渠道选择

在种子期和启动期，企业处于高度不确定中，创业者主要依靠自我融资或亲戚朋友的支持，以及从外部投资者处获取“天使资本”，此外还可以积极通过各类国家和地方创新创业大赛赢得资金或投资。一般而言，风险投资家很少在此时介入，而从商业银行获得贷款支持的难度更大。建立在血缘和信任基础上的个人资金是该阶段融资的主要渠道。

（二）成长期的融资渠道选择

企业进入成长期后，已经有了前期的经营基础，发展潜力逐渐显现，资金需求量也比以前增大，此时，个人资金已无法满足企业的需要，企业也具备了进行机构融资的条件，风险投资、商业银行、政府支持计划等都成为可用的资金来源。创业者应该积极了解各方面的信息，尝试多种多样的融资方式。

（三）成熟期的融资渠道选择

企业进入成熟期后，债券、股票等资本市场可以为企业提供丰富的资金来源。如果创业者选择不再继续经营企业，则可以选择以公开上市、管理层收购或其他股权转让方式退出企业，收获自己的成果。

综上，企业不同生命周期的融资渠道选择如图 7-3-1 所示。

说明：表中深色的区域为对应阶段企业采用较多的融资渠道，浅色的区域为该阶段企业可能会采用的融资渠道。

图 7-3-1　企业生命周期与融资渠道

任务实训

结合本任务学习，按要求完成《职业发展与就业创业指导实践手册》项目七 任务三中的实训演练“测算启动资金策划”。

任务小结

通过任务学习，学生可以了解企业不同的法律形态，并能根据项目实际情况选择合适的法律形态，了解启动资金的测算方法和融资渠道的选择，为创办企业奠定良好基础。

任务评价

本任务学习已完毕，请在《职业发展与就业创业指导实践手册》项目七 任务三的任务评价中，就自身专业能力与核心能力的提升情况开展能力自评。

项目拓展

盒马鲜生的商业模式创新

传统超市的交易结构中，店铺租金一直是传统超市绕不过去的“大山”，因此超市经营者最看重“坪效”：每平方米的店铺一年创造多少收入。它的“交易结构”是：坪效＝线下收入 ÷ 店铺面积。阿里集团旗下盒马鲜生创始人说，盒马还处于策划阶段时，当时集团对他提出了四个要求：一是要从线下往线上导流；二是线上要做到 3 千米内 30 分钟送货；三是线上的收入要大于线下；四是达到每日至少 5 000 单，产生规模效应。

集团提出的四点要求，本质上是把盒马鲜生定义为了“被线下门店武装的生鲜电商”，强调了电商的主体性，因此盒马鲜生的“交易结构”是：坪效＝(线上收入＋线下收入) ÷ 店铺面积。在这个交易结构下，如果线上收入真能大于线下，它的坪效就有机会做到传统超市的两倍，甚至更高。为此，盒马鲜生创新了很多打法，如在超市里开餐厅、用 App 买单、在头顶上安装传送带等，盒马鲜生的坪效总体做到了传统生鲜超市的 3~7 倍。这就是“商业模式创新”，借助一切可能的技术、工具，优化利益相关者的交易结构，让用户获益，让企业成功。

项目考评

结合本项目学习情况，填写《职业发展与就业创业指导实践手册》项目七 畅通商业价值链的“项目考评 成果评分表”。

项目八

把好发展方向盘

永葆“闯”的精神、“创”的劲头、“干”的作风

——习近平

项目地图

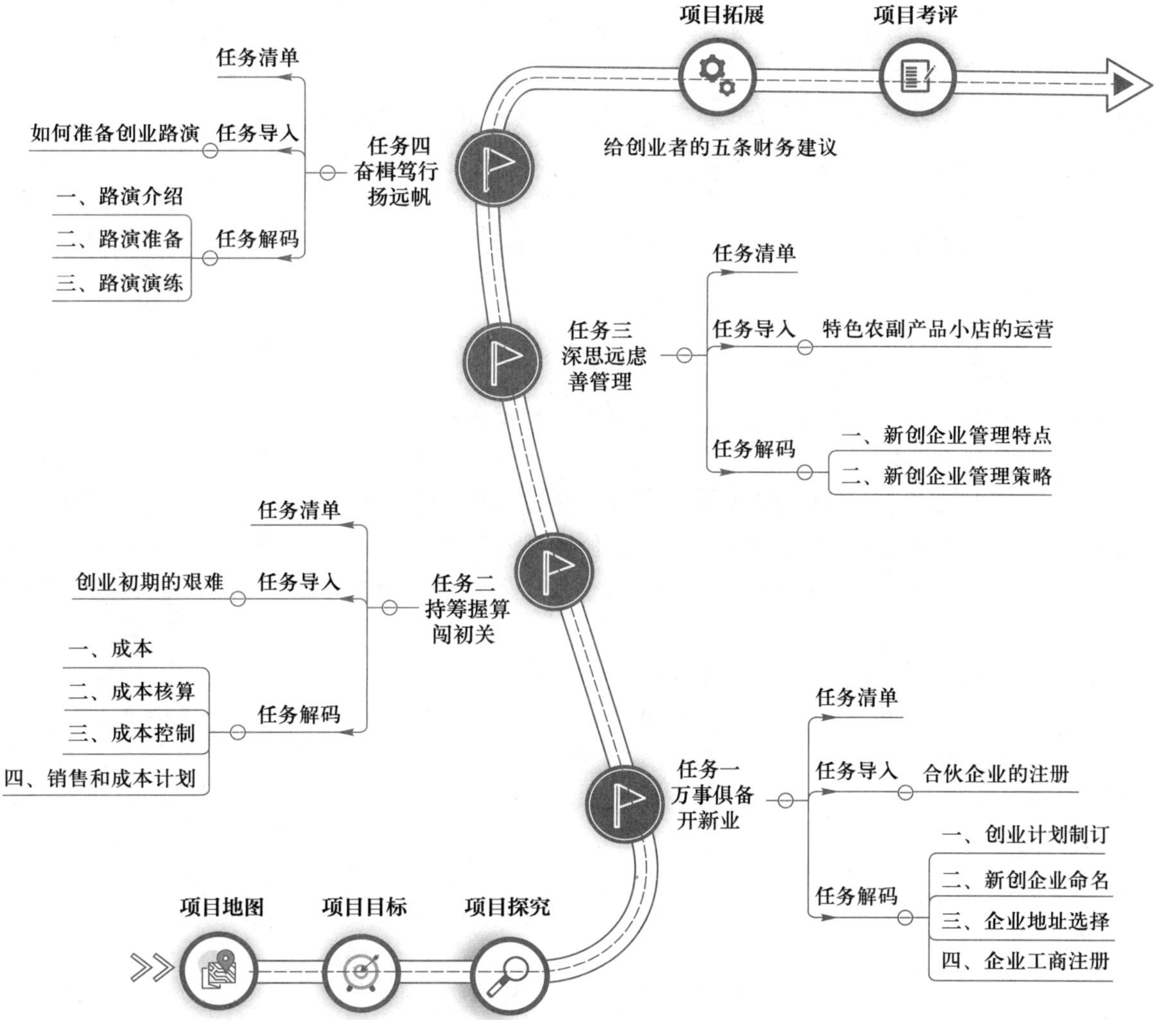

项目目标

● 知识目标

（1）了解企业名称构成要素及企业注册流程。

（2）了解创业计划书和路演 PPT（课件）的基本结构。

（3）理解新创企业的特点及企业资产负债表、利润表、现金流量表的内容与作用。

（4）掌握新创企业财税管理、营销管理、人力管理、风险管理相关知识。

（5）熟悉路演准备要点，掌握路演技巧。

● 能力目标

（1）能够运用企业命名规则为新创企业规范命名。

（2）能够团队协作完成创业项目计划书的撰写并进行创业项目路演。

（3）能够结合企业工商注册流程完成新创企业注册登记。

（4）能够运用资产负债表、利润表来初步分析企业财务情况。

（5）能够运用基本的企业管理知识，规范新创企业运营，增强新创企业竞争力。

● 素养目标

（1）养成认真负责的工作态度，培养学生爱岗敬业的精神。

（2）增强责任意识，自觉提高创业就业素养。

（3）培养学生的企业家精神，遵纪守法，诚信经营。

（4）理解依法办企业是国家完善的治理能力和治理体系建设的成果。

项目探究

王明和李雪本以为经过前期的精心策略和准备，农副产品销售小店开业就会顾客盈门，结果发现营业额并不理想，企业经营并不像当初想象的那般容易。为了扩宽销路，王明想到通过直播电商形式进行宣传和销售，期待吸引更多顾客，对于利用互联网新媒体营销方式，王明和李雪并不在行，他俩思考是否要招聘专业人员加入创业项目，项目没有预期顺利，手里的流动资金也有限，二人的创业压力骤增。

探究：

（1）你知道如何注册一家企业吗？

（2）创业项目计划书涉及哪些内容？你们的团队能协作完成创业计划书的撰写和项目路演吗？

（3）你能通过资产负债表、利润表分析初创企业的财务状况吗？

任务一　万事俱备开新业

任务清单

教学环节	教学信息	具体内容
教	知识重点	创业计划书的基本内容
	知识难点	创业计划书框架及内容撰写
	推荐教学方式	线上理论与线下实践指导相结合
	教学场所	多媒体教室或创业实训室
	建议学时	2 学时
学	必须掌握的理论知识	创业计划书框架、企业名称四要素、企业注册流程
	必须掌握的工作技能	能够完成企业工商注册
	能力训练	团队协作完成创业计划书的撰写

任务导入

合伙企业的注册

经过前期的市场调研和资金筹措，王明和李雪的特色农副产品小店准备开张了，他们俩计划将店铺的地址选在距离当地特色景区不远的商业街上，还打算通过直播带货进一步扩大产品影响力，以增加销量和收入。他们知道在正式营业之前，需要办理店铺的营业执照，他俩商量准备注册成立合伙企业，同时拟定合伙协议，但是合伙协议该写些什么？要去哪里办理合伙企业的营业执照？需要什么手续呢？这让他俩犯了难。

结合案例，请思考以下问题。

（1）王明和李雪的合伙协议具体应包括哪些内容？

（2）王明和李雪应如何办理合伙企业的营业执照呢？

任务解码

一、创业计划制订

（一）创业计划的概念

创业计划是对创办企业的基本思路及与企业有关各种事项进行总体安排的文件，

主要通过创业计划书来实现。创业计划书又名“商业计划书”（Business Plan，BP），是创业者就某一项具有市场前景的新产品或服务，向潜在投资者、风险投资公司、合作伙伴游说，以取得合作支持或风险投资的可行性商业报告。

案例品读

张鑫的创业计划书

张鑫是新人创业者，在工作不到一年之后就辞职准备创业了。他准备利用祖父留下的中医药茶饮配方开发中医药茶饮，但是缺少启动资金。经过一段时间的了解，他准备从政府贴息的创业贷款和天使投资基金方面解决自己的资金难题。于是张鑫分别拜访了当地承接创业贷款的邮储银行和一些天使投资基金及风险投资基金的负责人，大家都对他的项目感兴趣，不约而同地请张鑫提交详细的创业计划书，他们对张鑫起初提交的两页纸的创业项目意向书并不满意。

启示：创业计划书是对创业项目的具体介绍，用来说服投资人投资，同时帮助企业完善创意，指导企业经营，因此创业者要认真学习并撰写创业计划书。

（二）创业计划书的撰写

创业计划书对于企业融资、企业经营和策划具有非常重要的指导作用。

1. 创业计划书撰写的步骤

创业计划书的准备可以分为以下五个阶段。

（1）创业构思。认真梳理创业项目，制定细化的构思，明确时间进度表和工作进程。

（2）市场调研。创业者要细致分析经济、地理、职业及心理等因素对消费者选择产品和服务时的影响，搜集顾客购买周期、产品卖点，进而制定销售策略。市场调研还包括对竞争对手的调查、做好财务分析、量化公司的收入目标和公司战略、计算项目所需的资金等。

（3）方案起草。重点构思市场机遇与开发谋略、产品研发与服务构思、竞争优势、经营团队等。

（4）修饰校对。首先，根据主要内容做成一个1~2页的摘要。其次，不要有错别字之类的错误。最后，设计一个漂亮的封面，编写目录与页码。

（5）复盘检查。可以从以下七个方面对创业计划书加以检查：是否说明你具有管理公司的经验；是否显示你有能力偿还借款；是否显示出你已进行过市场分析；计划书的逻辑和目录是否容易被投资者所领会；是否有计划摘要并放在了最前面；计划书文法是否正确；能否打消投资者对产品（服务）的疑虑。如果需要，则可以准备一件产品模型。

2. 创业计划书的基本格式

（1）封面。在封面可以放一张企业的项目或产品图片，写明：公司名称（项目名称）、项目单位、地址、电话、传真、电子邮件、联系人、日期等。

（2）保密要求。保密要求放在封面或次页，要求投资方妥善保管，未经许可不得向第三方公开创业计划书涉及的商业秘密。

（3）目录。目录标明各部分内容及页码，注意确认目录页码与内容的一致性。

（4）摘要。用最简练的语言展现计划书的核心、要点、特色，吸引阅读者。

（5）正文。正文是创业计划书的主体，包括：执行概要、企业介绍、产品或服务介绍、市场机会分析、市场营销计划、财务计划、管理团队、融资计划、投资报酬与退出、投资风险、经营预测。

（6）附录。附录是对正文中涉及的相关数据、资料的补充。

3. 创业计划书的内容

不同创业计划书的大纲、内容、重点不尽相同，要注意不同阅读对象所关心的问题和期望，动态调整创业计划书的内容。创业计划书有相对规范化的格式，通常涵盖以下十个方面的内容。

（1）执行概要。执行概要尽量控制在 1～2 页 A4 纸内。执行概要虽然列在创业计划书的最前面，但应当在其他部分定稿之后才开始撰写。执行概要应当突出项目特色、创业目标、创业者及团队的优势等，让投资人能在最短时间内全面了解整个创业计划。

（2）企业介绍。企业介绍主要是对创业企业或创业者拟建企业的总体情况介绍。主要阐述创业背景和发展的立足点，包括企业定位、企业战略及企业制胜因素等内容。重点说明企业设立的必要性和适当性；企业的目标和发展战略；企业的股权结构。

知识链接

公司股权生命线

股权比例	意义
67%	公司绝对控制权（有权修改公司的章程、增资扩股）
51%	相对控制权（对重大决策进行表决）
34%	一票否决权（董事会的决策可以不同意）
30%	上市公司要约收购线（收购人持有上市公司的股份达到 30% 时，继续增持股份的，应采取全面要约或者部分要约）
10%	申请解散公司权（可提出质询 / 调查 / 起诉 / 清算 / 解散公司）
5%	重大股权变动警示线（股东变动会影响上市）
3%	临时提案权（有权提交临时提案）
1%	代位诉讼权（可以间接地调查和起诉权、提起监事会或董事会调查）

（3）产品或服务。对产品 / 服务的介绍，要注重产品的新颖性、先进性和独特性。如果产品技术原理非常复杂，则须用通俗的语言进行阐述。产品 / 服务的介绍通常包

括：特点及竞争优势；市场前景预测、知识产权保护；研发情况及产品生产计划。

（4）市场分析。为了保证创业计划书的准确性，创业者可以委托市场分析公司做出严密科学的权威性调查报告，也可以通过团队完成市场机会调研分析。市场机会分析可以从宏观、中观和微观三个层次来分析。

第一，宏观环境分析包括政策与法律环境、经济环境、社会文化环境与技术环境分析。

第二，中观行业分析包括行业发展趋势、行业规模、吸引力和盈利潜力分析。

第三，微观竞争分析包括潜在的进入者、行业内现有的竞争者、替代品的生产者、供应者和购买者分析。

（5）市场营销。市场营销主要是对如何达到销售预期状况进行的描述分析，详细说明和发掘创业机会与竞争优势的总体营销战略、扩大产品销售范围所需的资金数量，同时阐述营销组合内容，包括价格、渠道、促销和对销售人员的激励方式，以及广告 / 公关策略、媒体评估等内容。

（6）财务计划。创业者要根据创业计划、市场计划的各项分析和预测，在全面评估公司财务环境的情况下，提供公司今后三年的预计资产负债表、利润表及现金流量表。具体如下。

（7）管理团队。风险投资者非常关注创业团队管理能力。管理能力在商业计划中应当着力体现于以下两个方面。

第一，创业者的创业信念，远见卓识，专业知识与丰富的经验以及良好的商业感觉。

第二，缜密的计划和有效的实施方案，包括对风险和威胁的洞察和考虑，具体包括：核心管理者、创业团队、人力管理和公共关系的分析。

（8）融资计划、投资报酬与退出，具体包括以下三个方面的内容。

第一，融资计划。说明创业者对资金的具体需求和安排。应列出资金结构及数量，融资方案，还须说明融资款项的运用，运营资金周转等使用规划。

第二，投资报酬。预计未来3～5年每年平均净资产回报率，包括收回投资方式、回报的具体方式和时间等。

第三，投资退出。对于新企业，主要有三种收回投资的方式，分别是公开上市、找到买家或被其他企业收购。

展阅：创业项目计划书样本

（9）投资风险。企业必须根据自身的实际情况来描述可能存在的主要风险。例如，市场变化快、竞争对手实力强劲、客源易流失等，并且一一提出妥善的预防和解决方案。

（10）经营预测。创业计划书最好分别列出近期计划、远景规划，提炼阶段目标。这些目标和预测必须建立在现实、客观、具体的数据之上，是经过统计分析而推导出来的。

课堂活动

结合所学知识点，按要求完成《职业发展与就业创业指导实践手册》项目八　任务一中的课堂活动“创业计划书自查”。

案例品读

廖非的参赛之路

大学毕业后的廖非继续发展他在学校的创业项目，成立了公司。后来廖非第一次参加所在市的创业大赛，因为有较好的财务数据，廖非的公司成功进入了复赛。复赛前的培训中，一名评审专家单独将廖非留下来，详细询问了廖非的公司运营情况后对他说："能做到这样的运营数据非常不容易，我推荐你们进入复赛。但是你们的创业计划书重点不突出，优势不明显，希望复赛阶段好好改进，否则估计你们就止步于此了。"

廖非谢过评审专家，开始到处寻找资料，请教他人，一周内他将计划书修改了七遍，从最初的40多页缩减为9页、从最初的"面面俱到"修改到重点突出。复赛前两天他还特地找学校的创业教师指导。在接下来的复赛中，廖非凭借简单明确的商业计划书和精彩的路演成功晋级决赛，并取得市决赛第三名的好成绩，不仅拿到了一笔可观的奖金，还被市里推荐参加了一系列展示推广活动，签约了一批客户，打响了品牌。

启示：参加创新创业大赛可以使创业者在指导教师和评委、投资人的帮助和指导下迅速完成创业计划书的迭代，使创业者和项目获得极大的成长。

展阅：《企业名称禁限用规则》及《企业名称相同相近比对规则》

二、新创企业命名

企业名称要符合国家规范，同时企业的名称是公众了解企业的首要途径。为规范企业名称，国家出台了《企业名称禁限用规则》《企业名称相同相近比对规则》，用于规范企业名称。其中，《企业名称禁限用规则》规定：企业名称应当由行政区划、字号、行业、组织形式依次组成。

（一）行政区划

一般来说企业名称应冠以企业所在地省（包括自治区、直辖市）或者市（包括州、地、盟）或者县（包括市辖区、自治县、旗）行政区划名称。

例如，"宁波雅戈尔服饰有限公司"和"贵州省为民医疗服务有限公司"中的"宁波"和"贵州省"分别是两家企业所在地的行政区划。

展阅：企业命名三原则

（二）字号

企业名称的字号应当由两个以上十个以下的符合国家规范的汉字组成，不得使用外文、字母和阿拉伯数字，且不得使用语句、句群和段落。

例如，"四川长虹电器股份有限公司"和"扬州鼎兴开发建设有限公司"中的"长虹"和"鼎兴"分别是两家企业的字号。

需要注意的是，企业名称不得含有有损国家、社会公共利益的内容和文字；不得含有对公众造成欺骗或使公众误解的内容和文字。企业名称中如含有消极或不良政治影响的字号将无法进行注册登记。

（三）行业

企业应当根据其主营业务，依照国家行业分类标准划分的类别，在企业名称中标明所属行业或者经营特点。

例如，“哈尔滨魔术手网络科技服务有限公司”和“新疆天润乳业股份有限公司”中的“网络科技服务”和“乳业”便是两家企业所属行业。

（四）组织形式

企业应当根据其组织结构或者责任形式在名称中标明符合国家法律、法规及国务院决定规定的组织形式。如果是个体工商户，则其组织形式可以选用“厂”“店”“馆”“部”“行”“中心”“工作室”等字样，而不得使用“公司”字样。

例如，松北区梁婉化妆品工作室，因为企业的组织形式属于个体工商户，所以企业选取了与责任形式相符的工作室作为其组织形式。

案例品读

“华为”——心系中华　有所作为

华为技术有限公司成立于1987年，华为总裁任正非表示：我们当初注册公司时，起不出名字来，看着墙上‘中华有为，有所作为’标语响亮就拿来起名字了。

当时外国人垄断了大多数通信设备市场，加上中国改革开放大背景，从华为名字的由来及企业的诞生来看，可以说是时代背景下的爱国者的创业。华为从成立以来就保持积极进取的精神，通过持续的创新，向着国际化、职业化，实现自身的稳固成长。美国《商业周刊》这样描述：如果没有华为，西伯利亚的居民就收不到信号，乞力马扎罗火山的登山客无法找人求救。8千米以上喜马拉雅山的珠峰，-40℃的北极和南极，都见得到华为的足迹。华为，已成为中国形象的一张崭新名片，让世界目睹了中国的奋进与腾飞。华为的成功，正是中国梦的一个缩影。

启示：正是这些“心系中华，有所作为”企业凭借着积极进取的精神，持续的创新和企业的使命担当，托起了中国经济的腾飞，而新时代的大学生也将担负起实现中国梦伟大使命。

课堂活动

结合所学知识点，按要求完成《职业发展与就业创业指导实践手册》项目八 任务一中的课堂活动“企业命名”。

三、企业地址选择

企业选址是指企业在开业之前对经营地址进行论证和决策的过程。创业者要充分认识企业地址选择对企业经营发展的重要性，对影响新创企业选址的诸多因素进行科学分析，掌握新创企业选址的策略与技巧。

（一）新创企业选址的步骤

1. 挑地方——确定人潮及流量

首先，在目标地区计算上午、下午、晚上各时段的人潮，统计进入附近店铺的人数及不同人群的比例，至少在工作日和周末各算一次，确定人潮分布状况。此外，还要考虑人们到达店面花费的时间。除非企业经营的产品是类似于汽车这种高单价商品，否则一般而言，顾客最远只能忍受 7 分钟的交通时间。

2. 找地点——访查周围环境

找地点需要用两种角度来观察：一是商人的角度——什么迹象显示该地点可以创造业绩？二是顾客的角度——你会不会到这个地点？黄金地段有冷门的角落，次级商圈也有热门据点。此外，留意坐落在对角或不远处的竞争对手是否会抢走你的生意。店铺选址能否在顾客行动路线上，抢先别人一步拦截顾客。

3. 看店面——建筑等于活广告

店面，要先远看，再近看，想象店名放在招牌上，是否显眼。好的店面就像活广告，不只让人方便找到，也能向潜在客户进行展示。此外，建筑设计也是一个重点：这个地点适合零售业吗？吸引顾客吗？楼宇的质量是否和产品一样好？一定要从品牌打造的角度来思考店面的构造。

（二）新创企业选址的策略

1.“金角、银边、草肚皮”

“金角、银边、草肚皮”是商业内流行的择址、选铺要诀。街角上的铺位是择铺首选，因为街角汇聚四方人流，必带来人气。“边”是指一条街两端的铺位处于人流进入的端口，也是刚进入商业街的客流有兴趣、有时间高密集度停留的地方。“草肚皮”则指街的中间部分，因客流分散、购物兴趣下降、行走体力不支容易使店铺经营困难。

2. 选低不选高

顾客在店铺内购物为省时省力，往往不愿向楼上走，因而店铺低层往往比其他楼层能创造更高的效益。在择铺时，选择一、二层比选择三、四层店铺更具有经营上的安全性。当然，选低不选高只是一般策略，在一些商场，每一楼层只销售特定商品，电梯可以让顾客便利地到达各个楼层。另外，各楼层租金和对不同产品的销售优势也不同，所以此策略不宜泛化。

3. 店销与商圈要求相吻合

一定的市场空间对业种、业态的组合有客观要求。一般而言，现有商圈内零售、餐饮、娱乐、修理等业务要齐全。对业态的需要则视消费人群的多元化差异而定。因此，投资商铺之前，投资者须了解这些具体情况，进而确定店铺未来要做的行业以及不同的业态，才能使经营更具针对性。

4. 关注社区内商铺的投资价值

社区商业接近社区消费者，具有便利性，使商铺投资的安全性和盈利性大为提升，但可能面临的问题是：新兴社区入住率偏低，消费规模难以支撑商铺经营；社区商业规模往往大于社区需要。从长远看，社区商业的远景向好，但要考虑城市整体规划，把握有利时机进入，保证商铺投资坐收长期稳定回报。

四、企业工商注册

（一）企业登记制度改革

1.“五证合一、一照一码”登记制度

“五证合一”是指实行营业执照、组织机构代码证、税务登记证、社会保险登记证和统计登记证“五证合一”的登记制度（以下简称“五证合一”）。2016 年 6 月 30 日，国务院办公厅发布了《关于加快推进“五证合一、一照一码”登记制度改革的通知》，并于 2016 年 10 月 1 日正式实施。

2. 注册资本认缴登记制

注册资本实行认缴登记制。公司股东（发起人）应当对其认缴出资额、出资方式、出资期限等自主约定，并记载于公司章程中。有限责任公司的股东以其认缴的出资额为限对公司承担责任，股份有限公司的股东以其认购的股份为限对公司承担责任。需要注意的是，注册资本认缴制并不是对所有行业都开放，其中包括银行业金融机构、典当行等在内的 27 个行业暂不实行认缴制。

展阅：《中华人民共和国市场主体登记管理条例》

3.《中华人民共和国市场主体登记管理条例》

2022 年 3 月 1 日起施行的《中华人民共和国市场主体登记管理条例》（以下简称《条例》），首次整合了我国所有市场主体登记规范、管理规则，对各单行法律法规中关于市场主体登记管理的相关制度进行了优化和统一。同时，《条例》中还首次设立了歇业制度，明确因自然灾害、事故灾难等造成经营困难的市场主体可以自主决定在一定时期内歇业，最长期限不超过三年。

（二）企业注册登记流程

为贯彻落实《国务院办公厅关于进一步压缩企业开办时间的意见》（国办发〔2018〕32 号），各地在开办企业流程和时间上都进行了简化。本书以高职院校大学生最常选择的有限责任公司为例，讲解企业注册流程。

《企业登记前置审批事项目录》中要求实行动态管理。《企业登记前置审批事项目录（2021 年）》中包括营利性民办学校办学许可、快递业务经营许可等共计 35 项前置审批目录，创业者须查阅《企业登记前置审批事项目录》，凡是目录上的项目，都须到指定的机关办理许可或审批，获取相应许可证件。

课堂活动

结合所学知识点，按要求完成《职业发展与就业创业指导实践手册》项目八任务一中的课堂活动“工商注册信息”。

展阅：黑龙江省企业开办一网通办操作手册

任务实训

结合本任务学习，按要求完成《职业发展与就业创业指导实践手册》项目八 任务一中的实训演练“撰写创业计划书”。

任务小结

通过本任务的学习，使学生了解创业计划书的概念与作用，掌握创业计划书基本内容与撰写技巧，并在创业计划的基础上让学生了解新创企业的命名、选址与注册流程。希望你的创业计划书能够吸引到潜在的投资人，同时为新创企业经营管理做好充分的准备。

任务评价

本任务学习已完毕，请在《职业发展与就业创业指导实践手册》项目八 任务一的“任务评价”中，就自身专业能力与核心能力的提升情况开展能力自评。

任务二 持筹握算闯初关

任务清单

教学环节	教学信息	具体内容
教	知识重点	企业成本核算的基本内容
	知识难点	成本控制方法及制订销售计划
	推荐教学方式	线上理论与线下实践指导相结合
	教学场所	多媒体教室或创业实训室
	建议学时	2 学时
学	必须掌握的理论知识	成本与成本核算、成本控制、销售成本计划
	必须掌握的工作技能	能够合理确定成本并做好科学管控； 制订销售成本计划表
	能力训练	团队协作完成销售成本计划的制订

任务导入

创业初期的艰难

经过周密的市场调研、精心的创业企划及多方的资金筹措等前期准备，王明和李雪终于完成了核名、提交资料、领取执照、刻章、核税、开户的一系列注册流程，他们的特色农副产品小店终于要开张了。创业初期最关键的就是资金。新店运营、经营场地租赁、办公设备采购、人员招聘、工资发放、人员培训、进货渠道、营销推广、日常管理等都需要大量的资金投入，他们眼看公司账户余额越来越少，如何开源节流？如何确定销售目标？如何进行合理的产品定价？如何在保证公司盈利的同时，有足够的市场竞争力？这些问题已经迫在眉睫。

结合案例，请思考以下问题。

（1）王明和李雪的企业，在创业初期会涉及哪些成本？

（2）你了解哪些成本控制和管理的方法？对于王明和李雪遇到的问题，你能提出哪些科学合理的建议？

任务解码

一、成本

（一）成本的概念

成本是商品经济的价值范畴，是商品价值的组成部分。人们要进行生产经营活动或达到一定的目的，就必须耗费一定的资源，其所费资源的货币表现及其对象化称为成本。

（二）成本的内涵

随着商品经济的不断发展，成本概念的内涵和外延都处于不断的变化发展之中，例如，我国财政部（2013 年 8 月 6 日）认为，产品成本是指企业在生产产品过程中所发生的材料费用、职工薪酬等，以及不能直接计入而按一定标准分配计入的各种间接费用。

（三）成本的分类

成本的分类如图 8-2-1 所示。

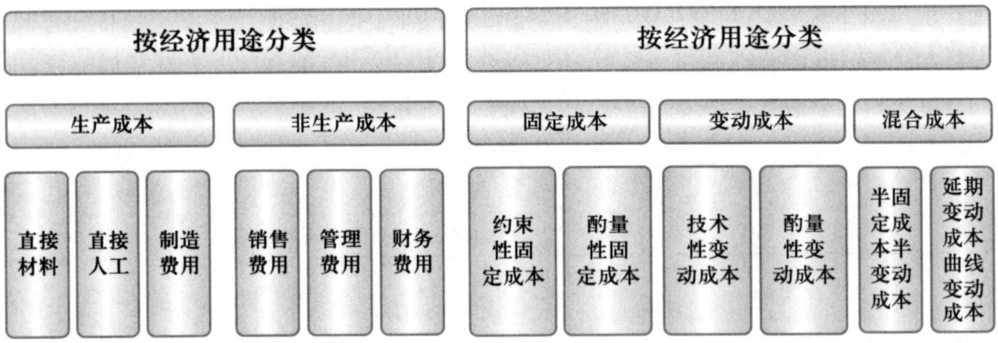

图 8-2-1　成本的分类

二、成本核算

（一）成本核算的概念

成本核算是根据成本核算对象，按照国家统一的会计制度和企业管理要求，对运营过程中实际发生的各种耗费按照规定的成本项目进行归集、分配和结转，取得不同成本核算对象的总成本和单位成本，向有关使用者提供成本信息的成本管理活动。成本核算提供的资料可以反映企业成本计划的完成情况，为存货的计价和企业损益的计算提供直接资料，也是制定产品价格的重要依据。

（二）成本核算的方法

根据企业的生产特点和成本管理的要求不同，成本计算的基本方法主要有品种法、分步法和分批法三种。

案例品读

计算单位产品成本价格

某企业负责生产的黄经理要预测产品的单位成本，他花了不少时间调查各种原材料的价格和其他开销并设计制作一些样本进行分析。经计算，黄经理得出一个月生产 1 200 件工艺品的总成本为 13 650 元。具体计算如表 8-2-1 所示。

表 8-2-1　某企业月成本计算

序号	名称	价格 / 元	备注
1	朱砂泥	4 000	原材料
2	羊毛和其他纤维材料	600	原材料
3	彩绘原料	1 200	原材料
4	市场营销和促销	500	
5	工资	6 000	
6	折旧及开办费摊销	650	
7	保险费	200	
8	维修费	300	
9	电费、电话费	200	
月成本总计		13 650	

成本核算的相关计算公式为

$$单位产品成本 = 总成本 \div 产品产量$$

$$产品单价 = 单位产品成本 \times (1+ 利润率)$$

启示：控制不好成本往往会使企业陷入困境，企业成本是生产所有产品的全部费用相加而成的，制定价格必须研究成本，要保证售价高于成本。

三、成本控制

（一）成本控制的概念

成本控制就是在企业的生产经营活动中，以不断降低成本和提高经济效益为目的，通过计量个人或者组织单位的成本，把实际成本与计划、标准或目标进行比较，计算差异，找出差异存在的原因，以例外管理的原则对不利差异采取措施，以迅速的信息反馈来消除产生差异的因素，以确保目标和计划得以实现的管理过程。成本控制是对企业在生产经营过程中发生的各种耗费进行计算、调节和监督的过程，同时也是一个发现薄弱环节，挖掘内部潜力，寻找一切可能降低成本途径的过程。

（二）成本控制的分类

成本控制按其成本费用的构成划分为原材料成本控制、工资费用控制和间接费用控制。

（1）原材料成本控制。在生产企业，原材料成本在总的生产成本中占有的比重较大，一般在60%~90%，应作为成本控制的主要对象。影响原材料成本的因素有采购费用、库存费用、生产消耗费用和回收利用费用等，因此控制活动可以从采购、库存管理和生产耗费三个环节着手。

（2）工资费用控制。控制工资成本的关键在于提高劳动生产率，它与劳动定额、工时消耗、工时利用率、工作效率、工人出勤率等因素有关。

（3）间接费用控制。间接费用主要包括折旧费、修理费、辅助生产费用、生产质量认证费用等，随着企业现代化程度越来越高，该部分成本的比重也在逐渐加大，这是不可忽视的内容。

（三）成本控制的方法

选择成本控制方法首先需要了解成本的特性与分类，通常从以下三个方面考虑：一是成本发生的变动性与固定性，变动成本随产量的变动而变化，固定成本则不受产量因素的影响；二是成本对产品的直接性和间接性，直接生产成本与产品生产直接相关，间接生产成本的相关性并不明显；三是成本的可控性和不可控性，可控成本与不可控成本随时间条件的变化而会发生相互转化。

有效的成本控制是企业在激烈的市场竞争中成功与否的基本要素。具体方法包括以下四种。

（1）对于变动成本如直接材料、直接人工，可采取按消耗定额和工时定额进行控制的方法。

（2）对固定成本，如固定制造费用，则可采取按计划或预算进行控制的方法。

（3）从成本控制的范围来讲，直接生产成本可将指标分解落实到生产班组、员工，间接生产成本则应分类将指标分解落实到有关职能归口部门、员工。

（4）从成本的可控性来讲，需按不同的责任层次、管理范围落实成本责任，使归口控制的成本对各责任单位来讲具有可控性，真正起到控制的作用。

课堂活动

结合所学知识点，按要求完成《职业发展与就业创业指导实践手册》项目八 任务二中的课堂活动“创业初期成本控制”。

四、销售和成本计划

（一）销售成本计划表的内容

创业者计划开办新企业时，首先应该预测第一年中每个月的利润情况，即制订销售和成本计划。销售和成本计划，这既有助于创业者预测销售，又可确定成本规模，更可预知企业未来是否盈利。

销售成本计划表主要由销售、成本和利润三部分内容构成，一般格式如表8-2-2所示。

表8-2-2　销售和成本计划

单位：元

项目		1月	2月	3月	4月	5月	6月	7月	8月	9月	10月	11月	12月
销售	含销售收入（A+B）												
	增值税（B）												
	销售净收入（A）												
成本	采购原材料												
	营销费用												
	销售提成												
	业主工资												
	员工工资												
	五险一金												
	场地租金												
	办公用品及耗材												
	公用事业费（水、电、气、电话、网络）												
	交通、差旅费												
	贷款利息												
	财产保险												
	登记注册费用												
	生产工具和设备折旧												
	办公家具和设备折旧												
	维修费												
	其他												
	总成本（C）												
附加税费（城建、教育）（D）													
利润（A−C−D=E）													
企业所得税（F）													
企业净利润（E−F）													

由表 8-2-2 可以看出，表格最左侧每行包含销售、成本、利润各项；中间的数字金额是前期通过市场调研，预测得到的相关数据。

主要计算公式为

销售净收入 = 含税销售收入 ÷（1+ 增值税税率）

利润 = 销售净收入 − 总成本 − 附加税费

企业净利润 = 利润 − 企业所得税

当企业的销售成本计划预测结果是盈利时，将会大大增强创业者创办企业的激情和信心。相反，如果预测结果是亏损的，就要及时反思。如果是已经创办的企业，则要进行合理的调整。

（二）销售成本计划预测的方法

销售成本计划预测的方法按性质一般可分为定性预测和定量预测两大类。在实际进行时，应根据企业的实际情况，将定性分析法和定量分析法结合起来，才能取得较好的预测效果。

1. 定性分析法

定性分析法，又称非数量分析法，通常由熟悉情况和业务的专家根据过去的经验进行分析、判断，提出预测意见，或者通过实地调查的形式来了解成本耗用的实际情况，然后通过一定形式（如座谈会、函询、调查征集意见等）进行综合分析，作为预测未来的主要依据。

案例品读

主观判断法

某公司采用主观判断法对 A 产品成本进行预测，20 名车间主任对计划期的单位成本预测值为 580 元，而 5 名技术骨干的平均预测值为 520 元，要求分别采用简单算术平均法和加权算术平均法确定计划期的单位成本预测值。假定车间主任的权重为 0.6，技术骨干的权重为 0.4。则

成本预测值 =580 × 0.6+520 × 0.4=556（元）

启示：在企业缺乏完备的历史资料，或对主要因素难以做出定量描述的情况下，定性分析法尤为适用。

2. 定量分析法

定量分析法，又称数量分析法，是指在完整掌握与预测对象有关的各要素定量资料的基础上，运用现代数学方法进行数据处理，研究各有关变量之间的规律性联系所进行的预测分析过程，具体包括趋势预测分析法和因果预测分析法。

案例品读

算术平均法

宏达公司生产经营A产品，该产品过去5期的实际成本额如表8-2-3所示。

表8-2-3 宏达公司1～5期成本额

单位：元

期数	1	2	3	4	5
成本总额	12 000	13 500	14 000	13 700	13 800

要求：采用算术平均法确定第6期的成本预测值。

解：第6期的成本预测值＝过去各期成本值之和 ÷ 期数

＝（12 000＋13 500＋14 000＋13 700＋13 800）÷5

＝13 400（元）

计算表明，第6期的成本预测值为13 400元。

启示：通过应用可以看出，算术平均法预测的优点是计算简便，但这种方法只根据历史资料，而没有考虑其未来变动，可能会使预测结果产生较大的误差。

知识链接

新产品成本预测法

（1）技术测定法。技术测定法是在充分挖掘生产潜力的基础上，根据产品设计结构、生产技术条件和工艺方法，对影响人力、物力消耗的各项因素进行技术测试和分析计算，从而确定产品成本的一种方法。

（2）产值成本法。产值成本法是按工业总产值的一定比例确定产品成本的一种方法。产品的生产过程同时也是生产的耗费过程，在这一过程中，产品成本体现为生产过程中的资金耗费，而产值则以货币形式反映生产过程中的成果。产品成本与产品产值之间客观存在一定的比例关系，比例越大说明消耗越大、成本越高；比例越小说明消耗越小、成本越低。企业进行预测时，可以参照同类企业相似产品的实际产值成本率，加以分析确定。其计算公式为

产品单位成本＝（某产品的总产值 × 预计产值成本率）÷ 预计产品产量

产值成本法计算结果准确性不如其他方法高，但是工作量小，简单易行，因此也得到较广泛的应用。

课堂活动

结合所学知识点，按要求完成《职业发展与就业创业指导实践手册》项目八 任务二中的课堂活动“销售成本计划预测”。

任务实训

结合本任务学习，按要求完成《职业发展与就业创业指导实践手册》项目八 任务二中的实训演练“撰写项目成本计划书”。

任务小结

通过本任务学习，使学生能够理解成本的概念与控制方法，了解销售成本计划的重要性和预测的方法，能熟练掌握销售与成本计划的制订方法。

任务评价

本任务学习已完毕，请在《职业发展与就业创业指导实践手册》项目八 任务二的“任务评价”中，就自身专业能力与核心能力的提升情况开展能力自评。

任务三　深思远虑善管理

任务清单

教学环节	教学信息	具体内容
教	知识重点	新创企业的管理特点和管理基本策略
	知识难点	企业的财税管理、营销管理、人力管理
	推荐教学方式	线上与线下，理论学习与实践指导相结合
	教学场所	多媒体教室或创业实训室
	建议学时	2 学时
学	必须掌握的理论知识	新创企业的概念、管理特点
	必须掌握的工作技能	能看懂企业的三大报表，合理设计员工岗位职责与考核标准
	能力训练	设计创业团队成员岗位职责及考核标准

任务导入

特色农副产品小店的运营

王明和李雪的特色农副产品的小店经过二人辛勤的努力和诚信经营，慢慢有了回头客，生意也有了起色。为了进一步宣传自己的小店和产品，他俩又开始学习直播带货，通过介绍家乡景区的视频以及特色精美的工艺品，使网络直播间人气攀升，他俩计划雇佣两名当地的手工艺人来店里进行工艺品制作，不仅可以现场直播手工艺品的制作流程，在网络直播间积累人气，还能吸引游客们进店参观消费。正当他们享受创业成功带来的喜悦时，突然发现从当地农户手中收购一批自然晾干的菌类由于保存不当出现了霉菌，预估的损失超过 2 万元，并且订单需要在 7 天内发货，否则客户就会退款或者投诉。令王明更头疼的是李雪看到项目经营困难，畏难情绪让她动了退伙的念头。

结合案例，请思考以下问题。

（1）王明和李雪的合伙企业经营遇到了哪些风险？

（2）如果你是王明，面对困境你能想到哪些解决办法？

▶ 任务解码

一、新创企业管理特点

展阅：新创企业的优势与劣势

新创企业是指创业者利用商业机会，通过整合资源所创建的一个新的具有法人资格的实体，它能够提供产品或服务，以获利和成长为目标，创造价值。新创企业是处于发展早期阶段的企业。全球创业观察（GEM）报告中的新创企业指成立时间在 42 个月以内的企业。新创企业的管理具有以下三个主要特点。

（一）新创企业的管理需要依靠创业者个人能力

在企业初创期，无论是企业管理制度的确立，还是创业团队的磨合，都处于不成熟的阶段，创业者需要亲自参与企业运营的各环节，依靠个人的领导能力、交际能力、管理能力及个人魅力等，为企业的经营保驾护航。

（二）新企业的目标是取得立竿见影的销售业绩

企业内部人员（包括创业者本人）需要通过人际关系和各种宣传渠道争取客户。新企业的行动目标皆是提高销售业绩，这也是新企业发展的最高宗旨。

（三）新企业实行的是“一个人做所有事”的群体管理方式

新企业刚成立时，许多员工一人身兼数职，在分工的基础上更强调成员之间的合作，依靠员工的自觉性和主动性完成企业的管理，企业管理可按照角色划分，让成员之间相互配合，共同完成工作任务。

课堂活动

结合所学知识点，按要求完成《职业发展与就业创业指导实践手册》项目八 任务三中的课堂活动“新创企业优劣势分析”。

二、新创企业管理策略

（一）新创企业的财税管理

1. 规范初期财务制度

（1）个人财务与公司财务分开。企业成立之初，创业者就应该将个人财务与公司财务分开。初期公司规模较小时，可以委托专门的会计公司记账、报税。待公司规模稍大些，再聘请专职会计人员。

（2）建立财务基础账目和制度。财务管理是初创企业管理的核心，企业如有专门的财务人员，则应建立健全各种财务管理制度。在没有专职财务人员的情况下，小微企业至少要有现金日记账、各供应商和经销商单独分类台账，规范票据凭证管理，建立预算和决算制度。可以参考如表 8-3-1 所示的现金日记账，按时间顺序每日记账。“互联网 +”时代，创业者也可以使用记账 App 来完成小微企业现金日记账管理。

表 8-3-1　现金日记账

单位：元

日期	摘要	到 / 从	已收现金	已付现金	现金余额
8/31	现金余额（初始资本）	家庭借款	30 000		30 000
9/1	1 年场地租金	某孵化器		6 500	23 500

说明：表格中“摘要”部分，即填写这笔钱的用途或来源；“到 / 从”，即付款给谁，或者从谁那里收款。

2. 看懂运营财务报表

企业的财务报表就如同人的“体检单”，看懂“体检单”上的数据，便可以很好地了解企业的健康状况，从而做出正确的决策，规避风险，使企业不断发展壮大。

（1）资产负债表。

资产负债表是反映企业在某一特定日期财务状况的报表，它揭示了企业在某一特定日期所拥有或控制的经济资源、所承担的现实义务和所有者享受的剩余权益，是企业生产经营活动的静态呈现。资产负债表的恒等式为：资产 = 负债 + 所有者权益。资产负债表如表 8-3-2 所示。

对于创业者来说，资产负债表可以帮助创业者了解以下两个方面的信息。

第一，了解创业者本金的保值及增值情况。资产负债表可以说明在某一特定时点上，投入企业的资金动向以及当前的价值情况。

第二，了解公司的健康情况。资产负债表还可以帮助创业者了解在某一时点上公司的健康状况。例如，企业是否“超重”——是否欠银行和供应商太多的钱；企业是否“贫血”——账面上的现金和现金等价物是否过低；企业“新陈代谢”是否成长——存货和应收账款周转是否过慢。

表 8-3-2　资产负债表（示例）

会企 01 表

编制单位：　　　　　　　　____年____月____日　　　　　　　　单位：元

资产	行次	年初数	期末数	负债及所有者权益	行次	年初数	期末数
流动资产：				流动负债：			
货币资金	1			短期借款	68		
短期投资	2			应付票据	69		
应收票据	3			应付账款	70		
应收股利	4			预收账款	71		
应收利息	5			应付工资	72		
应收账款	6			应付福利费	73		
其他应收款	7			应付股利	74		
预付账款	8			应交税金	75		
应收补贴款	9			其他应交款	80		
存货	10			其他应付款	81		
待摊费用	11			预提费用	82		
一年内到期的长期债券投资	21			预计负债	83		
其他流动资产	24			一年内到期的长期负债	86		
				其他流动负债	90		
流动资产合计	31			流动负债合计	100		
长期投资：				长期负债：			
长期股权投资	32			长期借款	101		
长期债权投资	34			应付债券	102		
长期投资合计	38			长期应付款	103		
固定资产：				专项应付款	106		
固定资产原价	39			其他长期负债	108		
减：累计折旧	40			长期负债合计	110		
固定资产净值	41			递延税项：			
减：固定资产减值准备	42			递延税项贷项	111		
固定资产净额	43			负债总计	114		
工程物资	44			少数股东权益			
在建工程	45						
固定资产清理	46			所有者权益（或股东权益）：			
固定资产合计	50			实收资本（或股本）	115		
无形资产及其他资产：				减：已归还投资	116		
无形资产	51			实收资本（或股本）净额	117		
长期待摊费用	52			资本公积	118		
其他长期资产	53			盈余公积	119		
无形资产及其他资产合计	60			其中：法定公益金	120		
递延税项：				未分配利润	121		
递延税款借项	61			所有者权益（或股东权益）合计	122		
资产总计	67			负债和所有者权益（或股东权益）总计	135		

展阅：衡量企业盈利能力和发展能力的两个指标

（2）利润表

利润表又称损益表，是反映企业在一定会计期间经营成果的报表，如表 8-3-3 所示。利润表就像给企业拍了一段录像，记录了在此期间企业经营的结果。利润表的编制根据为：成本 - 费用 = 利润。

对于创业者来说，利润表可以帮助创业者了解以下两个方面的信息。

第一，创业者能从利润表中看出是否盈利。很显然，如果企业的利润表中净利润为正，那么企业肯定是赚钱了；反之，则是亏损了。

第二，创业者可以根据当前企业的利润表推断企业未来的盈利和发展。企业的利润表将持续性的利润（营业利润）和不具有持续性的利润（营业外的收支）单独列示，使创业者可以判断企业盈利是否是可持续的。

表 8-3-3　利　润　表（示例）

会企 02 表

编制单位：　　　　____年____月　　　　单位：元

项目	行次	本年累计数	上年同期数
一、主营业务收入	1		
减：主营业务成本	2		
主营业务税金及附加	3		
二、主营业务利润（亏损以“-”号填列）	4		
加：其他业务利润（亏损以“-”号填列）	5		
减：营业费用	6		
管理费用	7		
财务费用	8		
三、营业利润（亏损以“-”号填列）	9		
加：投资收益（损失以“-”号填列）	10		
补贴收入	11		
营业外收入	12		
减：营业外支出	13		
四、利润总额（亏损以“-”号填列）	14		
减：所得税	15		
少数股东权益	16		
五、净利润（亏损以“-”号填列）	17		
加：年初未分配利润	18		
其他转入	19		
六、可供分配的利润	20		
减：提取法定盈余公积	21		
提取法定公益金	22		
提取职工奖励及福利基金	23		

续表

项目	行次	本年累计数	上年同期数
提取储备基金	24		
提取企业发展基金	25		
利润归还投资	26		
七、可供投资者分配的利润	27		
减：应付优先股股利	28		
提取任意盈余公积	29		
应付普通股股利	30		
转作资本（或股本）的普通股股利	31		
八、未分配利润	32		

（3）现金流量表

现金流量表是反映一定时期内企业经营活动、投资活动与筹资活动等对现金流及相关等价物所造成影响的财务报表。现金流量表相对较为细致地描述了公司的经营、投资及筹资活动所产生的现金流，如表 8-3-4 所示。

现金流量表的作用体现在以下三个方面。

第一，反映企业的现金流量，评价企业未来产生现金净流量的能力。

第二，评价企业偿还债务、支付投资利润的能力，谨慎判断企业的财务状况。

第三，分析净收益与现金流量间的差异，并解释产生差异的原因。

表 8-3-4　现金流量表（示例）

会企 03 表

编制单位：　　　　　　____年____月____日　　　　　　单位：元

项目	行次	金额	补充资料	行次	金额
一、经营活动产生的现金流量：			1. 将净利润调节为经营活动现金流量：		
销售商品、提供劳务收到的现金	1		净利润	57	
收到的税费返还	3		加：计提的资产减值准备	58	
收到的其他与经营活动有关的现金	8		固定资产折旧	59	
现金流入小计	9		无形资产摊销	60	
购买商品、接受劳务支付的现金	10		长期待摊费用摊销	61	
支付给职工以及为职工支付的现金	12		待摊费用减少（减：增加）	64	
支付的各项税费	13		预提费用增加（减：减少）	65	
支付的其他与经营活动有关的现金	18		处置固定资产、无形资产和其他长期资产的损失（减：收益）	66	

续表

项目	行次	金额	补充资料	行次	金额
现金流出小计	20		固定资产报废损失	67	
经营活动产生的现金流量净额	21		财务费用	68	
二、投资活动产生的现金流量：			投资损失（减：收益）	69	
收回投资所收到的现金	22		递延税款贷项（减：借项）	70	
取得投资收益所收到的现金	23		存货的减少（减：增加）	71	
处置固定资产、无形资产和其他长期资产所收回的现金净额	25		经营性应收项目的减少（减：增加）	72	
收到的其他与投资活动有关的现金	28		经营性应付项目的增加（减：减少）	73	
现金流入小计	29		其他	74	
购建固定资产、无形资产和其他长期资产所支付的现金	30		经营活动产生的现金流量净额	75	
投资所支付的现金	31				
支付的其他与投资活动有关的现金	35				
现金流出小计	36				
投资活动产生的现金流量净额	37		2. 不涉及现金收支的投资和筹资活动：		
三、筹资活动产生的现金流量：			债务转为资本	76	
吸收投资所收到的现金	38		一年内到期的可转换公司债券	77	
借款所收到的现金	40		融资租入固定资产	78	
收到的其他与筹资活动有关的现金	43				
现金流入小计	44				
偿还债务所支付的现金	45				
分配股利、利润或偿付利息所支付的现金	46		3. 现金及现金等价物净增加情况：		
支付的其他与筹资活动有关的现金	52		现金的期末余额	79	
现金流出小计	53		减：现金的期初余额	80	
筹资活动产生的现金流量净额	54		加：现金等价物的期末余额	81	
四、汇率变动对现金的影响	55		减：现金等价物的期初余额	82	
五、现金及现金等价物净增加额	56		现金及现金等价物净增加额	83	

课堂活动

结合所学知识点，按要求完成《职业发展与就业创业指导实践手册》项目八 任务三的课堂活动“财务三大表格解读”。

3. 执行所得依法纳税

根据《国家税务总局关于实施小型微利企业普惠性所得税减免政策有关问题的公告》，小型微利企业是指从事国家非限制和禁止行业，且同时符合年度应纳税所得额不超过 300 万元、从业人数不超过 300 人、资产总额不超过 5 000 万元三个条件的企业。初创企业一般均属于小型微利企业范畴。小微企业可能涉及的税收主要有：增值税、营业税、企业所得税、印花税、消费税等。

展阅：现金流管理要点

知识链接

国家对于农业企业给予了很多优惠支持政策，具体如表 8-3-5 所示。可以登录国家税务总局网站查询相关政策。

表 8-3-5　农民专业合作社销售本社成员生产的农产品免征增值税

税收政策	农民专业合作社销售本社成员生产的农产品免征增值税
享受主体	农民专业合作社
优惠内容	农民专业合作社销售本社成员生产的农产品，视同农业生产者销售自产农产品免征增值税
享受条件	农产品应当是列入《财政部国家税务总局关于印发〈农业产品征税范围注释〉的通知》（财税字〔1995〕52 号）附件《农业产品征税范围注释》的初级农业产品 农民专业合作社是指依照《中华人民共和国农民专业合作社法》规定设立和登记的农民专业合作社
政策依据	《财政部国家税务总局关于农民专业合作社有关税收政策的通知》（财税〔2008〕81 号） 《财政部国家税务总局关于印发〈农业产品征税范围注释〉的通知》（财税字〔1995〕52 号）

展阅：支持乡村振兴税费优惠政策指引汇编

（二）新创企业的营销管理

1. 制订营销计划

营销计划是企业按照经营目标，依照市场调查、预测和决策，为促进产品销售，从时空和人力、物力、财力上做出具体安排的过程。

制订营销计划需要从以下三方面着手。

第一，达成共识。在制订营销目标及分解任务的过程中，保证营销计划顺利完成的前提是让所有成员达成共识。

第二，层层分解，责任到人。营销计划是企业每个人的事。企业负责人将营销目标分解到营销总监，营销总监将目标分解到部门主管，部门主管再将目标分解到个人。

展阅：营销计划“SMART+RP”原则

第三，日控月清，日结月高。日控，即把一年的营销目标分解到每个月、每一天，然后对每一天的目标与计划的完成情况进行管控，争取每天达标；月清，即把每个月的目标任务量给清理掉，次月就可以轻装上阵；日结，即每天都要总结得失、成败，让好的经验在企业中得到复制和传承；月高，即要求自己每月都要比以前有所提高，包括业绩、工作技能等。

2. 完善营销制度

初创企业成立之初就要建立营销制度。营销制度中有两项最核心的制度：岗位职责和绩效考核。在营销制度建立起来后，新企业要学会逐步完善营销制度，确保岗位职责清晰，绩效考核有利于激励营销人员。

展阅：网络营销团队

3. 管理营销团队

网络营销团队与地推营销团队管理如表 8-3-6 所示。

表 8-3-6　网络营销团队与地推营销团队管理

类别	管理方面	管理内容
网络营销团队	网络营销团队领导	网络营销团队的领导者应该既熟悉企业的业务知识又熟悉网络营销的技术应用（如懂优化和推广技术、熟悉竞价广告、发布过软文信息，经营过行业论坛，成功运营过微信公众号）。对新创企业而言，在无法找到二者兼备的人才的情况下，比较务实的做法是找一项擅长、另一项略微了解的人才做领导者
	网络营销团队配置	网络营销团队的基本人员包括专业文案、信息员、广告管理员、网络直销人员、设计人员、网络优化和推广人员。没有条件的企业可以招聘并培养多功能型能手，一人整合多人职责。组合后的团队应具备熟练操作计算机，理解能力和写作，数据分析能力强。掌握一定的图片和视频处理技术、网站制作技术，熟悉搜索引擎推广技术，会优化和竞价等特点
	网络营销团队管理	首先，不允许以公司名义留自己的联系方式，只能留公司统一的销售电话、传真、邮件、QQ 等。建议办理一个 400 电话或一号通服务，作为公司的销售热线
		其次，建立完善的绩效考核管理办法，网络营销也一定要有企业最终效益的量化指标，如每天发 2 篇文章、50 条信息、新增 100 名粉丝、达成 1 笔销售（其中，达成 1 笔销售是必须完成的指标）
		最后，每周、每月营销效果最好的员工要进行经验总结及推广。对于因团队成员分享及推广经验而带来的利润，老板要设置专门的奖金。
地推营销团队	“高压”型团队管理模式	理论上，所有行业都需要地推。地推是最直接、最落地的营销推广方式。“高压”型团队管理模式会有很高的指标，严格的淘汰机制，做不了就换人
	“中和”的团队管理模式	“中和”的团队管理模式有压力，不会过高压力，同时企业会考虑员工发展，给他们培训，希望他们成功

综上，无论网络营销团队还是地推营销团队，要成为一个有高度凝聚力和高效战斗力的团队，都要遵循如图 8-3-1 所示的规则。

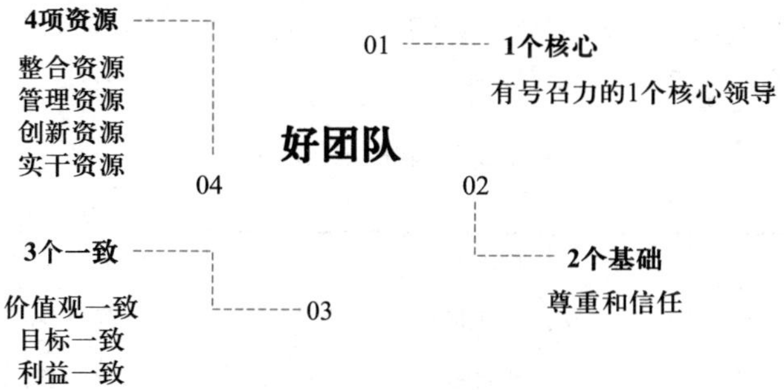

图 8-3-1　营销团队建立的原则

案例品读

“种米姑娘”陈雨佳

31 岁的返乡创业大学生陈雨佳的家乡是黑龙江省宁安市渤海镇上官地村。上官地村坐落在 5A 级景区镜泊湖、国家级森林公园地下森林、渤海国上京龙泉府考古遗址公园等旅游景点的核心区域，是优质大米——石板米的核心产区，被誉为“中国火山岩稻米之乡”。回到家乡后的陈雨佳，在宁安市玄武湖大米专业合作社担任销售经理，自己还成立了雨佳农产品有限公司。在发展稻米产业的同时，陈雨佳带领合作社进一步整合上官地村玄武湖资源，发展休闲观光农业和民宿经济。为了推广石板大米和观光农业，陈雨佳充分利用网络资源。在抖音号上，陈雨佳给自己取名“种米姑娘”。她创新推出“庄主认种网络直播活动”，将万年火山、千年遗址、鱼米之乡以直播的方式完美亮相，推动了订单式种植模式，让客户通过网络体验稻米从种到收的全过程。她还通过线上直播的方式，打造石板大米品牌高端化路线，扩大线上销售渠道，实现从种得好向卖得好转变，推出“粮票定制”服务，保证客户随时可以吃到鲜米。

启示：越来越多的大学生毕业后选择了回乡创业，他们为乡村振兴注入青春的活力，带动了乡亲增收致富，维护了国家粮食安全。

（三）新创企业的人力管理

1. 设定岗位

组织结构是企业的基础、管理的前提，合理的组织结构可以让企业高效运行。

（1）岗位设计。

第一，因事设岗。不要因为一个人就设置一个岗位。

第二，明确重点岗位。确保企业发展的重点事项有专岗专人负责。

第三，根据需求设立辅助岗位。辅助岗位的人数不能超过重点岗位人数。

（2）岗位职责。

多数小微企业员工人数为几个人到几十人，甚至很多新创企业仅仅只有 1～2 人，难以划分出行政、人事、采购、销售及物流等职能部门。核心创业者也是身兼数

展阅：新创企业组织结构设计

职，但无论是创业团队创始人还是招募的员工，都应该明确岗位职责并且以书面形式（《岗位说明书》）（表 8-3-7）记录下来。

表 8-3-7　岗位说明书示例

版本：A/20230110

<table>
<tr><td>岗位名称</td><td>业务员</td><td>岗位编号</td><td>XS-3</td><td>定编人数</td><td>10</td></tr>
<tr><td>所在部门</td><td>业务组</td><td>直接上级岗位</td><td>销售主管</td><td>工作地点</td><td>北京</td></tr>
<tr><td>直接下级岗位</td><td>无</td><td>工资等级</td><td>销售 3 级</td><td>岗位性质</td><td>业务类</td></tr>
<tr><td>职责概述</td><td colspan="5">完成本人销售任务</td></tr>
<tr><td rowspan="8">岗位工作
具体内容</td><td colspan="4" rowspan="2">职责内容</td><td>权限</td></tr>
<tr><td>1. 承办
2. 需报审
3. 全权负责</td></tr>
<tr><td colspan="4">1. 完成领导下达的市场指标</td><td></td></tr>
<tr><td colspan="4">2. 跟进本人签订的项目进度</td><td></td></tr>
<tr><td colspan="4">3. 协助完成销售方案的策划和实施</td><td></td></tr>
<tr><td colspan="4">4. 按要求完成每月报表</td><td></td></tr>
<tr><td colspan="4"></td><td></td></tr>
<tr><td colspan="4"></td><td></td></tr>
<tr><td rowspan="5">岗位资质
要求</td><td>教育水平</td><td colspan="4">□博士　□硕士　□本科　□专科　□职校　□高中　□其他：</td></tr>
<tr><td>职业资格</td><td colspan="4"></td></tr>
<tr><td>专业要求</td><td colspan="4"></td></tr>
<tr><td>知识技能</td><td colspan="4">沟通能力强，能吃苦</td></tr>
<tr><td>工作经验</td><td colspan="4">有销售经验半年以上（含实习试用）</td></tr>
</table>

自我评测

模拟招聘

你们的创业项目需要哪些岗位？职责是什么？尝试画出项目组织结构图。

2. 招聘员工

（1）招聘途径。

新创企业可以根据不同途径的特点选择合适的招聘途径如表 8-3-8 所示。

（2）招聘流程。

根据本企业实际情况制定招聘流程，以科学、简洁、适用为原则，按流程招聘。新创企业简单招聘流程如图 8-3-2 所示。

表 8-3-8　不同招聘途径的特点

招聘途径		特点
低成本招聘途径	微信招聘	创始人微信朋友圈、企业公众号都可以发布招聘信息。除传统平面招聘，还可以制作有声版招聘文件
	熟人推荐或挖掘	熟人推荐要有明确的职责、任职资格和待遇等信息，再委托熟人推荐，对符合条件的被推荐人面试
付费招聘途径	应届生求职网	侧重应届生校园招聘
	前程无忧	应届生和刚毕业几年的年轻人会多些
	智联招聘	有工作经验的人会比前程无忧多一些
	猎聘网	适用于招聘高端精英人才，薪酬期望相对较高
	58 同城	侧重招聘基层类技术含量不高的人员或兼职人员
	专业细分网站	根据人才细分到相应细分网站上招聘，如 IT 类人才可以到拉勾网招聘

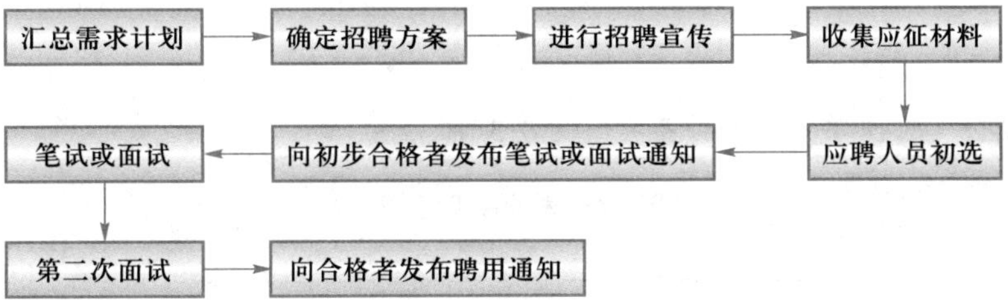

图 8-3-2　新创企业简单招聘流程

（3）招聘注意事项。

第一，根据岗位职责招人。根据岗位职责、资格条件进行人员招聘。

第二，设计笔试面试。按照岗位职责和资格条件设计对应的笔试、面试题目。

第三，注重人品和技能的考量。结合企业实际情况，在专业技能的考量中同时考察求职者人品。

3. 管理绩效与薪酬

（1）新创企业绩效管理。

绩效管理是指企业与所属单位（部门）、员工之间就绩效目标及如何实现绩效目标达成共识，并帮助和激励员工取得优异绩效，从而实现企业目标的管理过程。

绩效考核要注意企业期望人才达到的要求是必须要考核的，并且必须有具体的标准。例如，某企业文员考核标准如表 8-3-9 所示。

表 8-3-9　某企业文员考核标准

考核要项	绩效标准（KPI）
文书沟通	1. 所有电子邮件收到后 24 小时内回复 2. 内部文件及其他部门查询均应在 2 个工作日内回复 3. 正式会议记录在会后 2 个工作日内发送与会者 4. 所有需公示的公文应于当日张贴，张贴一周，组织传阅一周，2 周内签字交回存档

一般由直接上级对直接下级进行考核，同时创始人可以指定人员或自己随机抽查考核结果。具体考核试行一段时间后，要了解优秀人员和未完成人员的想法与实际情况，调整后再试行，试行后再调整，最终作为企业完善的制度。

考核周期的确定要考虑不同岗位人员的特点。一般而言，对中高层管理人员的考核，为半年或者一年考核一次；对于一般岗位工作人员的考核为一周、一个月或者一个季度考核一次。

（2）新创企业薪酬设计。

展阅：你知道如何给自己的新企业设计出漂亮的薪酬体系吗?

新创企业薪酬设计要传递企业希望的结果、行为和态度。例如，如果新创企业希望员工长期稳定工作，那么薪酬方案中就要有年功工资（工作时间每多 1 年多多少钱）；如果新创企业希望部分负责人培养好新人、创造好的业绩、不要只顾个人业绩，那么薪酬方案中就要体现团队业绩完成情况对应负责人个人的薪酬。

自我评测

一张简表实现考核

某初创公司工作考核表（周表）如表 8-3-10 所示。

表 8-3-10 某初创公司工作考核表（周表）

填表人： 日期：

序号	工作内容	详细内容	工作标准	周一	周二	周三	周四	周五	咨询总数	周成交总数
1	邮箱	发送邮件	每天 500 封							
2	微信	加微信好友	转正 75 个，试用 50 个							
3		朋友圈发布内容	每天 1～3 次，格式：品牌＋产品＋电话＋微信号＋网址 +@10 个人							
4		群发消息	每天 400 人次，内容见本周主题							
5	QQ	加好友	加好友 20 个							
6		导出 QQ 号	加群 5 个							
7		群发消息	每天 100 条，可以用群发软件							

直接上级签名：________________

参照表 8-3-10，你们的项目考核应该怎么设计呢？把表格画出来，并与其他组分享。

4. 留住人才

展阅：人员流失的关键数字

通常 20% 的核心人员创造 80% 的价值，新创企业留住核心人才至关重要。新创企业常见的留住人才的措施包括：一是股权或期权设置；二是未来前景期待；三是相对灵活的时间；四是日常表扬与肯定；五是分类分级奖励；六是定期团建聚餐；七是书面记录员工成长；八是适当娱乐安排；九是关爱员工家人等。

自我评测

怎样留住人才

请结合上述学习内容，小组讨论并派出代表汇报你们项目组最核心、次核心人才是什么样的？如何留住他们？

（四）新创企业的风险管理

1. 新创企业财务风险管理

财务风险是创业中面临的最大风险之一。很多企业因为缺乏合理的财务预算与核算，容易导致现金流断裂乃至创业失败。

（1）初创企业可能面临的财务困境。财务困境又称财务危机（Financial Crisis），是指现金流量不足以补偿现有债务的情况。财务困境可分为亏损型财务困境与盈利型财务困境。

第一，亏损型财务困境。由于进入市场和培育市场需要一定时间，初创企业出现亏损型财务困境的情况比较多。企业出现财务困境可能由销售收入过小、成本费用过大、现金短缺所引起，企业应特别避免现金的短缺，尤其要避免三种情况同时出现。

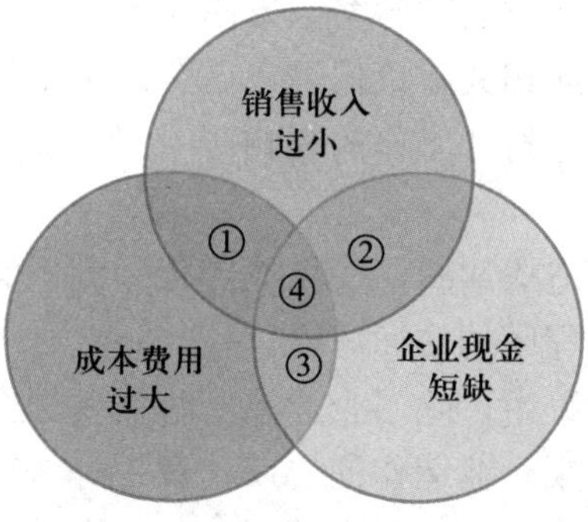

图 8-3-3　亏损型财务困境的三种情况

亏损型财务困境的三种情况如图 8-3-3 所示。

化解亏损型困境的方式如下：①当销售收入过少、成本费用过大时，应做好长远规划，确认业务的发展及资金是否足够支撑企业发展至稳定运营，同时注意节约不必要的开支；②当销售收入过小、现金短缺时，应寻找资金来源，尽快寻求市场突破；③当成本费用过大、现金短缺时，应寻找过渡期资金来源，节约开支，砍掉非必要费用；④当销售收入过小、成本费用过大、现金短缺时，说明企业处境非常艰险，若不采取强力措施，则恐怕除了破产别无他途，需综合运用前几种情形的化解方式并加强管理。

第二，盈利型财务困境。一些市场发展比较好的初创企业，有可能在发展初期就实现盈利或收支持平，这个时候如果企业没有做好资金规划，融资和市场扩张的节奏把握不好，就很可能陷入盈利型财务困境。

盈利企业按其发展状况，可分为稳健发展的盈利企业和超常发展的盈利企业。盈利型财务困境一般都是在超常发展的盈利企业产生的。超常发展是指企业片面追求利润或市场占有率，不顾风险地进行快速扩张。

有些初创企业通过贷款、融资进行高风险的投资扩张，获得超常发展而成功。销售规模快速扩大时，企业为了不失去机会，同时赚取更多利润，开足马力扩大生产或者招募人员，增加设备投资。可一旦市场变化，销售锐减，势必出现现金短缺，进入“有利可图，无钱可用”的财务困境。

（2）避免财务困境的原则和方法。

第一，健全完善的核算体系。赋予财务机构在公司管理体系中应有的职能，将业务流程与财务流程进行融合，规范财务与业务运作，提升企业的管理效率。

第二，关注运营的现金流量。持续密切关注现金流，做好积极稳妥的融资和销售回款安排。

第三，明确财务的核心工作。依照企业的发展阶段，对公司财务进行有效管理，将核算工作作为核心工作，及时服务决策，提高企业竞争力。

第四，建立完善的监督体制。如果监督体制不完善，财务体系出现的各种漏洞无法及时得到修补，则会对公司盈利造成不利影响。

第五，规范合理的财务制度。企业只有对资金、成本、利润的管理建立完整合理的制度规范，资金使用、利润分配、成本管控才能得到有效的管理。

第六，搭建明晰的股权结构。合理的股权结构有利于公司的运营管理及财务监督和管理，对于公司保持活力和可持续发展具有重要意义。

第七，选择优秀的财务主管。一个好的财务负责人和他的团队能够很好地掌握财务状况，为公司决策提供有效支撑。

第八，掌握必要的财务知识。创业者应该掌握必要的财务知识，只有这样，才能对企业的运营情况有一个清晰的了解，从而把握住企业发展的脉络、方向和节奏。

第九，了解相关的政策信息。创业者应该及时关注相关政策信息，这有助于企业获取必要的扶持资金，并把握各类政策对于企业税收及财务工作的影响。

小张的违约故事

2. 法律风险管理

公司在创办和运营过程中存在诸多风险，很容易造成纠纷，使企业经营受到不必要的损害。因此，我们需要了解企业在建立及运营过程中的法律风险。

（1）企业建立过程中的法律风险。企业在设立过程中，除了企业注册时需要提交的证明性法律文件，还需要在出资人之间签订规范将来企业运作的协议、章程等法律文件。这些法律文件详尽地约定了各方权利义务，在契合公司需要的同时，能有效规避企业设立的法律风险。

（2）企业运营过程中的法律风险。企业在其运营的全过程中都存在法律风险。

第一，融资法律风险。如对于民间借贷，可能陷入“非法吸收公众存款”“集资诈骗”等法律风险；股东追加投资或引入战略投资者，会引发股权及治理结构调整，利益分配的约定等问题。

第二，经济合同法律风险。经济合同法律风险主要是经济合同违约纠纷，大多数经营者只注意到合同中约定的义务及索赔问题，而忽视了先合同义务及后合同义务，因此导致纠纷。

第三，知识产权法律风险。企业如果没有知识产权管理制度，如专利检索和商标待查制度，将使企业面对知识产权侵权指控时陷入被动。

第四，行政管理法律风险。行政管理的漏洞可能引发违规问题，被有关执法机关（如环卫、市场监管、税务、劳动监察、消防等部门）进行处罚。

第五，劳动人事法律风险。职工工伤、劳资关系处理不当会引发风险。企业在引入重要人才时，可能遭遇被人才原所属企业索赔。

（3）企业法律风险管理。具体如下。

第一，完善各类制度。创业期企业要完善各项制度，重点包括人事管理制度和财务管理制度。人事管理制度包括制订实施招聘制度、考核制度、奖惩条例、薪资方案，把握好员工入职、在职与离职管理中涉及的基本法律法规，保护商业秘密，防范核心员工携秘跳槽。财务管理制度包括制定报销制度、现金流量、制定预算、核算和控制成本等制度，编制财务计划，加强财务监控。

第二，引入法律顾问。创业期企业面临的事务较多，股权架构、对外合作、市场营销、客户管理、财务税收、内部制度等，同时创业初期企业的抗风险能力较差，稍有不慎就会陷入难以经营的困境。想要理清各项事务头绪，不仅需要创业者的领悟和坚持，还需要法律顾问提出专业的建议。

第三，建立法律意识。在诸多失败案例中，大多数创业者在成立公司后，对研发、市场、融资工作极度重视，对人事、财务工作疏忽懈怠，对法律尤其是劳动用工法律所知甚微。因此，为之付出的代价往往是关门走人、不欢而散。

第四，了解重要法律法规。首先，创业者成立公司，需要了解《中华人民共和国公司法》等法律法规，如果成立合伙企业，还需要了解《中华人民共和国合伙企业法》等。其次，创业者需要了解行业相关的法律法规。如从事餐饮业，需要了解《中华人民共和国食品安全法》等。再次，成立公司后，创业者需要了解《中华人民共和国劳动法》《中华人民共和国劳动合同法》《中华人民共和国产品质量法》《中华人民共和国反不正当竞争法》等。

▶ 任务实训

结合本任务学习，按要求完成《职业发展与就业创业指导实践手册》项目八 任务三中的实训演练“设计创业团队成员岗位职责及考核标准”。

▶ 任务小结

通过本任务的学习，使学生可以了解新创企业的概念、管理特点、优势与劣势，进而掌握新创企业的财税管理、营销管理、人力管理、风险管理的要点，提升学生企业经营管理能力，为日后创业实践奠定基础。

任务评价

本任务学习已完毕，请在《职业发展与就业创业指导实践手册》项目八 任务三的“任务评价”中，就自身专业能力与核心能力的提升情况开展能力自评。

任务四　奋楫笃行扬远帆

任务清单

教学环节	教学信息	具体内容
教	知识重点	路演的基本概念
	知识难点	路演 PPT 的制作
	推荐教学方式	线上理论与线下实践指导相结合
	教学场所	多媒体教室或创业实训室
	建议学时	2 学时
学	必须掌握的理论知识	路演的内涵、基本环节、路演准备内容
	必须掌握的工作技能	能根据创业项目完成路演材料准备
	能力训练	完成路演 PPT 和现场路演

任务导入

如何准备创业路演

王明和李雪的特色农副产品的小店度过了开业前三个月的艰难期之后，生意开始有了起色，网上直播的销量也节节攀升，尤其是当地种植的特色食用菌更是好评如潮，他们吸取了之前食用菌保存不当的经验教训，准备贷款购买更高效的大型干燥和塑封设备。他们手里的资金不够，于是联系了学校的就业创业教师，了解创业贷款相关政策。教师告诉他们可以在办理银行贷款的同时，参加创新创业竞赛，不仅可以得到创业专家的指导，还会对他俩的创业项目起到一个宣传和推广的作用。他俩回去就着手整理项目的材料，准备制作路演 PPT，现场路演重点讲哪些内容呢？还要做哪些准备呢？这对他俩是一个新的考验。

结合案例，请思考以下问题。

（1）你能帮助王明和李雪梳理项目路演中重点要讲哪些内容吗？

（2）王明和李雪在路演前还需要做哪些准备呢？

任务解码

一、路演介绍

（一）路演的概念

路演（Roadshow）是指通过现场演示的方法，引起目标人群的关注，使他们产生兴趣，最终达成销售目的。“路演”这个词语原本出自资本市场，后来加入了创业元素，成为创业融资的重要展示环节。

创业路演就是企业代表在讲台上向台下众多的投资方讲解自己的企业产品、发展规划、融资计划。创业者可以通过路演和投资方之间进行交流，快速对接项目，减少融资之路上的坎坷。

案例品读

第六届“互联网+”大赛冠军项目——星网测通

“选择卫星通信这条道路并为之奋斗12年是有一个故事的，一切起源于2008年的汶川地震。”在第六届“互联网+”大学生创新创业大赛冠军争夺赛的现场，北京理工大学信息与电子学院电子与信息专业2019级博士生宋哲这样介绍自己和团队12年深耕不辍的奋斗故事。5分钟的路演，她条理清晰，介绍项目应用前景与国家战略紧密相连，用数字对比说明项目技术优势，举例说明创业核心成员的历史成绩。“星网测通”项目打破了国外对我国航天领域测量技术的严格封锁，解决了制约我国通信卫星发展的卡脖子问题，项目得到了王小谟院士、樊邦奎院士、周志成院士等多位院士及大批航天领域龙头企业的高度评价！宋哲精彩的路演征服了评委和现场的观众，她们团队的项目最终以1 310分夺得总决赛冠军。

启示：传承红色基因，肩负强国使命，一代代“爱国奋斗追梦”的青年学子成长为担当民族复兴大任的时代新人。

展阅：路演内容介绍及核心

（二）路演的环节

创业路演一般分为两个部分：项目介绍及回答提问环节。

1. 项目介绍环节

项目介绍一般都在10分钟以内，路演人要用最精练的语言传递最重要的信息，让投资人或评委理解项目是做什么的，有何竞争力和发展潜力。因此重点要说明你是谁、你想干什么、你干成了什么、你拥有什么、你需要什么五个重点内容。

2. 投资人提问环节

投资人可能会用质疑的眼光看商业计划书，但提出的问题可能会对创业者有很大的帮助或启发。在提问环节需要注意以下两方面：首先是敏锐的洞察力，即快速理解投资人问题背后的隐含意义。其次是直白准确的语言，即准确地、实事求是地回答问题。

（三）路演 PPT

展阅：大赛项目路演意义

当前，高校大学生有很多创新创业类大赛，如中国国际“互联网 +”大学生创新创业大赛（原中国“互联网 +”大学生创新创业大赛）、“挑战杯”全国大学生系列科技学术竞赛等。

下文以中国国际“互联网 +”大学生创新创业大赛为例，介绍路演 PPT。（图 8-4-1～图 8-4-7），PPT 也可以根据自身项目特点和计划书的内容进行调整。

封面

项目名称：一句话描述

(例如：小米电视：打造年轻人的第一台互联网电视)

参赛组别

参赛省份

所属高校

联系信息(姓名/联系方式)

备注：封面设计风格必须与项目内容相符，项目名称的一句话描述能让人对项目定位有清晰的认识。

图 8-4-1　中国国际“互联网 +”大学生创新创业大赛 PPT 参考模板

正文

第一部分　(1-2页)

分析市场现状和行业背景

主要内容：

1. 讲清楚项目相关的行业背景、市场发展趋势、市场空间

2. 描述在目前市场背景下，你发现了一个什么样的痛点或需求点(机会点)

3. 说明目前正是做此项目的最正确的时间

备注：

（1）行业市场分析要具体且有针对性，分析项目所处的具体市场，要与项目内容紧密相关，避免空泛论述。

（2）分析痛点时，如已有解决相关痛点的产品或服务，则需要简要分析已有的产品或服务存在的不足，表明当前的商业机会。

图 8-4-2　中国国际“互联网 +”大学生创新创业大赛 PPT 参考模板

正文 **第二部分　(1页)** **讲清楚你要做什么** **主要内容：说明你专注聚焦做的事情，或者想解决这件事中某一个关键问题**

备注：

（1）你要做的事情应该可以用一两句话表达清楚，最好能配上简单的上下游图或功能示意图或简要流程图，让人对项目一目了然。

（2）不建议项目盲目跟风，追随投资热点。

图 8-4-3　中国国际“互联网 +”大学生创新创业大赛 PPT 参考模板

正文 **第三部分　(6页左右)** **如何做及现状** **主要内容：** **1. 讲清楚你的解决方式** **2. 你的产品以及服务的用户群** **3. 说明你的产品或解决方案的竞争力，进行横向竞品分析** **4. 商业模式** **5. 产品的研发、生产、市场、销售等相关策略** **6. 目前已经达成的里程碑**

备注：

（1）在说明产品或解决方式时，要说明为什么这件事你能做而别人不能做？或者为什么你能比别人做得好？你的核心竞争力、与众不同的地方是什么？重点用数据说明是否具备科研成果转化背景或拥有价值的知识产权等。

（2）竞品对比分析一定要做关键维度对比分析，客观、真实、优劣势都要有。

（3）如果是创意组项目，则商业模式可以省略，但要用数据证明你的产品真的对用户有价值，成长空间大；如果项目还处于想法和设计阶段，则市场和销售等内容简要说明即可。

（4）目前已经达成的里程碑则要用数据说明产品、研发、销售等关键环节的进展。

图 8-4-4　中国国际“互联网 +”大学生创新创业大赛 PPT 参考模板

正文 **第四部分　(1页)** **项目团队** **主要内容：** **1. 讲清楚团队人员组成、分工和股份比例** **2. 介绍团队主要成员背景和特长** **3. 说明你们团队的优势**

备注：

（1）在没有一定数据体量支撑的情况下，投资人 50% 以上的参考权重都在团队。他们会判断团队的性格、基因、执行力情况，以及之前的资源和经验适不适合做这个项目。介绍团队分工和团队主要成员的背景和特长时，应强调团队和个人能力适合该项目的岗位，注意背景和经历与项目岗位的相关性，表明团队有能力创业。

（2）团队优势要尽可能展现出来，让投资人相信你们团队会更容易成功，如果是科技成果转化的项目，有必要说明教师在团队中的角色。

图 8-4-5　中国国际“互联网 +”大学生创新创业大赛 PPT 参考模板

正文	第五部分　(1页) 财务预测与融资计划

主要内容：

1. 说明未来一年或六个月需要的融资、释放的股份，融资资金的用途和目标
2. 目前企业估值
3. 之前融资的情况(如果有)

备注：

（1）除非是已经非常成熟的项目，否则不建议写未来 3 年或 5 年的财务预测。

（2）企业估值是指着眼于企业本身，对企业的内在价值进行评估。企业估值最好简述估值逻辑。

图 8-4-6　中国国际“互联网 +”大学生创新创业大赛 PPT 参考模板

封底	结束语 (1页) 说明企业的愿景

备注：所有的素材和内容，全部为一句你的企业愿景服务，这句愿景是广告语，也是最能诠释项目价值的定位。

图 8-4-7　中国国际“互联网 +”大学生创新创业大赛 PPT 参考模板

课堂活动

结合所学知识点，按要求完成《职业发展与就业创业指导实践手册》项目八 任务四中的课堂活动“创业路演内容自查表”。

二、路演准备

路演需完成以下七个方面的准备。

（一）了解路演对象

路演时间有限，创业者不可能在路演过程中传递所有的信息，必须把重点放在观众认为最重要的部分，因此路演要尽可能多搜集听众的信息。以风险投资公司为例，它们都有自己的网站，会列有公司曾经投资的企业和合作伙伴。

（二）准备路演材料

路演材料准备包括项目的创业计划书文本（PPT 版及 Word 版）、一分钟的 VCR（视频片段）。路演现场还要准备包括创业计划书文本、笔记本计算机（安装 PPT 或视频播放软件）、存放 PPT 的优盘（2 个）。同时产品原型尽可能在现场进行展示。如果有不方便展示的技术或服务，则可以通过视频放映形式进行全面展示。此外，还可以准备如口香糖等能缓解紧张情绪的食品或饮料。女生还可以准备小镜子和简单的补妆用具。

（三）确定路演人员

路演的主讲人一般为一人，路演的主讲人选择优先级排序如下：首先是 CEO（通常指创始人），其次为联合创始人，再次为企业其他高管或者业务负责人。路演准备的过程中可以让更多的团队成员参与进来，增强团队的凝聚力。

（四）训练演讲技术

路演也要尽量生动有趣、充满激情。此外，还需要与观众进行交流互动，如介绍一下个人经历或趣闻轶事；通过手势和激昂的语调显示演讲者的热情。观摩别人的演讲也是提升演讲能力的好办法，创业者可以现场观摩创新创业大赛参赛团队的路演，也可以观摩学习网上的路演视频。

（五）熟悉路演场地

创业者要尽可能多地了解演讲场地的情况。如果要置身于较大的舞台，面对更多的观众，就需要扩大幻灯片字体或设计更新颖的方法向观众演示。同时注意路演现场播放 PPT 的屏幕比例是 16∶9 还是 4∶3。此外，在路演场地勘察的过程中，要完成路演材料拷贝与测试，模拟路演全流程。

（六）准备路演服装

路演着装要得体，一般建议选择正式着装。可以参考任正非、雷军等企业家在产品发布时的着装，选择深色衬衫或 T 恤。如果公司拥有标志明显的 T 恤或其他衣物，路演人及团队最好穿着此类服装并带上名片。

（七）整理问题题库

创业者要敏锐预见投资者可能会提出的问题，为问题的回答做好充分准备。同时也要搜集投资人或评委提问较多的问题。路演常见问题如图 8-4-8 所示。

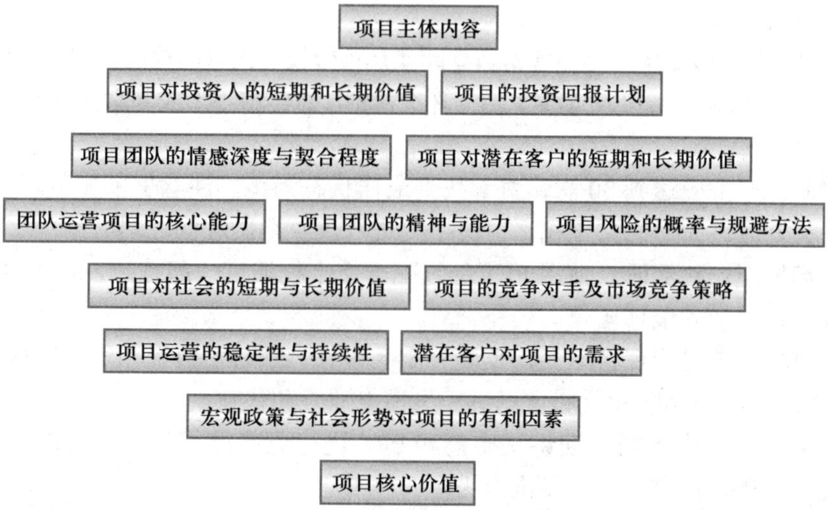

图 8-4-8　路演常见问题

展阅：大学生路演常见问题及对策

回答投资者问题时，要注意如下事项。

（1）准确理解投资者问题要点，回答要有针对性。

（2）在投资者提问结束后迅速作答，回答内容连贯、条理清晰。

（3）回答问题建立在准确的事实和可信的逻辑推理上。
（4）对投资者指出的问题做充分说明和解释。
（5）路演陈述和回答内容有整体一致性。
（6）团队配合好，彼此互补，相关问题阐述清楚。

课堂活动

结合所学知识点，按要求完成《职业发展与就业创业指导实践手册》项目八 任务四中的课堂活动“路演时间安排表”和课堂活动“路演装备准备表”。

三、路演演练

成功路演的诀窍就是精心准备反复演练。

（一）精准把控路演时间

要想精准把控路演时间，充分运用可用的时间，就要反复模拟演练，反复修订路演稿和声音、语速，尽量利用全部规定时间，同时做到不超时。

（二）路演模拟材料准备

（1）开场话术。30～60 秒，100～220 字，逻辑清晰边际价值递增话术。

（2）路演 PPT 全文字稿。一般人正常语速为 180～260 字 / 分钟。路演文字稿具体字数根据时长和演讲人的语速确定。文字稿参考前面的路演 PPT 结构，正文（除去头尾和目录页）部分，建议每分钟 1～2 页，竞赛时间有限，建议尽可能增加 PPT 中展示内容，增加信息展示量；每页 PPT 的演讲文稿要全稿创作，在开篇和结尾加上承上启下的文字。

（3）项目问答数据库。路演答辩数据库就是预想投资人可能提问的问题，自问自答。创业者及团队可多观摩历年大赛专家提问环节视频，总结整理形成专家评委的问题库。

（三）反复演练

模拟演练至少应达到 30 次，直到找到最佳状态为止，注意事项如下。

（1）初期应该先熟悉文字稿，对文字稿进行反复斟酌和润色。

（2）模拟现场路演时，使用 PPT 翻页配合文字稿演讲一起练习，熟悉 PPT 内容，加深理解，逐步加入肢体语言。

（3）模拟训练时应保持站立，反复一个人进行；熟练后可以当着团队成员重复训练至少 10 次，结合团队建议和意见进一步模拟训练和优化。

（4）演练过程中不断对演讲文字稿和 PPT 进行更高要求的打磨，进而实现长话短说、深入浅出、语言生动、精准有力。

任务实训

结合本任务学习，按要求完成《职业发展与就业创业指导实践手册》项目八 任务四中的实训演练“模拟路演”。

任务小结

通过本任务的学习，可以帮助大学生了解路演的内涵，熟悉路演的基本环节，并以“互联网+”大学生创新创业大赛为例，使学生掌握路演材料的准备及路演模拟训练的要点，相信经过精心的准备，你们的团队一定能呈现出一场精彩的路演。

任务评价

本任务学习已完毕，请在《职业发展与就业创业指导实践手册》项目八 任务四的“任务评价”中，就自身专业能力与核心能力的提升情况开展能力自评。

项目拓展

给创业者的五条财务建议

抱最大的希望，做最坏的打算

如果你还没准备好创业所需的启动资金，那么先不要辞职。对创业的未婚人士，我建议至少要预留三个月的生活花费。在你开始创业后，账户上的资金要确保可以支撑大概6～9个月。

管理好你的现金流

一家公司倒闭的原因只有一个——资金周转不灵。现金流是运营企业首先要学会管理的最重要的财务指标。如果你不知道你的钱从哪来、到哪去了，你就非常危险了。认真做好预算，按预算花费资金对创业企业是非常重要的。

记录出项

建议你在最初的几个月可以采用Quickbooks之类的在线记账软件记录自己企业的账务。如果你没时间，可以招个记账员。随着信息越来越多、越来越复杂，在你报税的时候就要请个会计了。

给自己发薪水

很多早期的创业公司没有实力发高薪，但你也要为自己发薪水。在投资人看来，没有什么把钱投给那些“需要钱”的人风险更大的了。那些独立于公司财务系统之外的人被认为是不靠谱的。投资人也理解你不能只靠方便面和煎饼过下去。

降低固定支出

在创业的早期，要尽最大的可能降低固定成本支出。虽然你的营收会逐步增长，但是也要看看是否有价格低、可以月付的办公室租用。如果你所在的城市有孵化器，那么可以详细了解下。同时，可以考虑把你的家或公寓当作办公室。

项目考评

结合本项目学习情况，填写《职业发展与就业创业指导实践手册》项目八 把握好方向盘的“项目考评 成果评分表”。

就业指导篇

党的二十大报告明确指出“就业是最基本的民生”，强调要“强化就业优先政策，健全就业促进机制，促进高质量充分就业。健全就业公共服务体系，完善重点群体就业支持体系”。抓好就业工作是保障和改善民生的重要内容，而高校毕业生就业是重中之重，既关系着家庭幸福，也关系着党和国家事业的发展及社会的和谐稳定，党和国家历来高度重视高校毕业生就业问题。

作为高校毕业生，要加强职业道德修养，树立正确的人生观、价值观和就业观，培养爱岗敬业的劳模精神和工作责任意识，到基层去，到祖国和人民最需要的地方去，用脚步丈量祖国大地，把青春献给祖国。

项目九

赢在就业起跑线

要全面深化改革，营造公平公正的社会环境，促进社会流动，不断激发广大青年的活力和创造力。要强化就业创业服务体系建设，支持帮助学生们迈好走向社会的第一步。

——习近平

项目地图

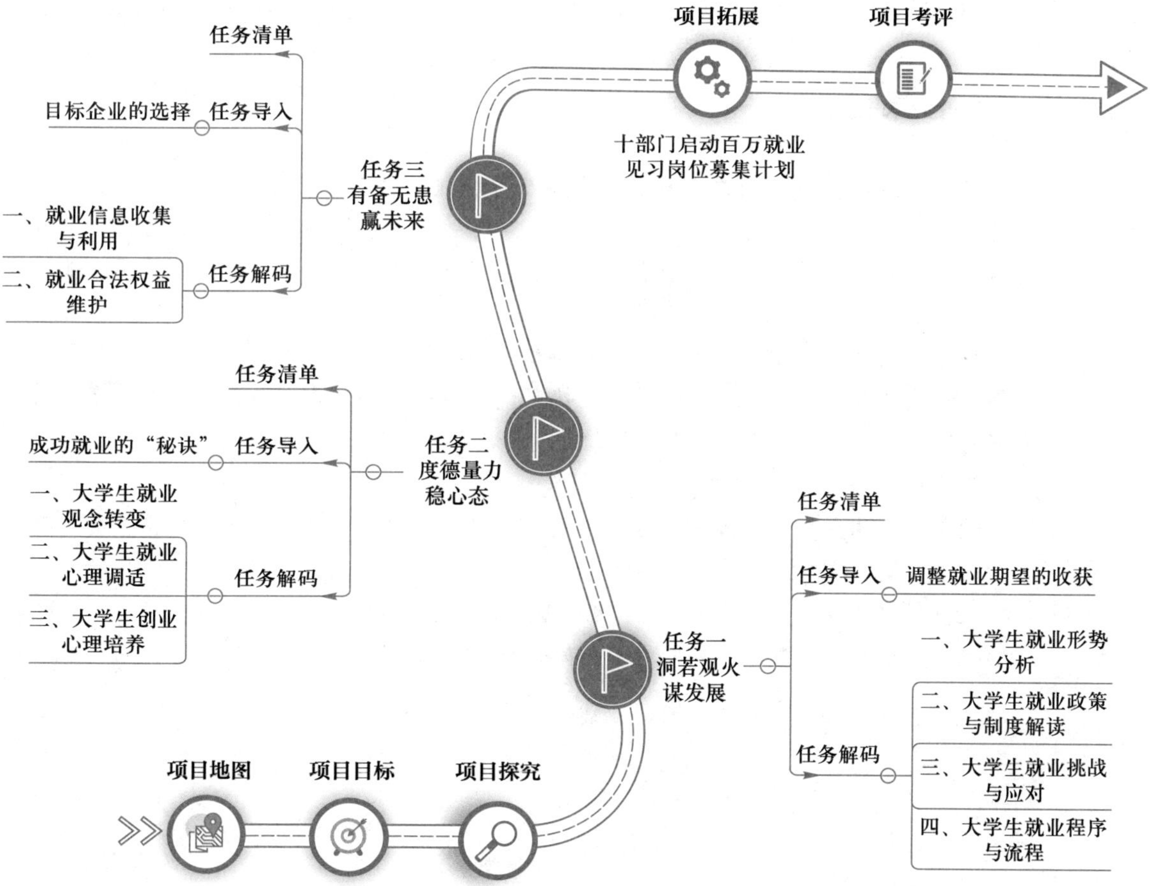

项目目标

● 知识目标

（1）明确大学生就业形势与政策。

（2）熟悉就业政策信息和法律法规。

（3）了解常见的就业观与就业心理问题。

（4）掌握信息收集与信息甄别的方法与路径。

● 能力目标

（1）能够根据所学知识制订就业规划的能力。

（2）能够运用就业政策知识维护自身的合法权益的能力。

（3）能够主动调整不良的就业心理，培养成功创业或就业的能力。

● 素养目标

（1）具有主动择业就业的意识。

（2）培养正确面对当前的就业宏观形势与就业压力的抗挫折能力。

（3）培养创业就业法律素养、心理素质和审美素养。

（4）通过对创业就业政策的掌握，增强对他人、集体、社会和国家所担负的责任感。

项目探究

2023 年 4 月，某职业院校应届毕业生小峰通过线上招聘从激烈的竞争中脱颖而出，被某知名公司录取。此时，小峰发现还有一家发展前景更好的单位也在招聘，于是他匆匆和这家公司签订了就业协议书后又应聘了那家更有前景的单位。他认为反正就业协议不是劳动合同，对自己没有约束力。

当小峰兴冲冲地跑到原来签订就业协议的公司，请求解除就业协议时，该公司告知小峰，解除就业协议可以，但小峰必须按照就业协议中的约定向公司交付违约金。面对不菲的违约金，初出校门的小峰为自己法律意识的缺乏懊悔不已。

探究：

（1）预测你所学专业及其对应岗位的未来发展趋势，你认为未来这些岗位会被机器人和人工智能取代吗?

（2）了解你专业的就业形势吗？面对就业，你准备好了吗?

（3）对于就业的程序与流程，你还有不了解的吗?

任务一　洞若观火谋发展

任务清单

教学环节	教学信息	具体内容
教	知识重点	就业的程序与流程
	知识难点	就业政策的把握
	推荐教学方式	线上理论与线下指导
	教学场所	多媒体教室或实训室
	建议学时	2 学时
学	必须掌握的理论知识	就业与创业形势与政策、就业流程与就业程序
	必须掌握的工作技能	熟练掌握就业程序，能根据个人职业选择成功就业或创业
	能力训练	个人求职就业或创业的策略设计、就业协议书的签订

任务导入

调整就业期望的收获

毕业于广东某职业学院的刘畅，原本想在珠江三角洲地区工作，但由于家在北方，想在南方一线城市长远立足要面临不少现实困难。因此，从大二开始，她强烈地意识到就业问题的重要性。到了寒假，她决定不返乡过年，而是留在学校到各地参加供需见面会，想亲自摸一摸就业“行情”，综合各用人单位的招聘条件，她立即调整就业期望值，决定回到家乡求职。经过不懈努力，半年后她顺利入职家乡的一家大企业，岗位职责也与自己的专业能力相匹配。

结合案例，请思考以下问题。

（1）刘畅重新定位了就业城市，对于她的选择你有何理解？

（2）你愿意选择回乡就业还是坚持在一线城市就业？为什么？

任务解码

一、大学生就业形势分析

毕业生的就业形势直接关系到每位大学毕业生的求职择业历程，只有在充分理解和分析当前就业形势的基础上，才能提前做好就业前各项心理准备，从而提高就业工作的落实率和就业质量。

（一）了解就业形势的意义

了解就业形势，便于大学生提前做好心理准备，制订合理的职业目标与科学的规划，有利于大学生更好地根据自身条件和当前所面临的机遇与挑战，积极转变就业观念，实现主动就业。

（二）把握当前的就业现状

我国的高等教育已经实现了由“精英教育”向“大众教育”的转变，全国高校毕业生人数也随着近些年来高校的持续扩招而呈现逐年增长的态势。这主要体现在毕业生总量创历史最高、结构性失业问题仍然突出、就业地域层次等有差距、专业方向呈冷暖不一等方面。

1. 就业人数创历史最高。

从 2022 年的高校毕业生的就业形势来看，就业人数激增与疫情防控双重压力使得就业形势相对严峻。从教育部数据可知，2022 届高校毕业生总规模高达 1 076 万人，同比增加 167 万人，创历史新高。同时，疫情导致留学生回流，竞争也开始日益白热化。有数据显示，2020 年向国内岗位投递简历的海归人才数量较 2019 年增长了 33.9%，同年春节后，考研成绩公布导致更多应届生流向就业市场，求职人数同比增长 143.1%。与此同时，国家也连续多年推出了系列改革措施，缓解了批量就业给社会带来的压力，如研究生扩招、大学生参军、“三支一扶”等政策相继出台，在一定程度上缓解了就业难的问题。

2. 结构性失业仍然突出。

随着我国经济持续的增长，经济结构持续调整，同时受国际环境及疫情的影响下需求收缩，出现消费力不足、生产能力和生产成本发生变化、中小企业用人需求能力下降等情况。与此同时，“躺平”“佛系”成为一些年轻人的生活态度，出现了缓就业、慢就业的现象。据央视新闻报道，2023 届高校毕业生规模预计 1 158 万人，同比增加 82 万人，这是高校毕业生规模增长人数最多的一年。随着国家引导和鼓励高校毕业生到城乡基层、中小企业、中西部地区和艰苦边远地区就业，从一定程度上缓解失业所带来的压力，但就业岗位还有待进一步增加。

展阅：评估你的拖延商数

3. 就业地域层次、院校层次有差距。

从地域方面来看，北京、上海等发达地区对毕业生的吸引力巨大；中西部不少省区虽然有较大的用人需求，但因工作和生活条件艰苦，难以吸纳本地毕业生就业。另外，从院校层次类别看，教育部直属高校毕业生就业情况较好，初次就业率为 85%，地方院校就业率相对较低。

4. 专业方向呈冷暖不一。

高薪热门行业的专业学生数量陡然增加，冷门专业的学生数量急剧减少。从专业看，市场对一些紧缺专业，如通信、土建、机械等专业毕业生需求旺盛，毕业生供不应求。而对哲学、法学、社会学等专业毕业生需求较少。这使得热门专业的人才数量远远高于市场需求，出现人才过剩情况。专业冷暖不一的情况，直接影响了当前大学生的就业现状，甚至出现了“热门专业就业不热，冷门专业就业不冷”的怪圈。

案例品读

学习部长的求职之路

李莎是一个性格比较内向的女生，在学校时学习非常认真，各项成绩都不错，还担任了某高职院校商贸系的学习部长，随着毕业的临近，她也开始为找工作忙碌起来，每次有单位来学校招聘，她都积极去面试，可是每次都是空手而归，看着其他同学纷纷就业了，心里不禁酸溜溜的。于是本来性格就内向的她变得越来越自闭，不愿意和别人打交道，更不愿去参加招聘会和面试了。

启示：类似于李莎这样境遇的大学生不少，多次求职失败及身边同学的影响让他们失去信心，导致心理失衡，这不仅会涣散人的斗志、影响人的追求，还容易引发其他问题，应及早发现问题，调整心态，克服困难。

5. 就业机会表现不均。

严峻的就业形势使大学毕业生就业途径也更加灵活。目前多数大学毕业生是通过“自主择业”“竞争择业”等途径实现灵活就业。但外部因素仍然会影响大学生就业，如受家庭、经济背景、地域差异及名校效应等因素的影响，同等教育程度下的大学毕业生就业效果不同。当前，多数企业从降低成本的角度考虑，很少愿意招收应届毕业生。缺少工作经验的大学生，常因无法快速独立完成相关工作而被企业排除到招聘行列之外；另外，就业心态不稳定，跳槽现象频发，也是影响大学生就业的主要因素。

（三）分析大学生就业环境

当市场环境不利时，很多企业为了生存，采用“断尾”的方式求生，用裁员方式来削减成本压力，缩减校招名额，尤其当前教育培训、房地产、互联网等企业大规模裁员，毕业生就业压力也随之增加。

面临一线城市生活成本和压力的日益增大，成都、西安、杭州等新一线城市则频频提供户口、优惠购房等补贴政策，使一些毕业生开始“转投”新一线城市，因为这些城市的经济相对发达，薪资高，生活条件优越。目前最需要毕业生的是我国边远地区、中小城市、艰苦行业的基层一线中小型单位，这些地区的毕业生流失情况非常严重，形成了“要不到、分不来、用不上、留不住”的恶性循环。因此要指导大学生及早了解就业环境，早做规划，这样才能做到就业有路、创业有技。

课堂活动

结合所学知识点，按要求完成《职业发展与就业创业指导实践手册》项目九 任务一中的课堂活动“就业指导体系梳理”和“所在城市就业形势分析”。

（四）分析大学生就业的影响因素

大学生面临严峻的就业形势，既受社会、用人单位、学校等外力因素影响，又受大学生自身主观性因素的影响，具体影响因素如表 9-1-1 所示。

表 9-1-1　就业影响因素分析表

影响因素	具体体现
社会因素	现象 1：国家政策调控与经济发展水平决定着社会需求，而社会需求也影响着毕业生的就业状况 现象 2：校企合作不深入，导致毕业生技术技能水平与社会需求不相符
用人单位因素	误区 1：存在学历浪费现象，忽视能力与文凭不相等的实际，使高职生就业难度加大 误区 2：性别歧视现象屡见不鲜 误区 3：地区性就业保护主义造成就业的不公平性 误区 4：过分看重工作经验，忽视了大学生的创新能力与可塑性
学校方面的因素	表现 1：专业人才培养模式不合理，缺少市场调研 表现 2：专业设置与市场需求之间存在着结构性矛盾，专业课程设置与教学内容无法达到技能就业标准 表现 3：教学计划、教学模式和教材及相关实践教学条件落后，培养的人才无法实现人职匹配。
大学生自身的因素	原因 1：缺乏理性的就业定位，就业要求过高，心态浮躁，频繁跳槽致使自己陷入就业误区 原因 2：过分强调专业对口，很难做好从基层做起的心理准备，使得择业余地变小 原因 3：过高的期望导致自己就业时“高不成、低不就” 原因 4：追求稳定的工作环境与舒适度 原因 5：没有就业目标，从众心理过强，无法在短期内实现人职匹配

除了上述表格中存在的现象，还有不少刚毕业的大学生缺乏对自己的职业规划，自我认知不够，不知道自己可以从事哪些职业，无法实现人岗匹配，导致跳槽。因此，要求毕业生要时刻保持谦虚的心态，虚心、耐心、热心、诚心地去面对自己的工作，这是职场新人最基本的素质要求。培养扎实的工作风和敬业精神，用最美好的一面去充分展现自己的才能，用人单位就会欣赏你，自己的心态就会变得豁达开朗。

二、大学生就业政策与制度解读

就业政策是根据国民经济发展战略和人才培养、市场需求的客观要求而提出的，是根据各不同时期的政治、经济任务而制定的。大学生应在国家就业方针和政策原则的范围内，根据个人实际自主择业，并以进取的态势积极参与市场竞争，做好参与竞争的各种准备。无论是在就业制度改革的过渡阶段，还是在高校毕业生就业全面市场化时期，党和政府对高校毕业生就业都给予了极大的关注和支持，并结合各时期的经济发展和就业状况出台了一系列促进高校毕业生就业的政策，以缓解就业压力，引导和帮助高校毕业生顺利就业。

（一）大学生宏观就业政策

党的十八大以来，党中央、国务院高度重视就业工作，坚持就业优先战略和积极就业政策，将“稳就业”作为“六稳”“六保”之首，并做出了一系列新决策新部署。高校毕业生是国家宝贵的人才资源，党和国家把高校毕业生等青年就业作为重中之重，推出了一系列有针对性的政策举措。2022 年 11 月 9 日教育部、人力资源和社会保障部召开 2022 届全国普通高校毕业生就业创业工作网络视频会议，并于同年 11 月 16 日印发了《教育部关于做好 2022 届全国普通高校毕业生就业创业工作的通知》（教学〔2021〕5 号）（以下简称《通知》），要求各省级工作部门和各高校全面贯彻落实全国教育大会精神，把“稳就业”放在更加突出的位置，努力实现高校毕业生更高质量和更充分的就业。

我国部分大学生就业政策汇总如下。

（1）鼓励高校毕业生到基层和艰苦地区就业的政策。政策要求各级政府为高校毕业生创造工作条件，主要充实城市社区和农村乡镇基层单位，从事教育、卫生、公安、农技、扶贫和其他社会公益事业。具体措施如下：一是结合城镇化和公共就业服务挖掘教育、劳动就业、社会保障、农技推广等领域就业；二是创新政策引领。结合乡村振兴推进农村科技创新，引导大学生投身大农业就业；三是全面统筹做好大学生村官、“三支一扶”、西部支教等项目获学费补偿工作；四是鼓励到省会城市以下非企业等社会组织，协助落户手续并享受职称评定；五是对本部县以下地区从事专业技术职务的，晋职时享受免试外语。

展阅：2022 年国家出台支持大学生创业政策一览表

案例品读

垦三代——逐梦北大荒的年轻人

黑龙江八一农垦大学 2017 届农学专业毕业生李光绪，作为第三代北大荒人，毕业后放弃了去大城市就业的机会，毅然选择回到北大荒七星农场就业。他曾在 2018 年 9 月 25 日习近平总书记到垦区考察时，与总书记面对面交流。回忆起受到总书记接见时的场景，李光绪说：“总书记的殷切嘱托让我备受鼓舞，在今后的工作中我要牢记嘱托，为这片承载总书记希望的土地、为自己的家乡做出应有的贡献。作为新时代的垦荒人，作为一名科研人员，我为工作的这片土地多产出优质粮食贡献自己的绵薄之力而自豪，今后一定牢记总书记的期望在农业科研的大舞台上有所作为，为农业发展插上科技的翅膀。”艰苦奋斗、勇于开拓，顾全大局、无私奉献的北大荒精神一直深深地熏陶和感染着他，让他的青春在奋斗中闪光，他将始终秉承着宝贵的精神，不断开拓进取。

启示：肯取势者可为人先，能谋势者必有所成。对于当代大学毕业生来说，能沉到地方、下到基层，就把握住了历史机遇，顺应了时代需求。只有扎根基层，守好一方土地，服务好一方人民，干实事，出成绩，才能真正扎根在祖国的广袤大地上，放飞自己的青春梦想，这才是闪亮青春该有的模样。

（2）党政机关录用公务员和国有企事业单位新增专业技术人员和管理人员，应主要面向高校毕业生公开招考或招聘，择优录用。

（3）鼓励各类企事业单位特别是中小企业和民营企事业单位聘用高校毕业生，政府有关部门要为其提供便利条件和相应服务。对企业跨地区聘用的高校毕业生，省会及省会以下城市要认真落实有关政策，取消落户限制。

（4）鼓励高校毕业生自主创业和灵活就业。凡高校毕业生从事个体经营的，除国家限制的行业外，自工商部门批准其经营之日起 1 年内免交登记类和管理类的各项行政事业性收费。近 2 年国家出台的支持大学生创新创业的政策内容中涉及税费减免、贷款额度提高、部分孵化空间免费用、探索建立创业风险救助等系列措施。

（5）支持引导灵活就业。鼓励高校积极挖掘新产业新业态新模式中的就业机会，引导毕业生在数字经济、平台经济等领域灵活就业。组织开展面向市场的培训项目，开展新兴产业、先进制造业、现代服务业等领域新职业技能培训，增强毕业生就业能力和竞争力。

（6）做好大学生征兵工作。要求各地高校落实“两征两退”改革要求，配合兵役机关制定本地本校征兵工作方案、普通高职院校退役士兵免试参加专升本、大学生士兵专项硕士招生计划等优惠政策。

（7）为高校毕业生办理户口和人事档案手续提供便利。对毕业离校时未落实工作单位的高校毕业生，本人要求户口和人事档案保留在学校的，按规定保留两年。在此期间，人事部门所属人才交流服务机构免费提供人事代理服务。本人落实工作单位后，公安机关按有关规定办理户口迁移手续。

（8）促进离校未就业高校毕业生就业的政策。毕业半年以上未能就业并要求就业的高校毕业生，可持学校证明到入学前户籍所在城市或县劳动保障部门办理失业登记。对已进行失业登记的高校毕业生，有条件的城市、社区可组织其参加临时性的社会工作、社会公益活动，或到用人单位见习，给予一定报酬。对于因患病等原因短期无法工作并确无生活来源者，由民政部门参照当地城市低保标准给予临时救助。费用由地方财政列支。

（9）鼓励中小企业和民营企事业单位聘用高等职业学校（大专）毕业生。对就业困难的应届高职（大专）毕业生，由劳动保障、人事和教育部门共同实施“高职（大专）毕业生职业资格培训工程”，对需要培训的应届高职（大专）毕业生进行职业技能培训和职业技能鉴定。

（10）加强就业指导和服务的质量。为了更好地帮助毕业生成功就业，教育部提出八项措施（表 9-1-2）来拓展就业渠道，提高就业率。

表 9-1-2　扶持大学生就业的八项措施

支持方向	具体措施
创新服务方式	（1）各地区、各有关部门、各高校要根据高校毕业生特点和求职需求，创新服务方式 （2）改进服务措施，提高服务质量，促进更多的高校毕业生通过市场实现就业
强化信息手段	（1）加强网络信息服务，建立健全全国公共就业信息服务平台 （2）加快招聘信息全国联网，更多开展网络招聘 （3）为用人单位招聘和高校毕业生求职提供高效、便捷的就业信息服务
公共服务进校园	（1）积极开展公共就业人才服务进校园活动，为高校毕业生送政策、送指导、送信息 （2）为高校毕业生建立就业政策和岗位信息的渠道
拓展专项服务	（1）精心组织民营企业招聘周、高校毕业生就业服务月、就业服务周 （2）搭建部分大中城市联合招聘专场活动和每季度的全国高校毕业生网络招聘月等专项服务活动 （3）建立供需信息平台，积极促进对接
强化高校服务建设	（1）高校要加强就业指导课程和学科建设 （2）积极聘请专家学者、企业人力资源经理、优秀校友担任就业导师
重点帮扶	各地区、各高校要将零就业家庭、优抚对象家庭、农村贫困户、城乡低保家庭及残疾等就业困难的高校毕业生列为重点对象，实施重点帮扶
低保家庭专业	（1）毕业生离校前享受城乡居民最低生活保障家庭的毕业年度内，高校毕业生的求职补贴全部发放到位 （2）对求职补贴标准较低的要适当调高标准
助残帮扶	（1）鼓励各地结合本地实际将残疾高校毕业生纳入享受求职补贴对象范围 （2）鼓励党政机关、事业单位、国有企业带头招录残疾高校毕业生
毕业未就业帮扶	离校未就业高校毕业生实现灵活就业的，在公共就业人才服务机构办理实名登记并按规定缴纳社会保险费的，给予一定数额的社会保险补贴，补贴数额原则上不超过其实际缴费的 2/3，最长不超过 2 年，所需资金从就业专项资金中列支

（二）我国现行的就业制度

1. 公务员制度

按照《中华人民共和国公务员法》执行公务员制度，该法对公务员的条件、义务与权利、职务与级别、录用、考核、职务任免、职务升降、奖励、惩戒、培训、交流与回避、工资福利保险、辞职辞退、退休、申诉控告、职位聘任、法律责任等都做了明确的规定。录用国家公务员按照下列程序进行：一是发布招考公告；二是对报考人员进行资格审查；三是对审查合格的人员采取笔试和面试的方式进行公开考试；四是对考试合格的人员进行政治思想、道德品质、工作能力等方面的考核，并进行体检；五是根据考试、考核结果提出拟录用人员名单，并公示、审批或备案。必要时省级以上公务员主管部门可以对上述程序进行调整。录用特殊职位的公务员，经省级以上公务员主管部门批准，可简化程序。

2. 人事代理制度

人事代理是代理机构按照国家有关人事政策、法规的要求，受单位或个人委托，以社会化服务的方式，为委托人提供所需的各项人事服务，如档案工资调整、工资核算、职称评审与推荐等。人事代理是与社会主义市场经济体制相适应的一种人事管理模式。大学生如果就业后走人事代理，则需要了解其主要作用。人事代理服务项目如图 9-1-1 所示。

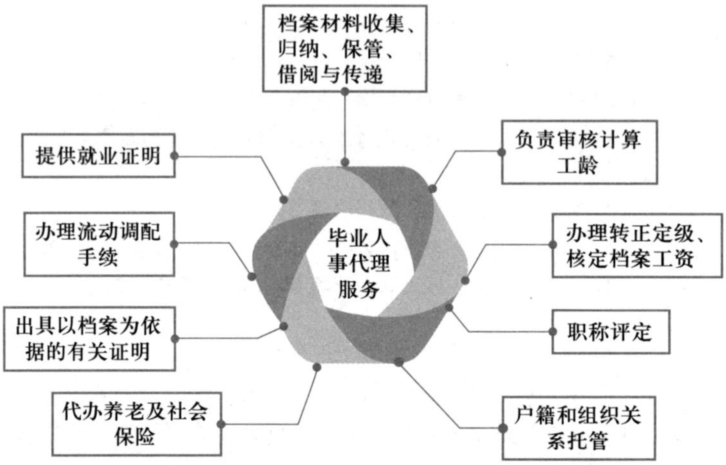

图 9-1-1　人事代理服务项目

办理人事代理具有一定的程序，主要程序为：选择代理机构—签订人事代理协议或开具档案接收函—凭人事代理协议或档案接收函到学校办理派遣手续—到代理机构报到。

3. 劳动合同制度

劳动合同制度的内容主要有：一是用人单位的名称、住所和法定代表人或主要负责人；二是劳动者的姓名、住址和居民身份证或其他有效身份证件号码；三是劳动合同期限；四是工作内容和工作地点；五是工作时间和休息休假；六是劳动报酬；七是社会保险；八是劳动保护、劳动条件和职业危害防护；九是法律、法规规定应当纳入劳动合同的其他事项，如约定试用期、培训、保守秘密、补充保险和福利待遇、竞业限制等其他事项。

4. 职业资格制度

职业资格包括从业资格和职业资格。职业资格证书又分为从业资格证书和职业资格证书两种。从业资格是政府规定技术人员从事各种专业技术性工作的学识、技术和能力的起点标准。职业资格通过考试方法取得，考试由国家定期举行。职业资格实行注册登记制度，取得职业资格证书后，要在规定的期限内到指定的注册管理机构办理注册登记手续。

展阅：2022 年国家各部委扶持毕业生就业清单

三、大学生就业挑战与应对

为深入实施就业优先战略，健全有利于更充分、更高质量就业的机制，促进高校毕业生就业，国务院办公厅、教育部、人力资源和社会保障部等部门出台了一系列针对高校毕业生就业的利好政策。据统计，第七次人口普查数据显示，我国一共有8.8亿劳动人口，截至2022年年底灵活就业人员已达2亿人，这就意味着每5个劳动者就有1个人属于灵活就业人员，就业岗位主要来自新型业态需求，如短视频博主及相关从业人就有160多万人，还有网络写手等一批有一技专长的人，这就需要每个高职毕业生要认清时代发展趋势，结合专业准确定位，找到理想的工作岗位。调整方向为：一是调整专业方向、优化专业结构；二是强化实习，提高就业能力；三是结合"1+X"证书制度深入推进职业技能标准执行；四是多途径鼓励引导毕业生到基层就业；五是引导毕业生要及时更新就业观念、提高自身素质。高职毕业生就业机遇与挑战分析表如表9-1-3所示。

表9-1-3　高职毕业生就业机遇与挑战分析表

序号	挑战	机遇
1	从社会宏观竞争角度存在竞争挑战	高职教育自身特色与优势看存在机遇
2	从用人单位对学历的挑剔角度看存在挑战	从国家宏观环境的创造角度存在机遇
3	从学生角度看，缺少硬件资源存在挑战	从中小企业用人机制看存在机遇
4	从毕业生就业观念上存在挑战	从学生个人而言，提升自身的硬件与软件也存在机遇
5	从政策调控企业更新速度看是挑战	从国家重视职业教育看是机遇
6	从当前就业形势的严峻性存在挑战	新业态产生更多的自由职业者存在机遇

总之，高职院校毕业生就业是一项政策性强、影响面广的人事工作。只有努力开创毕业生就业工作新局面，才能真正做到为党和政府分忧，服务于有中国特色的现代化建设。

四、大学生就业程序与流程

为提高毕业生对就业工作程序、流程的认识，应强化毕业生对自己就业定位的认知，使其理智、准确地做好选择，尤其是了解在什么时间办什么手续，把握时机，灵活做出选择，提高择业的成功率与就业比率。

（一）大学毕业生就业程序

就业程序不仅包括就业主管部门、高校的工作程序、用人单位的招聘程序，同时也包括毕业生自己在就业过程中应当遵循的程序。

1. 明确毕业条件

根据教育部颁布的《普通高等学校学生管理规定》中第三十一条—第三十九条规定，所在校学生管理手册规定的毕业标准中应明确毕业条件和毕业手续。

2. 做好就业准备

就业准备是大学生在校期间的全程工作，在这里我们特指毕业前夕的就业准备具体如下。一是做好就业价值取向的准备，明确求职择业的目标与方向；二是认真分析就业形势，了解必要的就业政策，尤其是拟就业地区和本校的就业形势与相关就业政策，这直接关系到毕业生择业的成败；三是积极收集就业信息，就业信息是毕业生求职择业的前提和必备条件。毕业生应当及时、全面地掌握有关就业方面的各种信息，并认真地对这些信息进行分析、筛选、整理，最终做出正确判断；四是要结合收集的信息理智地进行自我分析，按照自己的择业方向认真准备推荐材料。

3. 接受就业指导

在传播媒介、网络信息发达的当今社会，毕业生获取就业指导的途径很多，但对新时代的高校毕业生而言，信息量获取渠道多种多样。就业信息获取渠道的优势劣势分析表如表 9-1-4 所示。

表 9-1-4　就业信息获取渠道的优劣势分析表

获取方式	获取途径	优势	劣势
学校毕业生就业机构	就业指导课程、高校的就业指导机构	课程内容全面，教师全程跟踪指导，且指导机构与用人单位之间有着长期稳定的联系，针对性、可靠性强	容易受毕业生所在高校的就业指导水平影响
学生家长及亲朋好友	相关人员的社会关系获取	充分了解毕业生本人，能有针对性且最大限度的指导	会影响毕业生自主择业方向
专业报纸、杂志	高校图书馆或相关刊物	可以有详尽的介绍、分析，并有丰富的就业案例与分析	不及时不方便，不容易获取
各类网络媒体平台（B 站或直播招聘）	自由获取	快速便捷的信息查询方式	真实性需甄别
参加各级就业指导机构组织的供需见面会	每年定期、定时举办	双向选择，是一种重要方式，用人单位信息真实	竞争性大，容易产生自卑心理

展阅：签订就业协议书时应该注意的问题

4. 签约

就业过程中的签约就是签订就业协议。就业协议是明确毕业生、用人单位和学校在毕业生就业工作中权利和义务的书面表现形式，是毕业生与用人单位确定劳动关系的标志和法律依据。就业协议一般由教育部或各省、市、自治区就业主管部门统一制表，其主要作用有两点：一是作为毕业生落实就业单位，用人单位同意接收毕业生的主要依据，也是毕业生就业主管部门编制就业计划、制订就业方案的主要依据；二是毕业生签订就业协议后，毕业生和用人单位担负相同的法律责任，保证协议的严肃性，防止用人单位和毕业生在双向选择中的随意性，以保护双方的利益，避免就业市场的混乱。

案例品读

自己的权益要维护

罗强学的是文秘专业，毕业后取得了专科学历。在一次招聘会上，他与一家中等规模的企业签订了就业协议书，约定违约金为 5 000 元。于是，罗强便不再找工作。该企业在后来的一次网络招聘上，发现另一名学生赵凯迪比罗强的综合素质要好，但公司招聘人数有限，为此有了和罗强解约并和赵凯迪签约的意向。当该企业通知罗强前往该企业时，罗强还以为是去报到，谁知道是办解约手续，心里有些难过。他便向该企业索要违约金 5 000 元，却遭到拒绝，该企业声称罗强一天班都没上，凭什么给他赔偿。后来，罗强带了父亲找的律师陈先生来到该企业进行交涉，最后，该企业决定继续聘用罗强，不再解约。罗强用法律武器为自己取得了应得的利益。

启示：毕业生和用人单位在就业过程中担负着相同的法律责任，就业协议书都是用以保护双方的利益、避免就业市场混乱的有效手段。

5. 报到上岗

毕业生在规定时间内，持毕业证等报到相关材料到用人单位报到。省外毕业生可根据各省毕业生就业主管部门的要求派遣，回生源所在地由当地毕业生就业主管部门帮助推荐就业。各省内毕业生，原则上派回地级市人事局、教育局，由各地市人事局或教育局帮助推荐或安排就业。没有落实就业单位的毕业生，在离校前也须转出组织关系。一般情况下，可将组织关系转往居住地的党组织。报到时须格外注意以下两方面问题。

（1）在毕业生的户口迁移中，毕业生应该注意户口迁移的原则及户口迁移证。

（2）在毕业生档案管理方面，需要提醒毕业生注意档案的传递方式、传递范围，凡机要局无法寄递的单位，可由就业单位持介绍信来校领取毕业生档案。一般情况下，档案寄递后一周内到达用人单位，毕业生可向就业单位的人事部门查询，如较长时间没有收到档案，则应向学院就业主管部门申请查询。

（二）大学毕业生就业流程

毕业生在就业过程中除了要掌握主管就业部门、学校的工作程序及自己应遵循的基本步骤还应该熟悉用人单位招聘毕业生的程序，做到知己知彼。毕业生就业流程大体分为八个步骤，具体如图 9-1-2 所示。

展阅：简化优化高校毕业生求职手续

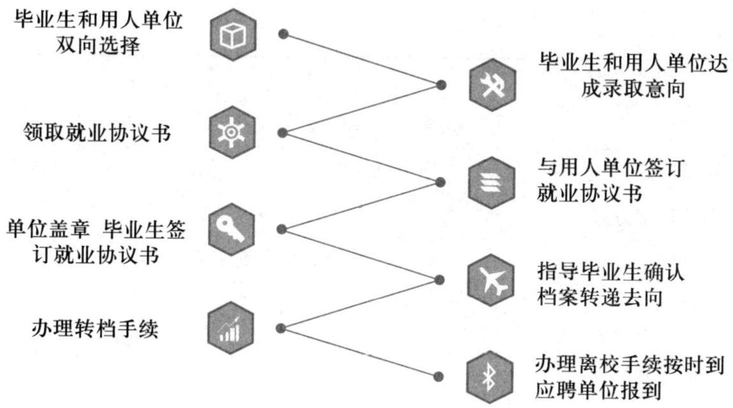

图 9-1-2 毕业生就业流程

课堂活动

结合所学知识点，按要求完成《职业发展与就业创业指导实践手册》项目九 任务一中的课堂活动“就业信息应用训练”。

任务实训

结合本任务学习，按要求完成《职业发展与就业创业指导实践手册》项目九 任务一中的实训演练“填写就业协议书”。

任务小结

通过本任务学习，使学生了解当前就业的形势与政策，熟悉就业环境，培养主动就业意识，并通过对创业就业法律法规的解读，在求职就业中把握方向，选择到祖国需要的地方求职就业。

任务评价

本任务学习已完毕，请在《职业发展与就业创业指导实践手册》项目九 任务一的“任务评价”中，就自身专业能力与核心能力的提升情况开展能力自评。

任务二　度德量力稳心态

任务清单

教学环节	教学信息	具体内容
教	知识重点	大学生常见的不良就业观念与就业心理
	知识难点	大学生就业观念与就业心理调适方法与就业能力增强的途径
	推荐教学方式	心理测评与个性化咨询指导相结合
	教学场所	多媒体教室或心理咨询中心
	建议学时	2 学时
学	必须掌握的理论知识	成功创业者的心理品质、就业心理调适的方法，就业能力增强的途径
	必须掌握的工作技能	树立正确就业观，实现成功创业与就业
	能力训练	就业心理调适训练

任务导入

成功就业的"秘诀"

王强性格十分内向，一到人多的场合就脸红。最初，一听要去面试，他内心就打鼓，底气不足，一与考官们说话舌头就发僵，思想就阻滞，平常的机敏慧黠全不见了。尽管每次他都反复暗示自己："要自信，要放松，我比他们都强"，但是一到关键时刻，精心准备的话语就全部忘记，临场发挥堪称"灾难"。因此在毕业后的三个月里，他始终没有求职成功。

这天，他情绪低沉，不抱任何希望地去参加最后一次面试。由于预知此次面试大概率不会成功，他反而在面试中放松下来和人事经理聊得很顺利，天南海北地足足谈了三个小时。结束面试后，他感觉空前未有的轻松。

他回去后稍微整理了简单的行李，抵达火车站买票。看着广场上人流涌动，王强心中感想万千，看来自己是无缘留在这方热土了。正当王强准备踏上东去的火车时，手机却突然响了起来。于是，王强与那位人事经理成了同事。

结合案例，请思考以下问题。

（1）王强求职成功的"秘诀"是什么？

（2）王强最终求职成功对你有哪些启示？

任务解码

一、大学生就业观念转变

（一）就业观的概念

就业观是指面对就业时个人的观点与心态，是个人对就业的反应性倾向，反映个人职业选择时的认知，主要包括就业的意识、态度、想法等。良好的就业观是打开成功之门的钥匙，它直接决定了人的言行举止，在任何时候都起着先导作用，不同的就业观念将造就不同的职业轨迹。

（二）大学生常见的不良就业观

从近几年大学生就业情况来看，大学毕业生常见的不良就业观主要有以下四个特点。

（1）求职功利化倾向凸显。随着社会经济的发展，一些大学生在学习生活、价值取向、人际交往等方面均表现出对自身状态和现实利益的高度关注，越来越功利化。

（2）初次就业期望值偏高。部分大学生在就业时常常追求"一步到位"，要求绝对安稳，始终将眼光盯在大城市、大公司、高薪水上，不能接受"先就业，后择业"。

（3）社会奉献意识淡薄。一些大学生的家庭环境优越，从小生活在父母的庇护下，还未真正进入社会，因此社会经验缺乏，对自身的认知缺乏，还不能准确意识到自己的社会使命。

（4）就业反应敏感度不强。部分毕业生对未来缺少规划，对于即将走出校园寻找工作，心理明显还不适应，就业反应敏感度下降。

（三）大学生就业观的涵养与调整

大量的实践证明，树立正确的就业观并适时做出调整，有利于毕业生顺利就业，并在今后工作中克服困难、做出成绩和贡献、得到社会的承认，从而为自己事业发展打下良好的基础。大学生要想对已经形成的就业观念做出调整和转变，关键是要走出“期望与现实矛盾”的心理误区。因此，大学毕业生必须积极转变就业观念，拓展就业渠道。下面我们就来具体探讨一些可行的方法与措施。

（1）量力而行——切忌好高骛远心理。就业，是一种双向选择行为，在选择工作单位和工作岗位时，既是大学生对单位工作环境、工资待遇、福利条件、劳动强度的选择，也是单位对大学生的学习成绩、技能水平、个人素质、思想道德水平的选择。只有双方的条件都能被对方接受，就业才能实现，因此大学生在选择单位和岗位时，要量力而行，切忌好高骛远，要从自身条件和用人需求出发。

课播：工作与专业不对口，怎么办?

（2）脚踏实地——切忌一步到位思想。任何单位对招聘的员工，总是让他从最基本的工作做起，在工作中考察他的品德、能力、素质，然后根据他的表现和工作需要，逐步安排晋升。因此，大学生要树立先生存，再发展的观念，切不可追求一步到位，要从第一步开始，不断积累，才能达到目标。

（3）灵活应对——切忌一味强调专业对口。但事实上每个人都想要找到专业对口的工作是有困难的。纵观现实的社会工作岗位，有许多人的工作岗位与专业是不匹配的。我们要求大学生一专多能，尽量成长为复合型技术技能人才，就是让大学生在就业时能有一定的就业选择空间，从而顺利就业。专业对口是相对的，不是绝对的，一味追求完全专业对口是不切实际的。此外，作为思维更加活跃、创新能力更强的群体，大学生已成为了共享经济、平台经济中的一支生力军，他们可以在互联网、大数据等新技术应用背景下、新业态下大胆尝试自主就业和创业等灵活就业新形态。

（4）适时出击——避免错过就业机会。人生的成功等于才能＋机遇＋勤奋。才能就是知识和技能；机遇是稍纵而逝的，它只赋予那些做好准备的人；勤奋学习，勤奋工作，才能获取更多的知识和才能，也就可以抓住更好的机遇。对于大学生来说，在校学习、企业实习属于生涯准备阶段。当你做好了准备，具备了这些知识和技能条件，大学生就能抓住机遇，顺利就业。

（5）顺利过渡——准确定位就业方向。就业，意味着离开熟悉的校园生活，投入到社会大环境之中，去迎接新的挑战。有的大学生在选择就业时，往往情感多于理智，眼前的利益高于自己的前途。有的大学生看不上学校推荐安排的单位，总以为外面机会大把，黄金满地。就业是人生的一件大事，正确的就业观既是一个人立足企业，准确定位的风向标，也是踏入社会，最大化、最优化实现人生价值的金钥匙。

（6）勇于创业——完成更高质量就业进阶。对于大学生而言，由被动就业向自主创业的转变，既是迎接个人职业发展的高阶挑战，也是对时代召唤的积极响应。随着社会的发展，国家、社会和高校也越来越重视大学生创业教育和创业能力的培养，并在政策上对创业行动予以鼓励和扶持。因此，在校期间大学生应该积极接受创新创业教育，悦纳创业的观念、方法和技能，提升创业意愿。

综上，广大毕业生必须调整心态，转变就业观念，主动消除就业期望与实际岗位的错位，将就业目光放在农村、基层、西部、非公有制企业和服务性行业等祖国和人民需要的地方和岗位上，只有这样，才能促进毕业生就业工程顺利进行，并收到实效。

知识链接

生活在对环境的适应中

美洲鹰生活在加利福尼亚半岛上，由于该半岛上的食物充足，美洲鹰变成了这样一只巨鸟：一只成年美洲鹰的两翼自然伸展开后，长达 3 米，体重达 20 千克，锋利的爪子可以抓住一只小海豹飞上高空。令人奇怪的是，就是这样一种驰骋在海洋上空的庞然大物，竟然能生活在狭小而拥挤的岩洞里。美洲鹰究竟是怎样穿越这些小洞的呢？为了揭开谜底，科学家利用现代科技在岩洞中捕捉到了一只美洲鹰。他用许多树枝将鹰围在中间，然后用铁蒺藜做成一个直径 0.5 英尺（1 英尺 =30.48 厘米）的小洞让它飞出来。美洲鹰的速度迅速无比，科学家只能从录像的慢镜头上细看，结果发现它在钻出小洞时，双翅紧紧地贴在肚皮上，双腿却直直地伸到尾部，与同样伸直的头颈对称起来，就像一截细小而柔软的面粉条，它用以柔克刚的方式轻松地穿越了蒺藜洞。显然，在长期的岩洞生活中，它们练就了能够缩小自己身体的本领。

千万年来，动物与人类都在为生存而战。如果不想被淘汰，就得像美洲鹰一样，以改变自己的方式来适应不断变化的生存环境。尽管“缩小”自己的过程会有千难万险，甚至流血流泪，但只有勇于“缩小”自己，才能扩大生存空间。“人不可能都生活在自己的意愿之中，只能生活在对环境的适应之中”。

课堂活动

结合所学知识点，按要求完成《职业发展与就业创业指导实践手册》项目九 任务二中的课堂活动“不良就业观念”。

二、大学生就业心理调适

（一）就业心理的概念

就业心理是指人们在考虑就业、选择职业时所表现出来的各种心理状态和心理特征的总和。临近毕业的大学生正处于职业生涯探索期和建立期的转换阶段，对于初次就业的大学生来说，将会遇到比以往任何时候都更深层的困惑和更严肃的课题，因此在就业过程中，难免出现种种心理矛盾、心理误区和心理障碍。

现代美学家朱光潜先生曾说过，我们培养教育的学生“要有运动员的体魄、科学家的头脑、宗教家的热忱和艺术家的情怀”。“运动员的体魄”是指从事工作所必需的健康的身体；“科学家的头脑”是指应该学会用理性思维解决学习与工作中的实际问题；“宗教家的热忱”是指对待学习、工作的执着追求精神；“艺术家的情怀”是指对周围的人们、对待学习与工作所表现出来的一种人文情怀。有了这些方面的修养，就一定能够把学习与工作做好。

（二）大学生常见的不良就业心理

大学生在求职择业过程中，容易产生不良就业心理，主要有以下六种。

（1）盲目从众。这是对自己认识不清、完全被外界评价所左右的心理，通俗的解释就是“人云亦云”“随大流”。

（2）盲目攀比。在选择单位时，拿自己身边同学的就业标准来定位自己的就业标准，将自己就业的目标定位过高，其结果是高不成、低不就，陷入苦恼中。

（3）自卑心理。这是一个消极的自我形象，就是把别人看得比自己好。对于很多人而言，自卑就像站在太阳底下的影子，时刻影响着毕业生的心理和行为。

（4）依赖心理。这与自卑心理密切相关，认为自己不如别人时，就会在与人交往中不自觉地把自己放在配角位置，心甘情愿地接受别人的支配。具有依赖心理的人往往丧失了自我的独立性。

（5）害怕失败。这是自信心不足的表现，害怕自己的一个疏忽或失误导致求职失败。性格内向或有生理缺陷的毕业生往往表现得尤为突出。

（6）失落心理。这是人生中的一种顿挫感，每个人都会碰到。一旦失落心理产生，我们就会不安、不悦、忧郁、无精打采，甚至变得愤怒和不可理喻。

（三）大学生就业应有的心理准备

健康的心理是成功就业的重要因素之一，良好的心态和健康的心理准备将直接影响毕业生的就业。因此，如何正确地认识和评价自己，做好积极的就业心理准备，是每个毕业生在求职前需要认真对待的问题。成功的就业心理准备主要包括以下几个方面。

（1）全面客观地评价自己。大学生只有对自己进行全面客观的评价，给自己准确定位，才能树立正确的择业目标。日常生活中可以通过自我反省、客观比较、心理测验等方法正确认识和评价自我，明确自己的优势与不足、适合做什么、发展的方向是什么、自己的性格特点是什么。

（2）不断完善心理防御机制。心理学研究发现，积极的情绪体验与积极的行为变化总是有一致的关系，毕业生在择业时期，要尽可能多地形成这种关系。大学生要掌握自我调节情绪的方法，及时从消极情绪中解脱出来，促使有害情绪无害化。及时调控情绪的有效方法是运用积极的心理防御机制，主要有：一是合理倾诉宣泄；二是自我转化法。把自己的情感和精力转移到其他活动中去，以求得心理平衡，保护自己；三是自我慰藉法；四是词语暗示法；五是幽默疗法；六是理性情绪疗法。

除上述方法外，自我调适的方法还有很多，如环境调节法、自我暗示法、兴奋中心转移法、放松练习法等，但主要是树立正确的就业人生观、价值观。日常注意培养良好的品质，磨炼坚强的意志，多方体验生活，培养乐观豁达的生活态度。只有这样，大学生才能在择业时始终保持积极向上的精神状态和健康的心理。

（3）正确看待择业挫折。大学生在追求其社会理想和个人抱负的过程中，由于种种主客观因素的限制，不可避免地会遇到各种挫折，引起或大或小的心理冲突，其实这也并非坏事。孟子曾说："故天将降大任于是人也，必先苦其心志，劳其筋骨，饿其体肤，空乏其身，行拂乱其所为，所以动心忍性，曾益其所不能。"在职业生涯发展中遭遇挫折是十分正常的，应该冷静地接受，这是已经发生、不可挽回的事实，不能把现实的矛盾转化为心理冲突。要认真分析挫折产生的原因，如果属于自己的主观因素，就要适当调整自己的动机、追求和行为，以求避免下一次挫折；如果属于客观（如体力、智力、能力、性格等短期不易改变的方面）或自然、社会因素中自己无能为力的因素，则不要过于自责、自卑或固执，要坦然面对，灵活处置。

（4）遇困寻求社会帮助。大学生在职业生涯发展过程中，针对求职择业中的心理问题与困惑，除了自我调适，还应主动寻求社会支持与帮助。

第一，主动找师长求教。一个人的视野、思维能力是有限的，对自我的审视也时常带有主观色彩，如果出现心理失调的情况，则单靠个人的力量和智慧不一定能全部解决。主动获得他人或师长的帮助和指导是十分必要的。

课播：走近心理咨询

第二，从亲情和友情中寻求力量。亲情、友情是人生感情体验的重要环境，大学生从出生至上大学，再到职场，大都得到了来自父母的关爱和好友的鼓励。对于他们来说，亲情、友情是一份强大的精神力量，父母的关注与朋友的支持，使他们有了面对生活的信心和奋斗的勇气。亲情、友情是一份抚平创伤的灵丹妙药，有了亲人、朋友的理解和安慰，才有继续拼搏的力量。

第三，主动进行心理咨询。心理咨询与治疗是一项给来访者以心理指导和帮助，为他们排忧解难的工作。心理咨询人员运用心理学的原理和方法，帮助来访者缓解心理紧张，扫除心理障碍，恢复心理平衡。因此求职择业时期的大学生，如果产生了严重的心理问题，无法自我调整，不妨去寻求心理医生的帮助。

课堂活动

结合所学知识点，按要求完成《职业发展与就业创业指导实践手册》项目九 任务二中的课堂活动"不良就业心理"。

三、大学生创业心理培养

创业者大多是生活中的强者，他们往往不满足自己走过的路，要为自己的生活增加一点颜色，开辟一条新的航线。世界上真正美的东西，不是"小"，也不是"大"，是"从小到大"成长的过程。每个创业者所做的事就是将自己的事业或企业由小做到大的过程，在这一过程中，需要耐心、坚持、创新、挑战……这样才能为自己争取到更好的未来。作为新时代的大学生，需要具备这种创业者的优秀品质，并以此作为开创自己事业的基石。

课播：奋斗的青春

自我评测

请扫描二维码，完成视频学习，思考返乡创业大学生成功的原因是什么？对你有哪些启迪？

以创业精神做好就业准备，需要培养创业者积极进取、善于合作、勇于担责、敢为人先的心理品质。

（一）积极进取的品质

创业既能为社会积累物质财富和精神财富，又是大学生谋生和立业的手段。创业者首先要走出依附于他人的生活圈子，走上独立的生活道路。因此，积极进取是创业者最基本的个性品质。

（二）善于合作的精神

在未来创业道路上，创业者需要和各行业、各层次形形色色的人打交道，因此需要学会合作与交往，能够熟练地运用语言、文字等多种形式与周围的人们进行有效的交流与沟通，这样才能达成合作意向，提高办事效率，增加成功的机会。有效的交往、沟通，可以排除障碍，化解矛盾，降低工作难度，增加信任度，有助于创业及事业的发展。

（三）勇于担责的心理

市场经济中，机会与风险是共存的，只要从事创业活动，就必然会有某种风险伴随。事业的范围和规模越大，取得成就越大，伴随的风险和需要承受风险的心理负担也就越大。

（四）敢为人先的行为

在创业过程中，创业者要敢于做别人不敢做的事情，比别人要早预知到事情的发展，并果断地做出相应的决策。立志创业，必须敢闯敢干，有胆有识，才能变理想为现实。

展阅：为什么人一辈子一定要有一次创业？

自我评测

请扫描二维码，思考作者写作的原因是什么？对你有哪些启迪？

课堂活动

结合所学知识点，按要求完成《职业发展与就业创业指导实践手册》项目九 任务二中的课堂活动“创业心理准备”。

任务实训

结合本任务学习，按要求完成《职业发展与就业创业指导实践手册》项目九 任务二中的实训演练“绘制角色模型”。

任务小结

通过本任务学习，使学生了解常见的大学生就业观念与就业心理、成功创业者的心理品质，掌握调试的方法，明确就业能力增强的途径。在这一过程中，学生努力分析与探索市场需求，做好职业规划，树立正确的就业观，增强就业心理能力，为顺利实现从校园人向职业人、创业者的转变奠定基础。

任务评价

本任务学习已完毕，请在《职业发展与就业创业指导实践手册》项目九 任务二的任务评价中，就自身专业能力与核心能力的提升情况开展能力自评。

任务三　有备无患赢未来

任务清单

教学环节	教学信息	具体内容
教	知识重点	就业信息收集的渠道
	知识难点	锁定目标企业
	推荐教学方式	线上理论与线下实践指导相结合
	教学场所	多媒体教室或创业实训室
	建议学时	2 学时
学	必须掌握的理论知识	就业信息基本内容；就业信息收集主要渠道
	必须掌握的工作技能	掌握就业相关政策和劳动合同相关法律，能运用就业信息结合自身情况确定就业日标企业
	能力训练	职位画像

任务导入

目标企业的选择

黎旭是某职业院校食品营养与检验专业的学生，根据学校教学安排，大学最后一学年她在一家食品加工企业进行岗位实习，从事食品检验工作。实习单位离市区较远，每天枯燥的检验操作让黎旭提不起兴趣，实习一结束，黎旭就离开了实习单位，准备另谋高就。黎旭性格内向、朋友圈子窄，于是向学校的实习指导教师寻求帮助，指导教师暂时没有合适的工作推荐给她。黎旭不知道还能通过什么渠道找到心仪的工作，同时她对于如何维护就业权益也知之甚少，为此她茶饭不思、忧心忡忡。

结合案例，请思考以下问题。

（1）你能告诉黎旭，有哪些可以有效收集就业信息的渠道吗？

（2）如果你是黎旭，在求职和就业过程中，你将如何避免就业陷阱呢？

任务解码

一、就业信息收集与利用

（一）就业信息的收集

1. 就业信息的内容

就业信息的内容通常包括以下几个方面。

（1）毕业当年国家和各地方、各部门及学校针对毕业生就业的一些政策、规定，它是毕业生求职择业的前提和基础。

（2）了解本校、本专业毕业生在社会上的需求状况，并依据其受欢迎程度及时调整择业期望值，为择业提供政策依据。

（3）就业信息具体内容。一般包括以下七方面内容：一是用人单位需求人才数量和具体要求；二是用人单位的性质、地位以及发展前景；三是用人单位发展历史及目前发展规模、经济效益、职工收入状况及其福利待遇；四是用人单位的管理体制、岗位设置、培训机会、个人发展前景等；五是用人单位人事管理制度、人才使用情况等；六是用人单位地理环境、文化生活、办公条件等；七是用人单位联系方式。

（4）对于毕业生求职择业有利的其他信息，如重要的社会关系、本地区毕业生的供需情况等。

2. 获取就业信息的渠道

（1）注意个人收集。个人收集是指求职者广泛收集自己专业和求职范围内用人单位的信息资料并加以研究利用。例如，利用网络上的商品服务网站或者电话咨询等方式收集就业信息。

（2）接受就业指导。在每年毕业季，学校毕业生就业指导机构会有针对性地向用人单位征集需求信息，在毕业生和用人单位之间架起信息的桥梁。

（3）关注实习单位。注意从自己曾经实习或实践的单位获得相关职位的信息，如果在实习或实践过程中，你曾给用人单位留下了较好的印象，那么从这些单位获得的求职信息将对你成功入职大有裨益。

（4）浏览媒体信息。许多用人单位通过新闻传播媒介介绍企业现状、发展前景及人才需求。例如，由教育部主管、教育部学生服务与素质发展中心主办的《中国大学生就业》杂志及各高校的就业专题报刊等，都会不定期发布大量用人单位的招聘信息。

（5）光顾人才市场。要走访每个与你专业相关的用人单位，小单位有机会和招聘人员面谈，而大公司的摊位要等喧闹稍稍平静，才能与招聘人员面谈并呈上个人简历。值得注意的是，人才市场有针对性，毕业生应先了解人才市场，不要盲目赶场。

（6）动用社会关系。大学生可以有效利用自己的社会关系网络收集就业信息。许多用人单位也愿意录用经人介绍和推荐进来的求职者，如获得本校老师、学长的推荐。社会关系网络虽然可以提供就业信息和就业机会，但能否成功就业还要靠求职者本人的努力。

（7）收集网络信息。求职者可以利用网络了解用人单位的背景资料，发布个人求职信息。毕业生在利用网络资源的时候，要小心不要掉入虚假信息的陷阱。

知识链接

“24365”：为毕业生提供“一站式”、不断线就业服务

教育部建立了国家24365大学生就业服务平台，为大学生提供每天24小时全年365天的网上校园招聘服务。

网站设有：职位信息、就业指导、专场招聘、重点领域、24365校招、实习岗位、网上签约/去向登记、风险提示、应征入伍、就业资讯、就业政策、就业杂志、质量报告等多个模块。

课堂活动

结合所学知识点，按要求完成《职业发展与就业创业指导实践手册》项目九　任务三中的课堂活动“就业信息获取渠道选择”。

（二）就业信息的甄别与整理

由于信息的来源和获取的方式不同，内容或虚实兼有或互有矛盾。因此，对收集到的信息进行筛选甄别，是使用信息的前提。

1. 常见求职陷阱类型

常见求职陷阱有以下四种。

（1）巧立名目，收取费用。《中华人民共和国劳动法》规定：用人单位在招聘时不得向求职者收取任何招聘费用；不得向被录用者收取保证金或抵押金；不得扣押被录用者的身份证等证件；不得以招聘人员为名牟取不正当利益或进行其他违法活动。

（2）假借试用，榨取人力。用人单位以试用期为由，不与毕业生签订正式劳动合同的做法是违反《中华人民共和国劳动法》和《中华人民共和国劳动合同法》的。试用期是包含在劳动合同中的，应当在劳动合同中约定试用期，且试用期最长不得超过六个月。

（3）招聘为名，窃取成果。有些公司自身缺乏创意，聘请高水平员工又需要付出较大成本，便通过招聘来要求求职者做案例、设计等，以此获得好的创意或方案。他们往往在面试或笔试时，把遇到的问题以考题的形式要求应聘者作答，而无论应聘者表现如何，招聘的最终结果都是无一人录用。这些单位招聘是假，窃取创意才是真正目的。

（4）偷梁换柱，克扣工资。所谓薪酬陷阱，是指用人单位在招聘时以优厚的待遇吸引前来求职的毕业生，等到其正式上班时，对于招聘时的承诺则以种种理由不予兑现；或针对薪水中一些不确定的收入，进行虚假或模糊的承诺，由于没有以明确的合同或协议形式固定下来，其变动的空间和额度难以预估，毕业生相关权益就无法受到法律的相关保护。

2. 规避就业陷阱的措施

毕业生在就业过程中有必要采取如下措施，来防范和应对就业陷阱。

（1）仔细鉴别就业信息，有效识别就业陷阱。毕业生对来自不同渠道的招聘信息，要具有鉴别能力。一般来自学校就业网站和校园招聘会的信息是最可信赖的；不能轻信信息量较大的网上招聘，比较权威的网站是政府人力资源部门、地方教育行政部门的官方网站；对社会上举办的招聘会应该有的放矢，避免简历落入非法中介机构的风险。

（2）认真了解就业政策，学会运用法律法规。毕业生应了解目前国家关于毕业生就业的有关政策和法律法规，熟悉毕业生在就业过程中的权利和义务。一般来说，毕业生要对《中华人民共和国劳动法》《中华人民共和国劳动合同法》，以及高校所在省（市）就业政策、地方性法规等有所了解。

（3）适当调整就业态度，学会平等交流沟通。毕业生应积极主动与招聘单位沟通，了解用人单位情况，特别是对自己所关心的薪酬标准、岗位安排、试用期等具体问题。

（4）慎重签订就业协议，特别关注约定条款。协议书是学校、学生、企业三方的协议书，是国家教育行政主管部门规定的统一格式的文本，属意向性协议。协议虽然不是劳动合同，但也牵涉违约金的问题，签订协议之前要三思而后行。在签协议前，毕业生要明确双方的权利和义务。注意约定条款的合理性，注意附加补充协议或附加条款，以免日后发生争议。

课堂活动

结合所学知识点，按要求完成《职业发展与就业创业指导实践手册》项目九 任务三中的课堂活动“就业职位信息搜集”。

二、就业合法权益维护

展阅：劳动合同的形式与期限

（一）劳动合同的法律保护

劳动合同，是指劳动者与用人单位之间确立劳动关系，明确双方权利和义务的协议。

1. 劳动合同的内容

根据《中华人民共和国劳动法》第十九条规定，劳动合同应当以书面形式订立，并具备以下条款：

（1）劳动合同期限。劳动合同期限是指劳动合同的有效时间，是双方当事人所订立的劳动合同起始和终止时间，也是劳动关系具有法律效力的时间。

（2）工作内容。工作内容包括劳动者从事劳动的工种、岗位以及在生产或工作上应当达到的数量和质量或应当完成的任务。

（3）劳动保护和劳动条件。劳动保护和劳动条件是为了保障劳动者在劳动过程中获得适当的劳动条件而采取的各项保护措施，如工作时间和休息休假、劳动安全措施和设备以及对女职工和未成年工的特殊劳动保护等。

知识链接

中华人民共和国劳动法中关于加班时间及加班工资的规定

用人单位应当保证劳动者每周至少休息一日。用人单位由于生产经营需要，经与工会和劳动者协商后可以延长工作时间，一般每日不得超过一小时；因特殊原因需要延长工作时间的，在保障劳动者身体健康的条件下延长工作时间每日不得超过三小时，但每月不得超过三十六小时。

有下列情形之一的，用人单位应当按照下列标准支付高于劳动者正常工作时间工资的工资报酬：一是安排劳动者延长工作时间的，支付不低于工资的百分之一百五十的工资报酬；二是休息日安排劳动者工作又不能安排补休的，支付不低于工资的百分之二百的工资报酬；三是法定休假日安排劳动者工作的，支付不低于工资的百分之三百的工资报酬。

（4）劳动报酬。劳动报酬是劳动者劳动成果的返还和履行劳动义务后必须享受的一项重要劳动权利。是用人单位根据法律、法规以及劳动合同的约定支付劳动者的工资、奖金、津贴等。

（5）劳动纪律。劳动纪律是指劳动者在工作过程中必须遵守的劳动秩序和劳动规则。劳动纪律是规范劳动行为的一项重要内容，也是劳动者必须履行的义务。

（6）劳动合同终止的条件。劳动合同终止的条件是通过一定法律事实（包括行为和事件）中断劳动关系的条件，劳动合同终止的条件除劳动合同期限届满或者双方约定的工作任务完成等条件以外，订立无固定期限的劳动合同还应约定其他劳动合同终止条件，如职工应征入伍等都可以在劳动合同中约定为终止条件。

（7）违反劳动合同的责任。违反劳动合同的责任，按照法律、法规和劳动合同的约定应当由过错方承担的行政、经济或司法责任。

除了以上七项法定条款，双方当事人还可以协商约定其他内容，如用人单位是否为职工提供居住条件；发生劳动争议时解决的途径等。双方协商约定条款时，应当符合国家有关法律法规的规定。

知识链接

劳动合同期限与试用期

劳动合同期限三个月以上不满一年的，试用期不得超过一个月；劳动合同期限一年以上不满三年的，试用期不得超过两个月；三年以上固定期限和无固定期限的劳动合同，试用期不得超过六个月。

同一用人单位与同一劳动者只能约定一次试用期。以完成一定工作任务为期限的劳动合同或者劳动合同期限不满三个月的，不得约定试用期。试用期包含在劳动合同期限内。劳动合同仅约定试用期的，试用期不成立，该期限为劳动合同期限。

展阅：劳动合同法相关经济补偿的规定

2. 劳动合同的变更、解除和终止

（1）劳动合同的变更。劳动合同的变更是指劳动者和用人单位就已订立的劳动合同条款进行修改、补充的法律行为。劳动合同变更的条件包括：订立合同时依据的法律法规已经修改；企业转产；企业严重亏损或发生自然灾害，确定无法履行义务；当事人双方协商同意；法律允许的其他情况。

（2）劳动合同的解除。劳动合同的解除是指劳动合同订立之后，履行完毕之前，一方或双方当事人依法提前终止劳动合同法律效力的法律行为。劳动者有下述情形之一的，即使劳动合同期满，劳动者仍有权依照原劳动合同享受社会保险待遇，用人单位不得解除劳动合同：患职业病或因工负伤并被确定丧失或者部分丧失劳动能力的；患病或者负伤，在规定的医疗期内的；女职工在孕期、产期、哺乳期内的；法律、行政法规规定的其他情形。

（3）劳动合同的终止。劳动合同的终止是指由于劳动合同规定的期限已满或者双方当事人约定的终止条件出现而丧失效力。劳动合同终止的条件包括：劳动合同期限届满；企业宣告破产或撤销；劳动者达到法定的退休年龄；劳动者完全丧失劳动能力或死亡；法律规定的其他情况。

（二）违约责任与劳动争议的处理

1. 劳动仲裁

劳动仲裁是指由劳动争议仲裁委员会对当事人申请仲裁的劳动争议居中公断与裁决。在我国，劳动仲裁是劳动争议当事人向人民法院提起诉讼的必经程序。《中华人民共和国劳动争议调解仲裁法》规定，提起劳动仲裁的一方应在当事人知道或者应当知道其权利被侵害之日起一年内向劳动争议仲裁委员会提出书面申请。除不可抗力或有其他正当理由，否则超过仲裁申请时效的，仲裁委员会不予受理。

展阅：用人单位和劳动者应承担的法律责任

2. 劳动争议仲裁的受案范围

劳动争议仲裁的受案范围包括：一是因确认劳动关系发生的争议；二是因订立、履行、变更、解除和终止劳动合同发生的争议；三是因除名、辞退和辞职、离职发生的争议；四是因工作时间、休息休假、社会保险、福利、培训以及劳动保护发生的争议；五是因劳动报酬、工伤医疗费、经济补偿或者赔偿金等发生的争议；六是法律、法规规定的其他劳动争议。

国家机关、事业组织、社会团体与其工勤人员及其他建立劳动关系的人员之间的争议符合所列上述情况的属于劳动争议。国家机关与其公务员之间、事业组织和社会团体与其正式在编员工之间发生的争议属于人事争议，不属于劳动争议，因而不属于劳动仲裁诉讼的受案范围。

展阅：员工绩效考核末位遭淘汰，用人单位解除劳动合同是否需要赔偿

3. 劳动仲裁的申请

（1）申诉人应当自劳动争议发生之日起60日内向仲裁委员会提出书面申请。

（2）申请劳动仲裁应当提交。《仲裁申请书》（一式三份）、身份证明、劳动关系证明材料（包括劳动合同、解除或终止合同通知书、工资条、社保缴费证明等）、被诉人身份相关材料。

（3）仲裁委自收到《仲裁申请书》之日起5日内做出受理或不受理的决定，并送达当事人。决定受理的案件，自接到通知后3日内到仲裁委领取《案件受理通知书》，办理受理手续。决定不予受理的案件，仲裁委向申请人送达《不予受理通知书》。

（4）经仲裁委批准决定受理的案件，当事人在规定的举证期限内举证，超过举证期限的，视为放弃举证权利。

任务实训

结合本任务学习，按要求完成《职业发展与就业创业指导实践手册》项目九 任务三中的实训演练“完成职位画像”。

任务小结

通过本任务的学习，使学生了解就业信息的内容和作用，掌握收集就业信息的渠道，避免陷入求职陷阱，同时在就业信息整理分析的基础上，结合自身情况确定求职目标企

业；使学生能够掌握劳动合同相关法律，具备运用法律知识维护自身合法权益的能力，进而为学生高质量就业奠定良好基础。

任务评价

本任务学习已完毕，请在《职业发展与就业创业指导实践手册》项目九 任务三的“任务评价”中，就自身专业能力与核心能力的提升情况开展能力自评。

项目拓展

十部门启动百万就业见习岗位募集计划

2022年3月8日人社部、教育部等十部门印发通知，部署启动实施百万就业见习岗位募集计划，进一步推进就业见习工作，帮助高校毕业生等青年提升就业能力。该通知提出，充分发挥政府有关部门、社会各方面力量，全年募集不少于100万个就业见习岗位，为青年提供充足见习机会。多渠道搭建见习供需对接平台，畅通岗位募集渠道，力争把有意愿的用人单位、高校毕业生和失业青年都组织到见习活动中。完善落实就业见习政策，强化跟踪服务，提高就业见习的规范性、知晓度和吸引力，帮助更多青年通过见习积累经验、及早就业。通知明确三方面支持政策。

补贴支持

见习期间，由见习单位为见习人员提供基本生活费、办理人身意外伤害保险，并承担见习人员的指导管理费用。对吸纳见习的单位，按规定给予就业见习补贴。对见习期满留用率达到50%以上的见习单位，可适当提高见习补贴标准。

税费支持

见习单位支出的见习补贴相关费用，不计入社会保险缴费基数。符合税收法律及其有关规定的支出，可以在计算企业所得税应纳税所得额时扣除。

激励推动

开展国家级就业见习示范单位评选，优先激励参加本次计划并表现突出的各类单位。对计划组织实施到位、募集岗位多、岗位质量好、实施效果佳的省份，纳入就业工作督查激励统筹考虑。

相关见习信息将在中国公共招聘网、高校毕业生就业服务平台、就业在线等招聘平台发布。

项目考评

结合本项目学习情况，填写《职业发展与就业创业指导实践手册》项目九 赢在就业起跑线“项目考评 成果评分表”。

项目十

迈上生涯大舞台

高校毕业生要转变择业就业观念，只要有志向就会有事业，只要有本事就会有舞台。希望大家找准定位，踏踏实实实现人生理想。

——习近平

项目地图

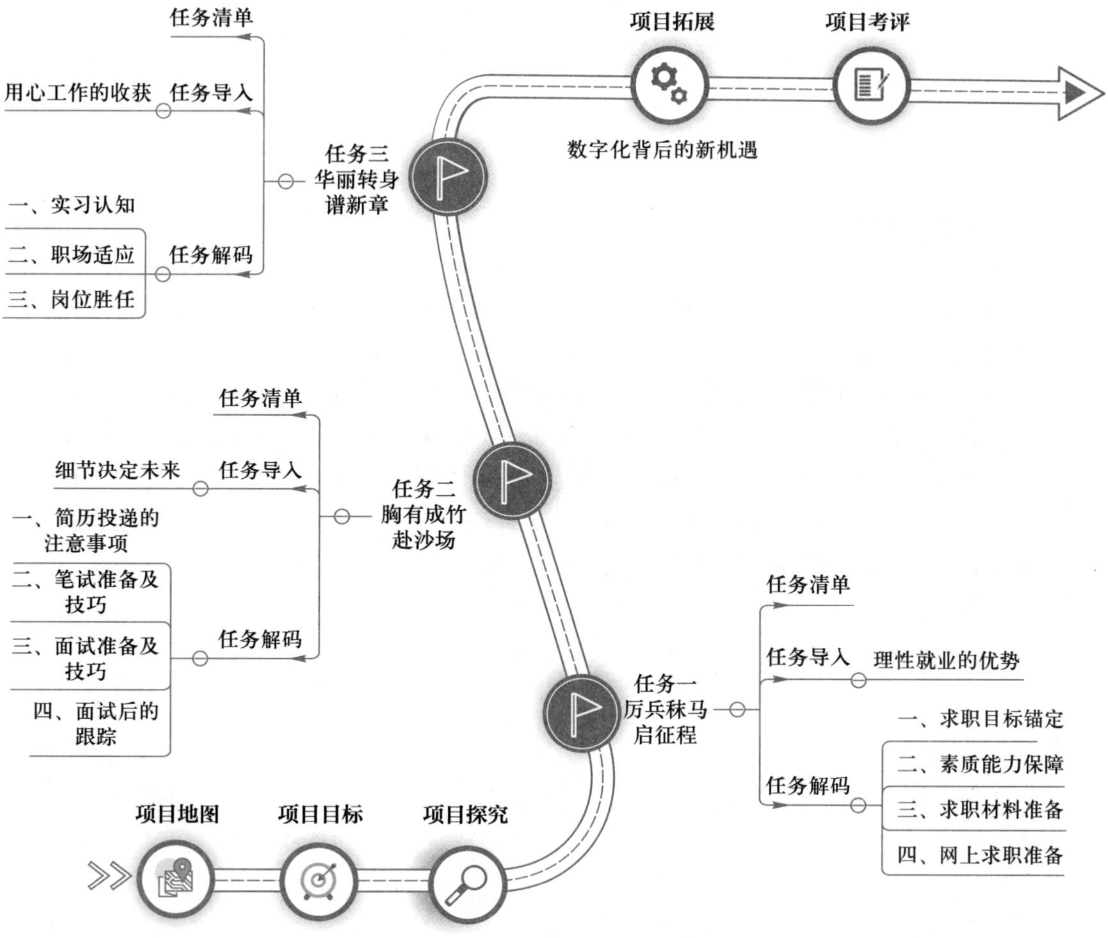

项目目标

● **知识目标**

（1）了解求职材料准备的内容和要点。

（2）熟悉求职信息获取的方法和路径。

（3）掌握求职材料制作的内容、格式与注意事项，掌握制作技巧。

● **能力目标**

（1）能够有效获取和识别求职材料信息，能够有效分析求职材料的内容。

（2）能够高效制作自荐信和简历，并能进行有效投递。

（3）能够掌握面试技巧，并能成功通过面试获取工作机会。

（4）能够时时关注就业形势，增强政策解读的能力。

● **素养目标**

（1）养成运用互联网、大数据等信息渠道开展求职择业的意识与习惯。

（2）养成实事求是、认真负责的作风与习惯。

（3）通过模拟面试形成良好的分析问题与解决问题的能力。

（4）培养遵纪守法选择就业渠道和就业岗位的意识。

（5）将个人职业梦想与中国梦紧密结合，鼓励到需要的岗位就业，培养爱国主义精神。

项目探究

某职业院校2022届农业经济管理专业毕业的小玉现在非常苦恼，不知道应该如何决策，她已经是上一届的毕业生了，面对一年四次频繁跳槽，她自己也很无奈，于是向学校教师请求了帮助，教师了解到她的第一次跳槽是因为感觉企业没有发展潜力；第二次跳槽是因为家里有事不得不暂时离职；第三次跳槽是因为人际关系太复杂，无法适应；小玉说她这次又要面试了，面试的岗位是农业企业财务方面的工作，而之前的工作是农产品销售，因此她现在对新的工作还没有足够的信心，她不知道应该如何建立自信才能获得这个职位，请帮助小玉出谋划策，并结合所学内容回答问题。

探究：

（1）你知道成功的简历标准吗？

（2）你认为自己能很好地适应工作环境吗？为此你做了哪些准备？

任务一　厉兵秣马启征程

任务清单

教学环节	教学信息	具体内容
教	知识重点	了解求职材料准备的内容和要求
	知识难点	自荐信与简历的撰写
	推荐教学方式	线上与线下理论学习指导
	教学场所	多媒体教室或实训室
	建议学时	2 学时
学	必须掌握的理论知识	求职前应准备的材料，求职信的撰写技巧
	必须掌握的工作技能	熟练掌握应聘时需要的要件，能根据个人职位选择撰写求职信
	能力训练	文字书写能力训练

任务导入

理性就业的优势

就读于平凉机电工程学校（静宁县职教中心）农牧系园艺 151 班的王伏帅，从小就喜欢听父亲讲果园管理方面的知识。来到学校后她惊喜地发现，学校建立了静宁苹果产学研联盟实习实训基地，园艺专业的学生每学期都有校外实践机会，能把课堂知识和生产技术有机结合起来。每次回家王伏帅都会与父亲交流果园管理方面的知识和经验。新旧知识的碰撞，理论与经验的交融，在她的技术支持下，父亲建起了 3 个日光温室，栽上了油桃、杏子，利用反季节栽培，家里的收入增加了几万元，不久就翻新了房子。为了对接市场需求、优化专业设置，静宁县投资 2.6 亿元建起了占地 266 亩的静宁县职教中心新校区。围绕苹果、建筑两大富民产业，静宁县在职教中心设置果蔬花卉生产技术专业和工程施工、工程造价、设备安装、楼宇智能化设备安装与运行等建筑类专业，每年输送毕业生 300 人以上，培训果农和建筑从业人员 1.2 万余人次。该学校还与省内外 30 余家企业深度合作，培训果农和建筑从业人员 1.2 万余人次。建立了乡村振兴人才培育机制。近 3 年来，学校毕业生一次性就业率达到 99% 以上，实现了“创业一人、带动一村”的乡村振兴服务目标。

结合案例，请思考以下问题。

（1）王伏帅运用所学专业帮助父亲的行为对你有何启发？

（2）作为大学生，你应该如何确定你的职业目标？

任务解码

一、求职目标锚定

课播：大国工匠

党和国家高度重视大学生就业创业工作，持续为经济发展提供强劲助力和系列政策扶持，社会各界也参与创业就业工作良好态势，为大学生就业工作提供了千载难逢的历史机遇。“新时代是追梦者的时代，也是广大青少年成就梦想的时代”，这个时代更需要大学生们把个人理想与祖国需要有机统一。

在本书上册中，我们一直强调要制定切实可行的职业生涯规划，为未来的就业创业打下良好的基础，时至今日，积极践行、适时修正自己的职业生涯规划，是我们接下来能否应聘成功的关键。

随着创新型国家建设对人才的需求与互联网的快速发展，更多的新职业岗位需要引入大批的技术技能型人才，如工匠类、文化传承类等。因此，毕业生在职业结构不断变化中要能够将自身的专业特长及个人兴趣与就业目标相统一，合理调整就业期望值，选择到社会最需要的地方或岗位就业。

（一）确定从业方向

成功的人生需要正确的规划，你今天站在哪里并不重要，重要的是你下一步向哪里发展。大学生在择业前首先要结合专业或兴趣明确自己的职业方向。有针对性地做好各种准备，仔细研究企业招聘岗位的职责要求，登录招聘公司网站或通过其他渠道，全面细致地了解应聘公司的详细情况，包括管理、产品、市场、制度、人员结构、发展前景、薪酬待遇等各方面的信息，以便在面试回答问题时更有针对性，直击要点。

案例品读

“90后”中专生被人才引进落户上海

2021年，1997年出生的中专生司献凤以人才引进方式落户上海。2012年，因户籍原因，读不了高中的司献凤选择留在上海读中专学习电子商务。毕业后喜欢画画又爱美的她决定学做美容师，并通过网络搜索选择了“人物形象设计”排名第一的一家学校学习。毕业后她进入职场才发现，自己还有很多知识没有学到位，为此，她在美容师岗位上追求精益求精、尽善尽美。虽然她只是一名“打工人”，但她拥有一颗“匠心”，经过持续不懈的探索和努力，司献凤获得了“全国技术能手”称号。2018年，司献凤夺得第45届世界技能大赛（美容项目）上海选拔赛冠军，她是唯一一名代表上海美容组参赛的选手，并以稀缺技能型劳动者的身份落户上海。

启示：一个人有努力的方向并坚持下去，无论从事何种工作，都有人生出彩的机会。

（二）锁定目标企业

大学生如果能够提前锁定目标企业，并按照目标企业的具体要求，培养、提升能力，在毕业时就能较为顺利地找到满意的工作。大学生可以遵循以下步骤逐步锁定求职目标企业。

1. 熟悉职业类型

随着社会分工的日益细化，职业类别早已超越了“三百六十行”的概念，《中华人民共和国职业分类大典（2022 年版）》中细类（职业）已达 1 636 个，要有侧重地对职业进行研究。在决定研究哪些职业时，可以参考以下因素：职业兴趣、任职资格、专业院系等。

展阅：职业定位的益处

2. 确定行业范围

在对职业进行研究时，应该明确自己感兴趣的职位所处的行业及其功能范围。例如，一名学生的职业兴趣代码前两位是 SA，其感兴趣的职业是教师。那么他应该进一步厘清是大学教师还是中小学教师，因为大学与中小学对教师这一职位的任职资格要求差异很大。确定是大学教师后，还要进一步确定是承担教学科研工作的教师还是承担教学管理、行政管理的教辅人员。

3. 掌握职业动态

随着社会经济及新技术的迅速发展，新职业不断涌现，原有职业的任职要求也不断变化。新职业体现了社会经济的新动向，代表了职场新风向，也预示了人才市场未来一段时间的需求走势。

4. 收集职业信息

求职者可以借助一些行业协会或专业协会来查询相关职业信息。这些协会往往能够提供任职资格、行业或专业发展机会、所需资格证书、培训课程等一系列职业信息。求职者可以通过实习来获得第一手资料；也可以“实习”为关键词，搜索网络获得实习信息。此外，应届生的网络论坛上信息量大，行业介绍、面试经验介绍相对全面，对在校生的参考价值也很大。

在正式求职前半年，求职者最好能列出雇主清单，从中发现关键雇主，即你特别希望加入并且个人特质与其招聘岗位要求匹配度较高的用人单位。建议求职者可以提前一年参加校园招聘会以了解用人单位的基本需求，也可以通过国家 24365 大学生就业服务平台、应届生求职等网站获取求职信息。此外，还可以利用自己的人脉关系，逐步缩小范围，锁定目标企业。

二、素质能力保障

就业前大学生不仅要明确自己的职业方向，还要了解岗位要求，结合岗位职责快速提升自身素质与能力，使自己具备相应的知识、能力和素质，做好生理和心理方面的准备，在具备完整的职业知识同时，树立良好的就业意识和就业能力。建议大学生从以下几个方面做好就业准备。

（一）提升身心素质

多数毕业生在校期间缺乏对社会的充分认知，存在着就业期望与职业理想之间的落差，导致产生了不健康的心理，如自负心理、自卑心理等，大学生应根据情况及时调整心态，认识自身优势，相信自己，减轻心理负荷，善于进行自我调节，保持良好心态去应对就业。良好的身体素质是一个从业者必备的基础条件，因为无论哪种职业，都对从业者的身体素质有所要求，一些特殊职业对从业者身体素质的要求还比较高，因此，大学生要重视强身健体，形成良好的生活习惯和生活规律，才能为就业做好充分准备。

（二）强化职业技能

展阅：川航机长的史诗级降落

职业技能的专业与否体现了求职者在特定的职业岗位方面能否胜任，通常可分为一般职业能力、专业能力和社会能力。需要指出的是，虽然职业能力对于求职者相当重要，但良好的职业品质能让自己在职业长河里行走自如。在工作中，品德不佳只能让自己的职业生涯走向失败。因此，求职者需要培养良好的素质，如诚实守信、吃苦耐劳、爱岗敬业等。

知识链接

国家需要高于一切

2015 年屠呦呦获得诺贝尔生理学或医学奖，打破了在自然科学领域中国本土科学家获诺贝尔奖“零”的纪录。

为找到抗疟灵感，屠呦呦皓首穷经，埋在古籍里收集了 2 000 多种方药、筛选了 380 余种中药提取物。为集中精力研制青蒿素，屠呦呦甚至将女儿送去老家寄养。在经历了数不清的失败后，她义无反顾地继续尝试，最终找到用乙醚提取青蒿素的方法，将对疟原虫的抑制率提高到 100%。为了验证青蒿素的疗效，她不顾自身安危，第一时间赶去海南疟区现场临床试用。据世界卫生组织统计，自 2000 年全球推广应用青蒿素以来，15 年间，全球各年龄组危险人群中疟疾死亡率下降了 60%；5 岁以下儿童死亡率下降了 65%。

屠呦呦之所以能带领团队打赢人类与疟疾持续千年的战争，是因为她认为既然国家把任务交给她，自己就要努力工作，并且一定要做好。她将国家需要作为自己毕生努力的方向，让中国医药造福全人类。

（三）提高就业能力

“就业能力”是人力资源管理中提出的一个概念，国际劳工组织对就业能力的定义是：个人从事具有市场和社会价值工作的能力，它不仅包括人们的受教育水平、技能和工作经验，还包括人们接受和应对社会变化、积极抓住未来机会的能力。结合社会发展需求，以及高职院校生源特点，增强就业能力的途径主要有以下方面。

（1）未雨绸缪。大学生即将步入社会、进入职场，因此做好自我职业规划很重要，好的职业规划是你知道自己想要什么、能够做什么，从“已知”达到“所能”。

（2）博览群书。构建合理的知识结构，就是根据职业和社会发展的具体要求，将已有知识科学地重组，构建合理的知识结构，最大限度地发挥知识的整体效能。合理的知识结构是满足现代社会职业岗位的必要条件，是人才成长的基础，也是求职的保证。

俗话说“术业有专攻”，进入职场后，一个人是否被认可，在一定程度上取决于你的专业能力。在职场上用实力说话，就可以征服面试官与领导。

案例品读

高职走出的“风云人物”

1名专科生与150名本科生一起竞争一个岗位还能过关斩将、脱颖而出。钟浩的一段成功的求职经历，使他成了某高职学院的“风云人物”。他回忆起那次应聘经历时说：“当时等待面试的150多人中，几乎没有专科生。虽然已经觉得没戏了，但我一定要试试，什么岗位我都愿意做。”钟浩表示，能在最后胜出，除了扎实的专业基础，自己的优势还在于务实的作风，“我对工资、岗位、地点都没有特别的要求，这一点本科生很难做到。”

弃高学历的本科生不选，而选专科生，精明的企业家自然有他们的理由：“专科生特别是高职生，心态务实又扎实肯干，还能留得下来，也易于管理。”不少企业正是尝到了“甜头”才频频吃“回头草”。

启示：明确专科生自身的优势，在求职中有效地扬长避短，精准找到自身的亮点与长处，并精心打造它。

（3）察言观行。大学生在学校里学习，可能对社会的需求，每种职业岗位特点，从业人员应具备的职业知识、技能及素养等方面知之甚少，针对此类情况，大学生应适当走向社会，开展行业、企业调查，了解职业人的行为特征和社会需求，以便为求职择业做好充分的准备。

展阅：张聪的执着

（4）入乡随俗。正确的就业观念与良好心理素养是成功就业的基础和保障。大学生作为就业压力的承受者，要树立正确就业观，掌握就业适应方法，职场中能自我缓解、校正可能出现的各种不良观念与心理，保持心理健康，养成入乡随俗的心态。

综上，大学生一定要认清形势，正确定位，科学规划，在发展中不断完善自我。同时还要学会调适自己的心态，走出就业心理的误区，保持良好的就业心理，这样才能最终找到一份适合自己的工作。

三、求职材料准备

（一）求职材料的内容

求职材料通常是就业者自我推荐的工具，是求职的入场券。准备求职自荐材料的直接目的就是使用人单位能够对自己感兴趣并最终被录用。自荐材料一般包括封面、自荐信、简历、就业推荐表及一些其他相关证书与材料，因此材料是否齐全，直接影响毕业的就业水平和就业成功率。求职材料主要包括求职信息材料收集、准备及求职信的撰写等内容，其意义是能更好地掌握和运用就业政策，了解和融入人才市场，寻找和确定就业方向，降低就业成本。

一套理想的求职材料，必须多侧面、立体化、准确全面地反映出一个人的自然状况、专业水平、能力结构及其综合素质。自荐材料内容包括自荐信、个人简历、必要的证明材料，（如在校期间所获成果、学业导师评价、实习鉴定、各类证书、体检结果等）及学校推荐表等。

（二）自荐信的撰写

1. 自荐信的概念与信息

自荐信是求职者向用人单位做自我介绍、自我推荐和自我展示的又一形式，是求职的重要材料之一。自荐信中的信息主要包括以下几个主要方面。

（1）个人的基本情况。如姓名、性别、年龄、政治面貌、就读专业、就读学校等基本概况。

（2）求职者的条件。这是自荐信的核心内容。重点向用人单位说明你具备的各项能力与条件，如专业知识、工作经验、专业技能及与这项工作相符的其他特长等，包括学习成绩、主修课、选修课、实训实习、外语水平及与专业相关的1+X职业技能等级证书的获取情况等内容，还要强调体现你的性格特点和能力要求适合本岗位的特征。

案例品读

“求职者的条件”样例

我立志做一个学好农业物联网专业的优秀大学生，我不仅有扎实的理论基础，还有一定的实际操作能力，不怕困难挫折、不服输的奋斗精神。我具备勤奋、吃苦、务实、向上的精神和作风，具有淳朴、诚实、善良的性格。

大学期间，我不断完善自己的知识结构，提高自己的综合素质。如今，我已系统地学习并掌握了本专业所开设的所有课程，熟悉国际形势对农业现代化发展的需要。不仅如此，在大学期间我还多次参加社会实践活动，作为第一负责人参加了中国“互联网＋”大学生创新创业大赛，并荣获二等奖，在检验自己所学知识的同时，能够理论联系实际，具备了较强的分析问题和解决问题的能力。

（3）个人的潜力。介绍自己曾经担任过的各种社会工作及取得的成绩，预示自己有管理方面的才能，有发展、培养的前途，进一步给对方增加印象。这部分重点突出求职者所参加的各种形式的社会实践活动和围绕自己的专业取得的各种科研成果，在校、系、班级各种活动中的获奖情况，可按奖项大小顺序排列。

（4）简要介绍自己在校期间的表现和获奖情况。

（5）个人联系方式在自荐信最后，求职者主要向对方表示面谈的愿望，要写清自己的详细通信地址、邮政编码、电话号码及电子信箱，以便用人单位与你联系。要注意文字通顺、字迹工整、语言得体。

2. 自荐信的格式

自荐信的格式与一般书信格式类似，即标题称呼、正文、结尾、时间。

（1）标题。自荐信的标题可以直接写成“自荐信”

（2）称呼。类似于写书信一样，明确写给谁，一般写给用人单位人力资源管理部门的有关负责人或是招聘经理。如“尊敬的 ×× 经理或部长”等称谓。如果不是十分明确招聘负责人的职位或姓氏，则可以直接写成“尊敬的人力资源部主管或部长”即可。

（3）正文。正文是自荐信的核心，上文已经详细介绍。

（4）结尾。结尾要写上“祝贵公司事业发达”之类的敬祝语。最后要写上“此致——敬礼”等礼貌用语。

（5）时间。用阿拉伯数字标明具体日期。

自荐信写作时须注意掌握四个关键点：一是格式规范，言简意赅；二是富于个性，针对性强；三是朴实诚恳，以情动人；四是传递有效信息，争取面试机会。

3. 自荐信的撰写原则

自荐信直接体现求职者的书面表达能力，一封好的自荐信能赢得一个面试机会，反之，则会使简历形同虚设。要使你的自荐信与众不同、脱颖而出，撰写质量事关重大，因此要遵循以下原则。

展阅：成功的自荐信的撰写要求

（1）诚信务实，充满自信，信息内容体现成熟性。首先要制订自我推荐计划，深思熟虑后再下笔，语言、语气要成熟而务实，切勿夸大其词、自吹自擂。求职其实就是一场竞争，在竞争中关键是看你的实力。因此，在自荐信中不必过分谦虚，平时常用的谦辞“才疏学浅”“一无所长”等词尽量不用、当然也不能自我吹嘘，更不能弄虚作假。

（2）条理清晰，言简意赅，信息内容展示逻辑性。在信中体现与对方的良好沟通，选择合适的言辞，有条理地表达自己。不要拖泥带水，尽量做到言简意赅，风格上语言简洁明快，句子简短有力，篇幅控制在 1 页 A4 纸较为适宜。自荐信的目的是力求引起对方兴趣，注意开头不要有客套话和空话。

（3）富有个性，针对性强，体现信息的重点性。开头用“您好”直入主题，核心部分表明自己胜任工作的适当条件，有针对性地表达，重点突出，有侧重，要求撰写前对应聘单位做充分的了解，表达事实要恰如其分、有针对性介绍和突出自己特长。

（4）朴实诚恳，“软硬”结合，体现信息的可靠性。在自荐信中，既要突出包括专业优势、能力优势及其他特长在内的专业素养，又要结合情感类等方面的软功夫人格特质，做到以“情”感人、以“诚”动人、以“美”怡人。让用人单位感受到你的诚恳和期望，让用人单位对你产生面试的想法，这样你的自荐信才算是成功的。

展阅：自荐信样例展示

4. 自荐信撰写的注意事项

在撰写自荐信时，除了要了解上述的写作技巧，还应注意：内容要短，不能超过一页；文句通顺，有逻辑性，态度诚恳，不自我夸大；有独特性，不要千篇一律；应聘外资企业要用中英文撰写等。

总之，一份好的自荐信应该能使招聘者感到：一种积极的人生；一双能为团体带来活力、作出贡献的有力的手。最后，应聘者在表达自己的期望和对用人单位的谢意时，还要注意不要过分谦虚，同时注意在文字、排版、格式上不要出错。

课堂活动

结合所学知识点，按要求完成《职业发展与就业创业指导实践手册》项目十 任务一中的课堂活动“就业准备”和“自荐信撰写训练”。

课播：制作你的专属简历

（三）个人简历

对于每个毕业生而言，就业最关键的环节就是制作一份打动对方的个人简历，简历就如同你的名片，作为一种自我宣传与自我推销的媒介，没有人能够轻视简历在这竞争激烈时代的重要作用。简历是用人单位了解求职者的第一扇窗口，是求职者和用人单位沟通的第一通道。因此，一份好的简历可以在众多求职简历中脱颖而出，成为大学生顺利就业的重要基石。如果求职者倾注高质量的时间与精力创作出内容全面、重点突出的简历，那么他就有机会赢得高质量的结果。

1. 个人简历的概念与类型

个人简历是用于应聘的书面交流材料，它向未来的雇主表明你拥有能够满足特定工作要求的技能、态度、资质和自信。个人简历是求职的重要材料之一，它的内容主要包括介绍自己的基本情况，如学习、生活、工作经历、个人成就和特长等，一般附在求职信的后面，目的是让对方具体地了解你，帮助你获得面谈的机会，由此可见，成功的简历就是营销武器，它向未来的雇主证明你能够解决他的问题或者满足特定需要，可帮你获得面试的机会。

个人简历有各种各样的类型，采用哪种类型的简历求职因人而异。当然，如果你的兴趣特别广泛，是个多面手，并且想在求职中尝试不同的职位，你就可以多准备几份不同类型的个人简历。五种常见类型的简历如表 10-1-1 所示。

表 10-1-1　简历的类型

简历类型	特点和适用对象
时间型简历	时间型简历强调求职者的工作经历，因此它比较适合有工作经历的人。时间型简历以渐进的顺序罗列你曾就职的职位，从最近的职位开始，然后回溯。在简历中罗列出的每一段工作经历中你所承担的责任、该职位所需要的技能及你所获得的最关键的、突出的成就。关注的焦点在于时间、工作持续期、成长与进步及成就。这种简历是最为通用的简历模式
功能型简历	功能型简历强调求职者的各种能力和特长，能展现出一个人多方面的优点，它对于毕业生来讲是比较理想的。因为刚入职的大学毕业生没有工作经历，很难展示出逐步发展的过程。时间型简历是最为普遍的格式，因此很多简历将时间型与功能型综合起来运用
专业型简历	专业型简历注重说明求职者的专业和技术技能，它比较适合申请那些技术水平和专业能力要求比较高的职位。例如，医生就是使用专业型简历格式的典型职业，这种简历只要罗列出求职者的主要履历就可以了，如就读的医学院、住院实习情况、实习期、专业组织成员资格、就职的医院、公开演讲场合及发表的著作等
业绩型简历	业绩型简历的重点在于说明求职者以前工作过程中所取得的成就和业绩，很明显，它不适用于大学毕业生
创意型简历	创意型简历强调求职者与众不同的个性，比较能表现求职者的创造力和想象力，适合于特别需要创意的职位。目前，网络上有各种各样的简历模板可供效仿和选择

2. 简历的内容

个人简历是对自己生活、学习、工作经历的简单记述，对于高校毕业生来说，一份完整、信息完善清晰的简历中，一般由基本信息、求职意向、学习经历、突出成果、实习经历、个人爱好和技能及自我评价共七部分组成。

（1）基本信息。基本信息包括姓名、性别、年龄、籍贯、民族、健康情况、婚姻情况、通信地址、邮编、联系电话、电子邮箱、个人网页等在内的个人简要情况。如果是应聘国企员工或者公务员，则最好表明政治面貌。

（2）求职意向。求职意向是求职者想要申请的职位，表述应该简明、具体、准确。

（3）学习经历。简要介绍学习经历和成长过程，包括就读学校、专业方向、与求职意向相关的主要课程等。

（4）突出成果。在简历中，经历只是主观记录，而荣誉和奖励能赋予它们客观真实性，给招聘方留下深刻印象的是职业操守，这部分内容重点突出在校期间取得的专业类或非专业类成绩或成果，包括奖学金情况、表彰奖励情况、1+X 相关技能证书和其他相关荣誉等。

展阅：工匠精神的职业操守

（5）实践经历。实践经历是用人单位评估求职者是否具有潜力的重要参考因素。包括课程实践、专业理论实践、学生会工作、社会实践、志愿者活动和各种大型学生活动的组织工作等。表述实践经历时不要只针对工作本身，业绩和成果更为重要，如你的合理化建议曾为企业节约了多少钱、省下多少人工等。

（6）个人爱好和技能。这部分是展现个人能力的部分。在调查用人单位需求及面临挑战的基础上，有针对性地简要归纳和汇总，扬长避短地说明自己的构想，如能为用人单位做点什么、发挥什么积极作用，以无可争议的工作能力和个人魅力征服招聘方。用词应简单明确，观点鲜明，引人入胜。

（7）自我评价。这个部分是对自身优势和缺点的总结性评价。在陈述的时候尽量用精练的语言，突出个人性格和专业优势，并且要表达出自己的愿望和工作目的等。

以上七个部分是基本内容，但是在具体的描述上要视个人情况而定，要抓住可以突出自己优势的部分重点阐述，灵活变通。

展阅：优秀简历范例

3. 制作简历的注意事项

（1）信息要真实。企业在进行人员招聘与选拔时，最为重要的指标并不是你的能力，而是一个人的诚信度。在简历描述中，所有内容必须客观真实，不要夸大其词、弄虚作假。

（2）内容要全面。简历是推销自我最为有效的求职材料之一。为最大限度地争取面试机会，应根据求职岗位的特点，将个人与岗位相关的所有信息罗列出来，使招聘单位对你有全面的认识与了解。

（3）要点要突出。简历内容应根据求职目的来撰写，将个人情况与用人单位情况结合起来。描述个人基本特征时，应尽可能地与求职岗位的特性相结合，将自己描述成适合该岗位的求职者。

（4）格式要正确。通过一份简历，用人单位可以看出一个人的求职态度及个人品质。简历出现错别字或格式上出现错误、破表的情况，会让用人单位觉得你缺乏诚意、做事不负责任。因此，在完成简历后，应反复检查，避免出现错别字及格式错误。

自我评测

请思考如何撰写与众不同的简历。

（四）求职材料的整理

求职材料的整理大体包括五个方面。

（1）收集材料。收集个人自荐原始材料是一项基础工作。收集材料的原则就是为就业服务，以择业目标为中心，按需收集，即围绕就业目标所需的专业特长、知识结构和能力，注意专业特点、个人能力与行业特点的统一。

（2）分类整理。对原始材料的分类整理一般按以下进行专题细分：个人简历性材料、专业学习材料、特长爱好材料、社会实践材料和奖励评论性材料。

（3）编辑审查。分类整理之后要进行编辑审查，即对分类的材料进行汇总编辑，检查材料是否有明显遗漏，不能出现材料残缺；同时，材料含糊甚至与实际情况有出入的，一定要撤除或修补；还要防止材料内容有错别字等。

（4）汇总分析。经过分类整理和编辑审查后，首先要把同类型的材料集中起来；然后对材料的使用价值进行自我分析评估；最后把材料依其价值评分一一罗列出来，以便撰写使用。

（5）合理编撰。在编撰自荐材料的过程中，要针对所应聘目标的具体情况，合理取舍，有机组合，充分体现择业者的优势与特长。

（五）求职材料的包装

自荐材料的包装即封面（主题）设计和自荐材料的装订。封面设计的基本原则是美观、大方、醒目、整洁。封面设计要有一个主题或标题。一个好的主题往往能够一下子抓住用人单位的注意，促使招聘者想进一步了解自荐材料的具体内容；封面的设计风格与自荐材料内部主体内容风格要一致，具有统一性、整体性；同时封面设计中最好体现出择业者的姓名、专业、年级、学校等基础的内容。自荐材料的装订最好采用 A4 标准纸，用计算机打印，不要用特殊字体（有特殊要求除外），装帧不要太华丽，保持整洁、明快是最重要的。

四、网上求职准备

当前，网上求职已成为求职新形态。对于大学毕业生而言，掌握网上求职需要做好的准备工作和注意事项也是必不可少的。

（一）网上求职的内涵与方式

网上求职也称为线上求职，是指通过互联网等新媒体形式进行求职的方式方法。求职者一般先通过互联网查询招聘信息，根据岗位需求撰写求职信或个人简历，通过电子邮箱或者线上 App 系统提交招聘单位。用人单位在获得求职者的求职信息后，通过筛选后给予应聘者面试的机会，以进行下一步招聘工作。当前，越来越多的企业通过互联网进行线上招聘、线上投递求职材料、线上视频面试、线上查询收录取结果。

（二）网上求职的流程与策略

随着科技发展与互联网普及，线上招聘已成为一种普遍的招聘方式，为了便于同学们提前做好求职准备，下文将重点介绍网上求职的流程、策略及有关注意事项。

1. 网上求职前期流程

（1）明确目标，网上求职不能盲目。求职者选择岗位时要有一个确定的方向，而不是一个岗位。例如，农产品营销类岗位求职时可以选择包括营销员、销售代理、客户服务、营销策划等相近岗位投递，应聘者结合所学专业优势、工作经验、个人兴趣、专长等情况来确定求职方向，同时还要明确求职城市或区域。

（2）准备资料。准备适合网上求职的个人资料，如自荐信、个人简历、照片等。网上求职的一大优点就是求职者可以随时调整自己的求职资料，求职者可以根据应聘职位的特点调整简历内容，使其更具有针对性。对于应聘者的照片、学历、证书、获奖证明、身份证等资料须扫描存入计算机，可根据单位需要适时提供。需要再次强调求职资料要保证其真实性。

（3）建立邮箱。为便于与企业联系，应聘者求职前需要有一个固定且稳定的邮箱，便于及时查看企业回复的信息，同时也能及时了解企业是否已经接收到你的求职信息，而不是被认定为垃圾邮件。期间需要注意的是多数企业在看到求职的电子邮件后，会通过电话与求职者联系，因此在投递求职材料时还要一个或两个可以随时联系到自己的电话号码，以免影响接收面试通知。

2. 寻找求职网站

当应聘者确定求职方向，准备好了相应的求职资料后，就要找到相应的招聘网站寻找合适的职位信息，这是网上求职的重要环节，但网络上也有不法网站存在，因此找到一个合适的网站，既可以获得比较高的成功率，也保障了学生求职的安全性。时至今日，中国各类招聘网站总数已经达到上千家，有一定影响力的网站也有上百家之多，如何从众多的人才网站中找到适合自己的职位信息，这是一个值得毕业生重视的主要问题。

（1）了解招聘网站的类型。目前，校园招聘网站的类型如图 10-1-1 所示。

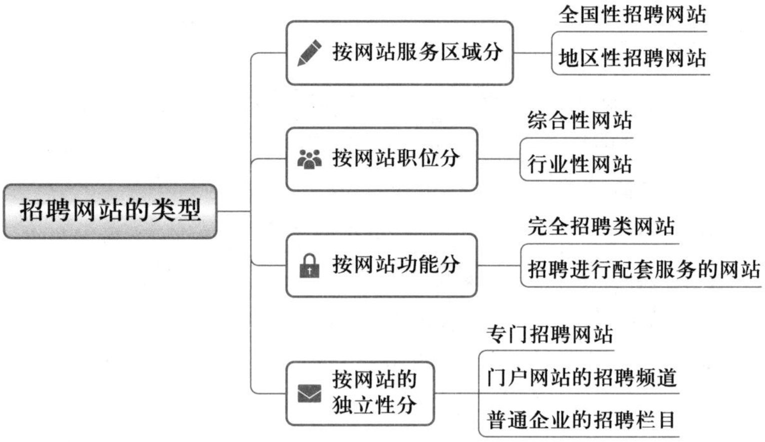

图 10-1-1　校园招聘网站的类型

自我评测

在图 10-1-1 列示的网站中，你常用于收集就业信息的网站有哪几类？

展阅：寻找招聘网站的途径

（2）寻找招聘网站的途径。招聘网站有多种途径，可查阅官方网站或平台，可通过搜索引擎分类、网址导航类网站查找，还可通过一些其他途径，具体可扫描左侧二维码查看。

（3）完善招聘网站信息。登录招聘网站注册个人资料，搜索相应信息，发送求职信与个人简历。目前，正规的招聘网站都是免费向求职者开放的。需要注意网上招聘时，应聘者应认真填写资料，便于招聘单位筛选，如果资料不全则是没有任何机会的，尤其是在网上资料中留的联系方式不能只是一个邮箱或者 QQ 号码，建议留下固定常用邮箱及电话号码。同时求职时要注意及时更新网站上登记的个人资料，保持网上简历的时效性。

（4）做好职位信息收藏。好的工作机会竞争也激烈，因此要求职者在网站上主动出击，充分利用招聘网站的求职功能，及时了解相关职位信息，如职位搜索引擎、职位收藏夹、职位订阅等。也可考虑邮件订阅，使网站可以随时将相应的职位信息发到求职者的信箱里，及时查看，方便快捷。当搜索到感兴趣的职位信息后，就可以向求职单位及时发送求职信和简历，按网站要求在线提交或发送邮箱，同时要看清楚用人单位招聘的后期要求，如现场面试、电话联系等。

课堂活动

结合所学知识点，按要求完成《职业发展与就业创业指导实践手册》项目十　任务一中的课堂活动“求职网站信息获取”。

（三）网上求职材料撰写与发送技巧

前文就网上求职的简历投递等主要环节做了详细介绍，现就网上求职材料撰写及发送有关技巧进行简单分享，主要内容如表 10-1-2 所示。

表 10-1-2　网上求职材料撰写技巧

具体内容	要点分析
求职邮件简明扼要、重点突出	一是重点强调自身特长；二是在邮件的主题里及邮件正文中注明申请的是何职位
简历不要贴在附件中发送（除特殊要求外）	一是避免邮件太多，工作人员不打开而忽略简历的存在；二是避免用人单位担心病毒不打开附件看不到简历；三是避免附件格式不对，用人单位打不开附件；四是要把简历转化为文本文件，避免字词和语法错误
一份简历一个职位为最佳选择	一是注意不要一个单位应征数个职位；二是代表你对应聘职位志在必得，说明重视程度
简历最好附自荐信同时发出	一是求职信和简历都应该用文本格式 .txt 来写；二是信中可用“△”等相关符号突出重点；三是信中一定不能有错别字，且要保留草稿，便于修改申请其他职位
发出求职信后要适当询问	一是可以适当询问结果，表示求职的诚意，但不要反复询问；二是还可通过联系再介绍个人特长与经验
职位与资格不符时要咨询	一是可以了解是否对有特长的求职者放宽相应条件；二是如果经验丰富可以让招聘方放宽学历限制
不要大量邮寄简历	一是没有明确方向，随意投递，并无显著效果；二是避免简历“满天飞”的现象
自荐信要体现专业性	一是内容要突出专业、学校、社会实践、自身性格，是否具有工作经验等重点内容；二是避免内容太多，面面俱到

（四）网上求职的注意事项

1. 保持平和心态

求职者要坦然地面对挫折和困难，不必自卑胆怯和过分焦虑，要积极调整心态迎接挑战。

2. 防范求职骗局

求职者为了防止网上诈骗，一定要登录正规网站。一般正规网站在刊登人才需求信息时，都会仔细验证招聘单位的真实性，要求对方提供单位营业执照、办理人员的身份证件及加盖公章的单位证明等，严防虚假信息的发生。当应聘时被要求缴纳报名费、押金、手续费时，应立即放弃或直接举报；同时要注意网上传销的骗局。遇到对方声称只需要交几十元会费就可以在家创业等情况时可直接放弃。

当应聘者无法确定所要应聘单位的真实性与可靠性时，可登录国家及地方市场监督管理部门官网查询企业注册情况；也可直接在专业的商业查询平台核实企业有关信息，还可以到一些专门的求职论坛发帖请教。

3. 注意信息保密

网上求职时还要注意对一些私人的信息进行相应的保护，如不要在网站上透露具体家庭地址，求职者只需要留下个人电话或邮箱即可，或者将自己的个人资料设置成对部分单位保密（目前多数招聘网站都有这一功能）。

知识链接

网上求职四禁忌

（1）网上简历千篇一律，不能定期更新。

（2）跳槽太频繁，持续投递。

（3）过于重视薪水问题。

（4）无目的性地海投简历。

任务实训

结合本任务学习，按要求完成《职业发展与就业创业指导实践手册》项目八 任务一中的实训演练“撰写简历”。

任务小结

通过本任务学习，使学生了解求职前的各项准备内容与注意事项、学会撰写自荐信和简历，了解网上求职与线下应聘的不同，明确就业优势，为成功就业打下良好的基础。

任务评价

本任务学习已完毕，请在《职业发展与就业创业指导实践手册》项目十 任务一的“任务评价”中，就自身专业能力与核心能力的提升情况开展能力自评。

任务二　胸有成竹赴沙场

任务清单

教学环节	教学信息	具体内容
教	知识重点	面试与笔试的内容
	知识难点	面试技巧的掌握
	推荐教学方式	线上与线下，理论学习实训
	教学场所	路演室或实训室
	建议学时	2 学时
学	必须掌握的理论知识	笔试内容与技巧、面试内容与技巧、求职面试礼仪、面试后追踪方法的掌握
	必须掌握的工作技能	熟练掌握笔试与面试技巧，掌握面试后追踪的方法
	能力训练	能够根据自身特点确定就业方向，进行正确的自我评价；根据所学知识成功通过面试

任务导入

细节决定未来

某高职院校农产品检测专业的 10 名应届毕业生在实习时被学业导师带到科技园参观。学生们围坐在会议室等待该园区负责人——王主任的到来。

当技术员给大家倒水时，学生们都表情木然地看着他一个人忙活，其中一名学生还问：“有矿泉水吗？天太热了。”技术员回答：“抱歉，矿泉水喝完了。”这时，有一位叫王西的学生觉得很别扭，他在心里嘀咕：“人家给你倒水，还挑三拣四的。”轮到他时，他轻声说了句：“谢谢，大热天的，辛苦您啦！”技术员抬头看了他一眼，满含着惊奇，虽然是很普通的客气话，但是他今天唯一听到的一句客气话。

门开了，王主任走进来和大家打招呼，不知怎么回事，现场静悄悄的，没有人回应，气氛有些尴尬。王西左右看了看，犹犹豫豫地鼓了几下掌，学生们这才稀稀拉拉地跟着拍手，由于掌声不齐，现场越发显得凌乱起来。王主任挥了挥手说："欢迎同学们到我这里来参观。平时这些事一般都由办公室负责接待，因为我和你们老师是老同学，非常要好，所以，这次我亲自来给大家介绍园区的情况。我看同学们好像没有带笔和本。这样吧，请工作人员去拿一些我们实验室印的纪念册，送给同学们做纪念。"

于是大家又静坐在那里，随意地用一只手接过王主任双手递过来的手册，当王主任走到王西面前时，他礼貌地站起来，双手接过手册说了一句："谢谢您！"

王主任闻听此言，眼前一亮，伸手拍了拍王西的肩膀问道："你叫什么名字？"王西照实回答，王主任微笑点头后回到自己的位置，而学业导师看到此景，方才微微松了口气。

两个月后，毕业去向表上王西的去向栏里，赫然写着该科技园区，几位成绩优秀的学生找到学业导师询问："王西的学习成绩并不十分优秀，凭什么选他？"学业导师看了看这几张尚显稚嫩的脸，笑道："是人家点名来要王西的。其实你们的机会是完全一样的，你们的成绩甚至比他还要好，但是除了学习，未来职场还需要懂得更多，而每一次实习都面临着面试。"

结合案例，请思考以下问题。

（1）为什么王西成绩不是最好的却赢得了这份工作？

（2）王西在参观过程中做了什么？

（3）这个案例给了你怎样的启示？

任务解码

一、简历投递的注意事项

在求职前，顺利将自己的简历投递出去是非常重要的，投递简历能够让更多的企业看到自己的求职意向，获得更多的面试机会。但是因为一些求职者在投递简历时毫无章法，所以接到的面试通知相对较少，找到工作的概率大大地降低。简历投递需要注意以下事项。

（一）明确求职目标

很多的求职者在投递简历的时候，完全不顾自身的情况，没有目标，盲目的乱投递简历，致使简历通过率降低。大学生应该根据自己的现实情况，明确目标，对症下药。

（二）确定职业岗位

在投递简历的时候，一定要将自己简历中呈现的内容和公司的职位要求相匹配。如果自己的简历和公司要求匹配度高的话，获得面试、通过面试的概率就会大大提高。

（三）注意投递时间

在投递简历的时候，大学生也要注重时间段。一般来说，公司的人力资源部门会在早上的时候阅览投递者的简历。选择在早上或者前一天的晚上进行简历投递，这样被人力资源部门负责人看到的概率就会增大。

（四）联系方式有效

在给用人单位发送简历的时候，要用私人邮箱，切勿使用学校的公共信箱。邮箱的名称要显得专业、成熟且职业化，最好让对方看到邮箱就能马上知道你是谁。同时选择稳定性、可靠性高的邮箱，如果邮箱不稳定，发送的简历对方没有收到，或者对方回邮的过程中信件丢失，那么将会错失良机。

（五）邮件标题规范

邮件中要注意写明你应聘的职位，这样便于人力资源部门分门别类地筛选。而且应在标题中写上自己的名字，这样便于相关人员再次审核你的简历。一个标准的标题是：申请的职位 + 姓名 + 工作地点。如果对方在招聘的时候，已经声明了用哪种格式为题，则一定按要求实施，因为这是初步筛选的标准。避免标题只写了“应聘”或是“求职”或是“简历”等字样，人力资源部门一天会收到上百份甚至上千份应聘不同职位的邮件，这样的邮件很可能被忽略。

（六）申请职位准确

一个公司不少岗位的工作内容很相似，但职位的描述是不同的，因此，职位名称一定要按照职位广告要求填写，不要自己随意发挥。例如，应聘“营销部经理助理”时，不能写成“营销助理”或“经理助理”，这会让用人单位以与招聘岗位不符的理由忽略或者拒绝浏览你的简历。

（七）邮件形式得当

简历投递时，要避免出现正文内容是空白的情况，正文内容可以是自荐信或将简历以文字的形式粘贴上去，而不能仅仅把简历放在附件。否则会影响用人单位对你的第一印象，显得你诚意不足，让人力资源部门觉得你不够重视这份工作。

课堂活动

结合所学知识点，按要求完成《职业发展与就业创业指导实践手册》项目十　任务二中的课堂活动“不同求职岗位职责分析”。

二、笔试准备及技巧

笔试是招聘单位以书面形式对应聘者所掌握的基础知识、专业知识和文化素养等能力进行考查和评估，考核应聘者文字表达能力、知识面和综合分析能力的差异，通常用于专业技术要求较强和对录用人员素质要求较高的单位。

（一）笔试准备

（1）专业能力考试。专业能力考试主要测试应聘者担任某一职务时，是否具备所要求的专业知识水平和相关实际能力。通过答卷可以发现应聘者的文字表达能力、分析问题能力和逻辑思维能力等。为检测应聘者的实际工作能力或专业技术能力，有的用人单位会进行专业技术能力考试，这种考试往往安排在特意设置的工作情境中。

（2）智商和心理测试。具体如下：

第一，智商测试。智商测试主要检测应聘者的素质，测评应聘者是否具有不断地接受新知识的能力。一般有两种测试方式：一是图形识别。如一幅图由四种图形组成，让应聘者指出其相似点和不同点。二是算术计算。主要测试应聘者对数字的敏感程度和基础计算能力，如给定一组数据，让应聘者根据不同要求计算平均值。这类题目在一些中小学生智力游戏书中很常见，公务员考试辅导资料中也会大量汇集此类题目。

课播：大学生的求职心理分析

第二，心理测试。心理测试是将事先编制好的标准化量表或问卷发给应聘者，根据答案进行计分，之后和评定标准对比来判定应聘者的心理水平或个性差异。一些有特殊要求的招聘单位常以此来测试应聘者的态度、兴趣、动机、智力和个性等。

第三，综合能力测试。综合能力测试素有智商测试的要求，但程度更高。如应聘者在规定时间内对一组数据或一组资料进行分析，找出其合理的地方和存在的问题，并设计解决问题的方案。这是对应聘者阅读理解、发现问题、分析和解决问题能力、知识储备等素质的测试。

（二）笔试答题技巧

提高笔试成绩除做好备考和迎考外，还应保持较强的竞争优势和良好的心态，了解考试的特点，了解各类考试题目的特点和解答各类题目的方法技巧。

三、面试准备及技巧

（一）面试准备

求职过程就像一出戏，面试是其中的重头戏，也是戏剧的高潮部分。用人单位想通过面试从多方面了解求职者，求职者则要借此机会把自己的良好素质展现给用人单位。求职者要充分准备，以最佳状态迎战面试。

案例品读

如何应对面试结果

某企业面试现场，在经过笔试、初试后，只剩下两名求职者——李华和张勇，只有一个名额，但两位应聘者的条件都很好：一个成绩优秀、工作能力强，另一个是学生干部，多次获奖。于是主考官又分别对他们进行面谈。

李华进到房间后，随后主考官进来对他说：“对不起，我们公司的计算机出了故障，参加面试的名单里没有你，非常抱歉！”胜利在望的李华听完主考官的话后，表情和声音都变了。他激动地说：“为什么会是这样？你们耍人吧，我在学校里每次考试都是第一名，怎么可能没有进面试？”

主考官微笑着说：“你先别生气，我们的计算机没有出错，刚才是最后一道测试题。我们企业工作压力大，需要很强的心理承受能力。市场营销部是全公司最有可能经历风险的部门，我们需要有良好心理承受能力的员工。”李华非常后悔，机会就在自己的失态中丢失了。

另一间会议室，张勇听完同样的问题后，面带微笑十分镇定地说：“我对贵公司发生这样的错误很遗憾，但是我今天既然来了，就说明公司和我有缘分。我想请您再给我一次机会，对于公司来说，或许能够意外地选择一个优秀的员工。”主考官露出满意的神情：“你真是一个心理承受能力强的小伙子！我们愿意把机会给你！”

启示：面试在某种程度上是智力的角逐，要做好万全的准备，做到滴水不漏，才能展现良好的素质。

1. 了解面试的内容

面试内容主要涉及下列具体问题。

（1）个人情况。这部分属于中性问题，应聘时要注意这部分内容应与简历内容一致。在介绍这些内容时，应避免受书面语言的拘束，使用灵活的口头语进行组织。对于简历没有提到的问题，如“你的家庭情况怎样？”等要据实回答，不可无中生有。如果被问及“你有什么优缺点？”这种常问又较难回答的问题时，则应客观属实地回答，既不自傲，也不自卑。

展阅：职场成功的“四气理论”

（2）单位情况。面试官问这方面的问题，主要是了解应聘者所希望工作的岗位、地点，应聘原因和对所应聘公司和岗位的熟悉程度。对于常被问到的“你了解我们单位吗？”“你为什么喜欢这个工作？”“你找工作首先考虑的因素是什么？”等问题，要事先充分准备，通过熟人、朋友、公司网站或有关部门对招聘单位做一些调查研究，对应聘公司和职位了解得越多越深入，招聘单位越认为你有诚意。

（3）专业情况。当面试官提出“你为什么选读此专业？”“你学过的科目与我们的工作有什么关系？”“你最喜欢或最不喜欢什么课程？为什么？”“你对自己的学习成绩是否满意？”“如果让你重新考大学，你会报考什么专业？”等问题时，应根据你的专业知识和技能水平、志趣、特长等，恰如其分地回答。

（4）工作能力。“你的适应能力如何？”“你有什么特长？”“你在大学里曾担任过何种职务？”“学习成绩怎样？”这类问题是展现个人能力的极好机会，可用十分客观的方式表现自我优势，起到“毛遂自荐”的作用，同时可以通过学校或教师给予自己的正确评价或赞美，使对方充分、具体、全面地了解自己。

（5）人际关系。招聘单位对员工的合作意识和团队合作能力非常看重，可能对求职者提出诸如“你喜欢与什么样的人交往？”“你喜欢独立工作还是与别人合作？”“你喜欢什么样的领导？”等问题。对此，应充分阐明你在这方面的理念和成绩，如有社团、社会实践方面的鲜活案例更好，应在平时强化和提升这方面的能力。

（6）工作态度。当面试官提出“怎样对待面前的困难？”“如果为了某事你受到批评怎么办？”“你想怎样取得成功？”等直接与工作态度相关的问题时，求职者可以凭借平时充分的准备自如应对，如果遇到“你对琐碎的工作是喜欢还是讨厌，为什么？”这类问题时，就容易掉进陷阱。

（7）薪酬期望。在面试的后半部分或第二次、第三次面试时，会遇到这个问题。面试官想了解求职者的薪酬期望是否与公司可提供的标准吻合，也想了解应聘者对自己的定位和对所应聘岗位的了解程度。回答此类问题时，应根据当地市场行情来回答，如果自己足够优秀，可以比市场行情略高。如果对行情不了解，则可以大方地向用人单位道出实情：尊重用人单位的薪资规则，这种姿态常常会帮助你从众多求职者中脱颖而出，而且一般来说，用人单位也不会因为这种表态而在薪资报酬上亏待你。

2. 熟悉面试的类型

面试的类型可以根据面试的场合分为电话面试、AI 面试和现场面试，现场面试又可以根据面试方式的不同分为主导型面试、情景模拟型面试、无领导小组讨论型面试、卷式面试、漫谈式面试、压力面试等多种面试形式。

（1）电话面试。大多数公司会用电话核实面试，为接下来面对面的面试选择有潜力的应聘者。这样的面试只是粗略地了解情况，因此过程不会有太长的时间。但是应聘者应该认真对待这种面试，如果应聘者无法在电话面试中引起招聘者的兴趣，则招聘过程也会就此停止。

（2）AI 面试。AI 面试是一种新的面试方式，使用人工智能技术模拟面试官对求职者进行面试。在数字面试或预录视频面试的形式下，求职者需要根据屏幕上显示的问题，在规定时间内给出答案，并提交给 AI 系统进行分析和评分。AI 面试考察的内容包括对突发事件的应对能力、各方面的思维逻辑、快速反应和自身能力等。企业可以通过 AI 系统生成的面试报告来评估求职者的能力和素质，从而决定是否邀请其进行后续面试。

（3）主导型面试。面试官可能由一人或多人组成，对应试者提出各种各样的问题，直到获得足够的信息为止。这是最为常见的一种方式。这种面试形式有两种情况：一是只有一个面试官负责整个面试的过程，这种方法大多在较小规模的单位录用较低职位人员时采用。二是由多位面试官参加整个面试过程，但均只与一位应试者交谈。这种面试的优点是能够提供一个面对面的机会，让面试双方形成较深入的交流。

（4）情景模拟型面试。情景模拟型面试是指通过设置一定的模拟情景，要求应聘者扮演某种角色并进入角色情景去处理各种问题和矛盾。面试官根据应聘者在角色情景中所表现出来的行为测评其素质和能力，评价其能否胜任所应聘岗位的工作。例如，当你组织员工技能考试时，突然一个员工站起来说试卷第三题错了，你会采取什么措施。

（5）无领导小组讨论型面试。无领导小组讨论型面试是经常使用的一种测评技术，其采用情景模拟的方式对应聘者进行集体面试。它通过给一组应聘者（一般是5～7人）一个与工作相关的问题，让应聘者进行一定时间（一般是1小时左右）的讨论，来检测应聘者的组织协调能力、口头表达能力、辩论能力、说服能力、情绪稳定性、处理人际关系的技巧、非言语沟通能力（如面部表情、身体姿势、语调、语速和手势等）等方面的能力和素质是否达到拟任岗位的要求，由此来综合评价应聘者之间的优劣。无领导小组讨论型面试包括三个阶段：第一阶段，应聘者了解试题，独立思考，列出发言提纲，一般为5分钟左右；第二阶段，应聘者轮流发言阐述自己的观点；第三阶段，应聘者交叉辩论，继续阐明自己的观点，或对别人的观点提出不同的意见，并最终得出小组的一致意见。

（6）问卷式面试。问卷式面试是指招聘单位在面试前拟定好问卷或面试提纲，面试官按照提纲逐一发问。如“你为什么想来我们公司工作？”“你对我们公司了解多少？”“如果遇到顾客发脾气，你会怎样处理？”等。这种方式会约束面试官的自由发问空间，便于公平、全面、深入地考核应聘者的知识结构、应变能力和语言表达能力。

（7）漫谈式面试。漫谈式面试又称自由化面谈，是指面试官会跟你聊家庭、聊经历、聊人生、聊价值观等。此种面试没有中心话题，表面似乎说者“无意”，但就在看似无意的“闲聊”中，面试官可以观察求职者的知识、能力、谈吐和风度。因此，求职者要做到听者“有心”，回答问题时要流畅、自然、真实，要围绕展示自身素质能力展开，千万不要脱离主题，被面试官的“随意”或“无意”所诱导。

知识链接

用“心”听　用“意”答

一位求职者想从一家公司跳槽去另一家公司。

面试官问：“你跳槽是不是因为你的上司很难相处啊？”

求职者答：“因为住得远，希望上班地点近些，工作起来可以精力更充沛。”

如果面试官猜中了你跳槽的真正原因，千万不要“顺杆往上爬”，抨击你现在的上司或者你的公司，那样会显得你不够宽容，为人狭隘，给面试官留下“负面印象”。

（8）压力面试。压力面试的目的主要是寻找能接受挑战、承担责任、抵抗压力、应对激烈行业竞争的高素质人才，招聘方在面试时会有意制造紧张气氛，提出挑战性问题，让求职者无法应对，或者提出多问题穷追不舍、步步紧逼，给求职者造成巨大心理压力，测试求职者在自信心受到打击时所表现出来的抗压能力和突遇意外问题的应变能力。

3. 做好面试前的准备

求职面试是目前各类企业招聘中常用的方式，尤其是在各类事业单位招聘、公务员招考中也普遍采用。这种考核形式改变了长期以来沿用的从档案看人、以一卷定终身的单向的、静态的传统考核办法，从而使面试者和应聘者相互之间建立起一座沟通了解的桥梁，更使用人机构能多维地、动态地、直接地考核、了解应聘者的资历、能力、志向、个性、事业心、责任感及职业目标等，最终做出是否录用的决定。求职者也可通过面谈了解用人单位的情况，最后做出是否签约应聘的决策。因此，求职面试对于招聘、应聘双方都事关重大。下面将着重介绍求职者面试前的准备。

（1）面试信息准备。为了保证面试前的准备工作做得更充分、更主动，面试前求职者必须对面试单位进行摸底调查、全面了解，做到心中有数，尽可能回答问题时更行云流水，其准备思路包括以下几方面。

第一，全面了解面试单。通过多种途径了解用人单位的性质、规模、产品、效益、发展前景、应聘岗位职责、待遇、违约金、单位主管部门等问题。

第二，多形式实地考察。面试前，如果面试单位确实是你理想的工作单位，那么有必要去实地考察，看看是否真的如你所愿，增加自己的理性认识。主要了解一下该单位所处的地理环境、员工的工作环境及企业文化和企业精神。对于学校，还要了解学校的软硬件设施、学生学习及校园文化氛围等情况。求职者可以通过网页搜索后再实地考察，以便节省时间，理清思路，明确策略，从而在面谈时把握主动。

（2）语言能力准备。对于应试者来说，流利自如、文雅幽默的谈吐是面试成功的必备条件。因此建议求职者要在面试前做好前期准备工作，以达到事半功倍的效果。具体训练内容为：一是口头语言表达能力；二是书面表达；三是交流协调能力；四是问题归纳能力。

展阅：面试不打无准备之仗

（3）面试资料准备。要熟知与应聘岗位相关的专业知识和业务技能，准备一套求职材料、应聘职位相关的资格证书、社会实践经历的证明材料、参加学校社团证明材料等，以供招聘单位查阅参考。尤其是要知道招聘方对应聘者的自我介绍是很关注的，因此面试前做好自我介绍的准备，反复训练，才能做到游刃有余，具体做好以下几点。

第一，重点突出，特点鲜明。把自己最擅长的能力用语言表达出来，尤其是区别于其他人的得天独厚的才能，荣誉介绍要讲层次最高的，不必一一讲出。

第二，语言精练、用词恰当。求职者在自我介绍时，要始终保持语言简短、清晰准确，切忌长篇大论，偏离主题的表达。古人曾用字字珠玑来形容一个人的语言简洁有力，能使人不减兴味。

第三，客观评价、一分为二。自我介绍时不能只讲优点、忽略缺点。如果能把自己的缺点讲得恰到好处，则同样会收到事半功倍的效果，给人以诚恳、谦虚、实事求是的印象。

第四，用词恰当、切合实际。自我介绍时，切忌使用夸大的语气进行描述，注意讲话要严谨，一旦浮夸，则易被面试官质疑而影响面试效果。

案例品读

求职材料：切莫华而不实

张涵是某国家级双高校毕业的学生，学的又是热门专业，还自学了几种计算机语言。这样的条件按说应该很受用人单位的青睐，可是他参加了十几个单位的线上线下招聘活动不是没有面试资格，就是在面试中被刷了下来。接连失败后，他仔细分析了一下原因，发现问题在自己的个人材料上。为了把自己推销出去，他的个人材料不但花哨，而且还加入了一些不真实的成分。几次面试，被有经验的面试官一问，再加上紧张，就露了马脚。总结了教训，张涵重新制作了一份“朴实无华”的简历，很快就有单位相中了他。

启示：张涵的情况在求职的大学生中并不少见，为了找到理想的工作，大学生各出奇招，希望能够吸引用人单位。简历作为求职的敲门砖，更被摆到了重要位置。于是有些毕业生将个人材料越做越厚、越精致，装帧越来越精美，全部彩色打印，再配以图片和高档的封面，却忽略了内容的真实性。

（4）面试形象准备。第一印象往往会影响面试效果，有不少人因为第一印象不好而失去理想的就业机会。因此，在准备面试时必须事先整理自己的形象，注意穿着和精神面貌，给面试官留下良好的第一印象。

4. 注重求职面试礼仪

一个人的良好形象不仅表现在相貌和身材等方面，穿着打扮和行为举止在一定程度上也反映出一个人的修养。在面试中，恰到好处的表情和举止，代表着求职者良好的个人素养，会给招聘方留下良好的印象。面试礼仪八要点如图 10-2-1 所示。

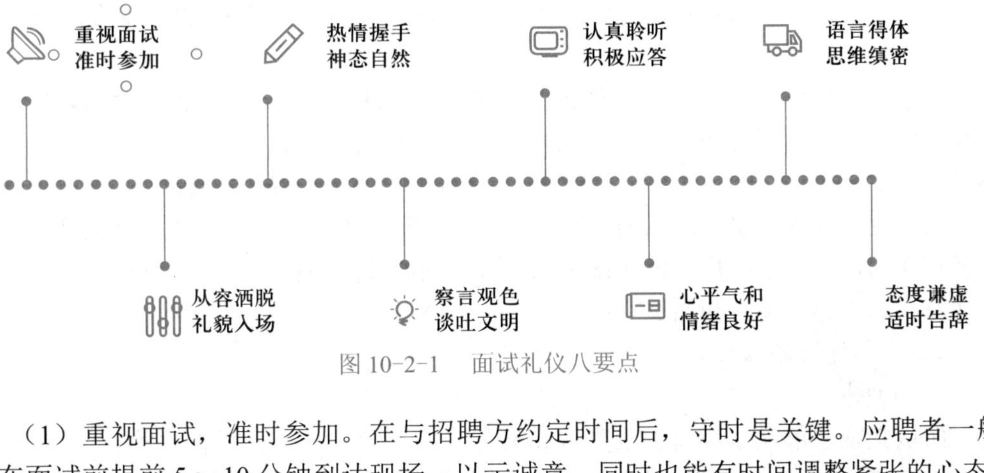

图 10-2-1　面试礼仪八要点

（1）重视面试，准时参加。在与招聘方约定时间后，守时是关键。应聘者一般要在面试前提前 5～10 分钟到达现场，以示诚意，同时也能有时间调整紧张的心态，舒缓气息，做好进场准备，以免仓促上阵、手忙脚乱。如无法正常参加面试时，则应该提前告知对方并表达歉意。

（2）从容洒脱，礼貌入场。进入面试现场要从容、镇定、洒脱，当被叫到名字时，以爽朗的声音应答。要先敲门，得到允许后再进入。开关门动作要轻。进入办公室，应抬头、挺胸，面带微笑，目光注视面试官，不左顾右盼。

（3）热情握手，神态自然。进入办公室后，要主动向招聘人员打招呼“您早”或“您好”，尽量使你与招聘人员之间产生一种和谐的气氛，面部表情能反映出人的喜怒哀乐，是个人情感的直接流露。面试时要面带微笑，与面试官进行目光交流，辅以适度的表情和身体语言，但不要直视，以免给人留下不良的印象。

（4）察言观色，谈吐文明。握手是一种礼貌，同时也是一种常见的社交礼仪。应聘者要有礼貌地问候，表现出谦恭有礼的态度，同时眼睛要看着对方的眼睛，面带微笑，显得轻松自信。回答问题要察言观色，随时注意面试官的情绪变化，及时调整自己的应答方式，如果面试官心不在焉时，则应中止谈论，或采取提问方式，请面试官讲解。当面试官有皱眉、摇头时，可能意味着你的回答有不当之处，这时应调整修辞和陈述内容。

展阅：求职面试礼仪自我检视表

（5）认真聆听，积极应答。为表示对面试官的尊重，聆听时要表现出积极的兴趣，并不时用面部表情做出反应，以不时点头或简短肯定表示理解了谈话，如“我完全理解”“是的”“是这样”。在面试官说话时不要打断对方或抢答，以免给人留下急躁、鲁莽的印象。团体面试时，对面试官提出的问题要逐一回答，如有听不懂的地方，则可要求面试官重复一下。

（6）心平气和，情绪良好。情绪是个人素养的重要体现。如遇面试官针对求职者的薄弱点提出带有挑战性的问题时，应聘者一定要心平气和，较为委婉地加以陈述，绝不可情绪激动，以免引起面试官的反感而导致面试失败。对难以回答的问题和涉及自身缺点的问题，不要表现出不耐烦，要平心静气地回答。

（7）语言得体，思维缜密。面试现场的语言表达要讲究艺术，做到谈吐文雅、语言表达得体。具体体现在言简意赅、语调适当，如果两人面谈距离较近，则声音不宜过大，团体面试且场地开阔时声音要适中，以每个面试官都能听清你讲话为宜。

（8）态度谦虚，适时告辞。面试中注意举止文雅，大方得体，保持谦虚谨慎的态度和平静的心态，以不卑不亢的态度对面试官提出的一些看似无理的压力测试问题，不要“一触即发”，也不要尝试与面试官争辩，要冷静回答或平静地反问面试官，转移压力，避免掉入陷阱。面试是有限定时间的谈话，不可久留。在高潮话题结束之后或者是在面试官暗示之后，就应该主动告辞，同时要面带微笑，充满热情地告诉面试官你对此职位感兴趣，和面试官握手并致谢后离开。

（二）面试答题技巧

1. 简明扼要

面试交谈一般从求职者的自我介绍开始。自我介绍作为面试的“第一问”，有助于面试官考察应聘者的语言表达能力、性格特点和内在素质。因此，在自我介绍环节，要根据应聘岗位设计个性化的自我介绍要点，做到简明扼要、分清层次、条理清楚、重点突出、有闪光点，以达到吸引面试官、留下深刻印象的目的，为回答后面的问题铺平道路。

2. 重点突出

回答问题要结论在先、议论在后，即先将自己的中心思想表达清晰，然后再做叙述和论证。回答问题要把握重点、简洁明了、条理清楚、有理有据、恰当具体。避免不得要领的长篇大论冲淡主题、遗漏重点。

案例品读

如此面试

在某农业企业的人力资源办公室里，张详正在应聘销售员的工作。经理看着坐在面前的这位身材瘦弱、脸色苍白的年轻人，忍不住先摇了摇头。从外表看，这个年轻人显示不出特别的销售魅力。

经理问道："曾经干过销售吗？"

张详答道："没有。"

经理问道："现在请回答几个有关销售的问题，你认为推销员的工作目的是什么？"

张详答道："让消费者了解产品，从而心甘情愿地购买。"张详不假思索地答道。

经理点点头，接着问出第二个问题："你打算跟推销对象怎样开始谈话？"

张详答道："'今天天气真好'或者'你的生意真不错！"

经理还是只点点头，问道："你有什么办法把碎纸机推销给果农？"张详稍稍思索一番，不紧不慢地回答："抱歉，经理，我没办法把这种产品推销给果农。

经理又问："为什么？"

张详回答："因为果农根本就不需要碎纸机。"

经理高兴地从椅子上站起来，拍拍他的肩膀，兴奋地说："年轻人，很好，你通过了，我想你会出类拔萃！"此时，经理心中已认定张详将是一个出色的推销员，因为测试的最后一个问题，只有张详的答案令他满意，之前的应聘者总是胡乱编造一些办法，但实际上绝对行不通，因为谁愿意买自己根本不需要的东西呢？

启示：面试前一定要了解企业的详情，尤其是业务范围和公司的主营业务，这样才能明确回答面试的问题，避免被"套路"。

3. 说话机智

机智幽默的谈话可以活跃气氛，展示自己优雅的气质和从容的风度。尤其是遇到难以回答的问题时，机智的谈吐可以聪明地转移话题，化解风险。即使紧张，也千万不要回答："我不知道"，以免给人留下不好的印象，要随机应变，灵活自如。如"今天参加面试的有十几位候选人，如何证明你是最优秀的？"回答此问题时无论你怎么列举自己的优点，都无法与众多的候选人抗衡，可换个角度，通过列举自己的工作经历和实践经历中与面试岗位相关的事例来证明自己能够胜任。我们以自由化面谈为例，列举相关问题及回答技巧以供参考（表 10-2-1）。

表 10-2-1　自由化面谈回答话述常见列表

常见问题	回答技巧
如果不能获得这个职位，你怎么想	如果我不能获得到这个职位，那么我也不感到遗憾，既然是应聘，就有人被淘汰，我早就有了思想准备。不过如果贵公司能把我未能获得这个职位的情况反馈给我，则我会努力改进不足，也会非常感谢贵公司
能谈谈你的个性吗	我的个性可以用两个字概括“执着”。我认为执着是人的立身之本，尽管执着的人有可能在一定的时间内显得沉闷，但是能经得住时间和历史的考验。因此，我将永远保持执着的个性特点
你认为最理想的班集体应该具备哪些条件	我的班集体是一个非常团结和睦的大家庭。同学关系融洽、互相关心、互相爱护，无论是学习还是集体活动，大家都保持着你追我赶的上进精神。在我大学的这几年中，很少发现同学们有过争吵、打架的情况
能谈下你认为理想的工作集体的特点吗	首先，我认为集体的成员应该具有较高的素质，即较高的政治素质、较高的道德素质、较高的业务素质；其次，这个集体所有的成员工作都能认真负责，为这个集体创造一流的成绩，贡献自己的力量；再次，这个集体所有成员都能互相尊重、互相学习、互相爱护、互相关心，而不是互相拆台、互相攻击；最后，这个集体所有的成员都要具有集体主义精神，爱惜集体的荣誉像爱惜自己的生命一样，只有这样，这个集体才能拥有极强的凝聚力

4. 语言流畅

求职者要以沉稳平静的声音、中等语速、清晰的吐字发音、开朗响亮的声调回答问题，给面试官以愉悦的听觉享受。如果你不善于表达，面试前就需要多做些功课。如了解一下哪些问题为面试时必问，做一些针对性的准备和演练，也可以将你所了解的公司背景、职位要求、业内行情等作为谈资，以防回答问题模糊不清、吞吞吐吐，显得不自信和没有感染力。

5. 言之有物

面试官提问是为了解求职者的具体情况，回答问题切不可简单地以“是”或“否”回应。要针对所提问题，做出恰当的解释或说明，要言之有物，讲清原委，不要过于抽象或空洞无物。

6. 诚恳务实

在面试过程中，如果对面试官提出的问题不知从何答起或难以理解对方问题的含义，则可以把问题复述一遍，并先就自己对这一问题的理解请教对方以确认，切忌答非所问。如遇到自己不知、不懂、不会的问题时，要诚恳、坦率地承认，不要言辞闪烁、默不作声、牵强附会、不懂装懂。实事求是地承认自己的不足，反倒会赢得面试官的好感和信任。

展阅：日常六点工作制快速提升工作效率

7. 积极发问

面试是求职者与招聘单位之间的双向沟通，是一个相互选择的过程。求职者要保持适当的谦虚，用恰当的语言适当地表达自己的长处，将自己的兴趣、专长，知识、经验、技能、业绩中值得一提的事情恰当地表达出来。不要认为自己处于弱势或担心回答得不好给面试官留下不好的印象。同时也要注意，只回答面试官的提问，难以深度交流，也无法给面试官留下深刻印象。要及时捕捉面试官的兴奋点，抓住双方感兴趣的问题积极发问、以充分了解公司状况、政策、经营理念、管理水平等。

8. 使用思考性语言

面试要先思考再回答，遵循“思考—回答—补充完善”的三部曲。面试官所问的问题往往带有试探性，不加思考就回答，很容易陷入面试官设计的陷阱。要有意识地加强语言表达能力，练就前后一致、逻辑严密、表达清晰的语言。

9. 展示个人见解

面试官接待的求职者人数一多，相同的问题要反复提问，时间一长面试官也会感到枯燥乏味。况且面试中，有时面试官提的问题并没有标准答案，只要求职者在答题之前考虑周全，回答时有具体独到的个人见解和个人特色，就一定会引起对方的兴趣和注意。

课堂活动

结合所学知识点，按要求完成《职业发展与就业创业指导实践手册》项目十 任务二中的课堂活动“笔、面试优势与提升计划”。

四、面试后的跟踪

许多求职者只留意面试时的技巧，却忽略了面试之后的工作。事实上，面试结束并不意味着求职过程的终结，面试结束后求职竞争还在继续。细心的求职者在面试结束后，还会巧妙地与用人单位联系，设法让招聘方记住自己，增加被录用的机会。

（一）及时总结，适当感谢

面试结束后，应及时总结面试表现，或向有经验的人请教，分析你在面试过程中给对方留下的最佳印象和最坏印象是什么、分析用人单位下一步可能采取的态度、录用或不录用自己的原因是什么、若进一步面试应该如何应对等。同时可以采取及时感谢，或能锦上添花。例如应聘后的 24 小时内打电话或发信息感谢，加深招聘人员对你的印象，增加求职成功的可能性。

（二）保持联系，建立感情

可以通过发邮件、打电话、登门拜谢等方式，设法与面试人员、人事主管等关键人物建立联系，对面试时尚未传递的个人情况、个人意愿等信息进行补充说明，表明自己对企业所具有的价值、对工作的期盼和自己的敬业精神，用开朗、热情、执着来感动招聘人员。在一般情况下，公司录用职员要经过讨论、投票、人事汇总等过程，其大概需要 3~5 天的时间，这段时间一定要耐心等待，切不可到处打听，急于求成反会适得其反。如果面试两周后还没有收到用人单位的答复，则可以写信或打电话询问面试的结果。无论对方的态度如何，都要表明自己很珍惜这次机会，设法让对方在难以取舍时重视自己、接纳自己。

（三）工作实习，争取试用

想办法到用人单位工作实习，在实践中推荐自我。实习时，要做到尊重领导、师傅、同事，为人诚恳、待人礼貌、虚心请教，遵守单位各项规章制度，工作上踏踏实实、任劳任怨、联系实际、学以致用，要表现出过硬的专业能力和较强的适应能力，以获得对方的信任，争取试用，直至录用。

（四）抓住机会，全面准备

如果你同时收到几家用人单位的面试机会，则在一次面试结束后，要调整状态和心情，全力以赴地准备第二家单位的面试。

课堂活动

结合所学知识点，按要求完成《职业发展与就业创业指导实践手册》项目十 任务二中的课堂活动“我跟踪收集的求职信息”。

任务实训

结合本任务学习，按要求完成《职业发展与就业创业指导实践手册》项目十 任务二中的实训演练“模拟面试”。

任务小结

通过本任务学习，可以帮助大学生了解笔试准备的内容，掌握面试内容与技巧。认识到面试礼仪与面试准备的重要性，了解面试的基本程序与要求，体验求职过程，学会顺利推销自我，提高求职面试成功率，实现成功就业。

任务评价

本任务学习已完毕，请在《职业发展与就业创业指导实践手册》项目十 任务二的“任务评价”中，就自身专业能力与核心能力的提升情况开展能力自评。

任务三　华丽转身谱新章

任务清单

教学环节	教学信息	具体内容
教	知识重点	实习的内涵及意义
	知识难点	职场适应的方法
	推荐教学方式	线上理论与线下实践指导相结合
	教学场所	多媒体教室或创业实训室
	建议学时	2 学时
学	必须掌握的理论知识	角色转换的原则
	必须掌握的工作技能	能认知新角色、适应新环境，实现角色转换，尽快适应职场生活
	能力训练	职场适应中如何建立良好的第一印象及相关能力测试

任务导入

用心工作的收获

赵嘉琪就读于一所高职“双高校”，毕业实习时被分配到一家公司的家电部门当实习售货员。她并没有因岗位和她所学的会计专业不匹配而失落，而是非常珍惜工作的机会，希望通过努力成为正式员工。她上班时虚心向老售货员学习，下班后查询资料，找内行请教，把不同品牌的家电特点和保养方法弄得一清二楚。赵嘉琪善于捕捉客户的心理，每次都能让他们满意而归，业务量直线上升。她运用在学校学过的财会知识，专业地为顾客介绍家电的性价比，在小组结算业绩时也名列前茅，公司领导对赵嘉琪非常赞赏。实习结束时，赵嘉琪被评为优秀实习生，并被择优录用，与公司签订了正式劳动合同。当她把每月领到的工资和奖金交给父母时，看到他们脸上的笑容，她心里甜滋滋的。

过了两年，公司的主管会计生病，出纳升任会计。公司领导找赵嘉琪谈话，让她接任出纳。赵嘉琪喜出望外，十分忘我地投入新岗位，她在业务上井井有条，与会计配合得十分默契，并当选为公司优秀员工。公司领导找到她的母校，感谢学校为公司培养了一名优秀的员工。

结合案例，请思考以下问题。

（1）赵嘉琪初入职场的表现给了你什么启示？

（2）她能当上出纳仅仅是靠运气吗？

任务解码

一、实习认知

（一）实习的概念

实习是指在基本上习得专业知识和完成专业基础课后，到专业对口的工作现场直接参与生产实践，综合运用本专业所学的知识和技能，以完成一定的生产任务，并进一步获得感性认识，掌握操作技能，学习企业管理，养成正确劳动态度的一种实践性教学形式。

职业学校学生实习，是指实施全日制学历教育的职业学校（中职学校、高职专科学校和高职本科学校）学生按照专业培养目标要求和人才培养方案，由学校安排或自行（须经学校批准）到企（事）业等单位进行职业道德和技术技能培养的实践性教育教学活动。

（二）实习的内涵

实习是毕业生实践教学的重要环节之一，是培养高素质技术技能人才必不可少的实践环节，是人才培养的重要组成部分，是深化课堂教学的重要环节，是学生了解社会、接触生产实际，获取、掌握生产现场相关知识的重要途径，在培养学生实践能力、创新精神、树立事业心、责任感等方面有着重要作用。

（三）实习的类型

教育部等八部门印发的《职业学校学生实习管理规定》中明确了职业学校学生学习包括认识实习和岗位实习。

认识实习指学生由职业学校组织到实习单位参观、观摩和体验，形成对实习单位和相关岗位的初步认识的活动；岗位实习指具备一定实践岗位工作能力的学生，在专业人员指导下，辅助或相对独立地参与实际工作的活动。

职业学校安排岗位实习，应当取得学生及其法定监护人（或家长）签字的知情同意书；对学生及其法定监护人（或家长）明确不同意学校实习安排的，可自行选择符合条件的岗位实习单位。认识实习按照一般校外活动有关规定进行管理，由职业学校安排，学生不得自行选择。

（四）岗位实习的目的

毕业生实习的主要目的是通过到具体的工作岗位实习，进一步实践所学相关专业的应用，亲身体验工作，增长社会知识，提高职业能力，为毕业后顺利走向工作岗位进行全方位的锻炼。

（五）岗位实习的内容

通过岗位实习，毕业生可以深入了解企业文化、企业基本组织框架、主要产品生产流程、班组管理、安全管理、质量控制、个人经济责任制考核、实习岗位职责、岗位操作程序、设备使用规程等。同时，习得的知识与技能有：了解与专业相关的岗位职责；理解各岗位、部门之间配合的重要性；熟悉岗位操作技能；掌握操作方法；积累就业创业经验；将所学专业知识应用于实践；了解企业运营、组织架构、企业文化与员工职责。实习内容因专业不同，涉及的岗位职责也不同，我们以食品加工（类）专业岗位群为例（表 10-3-1），进一步了解实习内容的工作任务和素养要求。

表 10-3-1　食品加工（类）专业岗位群实习内容

实习项目	时间	工作任务	国家职业分类与职业技能
烘焙类食品加工	120 天	传统面包生产、起酥面包生产、果粒面包生产、蛋糕与蛋挞生产、蛋糕裱花、传统月饼生产、花式月饼生产工作任务：领料与配料；制作；烘焙；上色或裱花；包装	（1）国家职业分类：糕点面包烘焙工、糕点装饰师 （2）职业技能：配料、操作生产线、调整工艺参数；操作搅拌机配料、进行糕点的造型、配色、文字设计和艺术加工
肉蛋制品类食品加工	120 天	猪生鲜肉分割、牛生鲜肉分割、鸡生鲜肉分割工作任务：领料；冷鲜肉分割；冷藏与运输	（1）国家职业分类：肉制品加工工、蛋类制品加工工 （2）职业技能：修整、腌制畜禽肉，操作斩拌机、烟熏室等；清洗、预处理禽蛋，操作加工设备
		禽类熟肉制品生产、熟肉制品生产工作任务：腌制；熟制；包装	
		熏制肠制品生产、腌制腊肠制品生产任务：领料；斩拌；腌制；装填（灌肠）；熏制与风干；分包装	（1）国家职业分类：肉制品加工工、蛋类制品加工工 （2）职业技能：修整、腌制畜禽肉，操作斩拌机、烟熏室等；清洗、预处理禽蛋，操作加工设备
		卤蛋生产、干制蛋制品生产工作任务：清洗、预处理；加工；分包装	
乳制品类食品加工	120 天	鲜乳制品生产、果味鲜乳生产、搅拌型酸乳生产、凝固型酸乳生产、乳饮料生产、奶酪生产任务：鲜乳收储；领料与调配；发酵或灭菌；浓缩干燥；包装	（1）国家职业分类：乳品加工工、乳品评鉴师 （2）职业技能：收储、冷却原料乳，操作均质和脱气等设备；采样、感官评价，编写评价记录等
饮品类食品加工	120 天	果蔬类饮品生产、矿泉水饮品生产、功能性饮品生产、碳酸类饮品生产任务：领料与配料；制作；灭菌；分包装	（1）国家职业分类：饮料制作工 （2）职业技能：操作过滤、杀菌、制冷等设备，在线检查包装容器、调配、清洗和灌装质量

二、职场适应

（一）职场适应的概念

职场适应又称职业适应，是指人在职业活动中，对工作提出各种问题时的一系列心理过程，主要是指个体对工作环境、工作任务，以及自身行为和新的工作需要的适应。

展阅：快速适应职场的建议

（二）职场适应的内容

职场适应包括角色适应、心理适应、生理适应、群体适应、能力适应等方面。毕业实习是大学生走向社会的必经历程，是生活走向独立、心智走向成熟的过程，是学会面对、学会担当的过程。能否顺利地完成这个转变，并尽快地进入新角色，关系到大学生能否尽快地适应职业环境。因此，每一位即将就业的大学生必须清楚地了解这种角色的转换过程，做好足够的心理准备，增强角色意识，注意角色转变的特点。

（三）职场适应的方法

展阅：如何做好第一份工作

1. 做好角色转换

职业角色通常是指个体具有自己的社会职位和一定职权、相应的职业规范、一定的基础知识和业务能力，需要履行一定的义务并经济独立，在某一职位上，以特定的身份依靠自身知识和能力并按照一定的规范具体地开展工作，在行使职权、履行义务、为社会作出贡献的同时，取得相应的报酬。

（1）了解职业角色与学生角色的区别。两个角色的不同之处在于职业角色是用自己掌握的本领，通过具体的工作为社会付出，为自己的行为承担责任，并取得相应的报酬；学生角色是接受教育，掌握本领，接受经济供给和资助，逐步完善自己。二者的主要区别体现在社会定位不同、社会评价体系不同、承担责任不同、社会规范不同。

（2）熟悉职业角色转换的形式。毕业生只有尽早做好准备，形成职业角色观念，提高职业角色技能，才能使自己的职业生涯有一个良好的开端。因此，充分把握毕业前后的两个阶段至关重要。

第一，毕业前夕的角色转换。毕业前夕是择业的黄金时间，毕业生通过与用人单位双向选择，可以加强对用人单位的了解，合理对自己进行职业定位，进而通过签订就业协议书来确定自己的职业角色。

第二，见习期内的角色转换。毕业生参加工作后的一年或半年为见习期，之后转为正式人员，与大学缓和的节奏相比，职场工作大多较为繁忙，属于自己的时间较少。因此，高职毕业生应该加强见习期内的角色学习，顺利实现角色转换。大学生要在较短的时间内获得同事的认同和领导的肯定，应当从以下三个方面提高和锻炼自己：一是善于展现自己的知识。初入职场，毕业生在同事面前一定要表现得谦虚、随和，在尊重同事的同时，适时适度地展现自己的知识。在与同事交流工作的见解时，让同事了解你的为人和性格，表明自己的世界观、人生观和价值观，缩短与同事间的距离。二是树立工作的责任意识。对任何一项工作，都要有足够的热情，更要有丰富的经验和随机应变的能力。这种经验和能力的获得并非一朝一夕之功，它需要在平时的工作中积累和训练。因此，无论工作是轻是重、分工是高是低，毕业生都要以满腔的热情、高度的事业心和责任感认真对待，圆满完成。三是培养实事求是的工作作风。工作中一旦出现了失误，就要认真地分析原因，总结经验教训，找准失误点的同时，要敢于向领导和同事承认，开展批评和自我批评，并勇于承担责任，以获得领导和同事的理解；另外，高职毕业生要虚心向老员工学习、请教，总结经验教训，防止类似失误再次发生。

知识链接

大学生职场适应的特征

一般来说，大学生的职场适应期有四个阶段：首先是兴奋期，主要体现在对新环境的好奇心、对发展前景的期待；其次是矛盾冲突期，主要来自学校和社会环境、理想与现实、学业成绩与职业能力、学生角色和职业角色的矛盾；再次是调整平衡期，在经历了前两个阶段后，大学生已学会立足现实，调整心态；最后是稳定发展期，大学生已初步适应了职业环境，逐步形成职业理想与职业兴趣。

（3）分析角色转换的问题与障碍。

第一，了解角色转换的问题。通常情况下，大部分学生是可以自觉完成角色转换的，然而，也有部分学生在转换中出现了各种各样的问题，概括来说，有如下三种：一是角色固恋。角色固恋指个体在成长，环境在变化，社会期待个体的角色行为能够发生改变，但个体仍采用过去的、不适应的思想观念和行为模式应对当前环境，而不能根据环境变化调整自己的行为，刻板地沿用过去的角色模式。例如，有的大学生不能接受自己在大学同学中失去在中学同学中的“优越感”，或自己是个普通人，在某方面落于人后的事实。二是角色迷失。角色迷失也称角色混乱，埃里克森用该术语描述人生发展八阶段中的一个时期，即青少年期，指个体在这个阶段与他人所做出的各种认同或角色原型之间缺乏协调。时常有大学生为“找不到自我”而苦恼，一些大学生对未来发展感到困惑，没有明确的目标和打算，感觉自我像失控了。这些都是角色迷失的表现。三是角色退行。这里是指个体因受到挫折而改用过时的角色行为模式来应对当前的情境。例如，有的大学生遇到困难时，常常采取一个人生闷气、躲在寝室里大哭等一些不成熟的表现。

第二，注重角色转换的分析。首先，分析对学生角色的依恋心理。一些毕业生在角色转换过程中容易依恋学生角色，出现怀旧心理。经过十多年的读书生涯，学生生活使得每一位学生在学习、生活和思维方式上都养成了一种相对固定的习惯。因此，在初入职场时，许多人常常会自觉或者不自觉地把自己置身于学生角色中，以学生角色的社会义务和社会规则来要求自己、对待工作；以学生角色的习惯方式来待人接物、观察和分析事物。其次，分析对期待落空的失落心理。许多大学生毕业后希望到条件好、待遇高的大城市、大公司工作，而不愿到急需人才但条件艰苦的中小城市和基层单位工作。他们将自己就业的目标定得很高，但是现实就业岗位并不像大学生想象的那么美好，一些优秀的毕业生因找不到满意的工作而希望落空，当发现现实与理想的差异较大时，就容易出现“高不成，低不就”现象，从而产生失落心理和浮躁心理。一些毕业生在角色转换的过程中忽略实践、眼高手低、好高骛远，不能深入工作内部了解工作性质、工作职责及工作技巧，就职一段时间后还不能稳定情绪，进入职业角色，反而认为单位有问题，没有适合自己的职位。事实上，如果毕业生不能静下心来踏踏实实地学习、适应工作，那么无论在什么样的工作岗位上都会不适合。

（4）明确角色转换的原则。角色转换是一个艰苦而长期的过程，需要坚持不懈地努力。同时，在角色转换过程中需要注意几点原则，具体如图 10-3-1 所示。

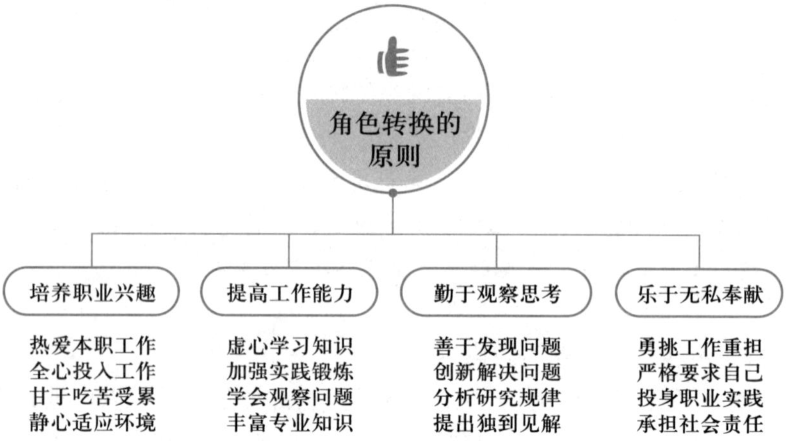

图 10-3-1　角色转换的原则

综上，从学生到职业人的角色转变，实质上是毕业生从吸纳、储备知识向创造性地运用知识的转变过程，毕业生应以积极的态度，主动适应职业工作的需要，投身于职业实践之中，努力完善自己，为自己今后的成才和发展打下坚实的基础。

2. 加强自我管理

大学生进入社会后，应唤醒自身的内在动力，获得工作成就感和责任感。同时要明确自己的理想和感兴趣的工作内容，抓住机遇，坚持下去，成功就会更进一步。加强自我管理要做好职业规划，定好目标，这样就会知道自己什么时间应该做什么、怎么做，并采取有效的行动付诸实施，从而更快地适应职场。

3. 加强人际沟通

（1）建立和谐的人际关系。

第一，提高自身素质，培养自身能力。社会心理学理论认为，个人的能力大小与他受人喜欢的程度有密切关系。一般来说，在其他条件相当时，一个人的能力越强就越受人喜欢。刚刚走上工作岗位的大学生，首先应当努力钻研业务知识，提高自己的业务能力，以求尽快地适应工作环境，认清工作性质，熟悉工作程序，做出工作成绩。

第二，表里如一，增强自身魅力。外貌在人际吸引中具有重要的作用，毕业生初到岗位工作，要注重自我仪表，但应更加注重内在的道德品质。因此，毕业生应当在塑造良好外表的同时，尽力美化心灵，做到表里如一。以内在美的更大魅力，赢得更持久、更深层次的接纳与喜爱，从而与他人建立良好的人际关系。

第三，主动随和，心胸宽阔。人们喜欢的往往是那些也喜欢自己的人。因此，要想让别人喜欢你，首先你要喜欢别人。大学生应保持谦虚随和、平易近人的交往心态，用一种让自己愉快、也让对方舒服的方式进行沟通，不断获得知识、增长见识，丰富工作经验，提高自己的职业素质。另外，要严于律己，以道德规范和行为准则严格要求自己，要宽以待人，多一些理解和谅解，不斤斤计较。

第四，尊重上级，服从安排。人的互补性可以使双方相互喜欢。如果想要建立良好的人际关系，就要求双方互相能够满足对方的要求。下级和上级的关系就是带有互补性的。作为下级的大学毕业生，要与上级建立一种和谐的关系，要尊重上级，自觉服从工作的安排，力争圆满完成上级交办的任务，要维护领导的威信，不要当众顶撞上级。

（2）培养团队精神。所谓团队精神是指团队所有成员都认可的一种集体意识。团队精神是高绩效团队的灵魂。简单来说，团队精神，就是大局意识、服务意识和协调意识这“三识”的综合体。一个团队的成功不仅取决于每一名成员的能力，也取决于成员之间的相互协作、相互配合。每一个成员都要有互相协作的团队意识，从整体利益出发，顾全大局，这样才能建立和谐的人际关系，并创建一个良好的合作氛围。

（3）追求工作完美。每个企业都希望得到忠诚、高附加值的员工，把工作做出色，能实现企业与个人双方共赢，因此在工作中需要严格要求自我，方能收获多多。具体如下。

第一，有利于拓展发展空间。只要在每件事情上都追求完美，多做一点，就会做得比别人出色。同事会因此尊重你，客户会喜欢你，老板会欣赏你，有好的发展机会，一定会想到你。

第二，能够形成核心竞争力。进入职场后，你的成绩和机会来自出色的工作业绩。这会为以后的成功打下坚实基础，让你成为组织发展不可或缺的重要人才。在激烈的职场竞争中，平庸而又缺乏工作主动性的人，很难在工作上取得突出业绩。

第三，有助于实现人生价值。工作不仅是生存的需要，也是实现个人价值的需要。所有致力于长远发展的企业都倾向于为自己的员工创造良好的环境。优厚的待遇、张弛有度的工作关系和弹性发展空间，使他们有机会尽己之力获得一个有成就感和自我实现感的职业，这能使员工发挥工作潜力，奉献忠诚。

知识链接

工作完美“五步走”

工作需要从生到熟，进而达到完美，大致要经历不会、会、熟、精、通五个阶段（图 10-3-2）。

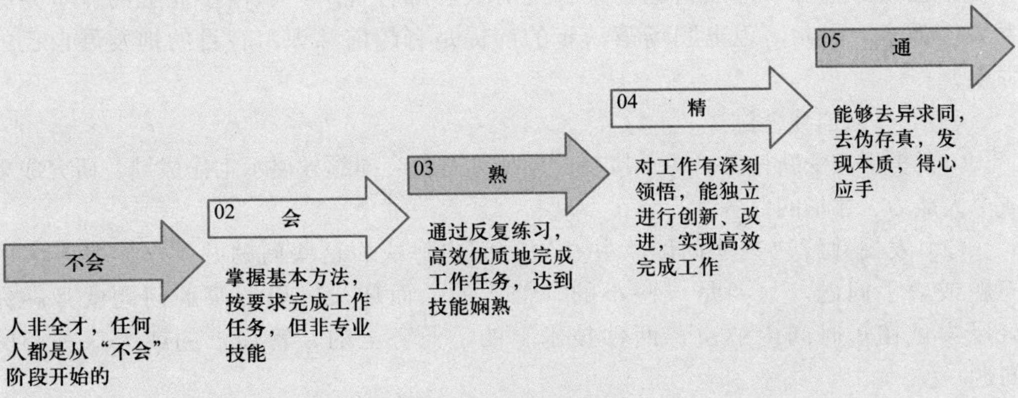

图 10-3-2　工作完美五步走

三、岗位胜任

展阅：如何树立良好的第一印象

（一）塑造良好职业形象

职业形象是社会和他人对一个人从事某项职业的总体印象和态度。良好的职业形象既是职业的体现，又是从业人员素质和水平的体现。初入职场，需要用心去塑造积极的自我形象，建立和谐的人际关系。给人以良好的第一印象，积极主动地、自觉地适应社会。良好的第一印象是职业形象成功的开端。在职业生涯中的作用是至关重要的。

课堂活动

结合所学知识点，按要求完成《职业发展与就业创业指导实践手册》项目十 任务三中的课堂活动“如何快速完成职业角色转换”和“自我管理”。

（二）树立积极工作作风

良好的工作作风包括以下指标：服从工作安排，接受领导的指示；自觉遵守单位的作息时间和其他规章制度，讲求信用；有积极的工作态度；按照规定操作程序完成工作；能接受领导临时指派的工作；当工作伙伴有要求时，能协助完成工作。不要长时间地接打私人电话，不要长时间在办公室接待亲友同学，更不要随便串岗、影响他人工作，不要随意翻看他人办公桌上的公文、信件等。

（三）建立和谐人际网络

良好的人际网络与机遇有一定的关系，它对于一个人取得职业生涯的成功是非常重要的。无论你从事何种职业，都不可能是单个人的行为，往往是团队协作行动。良好的人际关系可以使你信息灵通，增加机遇出现的可能性。

（四）发展过人强项

所谓强项，主要指个人的天资、学识及技能上优于他人之处，既包括生理上的特长，也包括心理上的优势，还包括技能上、学识上的优势。如果我们具备一项或者多项强项，就可以形成自己的某种优势或者综合优势，这样事业上的竞争力就大大增强了。因此，迈出职场第一步的前提是有超前意识，有目的地发展自己的强项。

（五）开展自我营销

（1）勇于接受新任务。勇于接受一项使你有机会向领导展示工作成绩、研究成果或个人能力、才华的任务。

（2）发掘并解决某些问题，并在短时间内解决。这些问题并不一定是多大的问题或棘手问题。只要是一些小的、恼人的，而你又可以解决的问题就行。你可以尝试在短时间内解决一两件技术上的、业务上的、管理上的或大家关心的问题。

（3）提出你的创意和方案。在恰当的场合，可以尝试从不同角度思考，提出一些有效的建议、思路或独到的见解，说话要有力度、有内容，能激起别人兴奋的观点，或者研究一项可节省时间和费用的新方法或技术。

（4）关键时刻，显露身手。常言说：“疾风知劲草，烈火炼真金。”在一些重要关头和关键时刻，其他同事都束手无策时，你却挺身而出，勇挑大梁，显露身手，使问题迎刃而解，表现出色，那么你就成功展示和推销了自己。

（六）融入企业文化

如何尽快融入企业文化是毕业生胜任职业岗位的关键，高职教育的特点是职业性、针对性与实用性，高职毕业生进入企业，将面临两大问题：一是如何将自己所学运用到职业岗位上，以适应职业岗位的要求；二是如何适应企业的管理环境。了解企业，把企业文化融入职业意识，对提高高职毕业生的综合职业能力与岗位适应能力具有积极的作用。

展阅：新员工如何理解企业文化

自我评测

情形1：黎旭初入职场，认为毕业生应以学习为主要任务，不应该展现自己的才华和能力。

情形2：张涵认为只要工作做得好就行，人际关系不重要。

情形3：周志认为工作上应该全靠领导安排，领导安排多少干多少。

情形4：赵笑天认为自己名校毕业，如果到基层工作，就会大材小用、有失身份。

思考上述情形，你认为他们的想法是否正确？阐述你的理由。

任务实训

结合本任务学习，按要求完成《职业发展与就业创业指导实践手册》项目十　任务三中的实训演练“开展适应能力训练”。

任务小结

本节内容旨在帮助学生明确学习与工作的不同，区分学校与职场，使学生了解如何进行角色转换，掌握如何处理工作中的人际关系，积累工作技能，为个人发展做好知识、心态等方面的准备，为职业发展奠定良好的基础。

任务评价

本任务学习已完毕，请在《职业发展与就业创业指导实践手册》项目十　任务三的“任务评价”中，就自身专业能力与核心能力的提升情况开展能力自评。

项目拓展

数字化背后的新机遇

目前我国就业形势总体保持稳定。但作为人口大国和发展中的大国，我国面临着很现实的就业总量压力。同时，人民对就业质量的要求越来越高，但一些领域又面临招不到人的烦恼，存在结构性就业矛盾。党的二十大报告中明确提出，实施就业优先战略，强化就业优先政策。

业内专家表示，当前以 5G、工业互联网、人工智能、区块链等新一代信息技术演化生成的基础设施已成为投资热点和支撑我国产业跃迁的重要基础，但技术工人群体在数量、能力上的“适配性”压力却依旧存在，技能人才结构性缺乏带来的挑战或将加剧。未来，夯实复合型技术人才、壮大产业转型生力军仍需产学研进一步形成合力。

智联招聘发布的《2020 年新基建产业人才发展报告》中显示，随着新基建成为新一轮投资重点领域，相关领域的核心技术人才缺口却仍然长期存在。专家认为，除广义“新基建”领域高精尖人才外，部分行业将在短期内出现产业工人新需求，数字化转型将带来新就业与新机遇。

新就业形态仍然是我国未来长期带动新增就业岗位、培育创新动能的主要力量，大学生可密切关注其发展趋势。

人力资源市场：深化人才发展体制改革，推动人力资源自由流动，支持企业提高技术工人待遇，完善高技能人才激励政策，鼓励海外留学人员回国创新创业，拓宽外国人才来华绿色通道。

对外贸易：培育贸易新业态新模式。推动加工贸易向中西部梯度转移。积极扩大进口，办好首届中国国际进口博览会，下调汽车、部分日用消费品等进口关税。

农村基础设施建设：推动农村各项事业全面发展。改善供水、供电、信息等基础设施，新建改建农村公路 20 万千米。

文化产业：加强互联网内容建设。深入实施文化惠民工程，培育新型文化业态。

项目考评

结合本项目学习情况，填写《职业发展与就业创业指导实践手册》项目十 迈上生涯大舞台的“项目考评 成果评分表”。

参考文献

[1] 汤锐华 . 大学生创业基础 [M]. 北京：高等教育出版社，2016.
[2] 汤锐华 . 大学生职业规划与发展 [M]. 北京：高等教育出版社，2014.
[3] 杨薇薇 . 如何多途径获取政务信息资源 [J]. 秘书之友，2006（4）：21-24.
[4] 王培俊 . 职业规划与创业体验 [M]. 北京：高等教育出版社，2011.
[5] 王进，施霞 . 大学生职业意识现状调查及培养对策 [J]. 职业教育研究，2009，11（9）：69-71.
[6] 王敏 . 试论加强大学生职业规划意识的必要性 [J]. 教育与职业，2006（36）：89-90.
[7] 刘艳红，郭志敏，罗晓蓉 . 职业生涯规划 [M]. 北京：高等教育出版社，2021.
[8] 由建勋 . 大学生职业发展与就业指导 [M]. 北京：高等教育出版社，2021.
[9] 郈葆清 . 就业与创业指导 [M]. 北京：高等教育出版社，2021.
[10] 曲秀琴，郭捍华 . 大学生创业与就业 [M]. 哈尔滨：哈尔滨工业大学出版社，2015.
[11] 曲秀琴 . 企业管理实务 [M]. 北京：中国铁道出版社，2012.
[12] 温辉 . 大学生创业基础 [M]. 天津：南开大学出版社，2019.
[13] 杨卫军 . 创新创业基础 [M]. 北京：高等教育出版社，2018.
[14] 杨京智 . 大学生创业基础 [M]. 北京：人民邮电出版社，2020.
[15] 杨彬，王沛然，李小红 . 大学生就业指导 [M]. 北京：人民邮电出版社，2019.
[16] 崔久波，徐培富 . 大学生创新创业教育教程 [M]. 北京：现代教育出版社，2018.
[17] 蒋冬初，郭自嘉，王皓 . 大学生创新创业基础 [M]. 西安：电子科技大学出版社，2021.
[18] 张卿，郭忠会 . 大学生职业规划与创业指导 [M]. 北京：教育科学出版社，2018.
[19] 李家华，王艳茹 . 创业基础 [M]. 上海：上海交通大学出版社，2018.
[20] 由建勋 . 创新创业实务 [M]. 2 版 . 北京：高等教育出版社，2019.
[21] 庞成宇，丁辉，李岸 . 创新创业教育 [M]. 成都：电子科技大学出版社，2016.
[22] 高丽华，王蕊 . 创新创业教育 [M]. 北京：高等教育出版社，2021.
[23] 刘金同，高慧婷 . 就业与创业指导 [M]. 北京：北京出版社，2017.
[24] 刘霞，宋卫 . 创新创业基础与实践 [M]. 北京：人民邮电出版社，2021.
[25] 郑佳 . 农产品网络营销 [M]. 北京：中国农业大学出版社，2018.
[26] 吴杏 . 湖北省农业中小企业财务管理问题及对策研究 [D]. 华中师范大学，2019.
[27] 习近平 . 习近平谈治国理政 [M]. 北京：外文出版社，2016.
[28] 白敏植 . 大学生职业规划与创新创业实践 [M]. 北京：高等教育出版社，2018.
[29] 张成 . 创业管理 [M]. 西安：西安电子科技大学出版社，2018.
[30] 大学生创新创业导论编写组 . 大学生创新创业导论 [M]. 北京：高等教育出版社，2016.
[31] 高静，黄俊 . 创业基础理论与实务 [M]. 北京：清华大学出版社，2019.
[32] 袁畅，廖江涛，周姗 . 大学生创新创业教育 [M]. 北京：高等教育出版社，2018.
[33] 田秀萍 . 创业基础知识 [M]. 北京：中央广播电视大学出版社，2013.
[34] 马广水 . 创新创业基础 [M]. 北京：高等教育出版社，2016.
[35] 王瑛 . 职业发展与就业指导 [M]. 北京：高等教育出版社，2017.

[36] 王振杰，刘彩琴，刘莲花，等 . 大学生创新创业基础 [M]. 北京：高等教育出版社，2018.
[37] 程淑华 . 大学生创新创业指导教程 [M]. 大连：大连理工大学出版社，2019.
[38] 邓汉慧 . 创业风险识别与规避 [M]. 北京：高等教育出版社，2020.
[39] 叶吉波 . 大学生创业教育教程 [M]. 大连：大连理工大学出版社，2013.
[40] 人力资源和社会保障部职业能力建设司，中国就业培训技术指导中心 . 创办你的企业 [M]. 北京：中国劳动社会保障出版社，2017.
[41] 毕思勇 . 市场营销 [M]. 5 版 . 北京：高等教育出版社，2020.
[42] 周红跃 . 浅析扬子壹购的目标市场选择和产品组合策略 [J]. 广告大观（理论版），2015（2）：23-26.
[43] 吴勇 . 市场营销 [M]. 北京：高等教育出版社，2017.
[44] 关冬梅 . 创新创业管理技术读本 [M]. 北京：高等教育出版社，2017.
[45] 李玉清，魏明 . 网络营销实务 [M]. 北京：电子工业出版社，2018.
[46] 奥斯特瓦德，皮尼厄 . 商业模式新生代 [M]. 北京：机械工业出版社，2011.
[47] 赵明家，林文艺，叶树彬 . 大学生创新创业教育 [M]. 长春：吉林大学出版社，2016.
[48] 杜俊峰 . 大学生就业与创业指导 [M]. 天津：南开大学出版社，2012.
[49] 马广水 . 创新创业基础 [M]. 北京：高等教育出版社，2016.
[50] 董青春，曾晓敏 . 创业行动计划 [M]. 北京：清华大学出版社，2018.
[51] 李家华 . 创业基础 [M]. 2 版 . 北京：清华大学出版社，2015.
[52] 鞠殿民，张金明，付忠臣 . 大学生创业基础教程 [M]. 西安：西安电子科技大学出版社，2015.
[53] 姜进 . 创新创业指导 [M]. 北京：高等教育出版社，2016.
[54] 王光炎 . 创新创业教育 [M]. 长春：吉林大学出版社，2017.
[55] 宋红霞，张凤英 . 创业管理实务 [M]. 北京：中国铁道出版社，2014.
[56] 王中强，陈工孟 . 创新思维与创业教育 [M]. 北京：清华大学出版社，2017.
[57] 杜运夯，何荣军 . 创新思维与创业教育 [M]. 北京：机械工业出版社，2018.
[58] 周苏，褚赟 . 创新创业：思维、方法与能力 [M]. 北京：清华大学出版社，2017.
[59] 王文利，许丽洁 . 创业大讲堂——大学生创业的八堂必修课 [M]. 西安：西安电子科技大学出版社，2019.
[60] 宋专茂，王涌 . 就业与创业辅导 [M]. 北京：中央广播电视大学出版社，2014.
[61] 孔德兰 . 创新创业财务知识读本 [M]. 北京：高等教育出版社，2017.

高等职业教育新形态一体化教材

职业发展与就业创业指导实践手册

主编　曲秀琴

中国教育出版传媒集团
高等教育出版社·北京

内容提要

本书是高等职业教育新形态一体化教材《职业发展与就业创业指导》（上下册）的配套实训手册，是主教材教学内容的有益补充。本书包括4个篇章10个项目，与主教材一一对应。

学习是一个螺旋式上升的过程，只有不断实践，才能将知识转化为智慧、转变成能力。本书编写基于高素质技术技能人才培养需求及教学实际，遵循高职院校学生学习特点与认知规律，以职业能力为本位，以就业创业过程为导向，避免理实脱节，与主教材协同构建"导、教、学、训、测"一体化的职业发展与就业创业指导课程教材新体系。

本书既可作为职业院校、普通高等学校职业发展与就业创业指导类课程教材，也可作为职业指导与培训、职业生涯咨询等机构的参考资料和培训用书。

图书在版编目（CIP）数据

职业发展与就业创业指导实践手册 / 曲秀琴主编 .-- 北京：高等教育出版社，2023.9

ISBN 978-7-04-060760-4

Ⅰ.①职… Ⅱ.①曲… Ⅲ.①大学生-职业选择-高等职业教育-教材 Ⅳ.①G717.38

中国国家版本馆CIP数据核字(2023)第125381号

Zhiye Fazhan yu Jiuye Chuangye Zhidao Shijian Shouce

策划编辑 陈 磊　　责任编辑 陈 磊 李岳璟　　封面设计 王 琰　　版式设计 童 丹
责任绘图 于 博　　责任校对 刘娟娟　　责任印制 刁 毅

出版发行 高等教育出版社
社 址 北京市西城区德外大街4号
邮政编码 100120
印 刷 三河市华润印刷有限公司
开 本 787 mm×1092 mm 1/16
本册印张 5.75
本册字数 120千字
购书热线 010-58581118
咨询电话 400-810-0598
网 址 http://www.hep.edu.cn
http://www.hep.com.cn
网上订购 http://www.hepmall.com.cn
http://www.hepmall.com
http://www.hepmall.cn
版 次 2023年9月第1版
印 次 2023年9月第1次印刷
总 定 价 59.80元

本书如有缺页、倒页、脱页等质量问题，请到所购图书销售部门联系调换

物 料 号 60760-002

前　言

党的二十大报告中将“实施就业优先战略”视为“增进民生福祉，提高人民生活品质”的重要内涵，要求“强化就业优先政策，健全就业促进机制，促进高质量充分就业”。加强高技能人才队伍建设，对增强国家核心竞争力和科技创新能力、缓解就业结构性矛盾、助力高质量发展具有重要意义。作为培养高技能人才摇篮的高等职业院校，经过长期努力与探索，逐渐形成了较为完善的职业发展与就业创业指导课程体系，在引导学生成才、提高学生就业创业竞争力方面发挥积极作用。然而，面对新时代对人才不断提出的新要求，传统的讲授式教学方法已无法满足课程改革的需要，启发式、讨论式、参与式教学能更有效地培养学生的批判性思维和创造性思维，提升实践能力，巩固学习效果。

本书作为高等职业教育新形态一体化教材《职业发展与就业创业指导》(上下册)的配套实训手册，通过与主教材协同耦合，构建了一套“学赛创”一体，“四创”(“专创·思创·科创·产创”)融合，“四业”(学业·就业·创业·职业)融通的创新型人才培养模式，形成“导－教－学－测－训－评”的教学闭环，能科学指导学生开展职业生涯规划与就业创业实践，实现更高质量和更充分的就业创业。

本书通过配套的“课堂活动”“实训演练”“任务评价”“项目考评”栏目，充分激发学生的主体意识和学习积极性，使学生在体验中更新行为观念，在价值创造中学会质疑和反思，在合作共创中领悟管理与沟通，引导学生运用创新思维分析和解决问题，树立正确的就业创业观念。同时，为了拓展学生的认知、开阔学生眼界，本书从不同层面设置任务点，加深学生对学习任务、活动与环境等职场生态的认知与理解，为学生职业生涯的平顺发展保驾护航。

本书由曲秀琴担任主编，负责构建全书知识结构和大纲，并完成统稿工作。本书由曲秀琴、徐颖、郭捍华、赵欣童、张馨元、袁畅、刘巧芝共同编写而成。

本书在编写及出版过程中，参考借鉴了大量国内外学者的最新研究成果，吸收了不少先进的生涯理论、工具和方法，同时还得到了高等教育出版社的大力支持和帮助，在此一并表示衷心感谢。

本书虽经团队反复研讨审读，但由于编者水平有限，加之时间仓促，书中难免存在不足之处，敬请广大读者批评、指正。

编者

2023 年 5 月

关于手册

手册使用方法

（1）以团队为单位，每个团队 6 ~ 8 人。

（2）为自己的团队取名，并选出队长。

（3）团队成员每周至少有一次集中讨论。

（4）制定本团队的课后作业讨论细则及奖惩措施。

（5）预测在团队活动过程中可能遇到的问题并提出具有可操作性的解决方案。

（6）结业成绩包括以下几方面：队长的结业鉴定（25%）；自我的成长总结（25%）；团队中的工作表现（25%）；手册中具体作业的完成情况（25%）。

指导教师使用须知

（1）按课时及项目、任务布置作业。

（2）根据每周讲课的内容指导学生完成相应的作业练习。

（3）课前，教师留出 5～10 分钟与学生讨论上节课的作业情况，以便及时了解学生在作业中遇到的问题并给予相应的指导。

（4）鼓励学生表达观点、展示逻辑思考能力，可重点引导学生更新就业观念、增强信息加工能力。

（5）总结优秀团队的工作理念与方法，以便交流互鉴。

（6）本手册可作为最终结业成绩册。

编者

2023 年 3 月

目 录

生涯发展篇

项目一
点亮人生指路灯

任务一　运策决机定航向

课堂活动

所学专业匹配职岗愿景规划

（1）你所在院系及所学专业的名称是什么？

______________________________。

（2）你所学的专业对应的职业有哪些？

______________________________。

（3）你所学的专业面向的工作对象有哪些？

______________________________。

（4）你对所学的专业对应的哪个岗位比较感兴趣？这个工作岗位的主要工作内容是什么？

______________________________。

（5）你所学的专业需要的资格与能力有哪些？

______________________________。

（6）你了解到所学专业的工作薪酬水平如何？

______________________________。

（7）在与你的专业相关的工作中，人际关系有哪些特点？

______________________________。

职业生涯发展影响因素汇总

（1）影响你职业生涯发展的自身因素有哪些？

______________________________。

（2）影响你职业生涯发展的家庭环境因素有哪些？

______________________________。

（3）影响你职业生涯发展的社会环境因素有哪些？

______________________________。

实训演练

绘制生涯规划彩虹图

项目	内容描述
实训目标	（1）通过实训了解自己的生涯历程。 （2）明确本专业岗位所需的职业能力与职业素养。 （3）初步探索自己的职业生涯
实训内容	（1）列举不同的生涯角色。根据自己的经历，列举过去所扮演过的生涯角色，并按照时间顺序写在纸上。 （2）对照自己罗列的生涯角色及将来要扮演的角色，思考每个角色的起止时间，以及角色投入精力的多少。 （3）绘出生涯规划彩虹图。 （4）分析生涯规划彩虹图
实训要求	参考舒伯的生涯彩虹图，绘制自己的生涯规划彩虹图
考核要点	（1）明确每个角色的起止时间，注意时间起止是否合理。 （2）每个角色色带的宽窄、深浅意味着不同时期投入的时间与精力的多少，绘制时注意合理分配。 （3）每个角色之间是相互影响的，绘制过程中注意体现角色之间的关系。 （4）生涯发展要受到多种内外因素的影响，注意结合自身情况具体分析

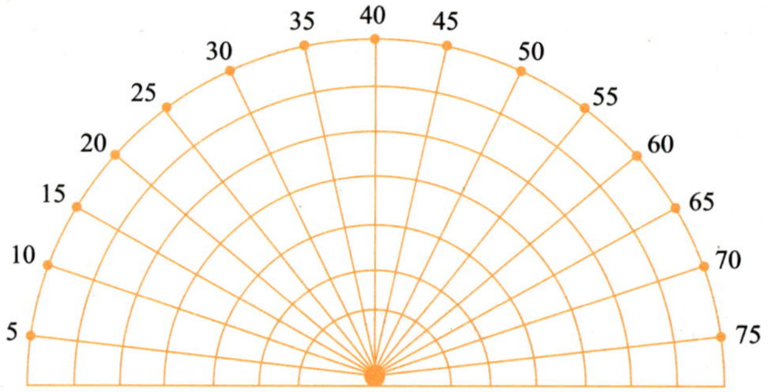

舒伯的生涯规划彩虹图

任务评价

能 力 自 评

项目		内容	评价（是 / 否）
专业能力	任务习得	掌握职业生涯规划相关理论，提升规划能力	
		熟练有效剖析影响自身生涯规划的因素，掌握创业倾向分析的方法	
		能够运用 SUPER 的理论绘制自己的生涯彩虹图	
	其他收获		

续表

<table>
<tr><th colspan="2">项目</th><th>内容</th><th>评价
（是 / 否）</th></tr>
<tr><td rowspan="7">核心能力</td><td rowspan="6">任务习得</td><td>分析问题能力得到提升</td><td></td></tr>
<tr><td>信息获取能力得到提升</td><td></td></tr>
<tr><td>团队合作精神得到加强</td><td></td></tr>
<tr><td>与人沟通能力得到提升</td><td></td></tr>
<tr><td>解决问题能力得到提升</td><td></td></tr>
<tr><td>个人思想意识品质得到提升</td><td></td></tr>
<tr><td>其他收获</td><td colspan="2"></td></tr>
</table>

自评人签名：__________

教师评语：____。

任务二　量体裁衣绘图景

课堂活动

兴 趣 探 索

（1）你的兴趣爱好有哪些？

____。

（2）你的职业倾向是什么？

____。

（3）你的发展优势有哪些？

____。

（4）你存在的问题有哪些？

____。

（5）大学生活中你的兴趣规划是什么样的？

____。

性 格 探 索

（1）你的性格代码是什么？

____。

（2）根据性格代码，你的职业倾向是什么？

____。

（3）根据性格分析，你的发展优势有哪些？

____。

（4）你的性格中存在的问题有哪些？

____。

（5）你的性格调整计划是什么样的？

____。

价值观探索

（1）你最看重的五项价值观是什么？

____。

（2）你心仪的职业选择有哪些？

____。

（3）根据你的价值观，你的未来发展规划是什么样的？

____。

能 力 探 索

（1）你的能力倾向是什么？

____。

（2）你具备的知识技能有哪些？

____。

（3）你具备的可迁移技能有哪些？

____。

（4）你能胜任的职业有哪些？

____。

（5）你的能力提升计划是什么样的？

____。

实训演练

撰写自我分析报告

项目	说明
实训目标	明确自身的个性特点，知道自己喜欢什么职业、适合什么职业等，更好地认识自己、澄清自己
实训内容	（1）完成自我分析报告的撰写并进行自我分析。 （2）自我分析报告应当包括个人基本情况、兴趣、性格、能力、价值观等方面的内容。 （3）参考自我分析报告的模板进行自我分析，也可以根据自己的情况增加内容，使自我分析报告更加完整、更符合自身特点

续表

项目	说明
实训要求	（1）内容完整、详尽具体，能够体现对自身全面客观的分析。 （2）自我分析能够同专业与社会结合，找出和其相匹配的职业领域。 （3）逻辑严密，文笔流畅，有个性特点
考核要点	每人完成一份自我分析报告

任务评价

能力自评

项目		内容	评价（是 / 否）
专业能力	任务习得	掌握自我认知的原则、内容，提升学习力	
		能够运用测评工具进行自我分析并形成自我分析报告，提高文字书写能力	
		能够结合创业能力测评进行创业潜力评估与创业规划	
	其他收获		
核心能力	任务习得	分析问题能力得到提升	
		信息获取能力得到提升	
		团队合作精神得到加强	
		与人沟通能力得到提升	
		解决问题能力得到提升	
		个人思想意识品质得到提升	
	其他收获		

自评人签名：__________

教师评语：____。

任务三　审时度势促知行

课堂活动

家庭环境描述

（1）你认为描述“我的家庭”的三个合适词语分别是什么？

____。

（2）父母对你的影响有哪些？

____。

学校环境描述

（1）学校的基本情况如何？

____。

（2）你所学专业的情况如何？

____。

（3）学校开展的社会实践活动有哪些？

____。

（4）学校的教风学风如何？

____。

社会环境描述

（1）政治环境如何？

____。

（2）经济环境如何？

____。

（3）法治环境如何？

____。

（4）科技环境如何？

____。

（5）文化环境如何？

____。

职业环境描述

（1）你的目标行业及目标行业发展情况如何？

____。

（2）你的目标企业及目标企业发展状况如何？

____。

（3）你的目标职业或岗位是什么？

____。

（4）你的目标职业或岗位的情况如何？

____。

实训演练

开展职业环境分析

项目	说明
实训目标	通过职业环境分析，能够准确地了解职业的分类、职业发展趋势，深入理解职业环境包含的内容，熟悉职业环境的要求，掌握职业环境分析的方法与途径，明确未来职业环境面临的机遇、风险与挑战，为准确地锁定职业目标、制作职业生涯规划、开展系统的专业学习做好充分准备
实训内容	（1）家庭环境分析。 （2）学校环境分析。 （3）社会环境分析。 （4）职业环境分析。 （5）地域分析
实训要求	（1）内容完整、详尽具体，分析到位。 （2）职业环境分析能够同专业与自身特点相结合，具体分析评估其匹配的职业领域。 （3）逻辑严密，文笔流畅，对自身职业生涯规划有参考价值
考核要点	每人完成一份职业环境分析报告

任务评价

能力自评

项目		内容	评价（是 / 否）
专业能力	任务习得	熟悉职业环境分析的内容，具有较强的分析能力	
		掌握职业环境分析的方法与途径，开展职业环境分析	
		能够结合自我分析报告、职业环境分析报告，开展自我与职业的匹配度分析，为职业决策奠定基础	
	其他收获		
核心能力	任务习得	分析问题能力得到提升	
		信息获取能力得到提升	
		团队合作精神得到加强	
		与人沟通能力得到提升	
		解决问题能力得到提升	
		个人思想意识品质得到提升	
	其他收获		

自评人签名：__________

教师评语：____。

项目考评

成果评分表

考评内容	评分标准及要求	分值	得分		
			任务一	任务二	任务三
学习态度（30分）	课前预习充分；能够主动发现和提出问题，有条理地表达思考过程；能够表达自己独特的见解，发言响亮清晰	（1）好（19～30分） （2）较好（11～18分） （3）一般（1～10分）			
活动执行情况（40分）	按照要求完成各项活动任务；分析准确，操作流程正确，方案设计合理，内容具有较好的操作性	（1）好（29～40分） （2）较好（16～28分） （3）一般（1～15分）			
学习效果（30分）	熟练掌握知识内容，顺利达成任务目标	（1）好（19～30分） （2）较好（11～18分） （3）一般（1～10分）			
总得分					

考评人：____________　　　　考评分数：____________

项目二

练就干事金刚钻

任务一　术精器良助决策

课堂活动

SWOT 自我分析

盘点自己的兴趣、技能、能力等，通过 SWOT 分析，厘清自己的优势、劣势及职业生涯发展机会，并在此基础上制定出自己的职业生涯发展目标及行动策略。

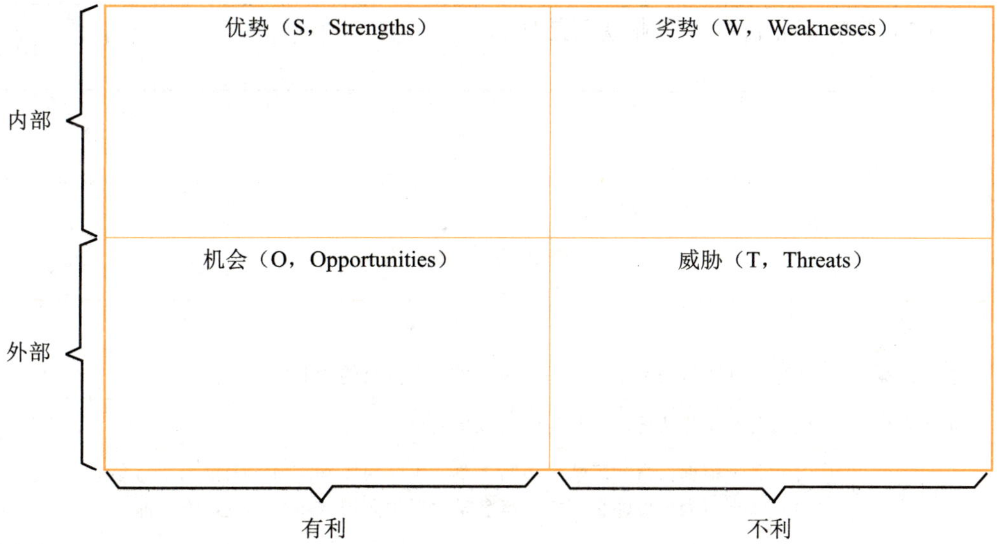

SWOT 分析图

（1）考虑劣势和威胁因素，努力使这些因素的影响都趋于最小。我的 WT 策略是什么样的？

____。

（2）考虑劣势和机会因素，努力使劣势的影响趋于最小、机会的影响趋于最大。我的 WO 策略是什么样的？

____。

（3）考虑优势和威胁因素，努力使威胁的影响趋于最小、优势的影响趋于最大。

我的 ST 策略是什么样的？

____。

（4）考虑优势和机会因素，努力使这些因素的影响都趋于最大。我的 SO 策略是什么样的？

____。

5W 归零思考

请根据归零思考模式，填写下列内容，并初步明确自己的职业目标与职业规划。

（1）我是谁？

____。

（2）我想干什么？

____。

（3）我能干什么？

____。

（4）环境支持或允许我干什么？

____。

（5）我的职业目标、职业规划是什么？

____。

实训演练

编制生涯决策平衡单

项目	说明
实训目标	通过生涯决策平衡单的填写，确定最符合自己的职业生涯目标
实训内容	根据自身实际情况，填写生涯决策平衡单
实训要求	（1）必须根据自身实际情况填写表单，生涯决策平衡单样表仅为填写参考。 （2）以小组为单位随机汇报，每名学生以拍照形式将表单发送给教师
考核要点	（1）认真思考自己未来的职业生涯选择及个人在职业决策上的重要价值观和影响因素。 （2）系统分析每个可能选项，判断利弊得失，赋予加权评分。 （3）仔细计算“得失差数”，比较各选择方案，做出最后的职业决策

选择项目及考虑因素	重要性权数（1～5 倍）	选择一		选择二		选择三	
		得分（+）	失分（-）	得分（+）	失分（-）	得分（+）	失分（-）
个人物质方面得失	1. 收入						
	2. 工作的难易程度						
	3. 升迁的机会						

续表

选择项目及考虑因素	重要性权数（1～5倍）	选择一		选择二		选择三	
		得分（+）	失分（-）	得分（+）	失分（-）	得分（+）	失分（-）
个人物质方面得失	4. 工作环境的安全						
	5. 休闲时间						
	6. 生活变化						
	7. 对健康的影响						
	8. 就业机会						
	其他						
他人物持方面得失	1. 家庭经济						
	2. 家庭地位						
	3. 与家人相处的时间						
	其他						
个人精神方面得失	1. 生活方式的改变						
	2. 成就感						
	3. 自我实现的程度						
	4. 兴趣的满足						
	5. 挑战性						
	6. 社会声望的提高						
	其他						
他人精神方面得失	1. 父母						
	2. 师长						
	3. 对象						
	其他						
合计							
得失差数							

说明：

步骤一，确定你的职业决策考虑（如考公务员、国内考研和出国留学三个方案）。

步骤二，把三个方案填入生涯决策平衡单的选择项中。

步骤三，在第一栏职业决策考虑要素中，根据对你而言职业选择的重要性和迫切性，赋予其权数，加权范围为1～5倍（5表示“非常重要”、4表示“比较重要”、3表示“一般”、2表示“比较不重要”、1表示“最不重要”），填写重要权数一栏。权数越大说明你越重视该要素。

步骤四，打分。对每个方案中的要素进行打分，优势为得分，劣势为减分，计分范围为-5～5，5表示“该因素在生涯选择中得到了完全的满足”，0表示“不知道或者无法确定”，-5表示“该因素在生涯选择中完全未得到满足”。

步骤五，计算方法。将每一项的得分和失分乘以权数，得到加权后的得分或失分，分别计算出总和，最后用加权后的得分总和减去加权后的失分总和得出“得失差数”，并以此分数来做出最后的决定，即比较三个选择方案的得失差数，得分越大，则说明该职业方案越适合你。

任务评价

能力自评

项目		内容	评价（是 / 否）
专业能力	任务习得	掌握职业生涯决策的类型、方法与策略，提高决策力	
		能结合自身与客观实际情况制订合理的生涯行动方案	
		掌握生涯管理的方法与策略并能适时调整，提高适应力	
	其他收获		
核心能力	任务习得	分析问题能力得到提升	
		信息获取能力得到提升	
		团队合作精神得到加强	
		与人沟通能力得到提升	
		解决问题能力得到提升	
		个人思想意识品质得到提升	
	其他收获		

自评人签名：__________

教师评语：____。

任务二　志存高远树理想

课堂活动

职业倾向探索

请列出你喜欢的三个职业，并写下你最看重这些职业的哪些方面？

序号	职业名称	吸引点
1		
2		
3		

我的职业理想探索

结合项目二任务一开展的 SWOT 自我分析，你确立的职业理想是什么？

____。

实训演练

分享职业理想

项目	说明
实训目标	通过对内外部因素、主客观条件的全面分析，树立正确的人生观与职业选择观，明确职业意识和职业理想，从观念、心态、技能等方面做好应对竞争压力和职业挑战的准备
实训内容	（1）对自我和外部环境进行全面分析，明确自己的职业理想。 （2）小组内交流：你未来的职业理想是什么，你准备为职业理想的实现做些什么。 （3）小组内互评。 （4）以小组为单位，进行随机汇报。 （5）嘉宾（教师或学生均可）现场提问，回答时间 30 秒 / 人
实训要求	（1）分享展示。内容完整，思路清晰，逻辑合理。 （2）语言表达。声音洪亮，口齿清晰，语速适中。 （3）问题解答。思路清晰，层次分明，逻辑性强，突出问题重点
考核要点	该活动将以合适性、合理性、真实性、逻辑性、创新性作为主要评价标准

任务评价

能 力 自 评

项目		内容	评价（是 / 否）
专业能力	任务习得	熟悉职业意识与职业理想的相关内容，提升意志力	
		掌握职业理想的重要性，适时进行自我管理	
		能根据自身实际情况树立正确的职业理想	
	其他收获		
核心能力	任务习得	分析问题能力得到提升	
		信息获取能力得到提升	
		团队合作精神得到加强	
		与人沟通能力得到提升	
		解决问题能力得到提升	
		个人思想意识品质得到提升	
	其他收获		

自评人签名：__________

教师评语：____。

任务三　厚积薄发涵素养

课堂活动

专业技能分析

请结合自己所学的专业，通过查询资料、开展生涯访谈或询问专业教师等途径分析以下问题：用人单位喜欢具有哪些专业技能的大学毕业生？

____

____。

结合收集来的资料分析自己的专业技能水平如何？

____

____。

知识运用评价

请根据归零思考模式，填写下列内容，并初步制定自己的职业目标与职业规划。

（1）请依据本学期开设的课程，在最短的时间内尝试写出本学期自己能学到哪些知识。

____。

（2）思考这些知识能够在哪些工作中得到运用。

____。

（3）思考自己的职业生涯目标职业，盘点还应学习哪些知识。

____。

实训演练

制订职业素养与能力提升方案

项目	说明
实训目标	通过有效渠道获取相关职业信息，了解与未来工作有关的情况（如潜在的入职标准、核心素质要求、晋升路径和工作者的内心感受等），正确认识自身的优势与劣势，从而制订合理的职业能力与素养提升方案，为将来可能的职业方向奠定基础
实训内容	（1）以小组为单位，收集与本专业相关的 20 条招聘广告信息，并据此分析职位或岗位所需要的职业素养与能力。 （2）反思自身存在哪些差距与不足。 （3）集思广益分析缩小差距、弥补不足的办法。 （4）结合自身实际情况，完成个人职业能力与素养提升方案

续表

项目	说明
实训要求	（1）必须收集与本专业相关或自己感兴趣的职业岗位信息。 （2）必须保证信息收集的全面性、权威性及真实性
考核要点	职业能力与素养提升方案要具备客观性、全面性、可行性、发展性

任务评价

能 力 自 评

项目		内容	评价（是 / 否）
专业能力	任务习得	掌握与本专业相关的职业岗位要求，明确个人的职业素质与能力，提升分析力	
		掌握职业素质与能力提升的方法与策略，提升总结能力	
		熟悉如何提升个人的创业能力与素质并制订提升计划	
	其他收获		
核心能力	任务习得	分析问题能力得到提升	
		信息获取能力得到提升	
		团队合作精神得到加强	
		与人沟通能力得到提升	
		解决问题能力得到提升	
		个人思想意识品质得到提升	
	其他收获		

自评人签名：__________

教师评语：____。

项目考评

成果评分表

考评内容	评分标准及要求	分值	得分		
			任务一	任务二	任务三
学习态度（30 分）	课前预习充分；能够主动发现和提出问题，有条理地表达思考过程；能够表达自己独特的见解，发言响亮清晰	（1）好（19～30 分） （2）较好（11～18 分） （3）一般（1～10 分）			

续表

考评内容	评分标准及要求	分值	得分		
			任务一	任务二	任务三
活动执行情况（40分）	按照要求完成各项活动任务：分析准确，操作流程正确，方案设计合理，内容具有较好的操作性	（1）好（29～40分） （2）较好（16～28分） （3）一般（1～15分）			
学习效果（30分）	熟练掌握知识内容，顺利达成任务目标	（1）好（19～30分） （2）较好（11～18分） （3）一般（1～10分）			
总得分					

考评人：__________　　　　考评分数：__________

创业认知篇

项目三
绘制就创同心圆

任务一　谋篇布局强专业

课堂活动

熟知企业基本情况汇总

序号	企业名称		企业所属行业	企业规模	企业性质
	与生活相关的企业	与学习相关的企业			
1					
2					
3					
4					

所学专业对口企业盘点

（1）采用深谈法，向导师了解你所学专业的对口实习企业有哪些（列出不少于8家企业）？

____

____。

（2）运用网络查询法调查，你认为未来可能就业的企业有哪些（列出不少于4家）？

____。

（3）运用测评法调查，你认为自己具备的企业家精神有哪些？哪些企业家精神你尚未具备？

____。

（4）如果你有机会返乡创业或参加“三支一扶”，你将会如何选择？你的理由是什么？

____。

（5）在互联网快速发展的今天，你还能想到哪些与你所学专业相关的新型企业或新职业？

____。

（6）通过上述训练，你对未来求职就业的企业选择有哪些想法？

____。

实训演练

开展企业家访谈

项目	说明
实训目标	（1）通过访谈，深入了解本专业企业的发展态势。 （2）直观感受企业家的责任担当。 （3）进一步提升沟通能力与写作能力
实训内容	（1）访谈一名企业家或对你影响极大的创业者。 （2）撰写访谈报告，分享感悟收获
实训要求	尽可能选择与本专业相关或感兴趣的企业开展访谈实践
考核要点	（1）提前制订访谈计划。 （2）确定访谈对象，妥善沟通，确定访谈时间。 （3）访谈记录真实，内附访谈照片，内容齐全，有自己的收获与感悟。 （4）撰写访谈报告

任务评价

能 力 自 评

项目		内容	评价（是 / 否）
专业能力	任务习得	熟悉企业的分类和微小企业成功的要素，增强抗挫折力	
		掌握如何选择合适的企业就业或创业，强化认知力	
		熟知本专业人才培养模式，能根据自身优势和专业特点，进行合理的职业定位，增强决策力	
	其他收获		
核心能力	任务习得	分析问题能力得到提升	
		信息获取能力得到提升	
		团队合作精神得到加强	
		与人沟通能力得到提升	
		解决问题能力得到提升	
		个人思想意识品质得到提升	
	其他收获		

自评人签名：__________

教师评语：____。

任务二　行稳致远识企业

课堂活动

就业创业企业类型选择

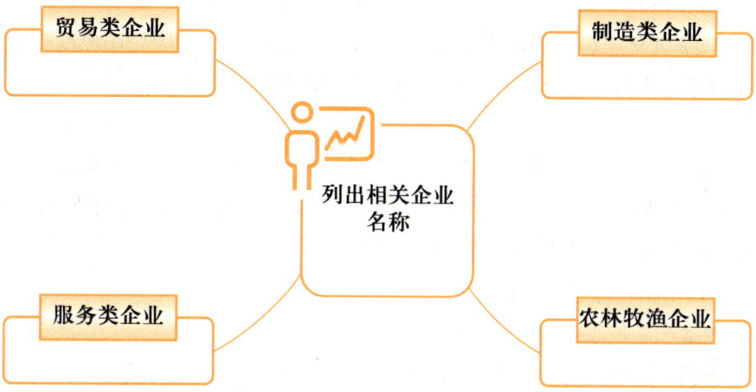

结合所学专业，说明未来你将选择哪类企业就业或进入哪个行业进行创业？理由是什么？

____。

不同类型企业成功解码

贸易类企业	制造类企业	服务类企业	农林牧渔企业

实训演练

模拟企业基本周期

项目	内容描述
实训目标	通过场景模拟与角色扮演，体验创办和经营企业的真实环境与风险，在了解企业生产经营周期的基础上掌握企业经营循环的过程，更好地认知企业，明确风险点。游戏结束后的经验分享可以实现体验基本企业周期、实践财务决策、管理现金流、及时提出应对风险策略等目标

续表

项目	内容描述
实训内容	（1）游戏规则介绍。 游戏的模拟环境是一个东北小镇，该地为乡村旅游景点，每年来此游玩的游客众多，该景点的特色产品为乡村旅游帽。目前，该小镇已经成立相关企业。以每家成立的企业为生产经营单位，模拟制造业进行企业生产经营。模拟中每个小组初始资金为 260 元，生产经营周期为一个月，具体见主教材中企业周期示意图。每个企业月初（1 日）贷款 160 元，利率为 25%，自有资金为 100 元，月末（29 日）还款 200 元，厂房租金为 100 元，27 日交租金，每周六支付工资 50 元。教师按企业周期图控制企业每一天的运行，指导学生做好月初计划，并填写利润计划表中的计划部分。 · 产品：标准帽。 · 道具：货币（教师自行准备）、储蓄盒一个（教师自备或模拟企业自制）。 · 相关人物模拟：材料供应商、银行、生产商及收购商。学生作为企业生产商，企业数量可根据班级人数而定，一般建议为三组。 · 帽子制作方法如下： 步骤一，使用一个单位的原材料； 步骤二，将底边折起 2 厘米； 步骤三，将纸的两边相接； 步骤四，将一边塞进折叠部分中。 使用空白纸做产品的原材料。其尺寸必须是 A6，即标准 A4 纸的 1/4。由扮演制造商的小组去张纲批发店购买原材料并制作成标准帽子或旅游帽。购买和制作成本将计入原材料以便在出售成品时获利。 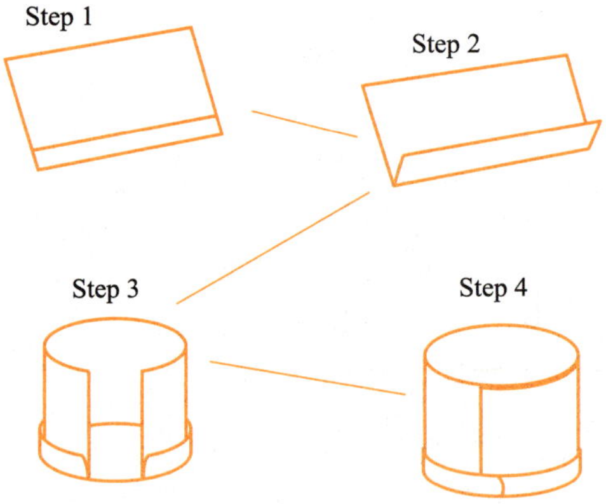 帽子制作步骤 （2）企业周期活动。 周一——采购原材料；周二——生产制造；周三——销售；周四——借款 / 还款；周五——企业计划；周六——支付工资；周日——休息。其中，假设当月 1 日为星期四，工资支付从第一周的周六开始，第二周的星期二开始有情景卡出现，情景卡由教师自己设定，如可以设定为暴雨导致企业受损而需维修费 30 元等类似情景

续表

<table>
<tr><th>项目</th><th>内容描述</th></tr>
<tr><td>实训内容</td><td>
教学道具表
<table>
<tr><th>道具 1</th><th>道具 2</th><th>道具 3</th><th>角色一</th><th>角色二</th><th>角色三</th><th>角色四</th></tr>
<tr><td>货币面值</td><td>现金盒</td><td>骰子</td><td>原材料供应商</td><td>银行</td><td>销售渠道</td><td>生产性企业三家</td></tr>
<tr><td>5 元、10 元、20 元、50 元、100 元、500 元不等，多张</td><td>自制</td><td>（供赊销时决定是否还款使用）</td><td>原材料：A4 纸的 1/4
每张 40 元</td><td>功能：借、贷、存等业务
贷：月利 25%
存：月利 10%</td><td>渠道 1：李玉的收购店，80 元 / 顶（质量合格的帽子）；
渠道 2：赊销市场 90 元 / 顶</td><td>红组
蓝组
黄组
每组自有资金 100 元，银行贷款 160 元</td></tr>
</table>
要求：每个小组选出自己企业的人员并进行合理分工，按设定的规则开始游戏
考核方式：经营结束后完成利润计划表，并写出企业经营分析报告，要求报告内容包括对企业基本周期的概念理解、本企业做出各项财务决策的依据、在管理现金流中出现的失误、企业是否有记账、企业应该如何控制风险，并分析本企业经营过程中的优缺点
</td></tr>
<tr><td>实训要求</td><td>地点要求：小班教学，U 字型教室为佳，普通教室也可实施。
实训人数：要求 6～8 人一组，每个小组选出自己企业的人员并进行合理分工，按设定的规则开展实训。
教师要求：选择一名学生助教，配合教师完成实训。
道具要求：可自行制作教具</td></tr>
<tr><td>考核要点</td><td>经营结束后完成企业经营分析报告，小组汇报经营情况并分享经验，汇报内容包括对企业基本周期的概念理解、本企业做出各项财务决策的依据、在管理现金流中出现的失误、企业是否有记账、企业应该如何控制风险，并分析本企业经营过程中的优缺点</td></tr>
</table>

参考来源：SIYB 游戏教师指导手册。

任务评价

能 力 自 评

项目		内容	评价（是 / 否）
专业能力	任务习得	掌握创业的类型与选择要点，提高决策力	
		熟知“互联网 +”时代微小企业成功要素分析	
		掌握企业管理的概念与内涵，明确企业文化的作用	
	其他收获		

续表

项目		内容	评价（是 / 否）
核心能力	任务习得	分析问题能力得到提升	
		信息获取能力得到提升	
		团队合作精神得到加强	
		与人沟通能力得到提升	
		解决问题能力得到提升	
		个人思想意识品质得到提升	
	其他收获		

自评人签名：__________

教师评语：____。

项目考评

成果评分表

考评内容	评分标准及要求	分值	得分		
			任务一	任务二	任务三
学习态度（30 分）	课前预习充分；能够主动发现和提出问题，有条理地表达思考过程；能够表达自己独特的见解，发言响亮清晰	（1）好（19～30 分） （2）较好（11～18 分） （3）一般（1～10 分）			
活动执行情况（40 分）	按照要求完成各项活动任务；分析准确，操作流程正确，方案设计合理，内容具有较好的操作性	（1）好（29～40 分） （2）较好（16～28 分） （3）一般（1～15 分）			
学习效果（30 分）	熟练掌握知识内容，顺利达成任务目标	（1）好（19～30 分） （2）较好（11～18 分） （3）一般（1～10 分）			
总得分					

考评人：__________　　考评分数：__________

项目四

按下双创启动键

任务一　同频共振求创新

课堂活动

创新事项梳理

序号	创新事项	
	与生活相关的创新事项	与学习相关的创新事项
1		
2		
3		
4		

在上述创新事项中，你认为最有价值的是哪项？

____。

科创情况调研

“十三五”期间，我国科技发展日新月异，科技实力与经济同步壮大，这为我国综合国力的增强提供了支撑与保障。请结合所学知识，运用网络搜索完成科创情况调研。

调研内容		记录
“十三五”期间国家科技创新的投入与产出	科技创新投入项目	
	科技创新产出项目	
	给国家带来的成果	
“十四五”规划中关于科技创新的内容	科技创新投入规划	
	与所学专业相关的领域	

实训演练

制订创新意识培养计划

项目	说明
实训目标	（1）有计划地培养创新意识。 （2）能结合专业，树立问题意识，以及培养创新意识与创新精神。 （3）进一步激发创新动机与创新兴趣
实训内容	（1）结合自身的专业特点、兴趣爱好制订一份个人创新意识培养计划。 （2）填写计划内容的要点
实训要求	尽可能从本专业所学知识技能入手，或者结合自己感兴趣的方向制订计划
考核要点	（1）结合短、中、长期目标制订详细计划，可设定时限为6个月、1年、3年。 （2）确定方向，实施调研，确定创新点。 （3）计划制订能实现培养创新意识的目标；计划制订要以有问题意识为先导；计划制订要科学可实现

任务评价

能 力 自 评

项目		内容	评价 （是 / 否）
专业能力	任务习得	熟悉区分创新与创新意识的内涵与特征，增强观察力	
		掌握如何激发创新意识，明确创新的原则与方法，提升创新力	
		掌握新时代创新精神的内涵，强化担当意识	
	其他收获		
核心能力	任务习得	分析问题能力得到提升	
		信息获取能力得到提升	
		团队合作精神得到加强	
		与人沟通能力得到提升	
		解决问题能力得到提升	
		个人思想意识品质得到提升	
	其他收获		

自评人签名：__________

教师评语：____。

任务二　百计千方催硕果

课堂活动

发散思维训练

（1）结合发散思维的特性，请谈谈你所在地区的农特产品销路存在的主要问题。

____。

（2）运用聚合思维，根据上面的问题提出解决方案，将小组能想到的解决方案列示出来。

____。

求异聚敛思维训练

训练项目	问题	研讨选择
多样化思维训练	请从下面 4 种物品中，找出一种“与众不同的物品”；然后，找出两两物品之间的共同之处（如二者均为贵重物品）。 A. 一本平装书 B. 一瓶百事可乐 C. 一根金条 D. 一台彩色电视机	
思维深度的聚敛训练	你想开办一家公司，但是缺少资金，怎么办？ A. 向银行贷款 B. 向亲戚朋友借款 C. 不在月初而在月末交房租 D. 赊购原料或以自己的产品做交换 E. 月末拖欠员工工资 F. 鼓励职工以工资入股 G. 站在投资人的角度想问题，争取更多投资者 H. 让消费者预先付款	
抽象化聚敛能力训练	客观世界的物体都有各不相同的形状、颜色、气味、声响、温度等属性，请从以下物体中抽象出其共同的属性。 A. 雪花、淡云、石灰 B. 桌子、水池、足球场、报纸 C. 雪花、冰棍、空调 D. 油条、桂树、苹果、雪花膏 E. 蜗牛、毛笔、滑雪、喷气机 F. 嘴巴、烈火、大海、洪水 G. 站在投资人的角度去想问题，多争取到投资者 H. 让消费者预先付款	

创新思维破冰训练

序号	思维定式事例	所属类型	主要表现	“破冰”方案
1		□ 从众定式 □ 书本定式 □ 经验定式 □ 权威定式		
2		□ 从众定式 □ 书本定式 □ 经验定式 □ 权威定式		

创新技法应用训练

（1）运用创新方法，阐述黑龙江四大精神的具体内容，并列举北大荒精神的丰富内涵。

____。

（2）要保障北大荒集团粮食安全的战略地位，需要在产品创新、技术创新方面如何加强？

____。

（3）结合所有内容，收集北大荒集团的现代化生产规模、营销手段和北大荒智慧厨房等系列改革成果。你还能在北大荒集团服务创新、商业模式创新方面提出哪些好的建议？

____。

实训演练

制定创新成果设计与保护策略

以小组为单位，选定一种本地特产，利用头脑风暴法设计一种能为市场所接受的新产品并进行项目创新。

创新项目	产品名称	产品拟解决的问题	创新产品的功能描述及特色	拟申请保护对象	申报材料项目内容概要
创新设计 1				□ 发明专利 □ 实用新型专利 □ 外观设计专利 □ 计算机软件著作权 □ 商标权 □ 其他	

续表

创新项目	产品名称	产品拟解决的问题	创新产品的功能描述及特色	拟申请保护对象	申报材料项目内容概要
创新设计 2				□ 发明专利 □ 实用新型专利 □ 外观设计专利 □ 计算机软件著作权 □ 商标权 □ 其他	
创新设计 3				□ 发明专利 □ 实用新型专利 □ 外观设计专利 □ 计算机软件著作权 □ 商标权 □ 其他	

任务评价

能力自评

项目		内容	评价（是 / 否）
专业能力	任务习得	熟悉创新思维的内涵，增强思维应用能力	
		掌握创新思维的形式与突破方法，明确专业创新必要性	
		熟练运用创新技法开展创新研究，培育创新成果	
	其他收获		
核心能力	任务习得	分析问题能力得到提升	
		信息获取能力得到提升	
		团队合作精神得到加强	
		与人沟通能力得到提升	
		解决问题能力得到提升	
		个人思想意识品质得到提升	
	其他收获		

自评人签名：__________

教师评语：____。

任务三　知己知彼谋创业

课堂活动

创业特质评价

特质评价	记录
自我评价	
他人评价	

上述评价中存在差别的原因是什么？

____。

创业能力与素养剖析

（1）请结合所学内容，列举你已经具备的知识素养有哪些？

____。

（2）面临就业或创业的选择时，你所具备的创业人格及品质素养有哪些？

____。

（3）如果选择创业，那么请列举你所具备的技能素质。

____。

（4）列举你还需要提升的创业技能素质。

____。

实训演练

创业素质测评与分析

项目	说明
实训目标	（1）通过测评了解自己是否适合创业。 （2）深入了解个人兴趣与爱好对创业的帮助。 （3）对能力态度、经验和资源进行进一步综合测试
实训内容	（1）自我能力评估。 （2）绘制自我能力评估矩阵图
实训要求	从“我是谁”“我知道什么”与“我认识谁”三个方面全面进行自我分析

续表

项目	说明
考核要点	（1）对于“我是谁”的分析要包括个体拥有的特质与能力。 （2）对于“我知道什么”的分析要从个人掌握的知识和经验方面入手。 （3）对于“我认识谁”的分析要重点关注个人具备的社会资源条件有哪些。 （4）填写分析报告并绘制分析图

个人能力评估指标	二级指标	自评指标内容	他评指标内容
我是谁	性格特点		
	兴趣爱好		
	能力		
	对创业的看法与态度		
我知道什么	专业领域		
	具备的专业以外的知识技能		
	做过哪些工作		
	有过哪些工作经验		
我认识谁	家人及其工作领域		
	朋友、同学能够给予的帮助		
	领导、同事能够给予的帮助		
	用户、合作伙伴的工作领域		
	偶然认识的人		

通过上述评估，以创新能力、管理能力、业务能力和人脉资源为判断条件定位自己的角色。请依据自我能力评估矩阵图绘制自己的自我能力评估矩阵图。

说明：一般而言，个人性格特征中创造力和创新能力较强、拥有强大业务能力和丰富人脉资源的人比较适合创业。

自我能力评估矩阵图

自我能力矩阵图

任务评价

能力自评

项目		内容	评价（是 / 否）
专业能力	任务习得	熟悉创业的过程要素与创业过程模型，强化理论认知	
专业能力	任务习得	明确创业者素质要求与创业模式，培养分析力	
专业能力	任务习得	掌握创业类型，做好创业准备	
专业能力	其他收获		
核心能力	任务习得	分析问题能力得到提升	
核心能力	任务习得	信息获取能力得到提升	
核心能力	任务习得	团队合作精神得到加强	
核心能力	任务习得	与人沟通能力得到提升	
核心能力	任务习得	解决问题能力得到提升	
核心能力	任务习得	个人思想意识品质得到提升	
核心能力	其他收获		

自评人签名：__________

教师评语：____。

项目考评

成果评分表

考评内容	评分标准及要求	分值	得分		
			任务一	任务二	任务三
学习态度（30 分）	课前预习充分；能够主动发现和提出问题，有条理地表达思考过程；能够表达自己独特的见解，发言响亮清晰	（1）好（19～30 分） （2）较好（11～18 分） （3）一般（1～10 分）			
活动执行情况（40 分）	按照要求完成各项活动任务；分析准确，操作流程正确，方案设计合理，内容具有较好的操作性	（1）好（29～40 分） （2）较好（16～28 分） （3）一般（1～15 分）			
学习效果（30 分）	熟练掌握知识内容，顺利达成任务目标	（1）好（19～30 分） （2）较好（11～18 分） （3）一般（1～10 分）			
总得分					

考评人：____________　　　　考评分数：____________

项目五

把握创业窗口期

任务一　巧借东风乘势起

课堂活动

创业担保贷款信息搜集

政策文件名称			
申请人资格			
申请额度		贷款期限	
申请材料			
办理流程			

创业扶持政策汇总

请结合你所在的城市，查询创业相关扶持政策。

扶持政策	记录
金融支持	
税收扶持	
场地支持	
其他扶持	

创业环境分析

环境分析	记录
创业项目的政策与法律环境	
创业项目的经济环境	
分析创业项目的社会文化环境	
创业项目的科技与教育环境	

专业创业环境思考

请结合所学知识，进行专业创业环境的相关思考，并将你的想法填写在下表中，以便帮助自己梳理创业政策，提高创业能力，更好、更充分地投入创新创业实践中。

项目	方面	思考
你所学专业目前的创业环境	国家政策方面	
	地区政策方面	
你对自己所在的学校和城市创业扶持政策的了解	学校方面	
	城市方面	

实训演练

撰写创业环境分析报告

项目	说明
实训目标	（1）用 SWOT 分析法分析团队专创融合项目的创业环境，包括项目内部的优势、劣势和外部环境的机会、威胁。 （2）完成项目环境 SWOT 分析后进行系统评价，进而选择项目（企业）最佳经营策略
实训内容	（1）分析团队专创融合项目的优势。 （2）分析团队专创融合项目的劣势。 （3）分析团队专创融合项目的机会（包括政策环境、经济环境、社会文化环境、科技与教育环境）。 （4）分析团队专创融合项目的威胁
实训要求	（1）分析项目的创业环境时要做到客观，符合实际情况。 （2）在创业环境分析基础上制定项目（企业）经营策略
考核要点	（1）创业环境 SWOT 分析内容要具体、详细。 （2）政策环境分析中关于金融、场地、税收等政策支持的内容要具体、全面。 （3）能够在环境分析报告的基础上，分析制定项目（企业）最佳经营策略

任务评价

能力自评

项目		内容	评价（是/否）
专业能力	任务习得	熟悉创业相关金融、税收、场地等支持政策，增强责任意识	
		能运用 SWOT 分析方法和技巧进行创业环境分析，提升分析力	
		能在创业政策与环境分析的基础上制定企业经营策略	
	其他收获		
核心能力	任务习得	分析问题能力得到提升	
		信息获取能力得到提升	
		团队合作精神得到加强	
		与人沟通能力得到提升	
		解决问题能力得到提升	
		个人思想意识品质得到提升	
	其他收获		

自评人签名：__________

教师评语：____。

任务二　慧眼识珠占先机

课堂活动

创业机会挖掘

感兴趣的产品	环节	创业机会
	销售线	
	制造线	
	副产品线	
	服务线	

创业机会识别

（1）运用头脑风暴法，从自己所学专业角度出发，列举你能想到的商机，并运用所学知识辨别其是否具备商业价值。

____。

（2）运用头脑风暴法，从顾客需求角度出发，列举出你能想到的商机，并运用所学知识辨别其是否具备商业价值。

____。

（3）对于现实生活中所遇到的问题，你是否萌生过改变它们的创意？这其中蕴藏着怎样的创业机会？

____。

我的创业机会评估

创业项目评估指标	对项目影响排序	创业机会 1		创业机会 2		创业机会 3	
		名称	评分	名称	评分	名称	评分
易操作性							
质量和易维护性							
市场接收性							
投资回报							
市场规模							
制造的简单性							
成长潜力							
其他							
总分							

说明：简易评分标准：“最好”为 3 分、“好”为 2 分、“一般”为 1 分。根据指标对项目影响的程度可设定不同权重。

实训演练

制作商机简报

项目	说明
实训目标	探索识别身边的创业机会，梳理创业项目关键点，完成商机简报的制作。提高市场需求观察敏锐度，提升具体问题具体分析的能力与团结协作能力

续表

项目	说明
实训内容	选定一项你认为可行的创业项目，按以下内容梳理完成商机简报。 （1）项目名称（体现项目主要业务或经营范围）。 （2）相关方（包括未来企业的竞争对手、供应商、购买者、替代品企业、潜在新进入者）。 （3）需求描述（明确核心需求）。 （4）项目简述（项目产品 / 服务、目标顾客、项目计划如何开展等）。 （5）项目图解（画出项目简述中的关键步骤）
实训要求	（1）建议根据所选专业挖掘创业机会，从商机简报五方面内容梳理创业项目。 （2）每个小组选择一个最优的商机简报进行汇报，全班学生进行点评，教师进行总结
考核要点	（1）通力合作进行头脑风暴，挖掘创业机会。 （2）能够运用多种方法对创业机会进行评估，筛选出最优创业项目。 （3）详细梳理商机简报内容并进行反思和总结

任务评价

能力自评

项目		内容	评价（是 / 否）
专业能力	任务习得	熟悉创业机会的相关理论，提高学习力	
		掌握挖掘和探索创业机会的策略与方法，培养创业能力	
		能够运用创业机会评估的方法进行定性评估和定量评估	
	其他收获		
核心能力	任务习得	分析问题能力得到提升	
		信息获取能力得到提升	
		团队合作精神得到加强	
		与人沟通能力得到提升	
		解决问题能力得到提升	
		个人思想意识品质得到提升	
	其他收获		

自评人签名：＿＿＿＿＿＿

教师评语：＿＿＿＿＿＿＿＿＿＿＿＿＿＿＿＿＿＿＿＿＿＿＿＿＿＿＿＿＿＿＿。

项目考评

成果评分表

考评内容	评分标准及要求	分值	得分		
			任务一	任务二	任务三
学习态度（30 分）	课前预习充分；能够主动发现和提出问题，有条理地表达思考过程；能够表达自己独特的见解，发言响亮清晰	（1）好（19～30 分） （2）较好（11～18 分） （3）一般（1～10 分）			
活动执行情况（40 分）	按照要求完成各项活动任务，分析准确，操作流程正确，方案设计合理，内容具有较好的操作性	（1）好（29～40 分） （2）较好（16～28 分） （3）一般（1～15 分）			
学习效果（30 分）	熟练掌握知识内容，顺利达成任务目标	（1）好（19～30 分） （2）较好（11～18 分） （3）一般（1～10 分）			
总得分					

考评人：______________ 考评分数：____________

创业实践篇

项目六

敢揽创业瓷器活

任务一 别出心裁构项目

课堂活动

创业方向锚定

基于创业构思两原则——满足顾客市场需求和具备个人能力条件，你可以考虑的创业项目有哪些（不少于三个）？

____。

创业项目构思

（1）你准备创业的地区还有哪些市场空白？

____。

（2）我们的生活中有哪些亟待解决的“痛点”？

____。

（3）置身数字经济时代，你能做些什么？

____。

创业项目选择

序号	创业项目	项目选择的标准（符合项打“√”）				
		政策鼓励支持	适应社会需求	利用自身比较优势	量力而行	坚持创新有特色
1						
2						
3						

创业项目选择

项目名称________________

方法	分析	
	创业的项目是否会受内外部因素影响（会 / 不会）	可能会影响我们创业项目的因素（请依次列举）
PEST 分析法		
波特五力模型分析		
SWOT 分析法		

实训演练

创业项目分析

项目	说明
实训目标	（1）通过对创业项目进行评估，了解影响创业项目选择的因素。 （2）直观感受创业中可能面临的风险因素。 （3）进一步提升具体问题具体分析的能力和团结协作的能力
实训内容	（1）运用适宜的构思方法挖掘企业构思。 （2）对企业构思进行评估，最终选定适合的创业项目构思
实训要求	尽可能多地挖掘企业构思；在进行创业项目评估时，做到客观且符合实际情况
考核要点	（1）通力合作进行头脑风暴，挖掘企业构思。 （2）能够运用多种方法对创业项目进行分析、评估。 （3）依据评估结果和创业项目选择的标准选择合适的创业项目。 （4）撰写实训总结

任务评价

能 力 自 评

项目		内容	评价（是 / 否）
专业能力	任务习得	熟悉项目构思与挖掘的方法，提高对商机的敏感度	
		熟知创业项目选择的标准，能根据项目进行合理选择	
		掌握创业评估的方法，了解创业可能面临的风险	
	其他收获		

续表

项目		内容	评价（是 / 否）
核心能力	任务习得	分析问题能力得到提升	
		信息获取能力得到提升	
		团队合作精神得到加强	
		与人沟通能力得到提升	
		解决问题能力得到提升	
		个人思想意识品质得到提升	
	其他收获		

自评人签名：__________

教师评语：____。

任务二　勠力同心聚资源

课堂活动

创业团队类型选择

请选择你们的创业团队类型（在对应类型图的下方打“√”）。

星状团队(　)　　网状团队(　)　　虚拟星状(　)

创业团队类型

你们决定选择这种创业团队类型的理由有哪些？

____

____。

创业团队角色分工

请结合团队角色的特点，进行创业团队角色分工，并在角色后写上团队成员的名字。

行动类	社交类	思考类
鞭策者：	协调者：	智多星：
执行者：	凝聚者：	专业师：
完成者：	外交家：	审议员：

角色分工

（1）创业团队不缺少团队角色，你对创业团队的希望是什么？

____。

（2）创业团队暂时缺少重要的团队角色，你将采取的措施有哪些？

____。

（3）下面就你们的创业团队进行分工，并完成团队组织结构图的绘制工作。

组织结构图

创业资源盘点

序号	我们具有的资源	我们需要的资源
1		
2		
3		
4		

你准备如何进行资源整合？

____。

创业资金筹措

创业项目名称：____________

序号	融资渠道	融资金额预测
1		
2		
3		
4		

实训演练

组建创业团队

项目	说明
实训目标	（1）通过组建创业团队，掌握创业团队的构成要素与基本模式。 （2）进行创业团队分工，培养规划意识。 （3）对创业团队的组织结构进行优化，养成善于思考问题的良好习惯
实训内容	（1）运用所学知识，组建自己的创业团队。 （2）进行团队分工，根据实际情况进行团队优化
实训要求	加强团队团结合作，深刻理解新形势下如何留住和发展团队成员，充分考虑团队建设的重要性
考核要点	（1）通力合作组建创业团队。 （2）能够运用团队角色等理论确定团队成员具体分工。 （3）对创业团队进行优化与管理。 （4）形成创业团队设计，绘制组织结构图

任务评价

能 力 自 评

项目		内容	评价（是 / 否）
专业能力	任务习得	熟悉创业团队组建的关键要素，提高识人用人能力	
		熟悉创业团队角色，能对团队合理分工并有效管理	
		熟悉创业资源的类型，掌握优化整合创业资源的策略	
	其他收获		

续表

项目		内容	评价（是 / 否）
核心能力	任务习得	分析问题能力得到提升	
		信息获取能力得到提升	
		团队合作精神得到加强	
		与人沟通能力得到提升	
		解决问题能力得到提升	
		个人思想意识品质得到提升	
	其他收获		

自评人签名：__________

教师评语：____。

项目考评

成果评分表

考评内容	评分标准及要求	分值	得分		
			任务一	任务二	任务三
学习态度（30 分）	课前预习充分；能够主动发现和提出问题，有条理地表达思考过程；能够表达自己独特的见解，发言响亮清晰	（1）好（19～30 分） （2）较好（11～18 分） （3）一般（1～10 分）			
活动执行情况（40 分）	按照要求完成各项活动任务；分析准确，操作流程正确，方案设计合理，内容具有较好的操作性	（1）好（29～40 分） （2）较好（16～28 分） （3）一般（1～15 分）			
学习效果（30 分）	熟练掌握知识内容，顺利达成任务目标	（1）好（19～30 分） （2）较好（11～18 分） （3）一般（1～10 分）			
总得分					

考评人：__________　　　　考评分数：__________

项目七

畅通商业价值链

任务一　足履实地研市场

课堂活动

调研计划制订

调研对象	调研内容			调研方法
	宏观因素	微观环境因素	市场需求容量	

目标客户锁定

（1）目标客户可能处在哪个年龄群中？

____。

（2）目标客户的收入情况如何？

____。

（3）目标客户的受教育情况如何？

____。

（4）目标客户可能有哪些喜好？

____。

（5）目标客户可能经常出入哪些场所？

____。

（6）目标客户的婚姻状况如何？

____。

（7）目标客户的痛点可能有哪些？

____。

（8）目标客户可能在哪些场景中使用你们的产品或服务？

____。

客户画像绘制

根据上一活动中分析得出的结论，完成客户画像的绘制。

客户画像

实训演练

撰写调研报告

项目	说明
实训目标	（1）通过设计市场调研计划，掌握市场调研的相关理论知识。 （2）按照调研计划设计调研问卷，分工协作进行创业项目市场调研。 （3）分析整理数据，形成调研报告，增强调查与研究的主观意识，培养日常观察力
实训内容	（1）运用所学知识进行调研设计并开展市场调研。 （2）撰写调研报告
实训要求	团结合作，吃苦耐劳，勇于承担责任
考核要点	（1）通力合作进行调研设计。 （2）能够运用所学知识技能，选取合适的方法开展市场调研。 （3）对调研数据进行分析与整理。 （4）形成调研报告

任务评价

能力自评

项目		内容	评价（是 / 否）
专业能力	任务习得	培养较强的市场调研能力，增强调研的主观意识	
		掌握市场调研方法并展开调研，能有效汇总调研数据	
		掌握调研材料整理的方法，撰写报告，尊重实际，善于思考	
	其他收获		
核心能力	任务习得	分析问题能力得到提升	
		信息获取能力得到提升	
		团队合作精神得到加强	
		与人沟通能力得到提升	
		解决问题能力得到提升	
		个人思想意识品质得到提升	
	其他收获		

自评人签名：__________

教师评语：____。

任务二　多策齐施建模式

课堂活动

STP 营销策略规划

创业项目	策略规划		
	市场细分（S）	目标市场选择（T）	市场定位（P）

4P 营销策略规划

创业项目	策略规划			
	产品组合策略	价格组合策略	渠道组合策略	推广组合策略

商业模式画布绘制

“互联网 +”商业模式应用举例

通过上述学习，请你结合自己对市场的了解或者通过自主学习、查找资料，找到生活中运用“互联网 +”商业模式的具体产品或服务并填于下表中。

“互联网 +”商业模式类型	产品或服务
免费商业模式	
“工具 + 社群”商业模式	
平台商业模式	
跨界商业模式	
O2O 商业模式	
长尾型商业模式	

实训演练

构建商业模式

项目	说明
实训目标	（1）通过对商业模式构成要素的学习，掌握商业模式画布的使用方法。 （2）进行商业模式构建，共同合作绘制商业模式画布。 （3）对商业模式的内容进行评估与优化，提高分析问题、解决问题的能力
实训内容	（1）运用所学知识技能，思考、构建自己创业项目的商业模式。 （2）评估商业模式内容，根据实际情况进行完善、优化
实训要求	尊重实际，善于思考，协作完成商业模式设计并进行评估与优化
考核要点	（1）通力合作思考创业项目商业模式。 （2）对商业模式的内容进行评估、优化

任务评价

能力自评

项目		内容	评价（是 / 否）
专业能力	任务习得	熟悉如何构建商业模式，尊重实际，善于思考	
		掌握商业模式的评估与优化策略，培养优秀的企业家精神	
		掌握商业模式画布的使用方法	
	其他收获		
核心能力	任务习得	分析问题能力得到提升	
		信息获取能力得到提升	
		团队合作精神得到加强	
		与人沟通能力得到提升	
		解决问题能力得到提升	
		个人思想意识品质得到提升	
	其他收获		

自评人签名：__________

教师评语：____。

任务三　知法明理巧避坑

课堂活动

企业法律形态选择

业主数量		注册资本	
经营特征			
利润分配			
债务责任			

基于以上信息，你的创业项目适合选择注册哪种企业类型？

____。

启动资金预测

项目	金额
投资	
流动资金	
共计	

实训演练

测算启动资金策划

项目	说明
实训目标	（1）通过线上查询、现场咨询等方式，对创业项目所需的启动资金进行测算。 （2）养成认真负责的工作态度，提高抗挫折能力，增强责任意识，自觉提高创业素养
实训内容	（1）网上查询一种融资渠道的具体申请要求和材料准备要求。 （2）政府服务大厅现场咨询了解创业优惠资金扶持政策及申请要求。 （3）撰写项目启动资金的融资方案，团队分享收获与感悟
实训要求	认真负责、团结协作、尊重实际，完成创业项目启动资金的测算
考核要点	（1）提前了解可能需要支出的各项费用。 （2）通过线上查询、现场咨询等方式了解具体费用要求。 （3）详细列明相关内容并准备进行资金测算。 （4）共同编制创业项目启动资金测算方案

任务评价

能力自评

项目		内容	评价（是 / 否）
专业能力	任务习得	掌握如何选择企业法律形态	
		熟悉创业启动资金预算，对创业项目的启动资金进行预算	
		养成认真负责的工作态度，提高抗挫折能力和资料检索能力	
	其他收获		
核心能力	任务习得	分析问题能力得到提升	
		信息获取能力得到提升	
		团队合作精神得到加强	
		与人沟通能力得到提升	
		解决问题能力得到提升	
		个人思想意识品质得到提升	
	其他收获		

自评人签名：__________

教师评语：____。

项目考评

成果评分表

考评内容	评分标准及要求	分值	得分		
			任务一	任务二	任务三
学习态度（30 分）	课前预习充分；能够主动发现和提出问题，有条理地表达思考过程；能够表达自己独特的见解，发言响亮清晰	（1）好（19～30 分） （2）较好（11～18 分） （3）一般（1～10 分）			
活动执行情况（40 分）	按照要求完成各项活动任务；分析准确，操作流程正确，方案设计合理，内容具有较好的操作性	（1）好（29～40 分） （2）较好（16～28 分） （3）一般（1～15 分）			
学习效果（30 分）	熟练掌握知识内容，顺利达成任务目标	（1）好（19～30 分） （2）较好（11～18 分） （3）一般（1～10 分）			
总得分					

考评人：__________ 考评分数：__________

项目八

把好发展方向盘

任务一　万事俱备开新业

课堂活动

创业计划书自查

1 执行概要 □	2 企业介绍 □	3 产品/服务介绍 □	4 市场机会分析 □
5 市场营销计划 □	□	6 财务计划 □	7 管理团队 □
8 融资计划、投资报酬与退出	□	9 投资风险 □	10 经营预测 □

创业计划书自查清单

企 业 命 名

（1）企业名称一般包含哪四部分内容？

____。

（2）请你按照企业名称“四要素”和“三原则”为即将注册的企业取三个适合的名字。

____。

工商注册信息

项目	信息
企业名称	
企业类型	□ 个体工商户 □ 有限责任公司 □ 合伙企业 □ 个人独资企业 □ 其他
经营额度	
经营场所	
经营范围	

实训演练

撰写创业计划书

项目	说明
实训目标	在对前期项目进行分析、筛选、优化的基础上，撰写创业计划书，培养商业思维和计划书撰写能力
实训内容	（1）对前期创意产品（服务）进行评估，选择最适合进行校园创业的产品（服务）项目。 （2）进行校园市场调研，分析市场环境，进行创业项目定位。 （3）撰写该项目（服务）的创业计划书。 （4）结合创业计划书 PPT 进行汇报
实训要求	各团队根据前一阶段的创业试水，分析、筛选、优化创业项目，选择一项最适合校园创业的项目进行系统规划，并撰写创业计划书，要求内容翔实、数据丰富。 创业计划书要包括：项目企业摘要、业务描述、产品与服务、市场营销、创业团队、财务预测、资本结构、投资者退出方式、风险分析等内容。
考核要点	（1）计划书结构完整、逻辑严谨、条理清晰。 （2）计划书内容数据详实，文字表述准确。 （3）团队成员是否对项目创立与运作的计划组织、产品服务、市场营销、团队管理、资金预算、运营与融资方案等方面有准确的认知与把握

任务评价

能 力 自 评

项目		内容	评价（是 / 否）
专业能力	任务习得	掌握企业名称的构成要素，培养创新思维	
		熟悉创业计划书基本内容，能够完成创业计划书撰写	
		掌握企业注册基本流程，提升应用能力	
	其他收获		
核心能力	任务习得	分析问题能力得到提升	
		信息获取能力得到提升	
		团队合作精神得到加强	
		与人沟通能力得到提升	
		解决问题能力得到提升	
		个人思想意识品质得到提升	
	其他收获		

自评人签名：__________

教师评语：____。

任务二　持筹握算闯初关

课堂活动

创业初期成本控制

创业初期最关键的因素就是资金，要在节约成本的基础上更好地发展企业，就需要创业者合理掌控成本。

（1）除了注册公司成本、办公场地成本、人力成本、日常运营成本、税费成本，企业还有哪些隐性成本？

____

（2）请你针对注册公司成本、办公场地成本、人力成本设计科学可行的成本控制方案。

序号	成本项目	具体内容	控制方案	选择理由
1	注册公司成本			
2	办公场地成本			
3	人力成本			

销售成本计划预测

某饺子店经营单一的饺子业务，每天的营业时间是上午 11 点到晚上 9 点。该店老板考虑延长营业时间（上午 11 点到晚上 12 点）。她不知该决策从经济效益考虑是否可行，于是将此任务交给了主管成本工作的会计，会计利用其掌握的知识及工作经验并结合市场情况预测成本的变化，最终确认了引起成本变动的因素。根据预测，会计认为晚上延长 3 小时营业时间，每个月的收入、成本中的原料、人工费及水电费将增加 30%，其他成本将增加 10%，由于经营用房是按年租的，因此每月的租金不变，设备折旧费不变。

序号	项目	基本营业时间的金额（元）	延长营业时间后的金额（元）	备注
1	销售收入	100 000		
2	原料	40 000		
3	人工费	16 000		
4	水电费	5 000		
5	租金	20 000		
6	折旧费	5 000		
7	其他成本	4 000		

实训演练

撰写项目成本计划书

项目	说明
实训目标	（1）了解制订销售成本计划的意义。 （2）掌握制订销售成本计划的方法。 （3）懂得科学有效地分析企业盈亏
实训内容	（1）制订销售成本计划。 （2）完成企业盈亏分析
实训要求	尽可能选择销售品类丰富且能提供相应指导的企业
考核要点	（1）项目成本计划书撰写是否规范，内容要素是否齐全。 （2）是否能够清晰分析出企业的基本情况

任务评价

能 力 自 评

项目		内容	评价（是 / 否）
专业能力	任务习得	掌握成本核算的内容与方法，培养计算能力	
		熟悉成本控制的基本方法，提升计划能力	
		掌握成本控制的策略与技巧，提升应用能力	
	其他收获		
核心能力	任务习得	分析问题能力得到提升	
		信息获取能力得到提升	
		团队合作精神得到加强	
		与人沟通能力得到提升	
		解决问题能力得到提升	
		个人思想意识品质得到提升	
	其他收获		

自评人签名：__________

教师评语：____。

任务三　深思远虑善管理

课堂活动

新创企业优劣势分析

新创企业优势	新创企业劣势

财务三大表格解读

资产负债表	利润表	现金流量表

实训演练

设计创业团队成员岗位职责及考核标准

项目	说明
实训目标	通过了解创业项目的发展需要，明确团队成员岗位及职责，感受真实职场中员工的责任担当，进一步提升设计策划与写作能力
实训内容	（1）调研创业团队成员的工作内容。 （2）完成创业团队成员分工。 （3）完成创业项目成员岗位职责和考核标准设计并分享收获
实训要求	尽可能选择与本专业相关或感兴趣的创业项目开展成员岗位职责设计
考核要点	（1）提前了解创业项目的工作内容。 （2）明确创业团队成员分工。 （3）上网查询相关工作岗位职责，完成岗位职责和考核标准设计。 （4）项目团队分享自己的收获与感悟

任务评价

能 力 自 评

项目		内容	评价（是 / 否）
专业能力	任务习得	熟悉新创企业管理特点，增强管理意识	
		熟悉新创企业资产负债表、利润表、现金流量表	
		能设计创业团队成员岗位职责和考核标准，提升管理力	
	其他收获		
核心能力	任务习得	分析问题能力得到提升	
		信息获取能力得到提升	
		团队合作精神得到加强	
		与人沟通能力得到提升	
		解决问题能力得到提升	
		个人思想意识品质得到提升	
	其他收获		

自评人签名：__________

教师评语：____。

任务四　奋楫笃行扬远帆

课堂活动

创业路演内容自查表

路演人：__________　**路演时间：**______ **分钟**　**请自查路演内容准备，完成的在后面画“√”。**

01. 讲故事 □　**02. 产品服务解决什么内容** □　**03. 市场规模** □

04. 商业模式 □　**05. 对手分析** □　**06. 我的优势** □

07. 推广方案 □　**08. 财务计划** □　09. __________ □

创业路演内容自查清单

路演时间安排表

时间段	核心内容	表达方式	备注

路演装备准备表

准备事项	内容	备注
服装准备		
物品准备		
道具准备		
其他准备		

实训演练

模拟路演

项目	说明
实训目标	根据团队创业项目，完成路演 PPT 的制作，进行项目模拟路演，提升文字编辑能力及语言表达能力
实训内容	（1）创业项目路演汇报。 （2）回答教师及其他学生的提问
实训要求	结合创业团队项目，完成路演 PPT 制作，通过反复演练，能在规定时间内完成创业项目路演，并清晰地回答教师和其他学生对于创业项目的提问
考核要点	（1）完成路演 PPT 的制作。 （2）规定时间内完成项目路演，路演中保持条理清晰、语言流畅。 （3）清晰准确地回答评审人员针对创业项目的提问

任务评价

能 力 自 评

<table>
<tr><th colspan="2">项目</th><th>内容</th><th>评价
（是 / 否）</th></tr>
<tr><td rowspan="4">专业能力</td><td rowspan="3">任务习得</td><td>掌握路演 PPT 逻辑框架，能完成路演 PPT 制作</td><td></td></tr>
<tr><td>掌握路演准备内容和要点</td><td></td></tr>
<tr><td>能在规定时间内完成项目路演</td><td></td></tr>
<tr><td>其他收获</td><td colspan="2"></td></tr>
<tr><td rowspan="7">核心能力</td><td rowspan="6">任务习得</td><td>分析问题能力得到提升</td><td></td></tr>
<tr><td>信息获取能力得到提升</td><td></td></tr>
<tr><td>团队合作精神得到加强</td><td></td></tr>
<tr><td>与人沟通能力得到提升</td><td></td></tr>
<tr><td>解决问题能力得到提升</td><td></td></tr>
<tr><td>个人思想意识品质得到提升</td><td></td></tr>
<tr><td>其他收获</td><td colspan="2"></td></tr>
</table>

自评人签名：__________

教师评语：____。

项目考评

成果评分表

<table>
<tr><th rowspan="2">考评内容</th><th rowspan="2">评分标准及要求</th><th rowspan="2">分值</th><th colspan="3">得分</th></tr>
<tr><th>任务一</th><th>任务二</th><th>任务三</th></tr>
<tr><td>学习态度（30 分）</td><td>课前预习充分；能够主动发现和提出问题，有条理地表达思考过程；能够表达自己独特的见解，发言响亮清晰</td><td>（1）好（19～30 分）
（2）较好（11～18 分）
（3）一般（1～10 分）</td><td></td><td></td><td></td></tr>
<tr><td>活动执行情况（40 分）</td><td>按照要求完成各项活动任务；分析准确，操作流程正确，方案设计合理，内容具有较好的操作性</td><td>（1）好（29～40 分）
（2）较好（16～28 分）
（3）一般（1～15 分）</td><td></td><td></td><td></td></tr>
<tr><td>学习效果（30 分）</td><td>熟练掌握知识内容，顺利达成任务目标</td><td>（1）好（19～30 分）
（2）较好（11～18 分）
（3）一般（1～10 分）</td><td></td><td></td><td></td></tr>
<tr><td colspan="2">总得分</td><td colspan="4"></td></tr>
</table>

考评人：__________　　　　考评分数：__________

就业指导篇

项目九

赢在就业起跑线

任务一　洞若观火谋发展

课堂活动

就业指导体系梳理

（1）你了解的与就业相关的就业指导组织有哪些？

____。

（2）你了解的与就业相关的就业指导内容是什么？

____。

（3）在上述内容中，你认为对你最有帮助的指导意见是什么？

____。

所在城市就业形势分析

选择就业方向	区域优势分析	自身优势分析	自身劣势分析	选择此项的原因
一线城市就业				
二线城市就业				
三支一扶				
大学生参军				
自主创业				

就业信息应用训练

（1）如果选择一线城市就业，你的不足有哪些？

____。

（2）要想成功就业或创业，你还需要做好哪些准备？

____。

（3）你认为灵活就业主要包括哪些行业，请列举灵活就业的岗位名称（不少于 8 个方向）。

____

____。

实训演练

填写就业协议书

项目	说明
实训目标	（1）通过搜索就业信息，找到获取就业信息的途径。 （2）掌握求职就业技巧，熟悉就业协议的内容和签订时的注意事项。 （3）为学生成功求职提供帮助
实训内容	（1）熟悉就业协议书的填写要求。 （2）填写就业协议书
实训要求	根据自己的求职方向填写就业协议书
考核要点	（1）提前确定求职意向与求职单位。 （2）了解企业岗位需求，内容填写真实、准确

任务评价

能 力 自 评

项目		内容	评价（是 / 否）
专业能力	任务习得	掌握获取求职企业信息的路径与方法，提升方法应用能力	
		熟悉并能有效运用政策，能根据自身优势选择就业单位或自主创业	
		能够充分了解毕业标准，掌握毕业流程，提升学生的洞察力和信息获取力	
	其他收获		
核心能力	任务习得	分析问题能力得到提升	
		信息获取能力得到提升	
		团队合作精神得到加强	
		与人沟通能力得到提升	
		解决问题能力得到提升	
		个人思想意识品质得到提升	
	其他收获		

自评人签名：__________

教师评语：____。

任务二　度德量力稳心态

课堂活动

不良就业观念

（1）你身边的人存在哪些不良就业观念？

____。

（2）你有什么调试方法？

____。

不良就业心理

（1）你身边的人存在哪些不良就业心理？

____。

（2）你有哪些调试方法？

____。

创业心理准备

（1）你的创业目标是什么？

____。

（2）创业者须具备哪些创业心理素质？

____。

（3）你心理素质的优势与劣势有哪些？

____。

（4）你的创业心理提升计划与措施有哪些（按照时间安排）。

____。

实训演练

绘制角色模型

项目	内容
实训目标	（1）通过就业心理调适训练，了解在从大学生向职业人的转换过程中，如何正确地自我定位 （2）了解在职场环境中的人际关系，学会与上司、同事、客户保持良好的人际关系，学会提升自己的执行能力；提升合理安排时间及化解面临的各种压力的能力，尽快从一个大学生成功转变为职场新人

续表

项目	内容
实训内容	（1）使用角色模型，将自己的名字写在中央，然后填上你希望的角色，并记下你对每一个角色的渴望和感受。 （2）请列出一份备忘录，以便随时提醒自己在未来的职业生涯中可能面临的艰难险阻，以及如何克服这些困难。 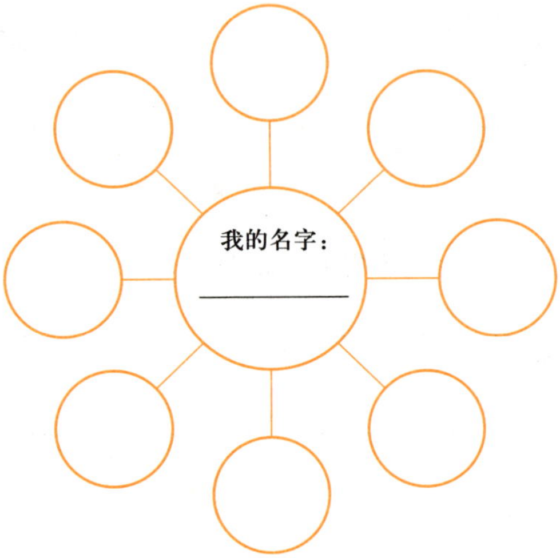 角色模型
实训要求	（1）内容完整、详尽具体、分析到位。 （2）内容分析能够和专业、职业、岗位与自身特点相结合，具体分析评估自己匹配的职业领域。 （3）逻辑严密，文笔流畅，对自身职业生涯规划有参考价值
考核要点	完成角色模型与一份备忘录

任务评价

能 力 自 评

项目		内容	评价（是 / 否）
专业能力	任务习得	明确常见的大学生就业观念与就业心理，培养适应力	
		能运用所学方法与途径进行就业心理调适，增强就业力	
		能树立正确就业观，以创业精神做好就业准备	
	其他收获		

续表

项目		内容	评价（是 / 否）
核心能力	任务习得	分析问题能力得到提升	
		信息获取能力得到提升	
		团队合作精神得到加强	
		与人沟通能力得到提升	
		解决问题能力得到提升	
		个人思想意识品质得到提升	
	其他收获		

白评人签名：__________

教师评语：____。

任务三　有备无患赢未来

课堂活动

就业信息获取渠道选择

选择次序（在对应方格中打“√”）	收集就业信息的渠道					
	个人收集	学校就业指导机构	传播媒体	各类人才市场	社会关系	互联网
1						
2						
3						

就业职位信息搜集

内容	企业 1	企业 2	说明
企业简介			企业简介包括企业名称、企业法律性质、企业历史、企业文化、工作时间及环境、所在城市特点等
职位描述			工作职位基本描述，如工作类型、岗位职责、典型的职业生涯路径等
必备技能			准备好该工作职位需要的技能

续表

内容	企业 1	企业 2	说明
工作条件			搜集相关工作的要求
资格证书			搜集与工作有关的学习专业或领域，确认要取得的证书等
薪酬前景			搜集整理这个领域目前和未来的工作机会、薪酬，地域性影响及行业变化等

实训演练

完成职位画像

项目	说明
实训目标	运用多种渠道至少搜集 5 条关于不同企业目标职位的信息；归纳总结该职位的社会需求情况、具体工作内容、需要具备的条件，进而完成该职位的职位画像；提高信息搜集和整理归纳的能力，培养爱岗奉献的职业精神，增强对他人、集体、社会和国家的责任感
实训内容	（1）运用多种渠道至少搜集 5 条关于不同企业目标职位的信息。 （2）归纳总结职位社会需求情况、具体工作内容、需要具备的条件。 （3）完成该职位的职位画像绘制并与自身情况进行对比。 （4）梳理自己应当努力的方向和目标
实训要求	尽可能选择与本专业相关的职位
考核要点	（1）搜集 5 条以上不同企业相同职位的信息。 （2）归纳整理不同企业相同职位的共同点。 （3）完成职位画像（包括：社会需求、工作内容、须具备的条件）。 （4）完成自身职业能力画像并与目标岗位对比差距

任务评价

能 力 自 评

项目		内容	评价 （是 / 否）
专业能力	任务习得	熟悉劳动合同相关法律，增强遵纪守法的意识	
		掌握就业信息的搜集渠道，培养分析能力	
		能分析整理就业信息，结合自身情况确定目标企业	
	其他收获		

续表

<table>
<tr><th colspan="2">项目</th><th>内容</th><th>评价
（是 / 否）</th></tr>
<tr><td rowspan="7">核心能力</td><td rowspan="6">任务习得</td><td>分析问题能力得到提升</td><td></td></tr>
<tr><td>信息获取能力得到提升</td><td></td></tr>
<tr><td>团队合作精神得到加强</td><td></td></tr>
<tr><td>与人沟通能力得到提升</td><td></td></tr>
<tr><td>解决问题能力得到提升</td><td></td></tr>
<tr><td>个人思想意识品质得到提升</td><td></td></tr>
<tr><td>其他收获</td><td colspan="2"></td></tr>
</table>

自评人签名：__________

教师评语：____。

项目考评

成果评分表

<table>
<tr><th rowspan="2">考评内容</th><th rowspan="2">评分标准及要求</th><th rowspan="2">分值</th><th colspan="3">得分</th></tr>
<tr><th>任务一</th><th>任务二</th><th>任务三</th></tr>
<tr><td>学习态度
（30 分）</td><td>课前预习充分；能够主动发现和提出问题，有条理地表达思考过程；能够表达自己独特的见解，发言响亮清晰</td><td>（1）好（19～30 分）
（2）较好（11～18 分）
（3）一般（1～10 分）</td><td></td><td></td><td></td></tr>
<tr><td>活动执行情况
（40 分）</td><td>按照要求完成各项活动任务；分析准确，操作流程正确，方案设计合理，内容具有较好的操作性</td><td>（1）好（29～40 分）
（2）较好（16～28 分）
（3）一般（1～15 分）</td><td></td><td></td><td></td></tr>
<tr><td>学习效果
（30 分）</td><td>熟练掌握知识内容，顺利达成任务目标</td><td>（1）好（19～30 分）
（2）较好（11～18 分）
（3）一般（1～10 分）</td><td></td><td></td><td></td></tr>
<tr><td colspan="2">总得分</td><td colspan="4"></td></tr>
</table>

考评人：__________　　　　考评分数：__________

项目十
迈上生涯大舞台

任务一　厉兵秣马启征程

课堂活动

就 业 准 备

（1）你的就业目标或从业方向是什么？

____。

（2）你就业的目标企业有哪些？

____。

（3）在上述企业中，哪个企业是你的首选？

____。

自荐信撰写训练

（1）你的个人特长和优势有哪些？

____。

（2）在校期间你获得了哪些成绩？

____。

（3）如果专业优势突出，那么你会选择创业吗？为什么？

____。

（4）请给出你对自己的评价（不少于 100 字）。

____。

求职网站信息获取

（1）根据对求职网站的了解，有效地完成简历投递，上传相关的就业材料，根据所学内容完成下表。

项目	记录	
求职方向		
常用的求职网站信息	求职网站类型	求职网站的网址链接地址

续表

项目	记录	
常用的求职网站信息		
	你关注的求职网站优点	你关注的求职网站缺点
你获取求职网站的途径		

（2）除了上述求职路径，你还有哪些求职方法？

____

实训演练

撰写简历

项目	说明
实训目标	（1）通过自荐信的撰写，清晰地了解制作简历时的关键要素。 （2）明确撰写简历时的注意事项。 （3）掌握简历撰写技巧，提升书写能力和自我决策能力
实训内容	（1）了解简历撰写的要求与规范。 （2）掌握简历撰写的技巧。 （3）能成功撰写简历
实训要求	（1）明确求职方向，针对与个人专业相关或相近的求职岗位撰写简历。 （2）材料规范，不能超过 1 页纸，文字撰写短小精悍。 （3）内容包括个人基本信息、求职意向、学习经历、突出成果、实践经历、个人爱好和技能、自我评价等内容，描述有侧重点
考核要点	（1）按简历的格式撰写，要求规范、完整。 （2）语言表述清晰，有逻辑性。 （3）简历内容真实、不虚夸，能快速打动 HR。 （4）按时提交，无错别字，态度认真

任务评价

能力自评

项目		内容	评价（是 / 否）
专业能力	任务习得	掌握如何做好求职前准备，培养规划能力	
		熟悉求职材料的撰写技巧，培养书写能力	
		熟悉网上求职渠道的路径和注意事项，增强观察力	
	其他收获		
核心能力	任务习得	分析问题能力得到提升	
		信息获取能力得到提升	
		团队合作精神得到加强	
		与人沟通能力得到提升	
		解决问题能力得到提升	
		个人思想意识品质得到提升	
	其他收获		

自评人签名：__________

教师评语：____。

任务二　胸有成竹赴沙场

课堂活动

不同求职岗位职责分析

（1）对 4 个你心仪的岗位进行职责分析。

____

____

____

____。

（2）未来你将优先选择哪个岗位就业或创业？理由是什么？

____

____。

笔、面试优势与提升计划

序号	岗位名称	笔试的优势	面试的优势	工作期望
1				
2				
3				

你制订的笔、面试训练计划是什么样的？

____

____

____

____。

我跟踪收集的求职信息

请结合教学内容与活动 2 内容，做好求职信息收集与跟踪

项目	具体内容		
你的求职路径与获取求职信息的方法有哪些？	1. 2. 3. 4.		
平台应用信息收集的情况展示	列出 4 个你常用的求职信息网站链接	列出不同企业相同岗位招聘信息条件的优势比较分析（至少对比 3 家企业）	你更看重企业的是
	1. 2. 3. 4.	1. 2. 3. 4.	1. 2. 3. 4.

▶ 实训演练

模 拟 面 试

项目	说明
实训目标	（1）通过模拟，了解面试内容，掌握面试技巧，提高面试成功率。 （2）提高面试心理素质和应变能力

续表

项目	说明
实训内容	以小组为单位成立面试小组，教师为主考官，结合专业进行面试模拟训练；每个小组在面试模拟前提交 20 个面试问题，然后统一在其中抽取；每名学生现场回答面试问题，教师给予指导并进行成绩评定
实训要求	（1）地点要求。小班教学，U 字型教室为佳，普通教室也可实施。 （2）实训人数。4～5 人为一组，每个小组推荐一名面试官，按教师设定的规则统一开展实训。 （3）教师要求。选取 6 名学生助教，形成以 7 人为主的结构化面试小组，配合教师完成实训内容。 （4）道具要求。可自行制作教具。 （5）创新要求。在面试模拟中鼓励创新模拟方式，设置创新学分
考核要点	（1）每个小组按要求提交面试问题的提纲。 （2）面试者能沉着应对，准确把握并回答相关问题。 （3）评估小组给出面试者成绩，并由每个小组提交面试模拟实训报告

任务评价

能 力 自 评

项目		内容	评价（是 / 否）
专业能力	任务习得	掌握笔试与面试的内容与技巧，增强适应力	
		能根据自身优势和特长选择合适岗位	
		掌握求职信息获取的路径与方法，提高就业成功力	
	其他收获		
核心能力	任务习得	分析问题能力得到提升	
		信息获取能力得到提升	
		团队合作精神得到加强	
		与人沟通能力得到提升	
		解决问题能力得到提升	
		个人思想意识品质得到提升	
	其他收获		

自评人签名：＿＿＿＿＿＿

教师评语：＿＿＿＿＿＿＿＿＿＿＿＿＿＿＿＿＿＿＿＿＿＿＿＿＿＿＿＿＿＿＿＿＿＿＿＿＿＿。

任务三　华丽转身谱新章

课堂活动

初入职场，我们会遇到各种不适应，从学习到生活，你认为如何才能快速完成角色转换？把你的想法填入下表。

如何快速完成职业角色转换

方面	如何快速完成转换
角色方面	
生理与心理方面	

你认为，除了上述内容，还应该在哪些方面快速适应职场角色变化？

____。

自 我 管 理

就业目标与心态	
人脉资源与创新	
人脉与时间管理	

实训演练

开展适应能力训练

项目	内容描述
实训目标	（1）通过训练，了解职场环境与能力要求，掌握适应方法，提高适应能力。 （2）提高分析问题和解决问题的能力
实训内容	根据专业需要，选择与专业相关的内容实施训练。 （1）以角色扮演的方式，训练与他人交往的行为，如接收权威、谈话技巧、合作行为等。 （2）以自我介绍的方式，训练与自我有关的行为，如情感表达、道德行为、自我的积极态度等。 （3）以课堂活动的方式，训练与任务有关的行为，如参与行为、任务的完成、遵循知道等。 （4）以服务企业为重点，训练独立工作技能、体格发展、学业能力等
实训要求	（1）地点要求：教室或室外，根据训练项目确定。 （2）实训人数：4~5 人为一组，在教师的指导下完成实训内容。 （3）创新要求：职场适应能力训练鼓励创新模拟方式，设置创新学分
考核要点	（1）每个小组按要求提交适应力训练提纲。 （2）适应力训练方案紧密结合专业需求，准确把握能力训练要点与规范。 （3）提交一份适应能力训练的心得体会

任务评价

能力自评

项目		内容	评价（是 / 否）
专业能力	任务习得	掌握工作之初如何获得良好的第一印象	
		能准确把握如何建立良好的人脉关系	
		掌握自我管理方法与路径，克服不良心理，增强职业适应力	
	其他收获		
核心能力	任务习得	分析问题能力得到提升	
		信息获取能力得到提升	
		团队合作精神得到加强	
		与人沟通能力得到提升	
		解决问题能力得到提升	
		个人思想意识品质得到提升	
	其他收获		

自评人签名：__________

教师评语：____。

项目考评

成果评分表

考评内容	评分标准及要求	分值	得分		
			任务一	任务二	任务三
学习态度（30 分）	课前预习充分；能够主动发现和提出问题，有条理地表达思考过程；能够表达自己独特的见解，发言响亮清晰	（1）好（19～30 分） （2）较好（11～18 分） （3）一般（1～10 分）			
活动执行情况（40 分）	按照要求完成各项活动任务；分析准确，操作流程正确，方案设计合理，内容具有较好的操作性	（1）好（29～40 分） （2）较好（16～28 分） （3）一般（1～15 分）			
学习效果（30 分）	熟练掌握知识内容，顺利达成任务目标	（1）好（19～30 分） （2）较好（11～18 分） （3）一般（1～10 分）			
总得分					

考评人：__________　　　　考评分数：__________

郑重声明

读者意见反馈

为收集对教材的意见建议，进一步完善教材编写并做好服务工作，读者可将对本教材的意见建议通过如下渠道反馈至我社。

咨询电话　400-810-0598

反馈邮箱　gjdzfwb@pub.hep.cn

通信地址　北京市朝阳区惠新东街4号富盛大厦1座

高等教育出版社总编辑办公室

邮政编码　100029

防伪查询说明

用户购书后刮开封底防伪涂层，使用手机微信等软件扫描二维码，会跳转至防伪查询网页，获得所购图书详细信息。

防伪客服电话　（010）58582300

资源服务提示

授课教师如需获取本书配套教学资源，请登录“高等教育出版社产品信息检索系统”(https://xuanshu.hep.com.cn/)，搜索本书并下载资源。首次使用本系统的用户，请先注册并进行教师资格认证。

资源服务支持邮箱：songchen@ hep.com.cn